Al Sr. Pbro. D. Francisco de P. Ruiz
Cura de Tlacolepec
Recuerdo afectuoso de Su admo. en J. C.
† Eulogio
Oaxaca Nov. 9/901.
Arzobpo. de Oax.

LOS VENERABLES MÁRTIRES DE CAXONOS

D. JUAN BAUTISTA Y JACINTO DE LOS ANGELES

las y treinta

2.1.

[illegible]

APUNTES HISTÓRICOS

POR EL ILLMO. Y REVMO. SR.

DR. D. EULOGIO G. GILLOW

OBISPO DE ANTEQUERA

DIÓCESIS DE OAXACA

MÉXICO

IMPRENTA DEL SAGRADO CORAZON DE JESUS

Sepulcros de Santo Domingo núm. 10.

1889

H.D. MEX.R G 418 2

Vaillant Fil.

June 9 1946

AL ILLMO. Y RVMO. SR. DR.

D. PELAGIO ANTONIO DE LABASTIDA Y DÁVALOS

ARZOBISPO DE MEXICO

En el fausto aniversario de su Jubileo Sacerdotal

ONDAS impresiones, Ilustrísimo y Reverendísimo Señor, conmueven nuestro espíritu al celebrar el fausto aniversario de vuestro Jubileo Sacerdotal. Mil recuerdos se agolpan á nuestra memoria en estos momentos, mil escenas se presentan á nuestra imaginacion, y al evocar esas gratas reminiscencias, esos dulces episodios, esas interesantes escenas, nuestro ánimo se encuentra profundamente emocionado. Porque si bien es cierto que nuestro corazon rebosa de júbilo en la ocasion presente, al contemplar con nuestros propios ojos la veneranda persona de Vuestra Señoría Ilustrísima, no podemos ménos de sentir el no veros rodeado en estos instantes de aquellos séres que conocimos, amamos y tratamos en otro tiempo, de aquellos ilustres personajes, insignes por sus talentos y virtudes: todos han pasado á mejor vida en el corto período de veintisiete años, quedando únicamente la respetable figura del insigne Jefe, á quien la Providencia Divina ha conservado la vida para regir los destinos de la Iglesia'Mexicana.

Siendo aún jóven, y deseando vivamente conocer la capital del mundo católico, como tambien presenciar las augustas ceremonias que allí se celebran en la Semana Mayor, y sobre todo, ansiosos de contemplar el venerable y conmovedor semblante del inmortal Pio IX, logramos visitar la ciudad eterna. Vimos entónces mil maravillas, vimos escenas que dejaron en nuestro ánimo profundas huellas, y sentimos en el corazon indefinibles emociones. Una de éstas fué la que recibimos cuando supimos que se encontraban en Roma varios de los Prelados más distinguidos de la Iglesia Mexicana, desterrados de su patria á consecuencia de las leyes que se promulgaron en 1857. Oriundo de Puebla, educado por dicha nuestra en los sanos principios de la Religion católica, pasamos luego á presentar nuestros humildes respetos á tan insignes varones. Vuestra Señoría Ilustrísima no habrá olvidado que le ofrecimos desde entónces, como á nuestro Padre y Pastor, el tributo de nuestro amor y de nuestra filial obediencia.

Poco despues, por invitacion del Sumo Pontífice, acudieron á la Ciudad de los Papas los Obispos de todo el Orbe católico, porque se trataba de celebrar con la mayor pompa y esplendor posibles, la canonizacion del glorioso Protomártir mexicano, el bienaventurado Felipe de Jesus las Casas. Nunca olvidarémos las impresiones que en ese acto tan espléndido, grandioso y conmovedor se apoderaron de nuestra alma, y el efecto que sentimos al contemplar en la Basílica Vaticana la augusta corona que, en tal circunstancia, formaban al rededor del Supremo Jerarca aquellos insignes Prelados perseguidos y desterrados, los Ilustrísimos Labastida, Munguía, Espinosa, Barajas, y nuestro predecesor, de feliz memoria, el respetable Sr. Covarrúbias. No fué la voluntad de Dios que el Santo antecesor de Vuestra Señoría Ilustrísima en el Arzobispado, asistiera á una ceremonia para la que tanto habia cooperado; murió en el camino de Roma, en la ciudad hospitalaria de Barcelona. La víspera de la fiesta de la Santa Cruz, el amabilísimo Pontífice Pio IX Nos concedia audiencia en su villa de Porto d'Anzio á orillas del Mediterráneo, puerto adonde se retiró por unos dias para restablecer sus fuerzas quebrantadas, ántes de emprender los ímprobos trabajos de la referida canonizacion. Encontrándonos en su augusta presencia, recibió un telegrama, cuyo contenido Nos comunicó desde luego bondadosamente. El Sr. Arzobispo de Barcelona anunciaba á Su Santidad, que en las primeras horas del dia habia fallecido, de la manera más edificante, el Ilustrísimo Sr. Dr. D. Lázaro de la Garza y Ballesteros, Arzobispo de México.

Poco tiempo despues, Vuestra Señoría Ilustrísima fué llamado por Su Santidad el Papa, y tenemos aún presente, cómo pasada esa entrevista, se le conoció á Vuestra Señoría en el semblante toda la emocion que experimentaba. Quiso el Vicario de Jesucristo que Vuestra Ilustrísima ocupase el primer puesto en la Iglesia Mexicana, la cual entónces dividió en tres provincias: México, Michoacan y Guadalajara, confiriendo la dignidad Arzobispal y el Sacro Palio á Vuestra Señoría Ilustrísima y á sus dignos compañeros, el docto Sr. Munguía y el venerable Sr. Espinosa.

Habiéndose dignado la Misericordia divina inspirarnos su santa gracia, y movido con ella nuestra voluntad á emprender la carrera eclesiástica, Nos apresura-

mos á corresponder á tan alto llamamiento, y el 15 de
Agosto de 1863, fiesta de la Asuncion de María Santísima, recibimos de las manos bondadosas de Vuestra
Señoría Ilustrísima la primera tonsura y el hábito clerical en la Iglesia de San Roque, de Paris.

Trascurrieron los años, y una serie de acontecimientos, bien penosos por cierto, puso á ruda prueba los
sentimientos de abnegacion que Vuestra Ilustrísima
ha demostrado continuamente en bien de los intere-
ses religiosos que le fueron encomendados. En vuestro Palacio Arzobispal de México, y luego en el de
vuestra residencia en Roma, tuvimos constantemente
ocasion de admirar las virtudes que Os distinguen; la
modestia en la manera de vivir, la caridad para con
todos, la incansable laboriosidad en el desempeño de
vuestro cargo; y por último, los continuos esfuerzos
de todo género para alcanzar la paz y bienestar de
nuestra amada patria.

Convocado el Concilio Ecuménico Vaticano, fueron nombradas cuatro comisiones de los Señores Arzobispos y Obispos más eminentes en el mundo católico, con el fin de preparar las diversas materias que habian de tratarse. El Sumo Pontífice, apreciando en mucho las dotes de gobierno que distinguen á Vuestra Señoría Ilustrísima, dispuso que formase parte de la importantísima comision « 2ª de Disciplina. » Es de sentir que, terminados los trabajos de la comision « 1ª de Dogma, » las circunstancias angustiosas en que se ha encontrado la Santa Sede no hayan permitido la continuacion del Concilio, pues el mundo civilizado hubiera tenido á estas horas la solucion práctica de muchas cuestiones difíciles, y la Iglesia Mexicana la honra de ver á su digno Jefe ilustrando á la Iglesia Universal con la experiencia de su largo ministerio.

Suspenso el Concilio, y calmados los ánimos en nues-

tra querida patria, despues de una lucha prolongada
y sangrienta, Vuestra Señoría Ilustrísima, desde 1871
hasta la fecha, con su constancia á toda prueba, con
su condescendencia en lo lícito, sus maneras afables,
abnegacion y su actividad incansable, no ha dejado de
trabajar por el bien de su Diócesis, por el de los Obispados que componen su Provincia, y aun en general
por toda la Iglesia Mexicana. Ha empleado hasta ahora todos sus esfuerzos, su talento, su celo y su presti-
gio para conciliar los ánimos intransigentes, y si queda aún algo que hacer, el generoso impulso dado por
Vuestra Señoría Ilustrísima hará que, con el tiempo,
una sólida instruccion, una prudencia consumada, y
un santo celo por la gloria de Dios y bienestar de la
Iglesia, se logre que ésta llegue á disfrutar de verdadera tolerancia práctica, que sea real y verdaderamente protegida por las leyes, y respetada y venerada
por propios y extraños.

Hecha esta ligera reseña de la época de vuestra vida que hemos presenciado, permitidnos ahora, Ilustrísimo Señor, que en este dia de santas y dulces expansiones Os digamos dos palabras como sufragáneo vuestro acerca de nuestra amadísima Diócesis de Oaxaca. Han trascurrido poco más de dos años desde que, obedeciendo á la voz del Romano Pontífice, y recibiendo despues por vuestras respetables manos, con la santa uncion, la plenitud del sacerdocio, quedamos ligados con místico vínculo á la Iglesia insigne de Antequera. En este tiempo hemos podido apreciar las buenas prendas que adornan la parte no ménos bella ciertamente de vuestra Provincia Metropolitana. El sentimiento profundamente religioso que domina en toda la Diócesis, el amor y respeto que demuestran de mil maneras los diocesanos á los sagrados ministros, la sumision cristiana del venerable clero á la voluntad de su

Pastor, en una palabra, las excelentes virtudes cristianas que predominan en una inmensa mayoría, indican la buena semilla que por toda la extension del vasto territorio de nuestra jurisdiccion, sembraron en tiempos anteriores los santos misioneros. Al conmemorar hoy de la manera más grata vuestro Jubileo Sacerdotal, la Diócesis de Oaxaca Os ofrece, Ilustrísimo Señor, por nuestro humilde conducto, la expresion sincera de sus sentimientos de respeto y amor; eleva sus preces al Dios Todopoderoso dándole las más rendidas gracias por haberos prolongado la vida; y pide á la Bondad infinita se digne guardar todavía por muchos años vuestra preciosa existencia, para que podais continuar siendo el amparo del pobre, el consuelo del afligido, el guía de los Prelados y el sosten firme de la Iglesia Mexicana.

Como obsequio de su respeto y veneracion, la Diócesis de Oaxaca no Os ofrece, Ilustrísimo Señor, los ricos y hermosos productos de su fecundo suelo, ni los trabajos ingeniosos de su industria, ni las producciones del arte ó del talento, en que tanto se distinguen sus habitantes: presenta á Vuestra Señoría Ilustrísima, en este dia, una ofrenda que le será sin duda mucho más grata, y es la relacion del martirio y heroicas virtudes de dos de sus esclarecidos hijos: D. Juan Bautista y Jacinto de los Ángeles.

En estos apuntes históricos encontrareis, Ilustrísimo Señor, uno de los más valiosos tesoros de la Iglesia Mexicana. Dos caciques nobles, pertenecientes á diversas razas indígenas que poblaron estos Reinos, comprendidos en la Diócesis de Oaxaca, sacrificaron generosa y heroicamente su vida en defensa de la Religion cristiana, luchando contra la idolatría. Quiera Dios que en tiempo no lejano se logre para estos venerables Mártires, pertenecientes á vuestra Provincia eclesiástica, una declaracion solemne y explícita de la Santa Sede, que los eleve al honor de los altares.

Dicha tan apetecida alcanzará sin duda la Iglesia Oaxaqueña, si el dia en que se llegue á promover la causa de los referidos mártires, que desea iniciar cuanto ántes, Os dignais, Ilustrísimo y Reverendísimo Señor, apoyar sus esfuerzos. Por hoy se contenta con dedicaros respetuosamente este humilde y detallado escrito,

Vuestro admo. sufragáneo, hermano y atento S.

✠ *Eulogio, Obispo de Antequera.*

PREFACIO

N 16 de Setiembre del año 1700, los dos fiscales de la parroquia de Caxonos, D. Juan Bautista y Jacinto de los Angeles, por haber denunciado á la autoridad eclesiástica un acto solemne de idolatría, y por haberse resistido á prescindir de sus creencias cristianas, fueron martirizados por los idólatras, y sacrificando generosamente sus vidas, sellaron con su sangre la fe que profesaban. Para mejor apreciar este hecho tan glorioso, conviene saber cuáles fueron las prácticas de idolatría que tenian sus contrarios, y la conducta que los Venerables Mártires observaron desde el momento en que se puso á prueba la firmeza de su fe. Examinarémos tambien la doctrina que relativamente á los indígenas de esta Nueva España pretendió establecer el derecho de conquista, y la defensa tan oportuna que de ellos hizo la Iglesia: este estudio nos hará comprender cuán grande fué el acto de virtud de los Venerables Mártires de Caxonos, cuán interesante es este hecho para la historia, y cuán dignos son esos heroicos indios de nuestra veneracion profunda.

El argumento bien merece ser tratado por mano más apta que la nuestra, é indudablemente lo será con el tiempo: reconocemos toda nuestra insuficiencia y lamentamos que las ocupaciones diarias y urgentes de nuestro ministerio, no permitan que Nos dediquemos á este estudio con la tranquilidad de ánimo y el tiempo que se merece. Pretendemos únicamente consignar la noticia de los hechos y referir lo que hemos presenciado, con el fin de que no se pierdan los detalles consignados en tan preciosos manuscritos, así como las tradiciones existentes. Además, poniendo al alcance del público los datos que presentamos, será más fácil encontrar los que faltan, para que el expediente de esta causa quede completo.

Practicando la santa visita pastoral por las Mixtecas á fines del año próximo pasado, llegó á nuestro conocimiento la noticia vaga y muy en general de los "Venerables Mártires de Caxonos." Esto motivó que en el verano del presente año, al encontrarnos recorriendo el distrito de Villa Alta, hiciésemos indagaciones, pidiésemos informes y tomásemos no pocas declaraciones, todo lo cual produjo en nuestro ánimo la dolorosa impresion de que un hecho histórico de tanto interes y que fué tan ruidoso en su tiempo, estuviera para borrarse de la memoria de los hombres. La Divina Providencia Nos favoreció, y habiendo tenido la dicha de hallar en buen estado los restos de los Venerables Mártires, logramos conseguir algunos datos de bastante interes, y encontramos en tres lugares distintos diversas partes del expediente original de la causa que se instruyó, conteniendo estos manuscritos la parte sustancial del proceso. Tres fragmentos, sin embargo, Nos faltan aún, y se refieren á la declaracion sumaria de los reos, al hallazgo de los despojos mortales de los Venerables Mártires, y al resultado último de la apelacion que interpusieron quince de los reos, condenados por el Alcalde mayor de la Villa Alta de San Ildefonso, á la pena de muerte.

Como el acontecimiento tomó un carácter serio por el número considerable de indígenas comprometidos en el acto de idolatría, y por haberse coligado diez y ocho pueblos en el distrito de Villa Alta, haciendo todos ellos causa comun en su propia defensa; el Virey de la Nueva España tuvo conocimiento del suceso, y dictó las órdenes de los procedimientos desde la capital de México. Es probable que en el archivo nacional exista copia de la causa, y allí quizá se encontrará lo que falta de la sumaria de los reos, como lo relativo á la apelacion que interpusieron varios de ellos, acudiendo á los tribunales superiores del Centro contra la sentencia del Juzgado de Villa Alta. En cuanto á la manera de haberse hallado las reliquias de los Venerables Mártires, ~~acerca de las cuales~~ hemos logrado recibir las declaraciones de varios testigos, y están todos de acuerdo en la parte sustancial. El fragmento relativo al hallazgo de los restos mortales se encontraba junto con la parte de los autos que tenemos en nuestro poder, como consta por las declaraciones de los Sres. Presbíteros D. Manuel Gil y D. Juan Bautista Robles, quienes lo leyeron y dan fe de su contenido.

Los datos históricos que por su naturaleza son muy extensos, pero necesarios para formar un juicio más exacto del asunto que nos ocupa, los hemos consignado en forma de Apéndice.

El interes que ha despertado en nuestro ánimo la causa de la Beatificacion de los Venerables Mártires y la simpatía que les tenemos por la raza á que pertenecieron, no Nos preocupa, sin embargo, hasta el grado de que dejemos de proceder con toda la circunspeccion y prudencia que requiere la investigaciou de su causa en cumplimiento de nuestro deber episcopal.

Por tratarse en este escrito de hechos y apreciaciones que pertenecen exclusivamente á la Santa Sede el definir, declaramos que todo lo que referimos de las virtudes y méritos, apreciaciones y milagros de los Venerables Mártires D. Juan Bautista y Jacinto de los Angeles, lo sometemos al juicio y aprobacion de la Silla Apostólica, de conformidad al mismo tiempo con lo que ordenan sobre el particular los decretos de la Sagrada Congregacion de Ritos y de la Universal Inquisicion.

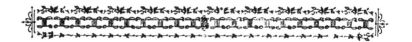

CAPITULO I

LA historia de Oaxaca se halla tan estrechamente enlaza-
da con la de México, que no se puede prescindir de ésta
al tratar de referir aquella. En los tiempos remotos que
precedieron á la conquista, fué habitada Oaxaca por
pueblos de orígen incógnito, y de las mismas costumbres é índole,
aunque de idioma diferente, de los mexicanos. Las cuestiones religiosas, políticas ó sociales que han afectado á la una, igualmente
han interesado á la otra, y esto que es muy natural en la actualidad,
puesto que Oaxaca es una parte de la nacion mexicana, no fué ménos cierto cuando los Zapotecas, Mixtecas, Mijes, etc., formaban
cuerpos de nacion, tan separados é independientes de los Mexicanos, como de ellos mismos entre sí. [1]

Respetables historiadores afirman que ántes de la conquista fué
predicado el Evangelio y conocido el Símbolo de la Redencion cristiana en Oaxaca. Entre los antiguos el célebre mexicano Góngora
y el Lic. Veytia, y el Sr. Herrera Perez entre los modernos, han creido que Santo Tomás, uno de los Apóstoles de Cristo, atravesando
el Asia, llegó al país del Anáhuac y predicó el Evangelio. Segun
ellos, el nombre que llevó el Santo Apóstol en América fué el de
Quetzalcoatl, y en efecto, estuvo este personaje en la historia de

1 Historia de Oaxaca, Antonio Gay, tomo I, cap. 2.

México rodeado de misterios, se hizo famoso por el carácter de sus hechos, y su memoria fué siempre conservada por los indios de todos los idiomas que habitaban la nacion. [1]

Quetzalcoatl fué un hombre blanco, alto, corpulento, de frente ancha y ojos grandes, de cabellos largos y negros y de bien poblada barba. Integro en su conducta, austero en sus costumbres, y modesto ejemplarmente, llevaba siempre por honestidad los vestidos largos, entre los que se notaba una capa sembrada de cruces rojas. Penitente y severo consigo mismo, se heria el cuerpo con espinas, y se sacaba sangre con frecuencia. Era suave en sus modales, y tan humano y sensible, que no podia escuchar tranquilamente que se hablase de la guerra, volviendo luego el rostro hácia otro lado. Era sacerdote, y el tiempo de su Pontificado fué la edad de oro del Anáhuac. Los maizales crecian espantosamente y sin esfuerzo, el algodon brotaba de la manzana teñido ya de colores hermosos, los frutos de la tierra eran hermosos y delicados, y las aves mismas cantaban con más dulce canto y se vestian con más bello plumaje. Quetzalcoatl residió algun tiempo en Tula, luego en Cholula, en que dejó grata memoria por muchos siglos. Los Cholublecas mostraron á los conquistadores ciertas joyas que le habian pertenecido. Su presencia se recordaba tambien en Tabasco y Yucatan. Pero Quetzalcoatl no tenia reposo, queria resueltamente ser inmortal y gozar vida perpetua, y por eso le agitaba sin cesar un vivo deseo de tornar á su patria, Tlapalla, y por fin, aunque con pesar, abandonó á sus amigos y discípulos, y navegando en las aguas del golfo mexicano, volvió á su país. [2]

A estos detalles podemos agregar los que nos refiere Veytia en su historia antigua de México. *Quetzalcoatl* fué un varon venerable, justo y santo que con obras y palabras enseñó el camino de la virtud por el vencimiento de las propias pasiones, la mortificacion, ayuno y penitencia: instituyó el ayuno de cuarenta dias, la mortificacion y penitencia con efusion de sangre. En la adoracion de un solo Dios alumbró á estos naturales el misterio altísimo de la Augustísima Trinidad, la venida del Hijo de Dios al mundo, el parto de la Vírgen, la pasion del Señor y su muerte en el madero

1 Gay, obra cit., tom. I, cap. V.
2 Clavijero y Torquemada, lib. VI, cap. 24.

santo de la Cruz, cuya poderosa señal les manifestó y les hizo adorar, inspirándoles una grande confianza de conseguir por su me-
diacion el remedio universal de todas sus necesidades, y prometién-
doles por aquella señal la serenidad en el aire, la lluvia necesaria,
la conservacion en sus poblaciones y la salud del cuerpo.

Les hizo varias profecías, entre las cuales fueron muy señaladas
la de la destruccion de la torre de Chollolan, la venida de unas
gentes blancas y barbudas por la parte de Oriente, que se apode-
rarian de la tierra; y una y otra se cumplieron perfectamente en
todas sus circunstancias.[1]

El geroglífico de la caña señala la época en que apareció el célebre Quetzalcohuatl, y fué treinta años despues del eclipse que
acaeció en la muerte de Jesucristo, ó sea el año de 63 de la Era
Cristiana. Segun el tiempo en que los historiadores indios señalan
su venida, parece consecuente fuese algun Apóstol ó discípulo de
Jesucristo, que despues de su pasion y muerte pasó á estas partes
á extender en ellas la predicacion del Evangelio para verificar la
profecía de David, *In omnen terram exivit sonus eorum, et in fines orbis terræ verba eorum,*[2] y llenar el precepto de Cristo á sus Apóstoles: *Euntes in mundum Universum prædicate Evangelium omni crea-
ture.*[3] Porque quien dice Universo mundo no excluye á la América,
que es la mitad del globo terráqueo, y quien dice á toda criatura no
excluye á los habitantes de ella, que entónces era una muy considerable porcion de criaturas, y que este precepto de Cristo á los
Apóstoles se haya de entender en la generalidad que suena de
mundo y criaturas es opinion de San Gregorio,[4] de Santo Tomas,
San Juan Crisóstomo,[5] Teohpilato y Eutimio,[6] los Cardenales Hugo y Cayetano[7] y otros muchos expositores, de los cuales algunos
asientan que en el espacio de cuarenta años contados desde la
muerte de Cristo, predicaron los Apóstoles en todo el mundo. Con
que señalando los indios la venida de Quetzalcohuatl á los treinta

1 Tom. I, cap. 15.
2 Psal. 18.
3 Marc. 16.
4 Gregorio, in humil. sup. Marc. 16.
5 Crisóstomo, hom. 76, sup. Mat.
6 Theoph., et Eutimio, in Math. 24.
7 Hugo, et Cait., in Math. 28, et Marc. 16.

años de ella, concuerdan bien con esta opinion, y siendo toda la doctrina que enseñó conforme á la Nueva ley evangélica, debemos creer que fué alguno de los Santos Apóstoles, que no por obra natural, sino milagrosa, corrió todo este mundo, y en todo él predicó, dejando muchos rastros y señales que subsisten hasta nuestros tiempos.[1]

Las pruebas de que Santo Tomás fué el Apóstol que predicó el Evangelio en el Nuevo Mundo, las produce el mismo Veytia en su "Historia antigua de México," tom. I, cap. XIX, con bastante erudicion. D. Cárlos Sigüenza escribió una obra con el título de "Fénix del Occidente" sobre el mismo asunto. En el Perú y Reino de Chile, como se puede ver en Calancha,[2] y Ovalde,[3] se conservó tambien la memoria del verdadero nombre Tomé ó Tomás." Por último, dice Veytia en el capítulo citado: "En la suposicion que dejamos hecha de haberse de cumplir el precepto de Jesucristo, de predicar el Evangelio en esta tan considerable parte del mundo y á este tan crecido número de criaturas, á alguno de los Santos Apóstoles debia tocar la obligacion de su cumplimientó, y no habiendo sido alguno de los otros once, porque de todos se sabe el país donde predicaron, se sigue que fué Santo Tomas."

En la costa del Pacífico se recogió una misteriosa leyenda que conservaban los habitantes con motivo de una cruz de madera hallada sobre la arena de la playa, á dos leguas del Puerto de Huatulco. Su verdadero nombre, segun Veytia, es *Quauhtolco*, compuesto de *Quauhtli* madero, y del verbo *toloá*, que significa hacer reverencia, bajando la cabeza, y *co* denota el lugar. El todo quiere decir: *lugar donde se adora el madero*.[4]

Hablando Burgoa del Santo madero, dice: "Nuestro Señor reservó (en Huatulco) el estandarte triunfal de su Sagrada Pasion y muerte en una muy descollada y hermosa Cruz de más de mil y quinientos años de antigüedad, que sin conocer sus altísimos misterios adoraban estos gentiles como cosa divina, como oficina general del remedio de todas sus necesidades y botica general de todas

1 Veytia, tom. I, cap. XV.
2 Hist. del Perú, lib. 2°, cap. II.
3 Hist. de Chile, lib. 8, cap. VII.
4 A. I, cap. XVI.

sus enfermedades. Observando las noticias y memorias de sus mayores, por el cómputo de sus siglos y edades, correspondia al de
los Apóstoles el tiempo en que vieron venir por la mar, como si viniese del Perú, un hombre anciano, blanco, con el traje que pintan
á los Apóstoles, de túnica larga, ceñido y con manto, el cabello y
la barba larga, abrazado con aquella cruz. Espantados del prodi-
gio, acudieron muchos á la playa á verle, y él les saludó muy benévolo en su misma lengua natural; y algunos dias estuvo enseñándoles muchas cosas que no podian entender: que los más de
los dias y de las noches se estaba hincado de rodillas, que comia
muy poco, y cuando se quiso ir, les dijo que les dejaba allí la señal
de todo su remedio, y que la tuviesen con mucha veneracion y respeto; [1] que tiempo vendria en que se les diese á conocer el verdadero Dios y Señor del cielo y de la tierra, y lo que debian á aquel
Santo madero; y siendo grandísimo y muy pesado, el mismo venerable varon que lo traia, lo puso y paró en el mismo lugar en donde
fué hallado despues de la conquista.''

Este Santo varon fué, segun opinan muchos, un Santo Apóstol
que no sólo predicó en la India Oriental, sino tambien en la Occi-
dental, y en los Reinos del Perú, donde se hallan graves testimonios y señales de haber llegado y predicado á aquellas naciones.
En la Provincia de los chontales, se ve en tierra forjada otra cruz
como con el dedo, sin que los siglos, aguas y vientos la borren.
Entre la nacion mije, en el monte de Zempoaltepec, se ven en el
dia de hoy esculpidas en la cima de un peñasco de la cumbre de
aquella inaccesible montaña, hácia los términos de Totontepec,
dos plantas ó piés humanos. Otras cosas memorables se han hallado en las Indias, así en los caracteres de sus historias como en
simulacros y figuras que Nuestro Señor fué servido de guardar
hasta los tiempos presentes para que la ciega y supersticiosa naturaleza de estos indios no tuviese excusa entera de que habian
carecido totalmente de la luz del Evangelio, que sonó en todo el

1 Braulio afirma que no sólo era venerada de tiempos muy antiguos la cruz de
Huatulco, sino que sus naturales tenian por tradicion de sus antepasados que la habia puesto y colocado en aquel paraje el Apóstol Santo Tomas, cuya imágen y propio nombre conservaron en los mapas, historias y pinturas de que usaban. Veytia,
tom. I, cap. XIX.

Orbe; y siendo esta parte de la América la más habitada, no la habian de olvidar aquellos sonoros clarines de la verdad, los Santos Apóstoles. Por otras muchas razones se puede entender que el Apóstol Santo Tomás ó alguno de sus discípulos fué el que llegó á este reino y trajo esta Santa Cruz, y con su mano la fijó, sin otro instrumento, en el suelo, sitio y lugar donde la halló Tomás Candish.[1]

Cerca del rio de la arena, en el mismo Huatulco, en una piedra redonda, se halla esculpida la huella de un pié igual á la otra en el punto de la "Boquilla," próximo al arroyo de la Cruz: se conserva la creencia de que éstas son las huellas de Santo Tomás Apóstol. En las inmediaciones del puerto, una roca destila un aceite muy eficaz para varias enfermedades, lleva el nombre del Apóstol y es oloroso y de color de guinda subido. En el pueblo del Mezquital, en la sierra, se admira una Cruz gravada en una piedra con varias inscripciones abreviadas, que segun la tradicion de los indios fueron hechas por el Apóstol.[2]

Es admirable que hablando muchos de los indios diferente idioma, hallándose incomunicados entre sí por causa de la guerra que sostenian mutuamente, y habitando comarcas distantes muchas leguas, estuviesen acordes en la narracion oral de ciertos acontecimientos de su historia, sin discrepar unos de otros, ni apartarse del sentido de sus pinturas, que guardaban religiosamente. Huatulco era un puerto del Pacífico en que se hablaba el zapoteco, distante cerca de cien leguas de Zempoaltepec, en que se habla el mije, y que se aproxima bastante al seno mexicano: en ambos lugares, sin embargo, se habla de igual modo en órden al memorable anciano. El mismo Burgoa refiere que siendo ya viejo Juan Ojeda, uno de los primeros sacerdotes católicos que administraron entre los mijes, quiso ver la cumbre de Zempoaltepec: encontró en ella una extensa mesa plana como si á pico la hubiesen nivelado, formada por una sola piedra, en que se veian esculpidas dos plantas

1 Gay, tom. I, cap. V.
2 D. Cárlos Bustamante, refiriéndose á Calancha, dice que cerca de Huatulco se veia el retrato de Santo Tomás Apóstol, y su nombre escrito en letras. El mismo consigna la tradicion de que los sabinos del Marquesado fueron plantados por el Apóstol. Adiciones al libro tercero de Sahagun.

humanas con la musculacion y figura de los dedos tambien grava-
dos, como si para la obra se hubiera tenido el auxilio del cincel: se
habria dicho que los piés habian gravitado sobre blanda cera, dejando en ella impresa con perfeccion su huella. Los indios mostraron en esta ocasion sus pieles pintadas, en que se significaba cómo
en tiempos remotos habia llegado hasta ellos un hombre anciano,
blanco, vestido con un ropaje igual al del Apóstol de Huatulco,
hablándoles en su idioma propio y persuadiéndoles que adorasen
únicamente al verdadero Dios. Agregaban las pinturas, que como
los mijes intentasen darle la muerte, se apartó el anciano hasta la
cumbre de Zempoaltepec, en donde desapareció, dejando sus vestigios impresos en la peña. [1]

Boturini dice que de la predicacion del mismo Apóstol se hace
memoria en los mapas de los Chontales, "en que se halló una Cruz
milagrosamente" que tal vez sea la misma de que habla Burgoa.
El mismo autor refiere que poseia entre los innumerables objetos
de su rico museo, "el dibujo en lienzo de otra Cruz de madera, que
se sacó, con una máquina que se hizo á propósito, de una cueva
inaccesible de la Mixteca baja, y hoy dia se venera en la Iglesia
conventual de Tonalá, y estaba depositada en dicha cueva desde
los tiempos gentílicos, descubriéndose las maravillas que obraba
en las vigilias del Apóstol." [2]

Cruces como éstas se han encontrado en Yucatan, Tepic, y otros
muchos lugares, cuyas noticias consignan los historiadores juntamente con las tradiciones que explican su presencia en la América; tradiciones que podian pasar por fabulosas leyendas, si no se
conformasen entre sí, aun en los pueblos más distantes, ni reconociesen todas un mismo orígen. La predicacion y enseñanza de
un extranjero, Santo Tomás ó Quetzalcoatl, se presenta idéntica
en la historia de los países más lejanos; es en el Perú como en Tula,
en Yucatan como en Oaxaca, el sacerdote de una religion nueva, de
un Dios desconocido, tan ardiente en su fe como puro y severo en
sus costumbres. Á su paso dejaba sembradas cruces por donde
quiera, y al alejarse anunciaba que más tarde llegarian por el Orien-

<hr>

1 Burgoa, 2ª parte, cap. 6º.
2 Catálogo del museo histórico indiano, § 34.

te otros hombres blancos y barbudos como él, trayendo la misma religion. [1]

Algunos de los escritores de hoy dia achacan á los que escribieron despues de la Conquista, habernos legado por exceso de celo piadoso, tradiciones fabulosas, inventadas para halagar á los misioneros ó engañarlos, y aun creen algunos que los mismos misioneros pueden haber forjado gran parte de estas fábulas, á fin de satisfacer la curiosidad pública en Europa, que se mostró ávida de recoger los menores detalles al descubrirse un nuevo mundo. No es nuestro intento discutir hasta qué punto pueden ser fundadas estas aseveraciones; pero sí debemos manifestar, que en nuestra humilde opinion, el exceso contrario en algunos de los actuales es aún más deplorable, porque no admitiendo en la tradicion el espíritu religioso, ni en lo que tiene de sustancial, se recurre con facilidad á significados mitológicos, á interpretaciones astronómicas y á otras fuentes extrañas, que engendran mayor confusion, oscureciendo lastimosamente la verdad histórica: citarémos dos casos recientes.

El Sr. D. Manuel Martinez Gracida, autor oaxaqueño, miembro honorario de la Sociedad Mexicana de Geografía y Estadística, publicó el año próximo pasado en la imprenta del Ministerio de Fomento, un escrito histórico interesante: "El Rey Cosijoeza y su familia." El autor reconoce la importancia de un *Quetzalcoatl* en nuestra historia y que á este personaje se debe el monumento llamado *Guiscepecocha*, porque "á su paso por el pueblo de la Magdalena grabó en la cúspide de un peñasco, que se encuentra en el campo, y cerca de un arroyo, una figura que representa á un religioso con hábito blanco, sentado en una silla de espaldar, con capilla puesta y la mano sobre la mejilla, vuelta la cara hácia el lado derecho, y al izquierdo una india con traje y vestido de cobija ó manto blanco, cubierta la cabeza, hincada de rodillas y como en aptitud de confesarse." [2]

Explica cómo no debe confundirse el monumento *Quiscepecocha* con *Pecocha*, quien segun él, "fué un profeta del *Budhaismo*, que procedente de Nicaragua arribó por el siglo VI á las playas de Hua-

1 Gay. t. I, cap. 5º
2 Cap. XLIV.

tulco, donde plantó *una Cruz* muy venerada en la antigüedad, y que el Corsario Tomás Candish en 1587 quiso destruir á fuego, sin conseguir su intento."

"Este noble varon (Pecocha) cuenta la tradicion indígena, que se encontró abrazado del madero de la redencion, y que al acercarse los indios los saludó en su propio idioma, de lo que quedaron maravillados. Era, dicen, anciano, corpulento, de tez blanca, frente ancha, ojos grandes, barba luenga, cabellos largos y negros, vestia una túnica larga y tenia manto. Como duró entre ellos algun tiempo predicándoles su doctrina, observaron que era benévolo, humanitario, sentimental, sóbrio, industrioso, sabio, prudente y justo: casi lo tuvieron por un sér extraordinario, semejante al *Quetzalcoatl de los mexicanos*, que era el dios terráqueo de los indios."

"El célebre Peccoha al retirarse de la Costa, dijo á los naturales que les dejaba allí la señal de su remedio, y que tiempo vendria en que por ella conociesen al verdadero Dios del cielo y de la tierra. Incansable en su mision se dirigió para la zapoteca, sembrando á su paso los sabinos del Marquesado. Instalado en Mitla entre los príncipes y sacerdotes, reformó la Religion Quetzalcohua, es decir, la buchuchana, ó *por lo ménos recordó las prácticas religiosas y políticas de la masonería.*"[1] Dejamos al lector haga las apreciaciones á que se presta lo consignado hasta aquí por el autor citado.

En la obra extensa y costosa publicada en Barcelona, con todo el lujo y ostentacion de que es capaz el arte tipográfico moderno, y denominada "México á traves de los siglos," encontramos la misteriosa figura de Quetzalcoatl, grabada en varias láminas; es "el Dios adorado en la pirámide de Cholollan, es la estrella de la mañana anunciadora del Sol, de la nuera éra, de la nueva ley" que "mata á los dioses."[2] ¿No es el Dios adorado en la pirámide de Cholollan el Quetzalcoatl de quien los autores que hemos citado refieren tantas maravillas que supo granjearse el amor y veneracion de los cholultecas, hasta el grado de haber conservado de él grata memoria por muchos siglos? ¿No es esta *estrella de la mañana* y este *sol de la nueva éra* que mata á los dioses, el Apóstol

1 Cap. XLV.
2 Tomo I, p. 367.

cristiano que anunció en Huatulco cómo llegaria el tiempo en que
se le diese á conocer el verdadero Dios y Señor dè la tierra, ó sea
su santa religion en la plenitud de su desarrollo, la cual acabaria
con la idolatría?

En cuanto á la Cruz de Huatulco, tan célebre en la historia de
Oaxaca, dice la misma obra (tom. I, p. 287): "Muchos escritores
se han empeñado y se empeñan todavía sin necesidad en referir
esas cruces, ó al Apóstol Santo Tomás ó á un Obispo islandes ó
irlandes con quien confunden á Quetzalcoatl, para sostener que se
predicó á los indios el Evangelio desde ántes de la conquista, y
ya citan al efecto la de Huatulco, ya la de Tepic ó la de Cozumel."

Como los escritores de la obra citada, á pesar de su reconocida
erudicion, parecen negar por estas palabras el valor histórico en
que se ha tenido hasta la fecha la Cruz de Huatulco, y aun la pasan en silencio, debemos manifestar que esta venerable y gloriosa
reliquia de la antigüedad se conserva, aunque disminuida en tamaño, con el mayor esmero y respeto en una suntuosa capilla de
nuestra Catedral, y descansa su autenticidad sobre una tradicion
respetabilísima y en documentos que tienen todo el peso del valor legal y canónico. En un apéndice insertamos una noticia extensa acerca de la referida Cruz.

Terminarémos este capítulo haciendo notar cómo sin embargo
de haberse anunciado el Evangelio en América en los primitivos
tiempos del cristianismo, era como natural encontrar á los antiguos mexicanos en el momento de la conquista, entregados casi
por completo á las prácticas nefandas de la idolatría. Segun la
tradicion, desde remotos tiempos recibieron un conocimiento su-
perficial, ó más bien rudimentario, del cristianismo, y no siendo
fomentada la predicacion evangélica por otros apóstoles, que vi-
nieran despues y explicaran las verdades reveladas, era de suponer que se falsearan por muchos esas primeras nociones, y que las
prácticas severas del Evangelio degeneraran entre la mayoría en
actos supersticiosos y degradantes á la misma naturaleza humana.

La historia de todos los pueblos, y aun la Sagrada del pueblo
de Israel, nos enseña cómo en el fondo del sér humano, debido á
su naturaleza degenerada por el pecado original, existe una tendencia marcada á separarse continuamente del verdadero cul-

to de Dios, cuya inclinacion tiende con demasiada facilidad á satisfacer las pasiones depravadas del corazon y los desvaríos de la mente.

Sin embargo, es indudable que los habitantes del Anáhuac tuvieron ántes de la conquista nociones más precisas que las que manifestaron en el viejo mundo los pueblos más civilizados sobre la existencia de un solo Dios y la perfeccion del culto que se le debe. Recordarémos á este propósito la ley que promulgó el Emperador Nezahualcoyolt sobre la pena de muerte para los sacerdotes que debian guardar castidad, si se les averiguase incontinencia, [1] y cómo este Rey de Texcoco aborrecia los sacrificios humanos, reputándolos por inícuos y opuestos á la ley natural, y así no quiso asistir sino á muy pocos por complacer á su tio el Rey Itzcohuatl, y por la misma razon concurrió algunas veces á los templos de sus dioses, en quienes no creia, y se burlaba en secreto del culto y adoracion que les daban, manteniéndose *firme en la creencia de sus mayores* de que no habia otra deidad digna de adoracion, que el Dios Todopoderoso, Criador y conservador del universo. [2]

1 Veytia, obra cit. tom. III, fragmentos.
2 Veytia, tom. III, cap. XIV.

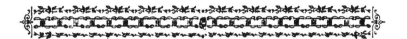

CAPITULO II

Estado religioso predominante
en los tiempos de la conquista, tanto en la capital
del Imperio de Moctezuma
como en los diversos reinos que hoy componen
la Diócesis de Oaxaca.

L culto supersticioso de la idolatría era el que profesaban en el tiempo de la conquista los habitantes del Anáhuac. En la corte de Moctezuma el celo por la religion rayaba en los excesos más abominables que registra en sus páginas la historia: miles de víctimas humanas fueron sacrificadas como tributo á falsas y horrendas divinidades. Ese espíritu exaltado intervenia en todos los actos de la vida entre los naturales, y era el que regia á los gobernantes en sus actos administrativos. Bien se comprende cómo causó á Moctezuma ménos sorpresa la noticia del desembarque en Veracruz de Hernan Cortés con los españoles, que inquietud de espíritu y pavor al recordar, que, segun los oráculos de sus dioses, unos hijos del Sol, blancos y barbudos, habian de presentarse por el Oriente, para subyugar á sus vasallos y posesionarse de su vasto imperio.

Los escritores que se han ocupado del asunto nos refieren el hecho de la conquista de tal manera enlazado con las ideas y prácticas de la idolatría, que se confunde la relacion histórica de un hecho de armas estupendo, la conquista de un nuevo mundo, con el triunfo de la verdad católica sobre el imperio del demonio.

Para presentar al lector lo que se refiere á la idolatría, no podemos prescindir de darle á conocer lo que sobre el particular ha escrito un autor especialista en la materia, el Lic. D. Diego Villavicencio. La obra que publicó en Puebla el año de 1692, ha llegado á ser sumamente rara, y creemos prestar un servicio á la historia reimprimiendo en este escrito cuanto se relaciona con él. [1]

En el capítulo 7, que trata de los ídolos, idolatrías y sacrificios que hubo en este nuevo reino de la Nueva España, dice:

1. "Del tiránico dominio del príncipe de las tinieblas y padre de las mentiras, el demonio, no participó poco este Reino en el tiempo de su gentilidad, pues llegó á cundir tanto en él la infernal secta de la idolatría, que así como hay ahora en todas las ciudades, pueblos y lugares y en muchas de las particulares casas de él, tan sin número de suntuosos templos, grandes Iglesias, devotas ermitas, ricos santuarios y curiosos oratorios, así hubo entónces en toda la Nueva España y su dilatada tierra, públicos y patentes, altos y soberbios montecillos hechos á mano, que llamaban Cues, en cuya encumbrada cima edificaban templo y casa á sus ídolos y falsos dioses. Y otros, aunque menores, innumerables altares y oratorios, no sólo en las plazas y calles de las ciu-

1 Debemos á la estimable deferencia del laborioso arqueólogo, el Sr. Dr. Nicolás Leon, Director del Museo michoacano, el haber tenido esta obra curiosísima en nuestro poder. Se intitula "Luz y método de confesar idólatras y destierro de idolatrías debajo del tratado siguiente. Tratado de avisos y puntos importantes de la abominable secta de la idolatría, para examinar por ellos al penitente en el fuero interior de la conciencia y exterior judicial, sacados no de los libros, sino de la experiencia en las averiguaciones con los rabbies de ella, por el Lic. Diego Jaymes, Ricardo Villavicencio, originario del pueblo de Quechula, de la Provincia de Tepeaca, de este Obispado de la Puebla de los Angeles, Cura beneficiado por su Majestad, Vicario y Juez eclesiástico del Partido de Santa Cruz Tlatlaccotepetl, de este Obispado, y asimismo Juez comisario en dicho partido en causas de Fe contra idolatrías y otras supersticiones del demonio.

Y lo dedica su autor al Illmo. y Rmo. Señor Dr. D. Isidro de Sariñana y Cuenca, dignísimo Obispo de Antequera, Valle de Oaxaca, del Consejo de su Majestad, etc.

Con licencia, en la Puebla de los Angeles, en la imprenta de Diego Fernandez de Leon.—Año de 1692."

El autor dedicó su obra al Illmo. Señor Sariñana, Obispo de Antequera, por el interes que conservaba para con la Diócesis de Oaxaca, en donde administró durante cinco ó seis años. Al trascribir el texto del autor, hemos preferido hacerlo á la letra para que no pierda su gracia el original.

dades y pueblos, sino en las particulares casas, y tanto, que no
habia indio ni india que en sus casillas y viviendas no tuviera dos
altares, uno donde dormian, y otro á la puerta donde tenian más
arquillas de madera ó petaquillas, llenas de variedad de idolillos
en la figura y tamaños, á quienes adoraban, perfumando con su
incienso de copale, poniéndoles en su altar, en unos tiempos á
unos, y en otros dias á otros, porque para cada necesidad sencilla ó sementera tenian su idolillo señalado, y su diosecillo diputa-
do, teniendo mucho cuidado de no entrometer á unos dioses en la
jurisdiccion y pertenencia de otros; ceguedad en que vivian y los
tenía el demonio, para que no advirtiesen que siendo dioses de
palo, de piedra, de barro, ó de oro, y de los moldes sacasen
cuerpo, manos, piés, ojos, oídos y boca no sienten, no hablan,
ni ven, ni oyen, ni pueden dar paso alguno en su socorro y ayuda, ni darles la mano para sacarlos con bien de sus trabajos y
males, ni poder chico, ni grande, para dar lo que les piden, porque no siendo dioses en la realidad y verdad, sino sólo lo que
muestran en la figura que tienen, no pueden dar ni hacer cosa alguna en beneficio de los que idolatrando les dan culto y veneracion, sacando sólo en su daño y perdicion, la perdicion de sus
almas y eterna condenacion.

2. Entre las muchas casas ó templos de ídolos que vieron en
este Reino los conquistadores de él (como lo refiere el verídico
historiador y conquistador valeroso, el Capitan Bernal Diaz del
Castillo, en la historia que escribió con llaneza y sencillez de lo
que vió por sus ojos y con sus manos tocó), el primero fué el del
pueblo de Cempual, el cual era muy alto, con muchas gradas al
rededor, y en lo alto de él estaba el templo y oratorio con su altar,
y en él algunos ídolos muy horribles, feos y deformes, porque unos
tenian la figura de dragon y tan grandes como becerros, y otros
eran la mitad del cuerpo de figura de hombre y la otra mitad de
perro, á quienes servian como sacerdotes seis indios hijos de principales y los llamaban Papas. Su traje y vestido eran unas como
lobas de bayeta negra, que los cubria todos, con sus capuces grandes del mismo género, manchados de sangre humana; los cabellos largos y muy enredados con costras de sangre, las orejas las
tenian rasgadas y fajadas las caras, porque así se señalaban cuan-

do se sacrificaban á los dioses de sus ídolos y se hacian sus Papas. Estos sacrificaban á los ídolos de este pueblo cada dia cuatro ó cinco indios, abriéndoles los pechos y sacándoles el corazon, el cual les ofrecian en braseros de lumbre, y la sangre pegaban por las paredes, y cortándoles los brazos y las piernas, con ellas cocidas ó asadas los Papas se sustentaban y lo demás se vendia por menudo en los tiangues, y como estos malditos Papas eran los sangrientos carniceros, estaban tan ensangrentados y asquerosos que hedian á carne quemada y podrida, y con la horrible figura de sus caras y trajes, se parecian á los demonios á quienes servian y sacrificaban, como ministros suyos.

A estos ídolos y feísimos dioses falsos y mentirosos, aunque los defendian sus Papas y los caciques del pueblo, los derribaron del altar y precipitaron por las gradas los soldados cristianos, haciéndolos pedazos y arrojándolos al fuego, los convirtieron en ceniza, y haciendo de su asquerosa casa un oratorio y capilla curiosa y aseada, blanqueándola toda, y aderezando el altar con mantas ricas y olorosas flores y ramas, colocarôn en él los católicos conquistadores una Santa Cruz, que hicieron allí, y una Santa Imágen de la Vírgen María Nuestra Señora que tenian, y á cuatro de aquellos Papas mandaron que, muy aseados, limpios y vestidos de mantas blancas, cuidasen de su adorno y aseo, poniendo en el altar ramilletes de las muchas flores y rosas en que abundaba la tierra, y para que así lo hiciesen y resguardo de la Santa Imágen, dejaron por ermitaño de aquel nuevo y primer oratorio y ermita á un soldado viejo y cojo, que no podia servir en la conquista y guerra.

3. El más célebre y suntuoso Cu de toda la nueva España era el de la ciudad opulentísima de México, corte del grande, poderoso y rico Emperador Moctezuma, donde estaban los mayores ídolos, más venerados y temidos de todos los indios y naturales de toda la tierra, el cual estaba fundado en la plaza mayor de la ciudad. Tenia de circuito seis grandes solares de los que dan para edificar casas de vivienda: habia ántes de llegar á él dos espaciosos patios, cada uno con su cerca de cal y canto como un muro, y antemural, y estaban curiosamente enlosados con piedras y losas blancas muy lisas, y donde no habia losas estaba de argamasa bien

encolado y bruñido, y tan barrido y limpio, que no habia en ellos ni una paja, y desde lo bajo de él hasta su cumbre iba en propor- cion minorando; tenia ciento catorce gradas, y en medio de él al- gunas concavidades ó aposentos de vivienda. Habia en su cumbre una plazoleta y en ella una torre con una sala en medio, donde estaban colocados los ídolos. Era tan alto este gran Cu, que desde su cumbre se veia toda la ciudad, sus calzadas, lagunas y todos los pueblos, que eran muchos los que la rodeaban y guarnecian.

4. En la sala de la torre estaban dos como altares de ricos ta- blones, y en ellos colocados dos bultos y cuerpos muy altos y grue- sos como de gigantes: el de la mano derecha era el célebre ídolo que llamaban Huichilogos, y era el dios de la guerra. Tenia el ros- tro muy ancho, los ojos diformes y espantables, todo el cuerpo y cabeza tenia lleno de pedrería, piezas de oro y plata con muchas perlas y aljófar; del cuello tenia pendientes unas como caras y co- razones de indios y plata, y rodeados por la cintura unas culebras de oro; en una mano tenia un arco y en la otra unas flechas, y jun- to á él estaba otro ídolo pequeño, que decian era su paje, el cual tenia una lanza y una rodela de oro y de pedrería: á este ídolo grande llamaban el dios de la guerra, y delante de él y del altar estaban unos grandes braseros, donde quemaban copal, que era su incienso, y los corazones de los indios, que cada dia sacrificaban.

5. A la otra parte y lado izquierdo del altar, estaba otro gran- de bulto de la misma altura de Huichilogos, el cual tenia el rostro como de oro y los ojos le relampagueaban, porque eran hechos de espejos; todo el cuerpo muy adornado de preciosas piedras, oro, plata y perlas, como el de Huichilogos, que decian era su herma- no. A éste lo llamaban Tescatecupa y decian que era el dios del infierno, que tenia cargo de las almas de los indios mexicanos, y así tenia ceñidas por la cintura y rodeadas al cuerpo unas horri- bles figuras de diablos con las colas de serpientes.

6. En lo más alto de este grande Cu y su torre estaba otra con- cavidad con su altar labrado de ricas maderas, y en él estaba otro ídolo, medio hombre y medio lagarto, adornado de pedrería, el cual estaba hueco, y esta hoquedad tenia llena de todos los géneros de semillas que habia en la tierra: lo tenian y reverenciaban por el dios de las sementeras y frutos. La puerta ó entrada á la sala y

casa de estos abominables ídolos ó diablos, era la cabeza de un espantable dragon, por cuya boca, que la tenia muy abierta con grandes y agudos colmillos, entraban á sacrificar y á adorar á estos sus feísimos y falsos dioses, remedando con esta manera de entrada y puerta la del infierno, que segun la pintan es en esta misma forma.

7. En los patios de este gran Cu, maldito templo y casa de estos ídolos, estaban labrados algunos aposentos, que era la vivienda de los Papas, que como sus sacerdotes le servian, cuya figura y traje era como la de los demás que se han dicho, vestidos con lobas de mantas prietas y capuces grandes de lo mismo; las guedejas largas enredadas y llenas de costras de sangre, con las caras y orejas cortadas y señaladas, en señal de que estaban sacrificados á los ídolos que tenian á su cuidado y cargo: con esta figura de demonios y con sus capuces y lobas negras, eran los lobos carniceros que hacian pedazos y cuartos á los indios que sacrificaban, sustentándose de sus carnes, y ofreciendo los corazones calientes luego que los sacaban de los cuerpos, á los demonios que estaban en los cuerpos de los ídolos. Para esta carnicería estaban dispuestos en esta plazuela unos tajones ó tableros, y en ellos unas grandes piedras, donde ponian á los miserables indios que sacrificaban todos los dias del año, abriéndoles primero los pechos con cuchillos y navajones de pedernal, y sacándoles los corazones los ponian luego al punto sobre las ascuas de unos grandes braseros, turificando á sus dioses con el humo pestilencial que de tal incienso y carne quemada salia, y la sangre la untaban en el altar y paredes, y así estaba con la repeticion de estos sacrificios toda aquella infernal pieza, tan asquerosa y de mal olor y feà, que eran un remedo de las sucias abominables oficinas del infierno. Luego les cortaban los brazos y piernas; de esta parte era para el sustento de los malditos Papas, y parte se comian los indios en sus fiestas y banquetes, las cabezas colgaban de unas vigas y lo demás de los cuerpos sacrificados lo echaban á las bestias fieras, que tenian en una jaula ó corral. Las personas que aquí sacrificaban entre grandes y pequeños, eran al cabo del año más de dos mil y quinientas, y cuando hacian estos sacrificios tocaban tambor que tenian en este Cu, cuyos cueros eran de sierpes

grandes, y el ruido que hacia al tocarle era tan horrible y grande, que se oia casi á dos leguas y causaba su sonido espantable
miedo, asombro y temblor, como instrumento del infierno.

8. De esta misma suerte sacrificaron vengativos á estos sus en-
demoniados ídolos, por espacio de diez dias cuando estaban en la
mayor fuerza de sus batallas y guerra con los conquistadores, á
más de sesenta soldados españoles que aprisionaron en ella, ase-
rrándoles los pechos y sacándoles los corazones que ofrecian á los
ídolos; las piernas y brazos se comian vorazmente crueles y vengativos los indios, y lo demás de los cuerpos dé estos pobres soldados lo echaban á las fieras y bestias, tan brutas y carnívoras
como ellos, y al sacrificar á estos españoles tocaban el grande tambor y muchas trompetas, y atabales que hacia estremecer y temblar á los demás soldados que lo oian, y sabian la carnicería que
entónces hacian de los cuerpos de los soldados sus compañeros
y amigos, temiendo como hombres, aunque tan esforzados y valientes, si llegarian á hacer lo mismo con ellos.

9. Despues de este grande Cu, y casa de estos tres más célebres
ídolos y falsos dioses, estaban otros tres Cues ó casas más pequeñas, con otros ídolos, cuyas puertas y entradas eran otras bocas de
infierno y de dragones horribles como se ha dicho del grande, y tambien habia en ellos sus Papas que los cuidaban, y por cuya mano se
hacian los mismos inhumanos y sangrientos sacrificios, del mismo
traje y figura formidable y horrible que los demás; porque todos
eran hechura de una mano y obra de Satanás, á quien todos ellos
servian como sus infernales ministros. En la primera de estas tres
casas ó cues, estaban unos ídolos y feas pinturas, á quienes tenian
por sus dioses, abogados de los casamientos de los hombres. En la
segunda casa estaban recogidas muchas indias, hijas de las principales indias de México, donde estaban como en monasterio, hasta
que se casaban, y los ídolos que allí tenian eran de figura de mujer,
á quienes tenian por sus diosas, abogadas de los casamientos de
mujeres. En la tercera casa ó Cu, estaban otros ídolos, que eran
los dioses abogados de sus difuntos, y este era el entierro y pan-
teon donde estaban innumerables calaveras y zancarrones puestas
por su órden y muchos rimeros de huesos, que eran de los grandes
señores y principales caciques, señoras y cacicas nobles de México,

y todas estas casas y cues, estaban tan asquerosas, de tan mal olor y hediondez, con la mucha sangre que en ellos se derramaba en los muchos sacrificios que de humanos cuerpos se hacian, cual se deja entender de lugares tan inmundos, y más, adonde tantas y tan feas calaveras y tantos y tan horribles zancarrones habia."

Impresiones verdaderamente fuertes causa en el ánimo la lectura de los anteriores detalles. Si pasamos á examinar las prácticas religiosas de aquel tiempo entre los diversos pueblos de Oaxaca, encontramos que debido quizá á una colocacion más al Mediodía y á un clima más benigno, demostraron siempre más suavidad en sus costumbres: el suelo oaxaqueño nunca se manchó con la sangre de sacrificios humanos.

Si en el espíritu supersticioso de Moctezuma la llegada de Cortés fué interpretada como que era Quetzalcoatl, quien regresaba de Tlapalla para recobrar su trono y sus dominios[1] por el rumbo de Tehuantepec, la prodigiosa figura de *Guiscipocoché* que se conservaba desde tiempo inmemorial, preocupaba sobremanera al Rey Cosijopü. Le pidieron sus vasallos y señores hiciese sacrificios á sus dioses para obtener la interpretacion del presagio *que ya habian hecho* "de que siempre tuviesen á Guiscipecochi por cosa misteriosa y de gran pronóstico que en algun tiempo lo sabrian para daño suyo." El Rey de Tehuantepec Cosijopü, en efecto, así lo hizo, vistiéndose las vestiduras sacerdotales, de túnica blanca talar, mitra de plumas, cantidad de animales que ofreció al ídolo, que llamaban *corazon del reino* y lo tenian en una isletilla como Cu grande, con arboleda muy grande y mucha caza de conejos, y en medio una grande cueva, y al rededor la grande laguna de San Dionisio, al presente, por donde se embarcaban con canoas ó barcas. Acabado el sacrificio, que duró mucho tiempo, se volvió el Rey á la muchedumbre de gente que le asistia, con el semblante triste y acongojado, y les dijo: *Hijos mios, lo que ha respondido el gran Dios es que ya se ha llegado el tiempo en que lo han de echar de esta tierra, porque presto vendrán sus enemigos de donde nace el sol, y serán unos hombres blancos, á cuyas fuerzas y armas no han de poder resistir todos los reyes de esta tierra y nos la han de quitar y sujetar miserablemente, y traerán despues otros hombres vestidos de aquel traje que veis en la figura, que*

1 Gay., tom. I, cap. **V.**

serán nuestros sacerdotes, á quienes han de descubrir, los que quedaren, sus pecados de rodillas, como veis á aquella mujer.... Es muy digno de advertir, que ni las indias se cubrian entónces de cobija, ni se usaban sillas de espaldar.[1]

Sea ó no cierto que el ídolo revelara anticipadamente al Señor de Tehuantepec la venida de los españoles, es verdad que este Rey expresaba un pensamiento dominante entónces, y atribuido en su orígen á Quetzalcoatl, á saber: el anuncio de que habian de llegar por el Oriente poderosos extranjeros que dominarian el país y cambiarian la religion, no siendo ménos que existiera en el lugar mencionado la escultura de un domínico, pues Burgoa la vió. Torquemada no hace mencion de estos hechos, por no haber tenido á la vista los manuscritos y pinturas zapotecas, de donde Burgoa las extractó, segun lo dice él mismo; pero sí refiere otros semejantes, como puede verse en la obra citada de Gay, tom. I, cap. V, y tambien los testimonios que nos han dejado Fr. Gregorio García, Veytia, Francisco Hernandez, el Sr. Las Casas en su apologético, y Remes.

Si de Tehuantepec y de Zaachila en donde gobernaba Cosijoeza, padre de Cosijopü pasamos á las mixtecas, encontramos que en la montaña de Achintla se elevaba el adoratorio de la principal divinidad mixteca, cuya imágen era una esmeralda de cuatro dedos de longitud en que se veia primorosamente grabada una avecilla y una serpiente: este ídolo era el centro comun de donde partia el complicado tejido de venas por donde afluia la vida y el aliento de los mortales. Esta piedra preciosa de Achintla era, dice Herrera Pérez, el verdadero Yostaltepetl (palabra compuesta de dos elementos: Yoltotl, "corazon," y Atlepetl, "pueblo") que se conservó entre los mexicanos, y que á la vez de poner de bulto un centro de union, prueba que como el corazon es lo más interesante de la vida animal, así en materia de religion, aquella imágen era lo más querido que tenian, no ya tratándose de la paz, sobre lo que se contaba con Huitzilopochtli, sino en otro sentido místico de la más fácil explicacion. Cuando llegó Cortés á Veracruz, conmovido todo el país por la extrañeza de los forasteros, el Pontífice de Achintla recibió de Moctezuma una solemne embajada, portadora de cuantiosos dones, con la peticion de un solemne sacrificio al reverencia-

1 Burgoa y Gay, obra citada, tom. I, cap. V.

do dios de aquel lugar, para saber la suerte que estaba reservada
al pueblo. Hechas las oblaciones y quemados los perfumes que
prescribia el ritual, el Sumo Sacerdote penetró solo en el Santuario para consultar al ídolo. El pueblo que habia quedado á la parte
de afuera oyó entre ruido confuso de voces el fatídico anuncio de
que *habia concluido el Señorío de Moctezuma.* Los sucesos poste-
riores comprobaron esta profecía.[1]

1 Gay, tom. I, cap. V.

CAPITULO III

SIENDO el culto nefando de la idolatría el que predominaba entre los pueblos del Anáhuac en el momento de la conquista, no es de admirar que la Providencia dispusiera en sus altos juicios el castigo terrible de esos pueblos, para que, á la vista de tales rigores, conocieran los hombres por los hechos la omnipotencia de su brazo, y que no es indiferente á las ofensas que se le infieren.

El celoso Villavicencio nos pinta muy al vivo la destruccion del imperio azteca y la degradacion y exterminio de los idólatras perversos. En el capítulo XIII de la obra citada en que trata *De los castigos de Dios que experimentaron por idólatras los Reyes y los indios de este reino de la nueva España,* dice:

"1. Es cosa averiguada y cierta que todas las calamidades públicas y generales que se han producido en los reinos y en todo el mundo, han sido por pecados, y cuanto éstos fueron mayores, lo fueron tambien los castigos, y de la grandeza de éstos se colige lo enorme de aquellos, porque la Divina Justicia es rectísima, y así proporciona y mide la cantidad del castigo, con la calidad del delito. Tambien es cierto y evidente que despues de la caida del primer hombre, el mayor mal y pecado de cuantos ha habido en el mundo, fué el de la idolatría, porque de ella han procedido tantos horribles males y abominables pecados, que no hay palabras que basten á decirlos y explicarlos. El Apóstol S. Pablo, escribiendo á los Romanos, dice que en pena del pecado de idolatría entregó Dios á los hombres á la tiranía de todos sus apetitos y carnalidades, para que sin ningun freno ni resistencia se entregaran á todos los vicios. *Propter quod tradidit illos Deus in desideria cordis eorum, in immunditiam etc.* [1] Y porque usaron tan mal de la inclinacion que Dios imprimió en las almas que nos inclinaba á reverenciar y adorar al verdadero Dios, permitió que perdiesen todos los otros dotes y beneficios de la naturaleza, y así no hubiese en ellos verdad, ni fe, ni aficion con padres, ni madres, ni amigos, ni bienhechores, ni compasion de los necesitados, ni otro oficio de humanidad que tan propio es del hombre. Y de la misma manera permitió que así los hombres como las mujeres, dejando el uso natural que la naturaleza instituyó para la conservacion de la especie humana, usasen de otras invenciones contrarias á la comun ley y oficio de la naturaleza. Y porque no tuvieron el conocimiento que debieran tener de Dios, permitió el que viniesen á caer en ceguedad de entendimiento, para que como ciegos y desatinados, se despeñasen en todos los pecados de malicia, de fornicacion, de avaricia, de astucia, de envidia, de homicidios, engaños y malignidades. Y así fuesen tambien inventores de males, rebeldes á sus padres, ajenos de toda razon, sin lealtad ni misericordia. Todos estos y otros pecados, dice el Apóstol, se siguieron de la idolatría.

2. Y todos estos vicios, pecados y abominaciones, se vieron y se hallaron en los idólatras, Emperadores, Reyes y naturales de esta Nueva España, pues como se refiere en la historia de su conquista, eran todos de tan abominables costumbres, y en especial en el vicio de la lujuria, que no contentos con usar de muchas mujeres, teniendo por propias tantas cuantas podia sustentar cada uno, usaban del pecado nefando tan desenfrenadamente, que andaban muchachos en traje de mujeres á ganar con este infernal y diabólico oficio, y en las muchas veces que embriagados perdian el juicio y la razon (si acaso tenian alguna los que vivian tan contra toda razon y naturaleza), peores que brutos, no reservaban padres á hijas, hijos á madres, ni hermanos á hermanas. Y lo que es más, que áun hoy en dia (que es mucho para sentir y llorar) se hallan

[1] San Pablo á los Romanos, cap. I.

y ven estos desórdenes y gravísimas culpas en las muchas borracheras que públicamente, y como dicen, hacen con licencia porque han llegado á tanta altura los pulques, que personas de suposicion dan por su asiento muchos millares, y en aquel se rematan puesto en pregones, que más puja y más da, y de esta suerte autorizados valen mucho, y pueden mucho, y los indios que lo beben y se embriagan con pulque en públicas pulquerías, en su delito hallan patrocinio y amparo, porque en su mayor gusto y uso de esta bebida, tienen su ganancia los que sacan y compran por sus reales de á ocho su real asiento, como oficio de cuenta entre los que son, y se llaman oficios reales.

3. En las iras, rencores y mortales enemigos que por envidia y codicia de más tierras y riquezas tenian unos con otros los Reyes y los caciques, los pueblos y las naciones fueron tan crueles en sus sangrientas batallas, que á sus enemigos que en ellas mataban, no se contentaban con quitarles la vida, sino que á bocados se los comian, haciendo de sus carnes cocidas ó asadas los mejores platos, que crueles servian, y voraces devoraban en sus fiestas y · banquetes, tan inhumanos y bárbaros, que para ellos era la vianda más sabrosa la de la carne humana, á imitacion y ejemplo de su Emperador Moctezuma, que fuera de las muchas mujeres y mancebas que tenia, con quienes lujurioso cebaba su apetito y su lascivia, entre más de trescientos platos que en su mesa le servian de diferentes manjares, uno de ellos era para su mayor regalo, de las carnes delicadas de los niños tiernecitos, y á tanto llegó la inhumana crueldad de éstos, más fieras que hombres, que en todos los pueblos tenian unas como jaulas grandes de fuertes y gruesos maderos, y en ellas encerraban muchos indios é indias para cebarlos como marranos, y en estando gruesos y gordos los sacrificaban á sus ídolos y dioses, ofreciéndoles su sangre y los corazones, y los cuerpos hechos cuartos, públicamente los pesaban y vendian como si fueran cuartos de carnero ó de vaca en rastros y carnicerías.

4. Todos aquestos insultos y tan execrables delitos que idólatras y viciosos cometian inhumanos, irritaron tanto á la Justicia Divina, que llegado ya el tiempo de llevar su merecido, dispuso Dios y permitió se cumpliesen los agüeros y avisos que les habian dado los demonios por sus ídolos, los más célebres que tenian en

la ciudad de México, Huichilogos y Tescatecupa, que llegaria tiempo que por donde nace el Sol vendrian unos hombres blancos, por los cuales serian á sangre y fuego conquistados, y quitando las coronas á su Emperador y á sus Reyes, se harian Señores y dueños de su reino y de sus tierras, y que á sus mismos hijos y naturales los sujetarian, de suerte que los harian tributarios dentro de su mismo reino y tierra. Como sucedió, viniendo por los años del Señor 1519, al puerto de San Juan de Ulúa, el valeroso Capitan D. Fernando Cortés con solo quinientos ocho soldados, valientes españoles. Y habiendo entrado de paz en la ciudad de México, donde tomaron casa y pusieron su Real y sus trincheras, donde estaban siempre en arma, siempre en vela y prevenidos por estar entre enemigos, y aunque entraban y salian á comunicar y tratar Cortés y sus capitanes con el grande Moctezuma amigablemente en su palacio, tomando ocasion Cortés de haberle muerto los indios á un capitan y seis soldados que habia dejado en un pueblo, diciendo que habia sido con órden de Moctezuma, se determinaron á un hecho el más raro y singular que en historias se ha leido, que fué el prenderlo y llevarlo á su Real prisionero: como lo intentaron lo hicieron. Señalado pues el dia y quedando los soldados en su casa prevenidos y puestos á punto de guerra, fué Cortés con cinco de sus capitanes, y habiendo para cada uno de sus quinientos ocho soldados millares de indios guerreros, con grande denuedo se encontró en palacio, y llegándose á Moctezuma, grande Emperador de las Indias, le dijo: Vuestra Majestad se ha de servir de darse por preso, y venirse con nosotros, porque así importa y conviene. Y viendo que se alteraba, con resolucion le dijeron. Esto ha de ser así, y si no, aquí luego todos le quitarémos á estocadas la vida; véngase bueno á bueno, mostrando á todos que va á su voluntad y gusto para excusar alboroto. Caso raro! Viéndose Moctezuma dentro su corte y palacio en tanta infelicidad y desdicha, se demudó y de los ojos se le saltaron las lágrimas. Vino en todo, y lo llevaron Cortés y sus capitanes á su Real, donde lo tuvo preso con muchos guardas, y llegaron á ponerle como á delincuente, grillos. Quién oye esto y no queda lleno de admiracion y espanto? ¿Es posible que esto fué y así sucedió, y se vió ejecutado este hecho? Sí, pues miradas con atencion todas sus circunstancias, no fué tanto hecho de hombres, aunque hombres lo ejecutaron, sino obra del poderoso y fuerte brazo de Dios, para dar con esto principio al castigo que merecia por sus idolatrías y vicios este Monarca y su reino.

5. Esto se verá ser así de los muchos y grandes desastres que despues de aquesta accion se fueron experimentando, porque alborotados los indios, viendo preso á su Señor, se pusieron luego en armas muchos millares de ellos, y acudiendo todos con grande estruendo de guerra á sacarlo de la prision con ánimo y resolucion de quitar la vida á Cortés y á todos los españoles, los cercaron atrincherándose para que ninguno pudiese escaparse de sus manos. Viendo tanta multitud de guerreros despechados, temieron los españoles. Acudió Cortés á Moctezuma y le pidió que saliendo adonde todos lo viesen, los apaciguase, diciendo que por su voluntad estaba entre ellos, y que atentos le estimaban y servian obsequiosos. Mostráronle pues por un terrado ó azotea, acompañado de Cortés y sus soldados, y aunque les habló diciendo que él estaba libre y bueno, que no hiciesen demostracion alguna, ni meneasen las armas, luego que los indios viéron á Cortés y á sus soldados, encendidos en cólera y saña, sin atender en que estaba entre ellos Moctezuma, su Emperador y Señor, despidieron contra ellos tanta multitud y lluvia de piedras y de saetas, que aunque abroquelándole procuraron guarecer á Moctezuma, permitiéndolo así Dios por sus altos y secretos juicios, no saliendo herido ni uno de todos los españoles, á Moctezuma alcanzaron tres piedras y una saeta.

6. Muerto el grànde Emperador Moctezuma, rebelde en su idolatría, sin haber podido alguno de los ministros y capitanes reducirlo á que dejase la idolatría en que habia vivido, que recibiese la Fe de Jesucristo y el Santo Bautismo, por más diligencias que hicieron, desesperado acabó bárbaramente en su secta, sin haber querido comer, ni dejar que le curasen las heridas de su cuerpo. ¡Qué infelicidad tan grande! Enterraron á su usanza con majestad y grandeza el cuerpo de su Emperador los Sacerdotes y Papas en el gran Cu y oratorio de sus ídolos y dioses, donde tenian su entierro los grandes Caciques y Reyes, y donde poco despues, con sus ídolos abominables y sus mentirosos dioses, fueron quemados sus huesos, reduciéndolos á ceniza los valientes españoles.

7. Fué tanta la batería, que despues de muerto Moctezuma die-

ron para vengarse un sin número de indios con piedras, palos y flechas, á Cortés y sus soldados, que viéndose éstos casi todos heridos y muchos muertos, se determinaron á salirse de la ciudad á buscar fuera de las lagunas y acequias campo raso y tierra firme donde pudieran defenderse los pocos que habian quedado; consiguiéronlo una noche, con pérdida de muchas vidas y de la plata y el oro, que con dolor de sus almas, grande rebato y priesa, no pudieron llevar consigo. Viéndose fuera, y libres de todo riesgo y peligro, se repararon y previnieron para poner cerco á México y dar á la ciudad asalto. ¡Notable valor y ánimo de tan pocos contra tantos! Pues habiéndose convocado de todos los pueblos vecinos y de muchas leguas en contorno mucha multitud de indios, y un sin número de guerreros puestos todos en arma y en defensa de su gran ciudad y corte, no obstante, para que se viese y experimentase que más peleaba la espada de la Divina Justicia que la de Cortés y sus soldados, de allí á un año volvieron los españoles, y no habiendo quedado de ellos más que cuatrocientos cuarenta, y con la ayuda de dos mil de los amigos de Tlaxcala, pusieron á la ciudad cerco, ganaron las entradas y calzadas, y por las lagunas con fuertes y ligeros bergantines, les quitaron el entrarles socorro por parte alguna, quebraron la cañería del agua de Chapultepech, y en tanto aprieto los pusieron de hambre y sed y batería, que les dieron por espacio de 93 dias, quitando cada dia á muchos á sangre y fuego la vida, que viéndose los cercados que iban todos pereciendo, procuraron por no rendirse desamparar la ciudad, y de ella salir huyendo: el primero que se puso en fuga con su familia en una piragua, llevando consigo lo más precioso de su riqueza y tesoro en canoas por entre el tule y carrizo de una grande laguna, fué el Rey Guatemuz, sucesor de Moctezuma en el cetro y la corona, el cual iba á esconderse á unos pueblos vecinos. Pero teniendo de ello noticia los españoles salieron en sus bergantines á todo remo y vela, y uno de ellos, columbrándolo, dió tras él ligeramente, y dando alcance á la piragua amenazaron á los que iban en ella con los mosquetes y ballestas si no se rindiesen luego. Temeroso Guatemuz no le quitasen á él y á su mujer la vida, se descubrió diciendo que él era el poderoso Rey de México y de esta tierra. Pidió al Capitan del bergantin no le hiciesen mal alguno á él y á su mujer

ni á los demás grandes Señores de su palacio y Corte que le acompañaban: que lo llevase al Señor Malinche, que así llamaban al
Capitan Cortés. Dióse pues por prisionero, y entrándolo en el bergantin los victoriosos españoles, lo llevaron á Cortés, y viéndose
el Rey en su presencia, con sollozos y muchas lágrimas, le dijo estas razones: Yo como Rey he hecho lo que debia en defender y
guardar esta mi ciudad y reino, y pues soy tan infeliz y en tanta
desdicha me veo, tendré por muerte la vida, y así con ese puñal
que tienes pendiente en la cinta, quítamela luego al punto, que en
la ocasion te lo tendré á grande favor y merced. Pero el grande
Capitan Cortés, tan prudente y avisado como cortés y piadoso,
viendo á sus piés rendida á aquella Majestad Real, con benignidad cristiana le hizo tan buen cuartel, que no sólo no le dió la
muerte que le pedia, sino que le ofreció la vida, tratarle y servirle
como á persona real. Á tanto como esto llegó el poderoso brazo
de Dios abatiendo y castigando á este Rey y á todo el reino, por
lo mucho que le tenian agraviado y ofendido con tantas idolatrías
y sacrificios inhumanos, que sacrílegamente hacian á sus ídolos y
dioses.

8. No obstante que Cortés cortesmente trató á Guatemuz como
á Rey, y hacia que como á tal sus soldados le sirviesen, por diferencias que hubo entre los oficiales reales sobre el quinto del tesoro, que hallaron en la ciudad y tocaba á Cárlos V, su Rey, pareciéndoles ser poco los trescientos ochenta mil pesos de oro que
tenian juntos, para que todo se descubriese, pidieron que al Rey
Guatemuz y á su Privado y primo del Señor de Tacuba, que habian preso con él, diesen tormento para que declarase dónde estaba escondido. Y aunque sintió esto mucho Cortés porque sus
émulos le imponian que lo sabia y guardaba para sí, vino en que
se diese al Rey y á su Privado tormento: con esta determinacion
pusieron á los dos en el potro, y el tormento fué quemarles los piés
con aceite hirviendo, y con la fuerza del tormento confesaron que
cuatro dias ántes que los prendiesen echaron en la laguna todo el
oro, la plata y joyas que tenian en su poder. ¿Qué sentiria este
Rey viéndose en tanta desdicha dentro de su misma Corte y reino
puesto á cuestion de tormento, y que quitado del trono de su real
casa y palacio, como á hombre vil y delincuente lo tenian en un

potro? Esto debió temer, y por no llegar á verse en tanta afrenta y tormento, pidió con instancia y lágrimas á Cortés que le quitase á puñaladas la vida, teniendo este Rey por mejor el acabar y morir á los filos de un acero, que vivir para ver afrentada en un potro su Majestad y corona. Pasemos de este castigo que dió el cielo á este idólatra Rey, al que padeció toda su grande ciudad y corte, y sea en otro capítulo por no dilatar mucho éste.

CAPÍTULO XIV.—*Prosigue la misma materia del capítulo pasado.*—1. Preso el Rey de México y veinte de los principales de su Corte, quedó la ciudad sin gobierno, sin concierto y sin órden, y así como todos los miembros de un cuerpo tienen aliento y vida del alma que los anima, y faltando ésta todos ellos desfallecen, así todo un reino sin un Rey, toda una República sin Gobernador, y todo un ejército y sus soldados sin su guía y capitan. Habiendo pues quedado todos los mexicanos sin Rey, sin Gobernador y Capitan, de tal suerte desfallecieron, que á todos se les cayeron las armas de las manos, y viéndose de los españoles conquistados y vencidos, todos se les rindieron y sujetaron humildes. Entraron en la ciudad y á cada paso que daban crecia la admiracion y espanto, porque eran tantos los cuerpos muertos y cabezas de indios que encontraban, que apénas hallaban por donde andar sin pisarlos. Las lagunas, las acequias y calzadas, las plazas, calles y casas, estaban llenas de indios y de indias y muchachos muertos y corrompidos, unos á los filos y aceros de las espadas y lanzas, otros á las ardientes violencias de trabucos y mosquetes, y otros á las tiranas crueldades de la sed y del hambre, porque fué ésta tan grande en los noventa y tres dias que los tuvieron cercados sin agua y sin bastimento alguno, que habiéndose comido las yerbas que habia brotado la tierra, de sus entrañas sacaban sus raíces duras y secas, para mantener la vida y para dilatarla algo, hacian vianda y plato de las duras cortezas de los árboles y troncos. Y cuando aprisionaban á algunos de los indios tlaxcaltecos sus contrarios y enemigos, ó de los soldados españoles, incitados del hambre y del rencor que les tenian, á bocados se los comian, deseando satisfacer su canina hambre y sed, crueles como inhumanos con sus carnes y su sangre. Como eran tantos los cuerpos y estaban ya corrompidos, era tanto el mal olor y tan grande la hediondez que no la podian sufrir, y temieron apestarse y todos perecer con ellos. Para obviar este peligro, procuraron diligentes que los vivos enterrasen á sus muertos, aunque todos ellos estaban tan flacos, secos y pálidos, que parecia que eran esqueletos de los muertos, ó una sombra de la muerte con movimientos de vivos. Y para que en tanta desdicha no acabasen de morir, les mandaron que saliesen de la ciudad á gozar de los saludables aires, buenas aguas y alimentos en los pueblos circunvecinos. Este fué el castigo que experimentaron estos protervos idólatras y altivos indios de México: veamos el que dió el cielo á sus ídolos y dioses.

2. Entre los grandes asaltos que dieron á la ciudad los valerosos españoles, fué el que dieron al encumbrado y alto Cu, oratorio ó casa de los ídolos más célebres que adoraban los mexicanos, y aunque era tan grande como ya se dijo, tan alto y fuerte que estaba murado con dos grandes cercas y á él se subia por ciento catorce gradas, por él rompiendo estos valientes héroes entraron y subieron haciéndose lugar y abriendo camino entre los muchos indios que armados lo guardaban á fuerza de brazos y fuertes estocadas, llegaron victoriosos á su eminente cumbre, donde hallando mucha variedad y diferencia de ídolos de todos metales de oro y plata, de hierro y barro, y las dos célebres y agigantadas estatuas de los dos grandes ídolos Huichilogos y Tescátecupa, adornadas y vestidas sus espantables figuras de ricas preseas y preciosas piedras, que puestos en sus altares adoraban como á dioses, abrasados con el fuego de su católico celo, embistieron con ellos, y de los altares tirándolos al suelo con desprecio, haciéndolos pedazos, los deshicieron á todos. Y para que de ellos no quedase rastro, ni memoria alguna, les pegaron fuego, y en vivas llamas ardiendo las estatuas, los ídolos, oratorio y casa, en breve la actividad de este voraz elemento, vengando la injuria que en ellos habian hecho á su Criador los idólatras, los redujeron á todos en ceniza y polvo, que entregadas al aire, despareció el viento, enarbolando triunfantes en aquella eminencia los soldados cristianos sus banderas católicas con la Cruz de Cristo á pesar de sus contrarios, del demonio y del infierno......"

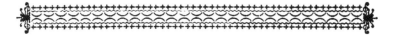

CAPITULO IV

A religion católica fué conocida en Oaxaca poco tiempo despues de la entrada de Hernan Cortés en la capital de México; pero la creencia en el verdadero Dios y demás verdades reveladas, no se arraigaron en el pueblo indígena sino muy lentamente. Los conquistadores despojaban á los indios de sus viejos simulacros, reduciéndolos á polvo si eran de barro, ó llevándolos consigo si estaban formados de algun precioso metal; mas estas violencias, hijas del mejor deseo, aprovecharon poco para arrancar de los corazones de los conquistados el apego á la superstición é idolatría en que siempre habian vivido, continuando muchos idolatrando en secreto, aun despues de haber recibido el santo Bautismo.

Por otra parte, tuvieron que trascurrir no pocos años ántes que un número suficiente de misioneros lograra establecerse en la que fué despues Diócesis de Antequera, y aun entónces, tuvieron que luchar con graves dificultades, como la extremada fragosidad del terreno, la variedad de climas y la multitud de razas distintas unas de otras por el orígen, idiomas, hábitos, etc., que forman hasta hoy un cuerpo, digámoslo así, heterogéneo y sin otro lazo de union que el de las creencias religiosas.

La Sierra Madre, que en Puebla y México eleva sus picos á inmensa altura, se abate y extiende en el Obispado de Oaxaca, ocupando casi toda su extension. Se encuentran pocos y estrechos valles y se suelen ver en la cumbre de las montañas los hermosos planos á que los geógrafos dan el nombre de mesas.

Desde las costas del Pacífico se sube gradualmente hasta una altura de 4,000 metros sobre el nivel del mar, para bajar en seguida hasta las aguas del seno mexicano. Esta diversidad de alturas y la situacion geográfica de Oaxaca en la zona tórrida, como tambien los vientos que soplan de los dos mares, hacen que en su territorio se encuentren todos los climas, desde el más frio al más caliente, desde el más húmedo al más reseco, predominando el primero en la costa del Golfo y el segundo en el lado del Pacífico: hay por consiguiente en el territorio, debido á esta variedad de condiciones climatológicas, todos los ricos y múltiples productos de flores y frutos; pero en cambio la salud y la vida del hombre están siempre sujetas á ruda prueba en algunos lugares, principalmente en las costas.

Se hablan en Oaxaca, además del castellano, los siguientes idiomas: enicateco, serrano, mixteco, mije, zapoteco, netzichu, chocho, chontal, mazateco, chinanteco, chatino, mexicano, amusgos, huave, tehuantepecano, zoque y triqui.

El primer sacerdote que pisó la tierra oaxaqueña fué Juan Diaz, quien acompañó á Francisco de Orozco en la expedicion á Oaxaca. "El ejército español, dice Burgoa,[1] no trajo más sacerdote que un padre clérigo, de ánimo y de buen espíritu, por capellan, y deciales misa cuando habia oportunidad, y la primera que dijo en este valle fué estando alojado el campo despues del rio en la ladera del cerro que llaman de Chapultepec, donde se pobló despues Santa Ana,[2] y se hizo una enramada y se puso el altar portátil debajo de un árbol grande, que echa unas vainillas muy coloradas, y dentro una semilla de malísimo olor, y muy caliente: cómenla por regalo los indios con el agua de chile y llámanla los mexicanos Guaxe,[3] y por

1 2ª. parte, Dic. Geog., cap. 37.
2 El 25 de Noviembre de 1521 llegó Orozco al valle de Oaxaca, ocupando los terrenos del que hoy se llama pueblo de Santa Anita, situado en la márgen derecha del Atoyac y sobre la falda septentrional del monte Alban, cerca del otro pueblo que tambien llaman San Juanito.
3 "En el lugar de esta acacia se levantó por el año de 1826 una ermita que aún

ésta planta y primer plaza que ocuparon, pusieron á esta ciudad, siendo villa, nombre de Guaxaca, y despues Antequera y Ciudad, por lo que se parece en el sitio y vecindad á la noble de Andalucía: y con esta ocupacion de decir misa y confesar á los soldados tenia el buen sacerdote satisfecha á su obligacion, sin tener lugar, él ni otro, de entrar por los pueblos á predicar, ni enseñar la doctrina para bautizar los indios; y en parte fué conveniente, para que perdiesen el miedo y terror con que miraban á los huéspedes."

En las dos expediciones que hizo D. Pedro de Alvarado á Tututepec por el valle de Oaxaca, fué acompañado del venerable religioso Fr. Bartolomé de Olmedo, y en el segundo viaje con otro sacerdote que habia llegado con la escuadra de Garay, [1] segun dice Bernal Diaz. Es muy probable que aquel prudente religioso, muy celoso del cumplimiento de su deber, procurase la conversion de los indios y recogiese de sus trabajos algun fruto; pero se ignora cuánto haya sido éste: sólo se tiene la noticia de que Cocijoeza, rey de Zaachila, fué lavado por las aguas del Bautismo. Fr. Bartolomé estuvo además en la costa del Norte, sirviendo de capellan en alguno de los cuerpos destinados á la pacificacion de los

existe, situada á la orilla del camino nacional y á corta distancia de la garita de Xoxo.

"La misa se celebró el mismo dia 25 de Noviembre de 1521, entre diez y once de la mañana. El recuerdo de esta gran ceremonia lo solemnizaba el clero con una funcion anual que hacia en el templo de San Juan de Dios, llamado primitivamente Santa Catarina, porque el dia de la fiesta de esta Santa fué el de la llegada de los españoles. Destruido este templo por el terremoto de 1608, continuó celebrándose el aniversario en el templo de la Merced, pero trasfiriéndose la funcion religiosa al 8 de Julio, octava de San Marcial, patrono de Oaxaca. Una vez reedificado el templo de San Juan de Dios, continuó el Cabildo eclesiástico celebrando en él cada año aquel acontecimiento con una misa solemne.

"En tiempo del gobierno español las autoridades civiles y religiosas, y con especialidad los preciados de caballeros y mucho pueblo, despues de la funcion religiosa sacaban en triunfo por las calles un banderon viejo, que era el pendon Real con que habia sido agraciada la ciudad...... Hoy sólo queda como recuerdo de la ocupacion de Oaxaca por los españoles, la costumbre entre los maestros de escuela de dar asueto á sus discípulos el dia 25 de Noviembre, y éstos de obsequiar á sus maestros plumas adornadas, flores artificiales, etc., en cambio de fruta y baile con que son correspondidos."

Martinez Gracida, obra cit., cap. 54.

1 En el primer viaje tambien le acompañaron el clérigo Juan Diaz y el diácono Aguilar.

netzichus y mijes: entró en las sierras de estos indios y trabajó con su acostumbrada actividad, en predicar y enseñar los artículos principales de la fe, logrando bautizar cosa de quinientas personas; pero ya en este tiempo le acosaban las enfermedades y los años, los caminos le fatigaban mucho y no permaneció largo tiempo en esas provincias.[1]

Consta que en 24 de Abril de 1522 Fr. Bartolomé de Olmedo llegó con Alvarado á Tehuantepec, cuyo monarca Cosijopü, nieto por línea materna del Emperador de México, Moctezuma, los recibió en términos afables, convirtiéndose á la fe católica, y años despues construyó á sus espensas el convento de Santo Domingo en aquel lugar.

Aparte de estos sacerdotes se sabe que en la villa de Oaxaca, para el ejercicio del culto entre los vecinos, residia permanentemente otro, cuyo nombre se ignora, quien edificó el primer templo, bastante humilde en verdad, pues era de paja, pero que sirvió de Catedral al primer Obispo de Antequera. Burgoa da alguna luz para conocer el sitio que ocupó: por las señales que indica se reconoce con claridad el templo de San Juan de Dios, "ahora en ruina, y que siquiera por su venerable antigüedad deberia haberse reparado."[2]

Torquemada dice[3] que los franciscanos recorrieron la provincia de Zapotecas, enseñando la fe aun en Tehuantepec, siendo en consecuencia del número de los primeros sacerdotes que admiraron la magnificencia de los palacios de Mitla, de que da alguna noticia. Semejante aseveracion no es del todo improbable, pues segun el P. Gay, desde 1524 en que los franciscanos llegaron á México con el Padre Valencia, hasta 1528, en que fueron á Oaxaca los domí-

1 Bernal Diaz, c. 169.

2 Gay, t. I, cap. XII. Desde nuestra llegada á la Diócesis tuvimos el mayor empeño en recuperar del Gobierno el templo de San Juan de Dios. Secundados nuestros esfuerzos por algunos vecinos principales de la ciudad y el pueblo católico, logramos que se cediera para el culto, y desde luego se procedió á reconstruir el edificio. Debido á la caridad de los fieles y muy particularmente á la actividad, celo y generoso desprendimiento del Sr. D. Andrés Portillo, la obra está para terminarse y se ha cuidado de dar al edificio el carácter de las basílicas antiguas, fijando en sus paredes por medio de la escultura y la pintura, los recuerdos más gloriosos de la Diócesis de Antequera.

3 Lib. 3. c. 29 de su Monarquía Indiana.

nicos, tiempo hubo para que los primeros prolongaran sus viajes apostólicos hasta los Zapotecas, de quienes se sabia que eran numerosos, y que los principales se mostraban dóciles á los españoles.

Entre los primeros misioneros que sin duda alguna evangelizaron los pueblos zapotecas, fueron los domínicos. Fr. Domingo de Betanzos, superior de los religiosos de la Orden de Predicadores que llegaron á México, deseoso de enviar obreros apostólicos á Oaxaca, se acercó á Cortés, haciéndole presente la desgracia de los indios sepultados en los vicios y errores de la idolatría, de que no podrian librarse fácilmente, ya por sus idiomas que eran difíciles, ya porque vivian retirados en sus montañas, léjos del comercio y trato de los pocos españoles que se habian establecido en el valle de Oaxaca proponiéndole la mision de religiosos de su Orden, quienes con el auxilio de la predicacion convirtiesen al cristianismo aquella numerosa gentilidad, para lo que le pedia su proteccion. Cortés aceptó gustoso la proposicion, escribiendo cartas de recomendacion á los vecinos de la villa, en que suplicaba fuesen los religiosos acogidos con agrado. Debe haber acontecido esto en el año de 1527, poco ántes de la marcha á España de Hernando Cortés; mas por varias causas, los religiosos no se dirigieron á Oaxaca, sino hasta el siguiente de 1528. Fr. Gonzalo Lucero, sacerdote, y Fr. Bernardino de Minaya, diácono, fueron los señalados para poner los primeros fundamentos de la que más tarde fué la importante Provincia de San Hipólito de Oaxaca.

Cuando estos dos religiosos llegaron á la villa de Antequera, presentaron á los principales vecinos las recomendaciones de Cortés y, en consecuencia, fueron recibidos con agrado. En su obsequio, los representantes de la villa pidieron al capellan de la única Iglesia de paja que se habia levantado, les diese allí un abrigo, como en efecto lo hizo, señalándoles para habitacion una parte de la estrecha sacristía, por falta de otro mejor local. En aquel pequeñísimo convento se dedicaron los dos frailes á la observancia escrupulosa de las constituciones y reglas de su instituto, usando del templo de San Juan de Dios para sus oraciones y penitencias, así como para las pláticas que frecuentemente hacian al pueblo.

Entretanto, á México habian llegado unos religiosos domínicos, y uno de ellos, Betanzos, nombrado superior de otros tres, logró acompañar á D. Pedro de Alvarado hasta Guatemala. A su paso por Oaxaca dió á Lucero saludables instrucciones, indicándole que se dirigiese á México para pedir al Superior la aprobacion de lo hecho y procurar la venida de nuevos operarios. Así lo hizo Lucero, despues que en 1628 el Ayuntamiento de Oaxaca le concedió sitio amplio en la ciudad para fundar convento é Iglesia de su Órden.

Luego que los religiosos domínicos recibieron la donacion de los solares, convocaron á los indios mexicanos, súbditos del Marqués del Valle, suplicándoles les prestasen su ayuda en la edificacion de su convento. Con ellos, el diácono Minaya abrió los cimientos, amasó el barro con sus propias manos, llevó sobre sus hombros los adobes, levantó los muros y fabricó, en fin, el templo y la casa que deseaba. Aquel primer convento, situado en el lugar que ocupó el que se conoció con el nombre de San Pablo, quedó irregular y poco seguro por la falta de pericia del diácono director.

Miéntras Minaya trabajaba en el edificio material, Lucero discurria por los pueblos de indios zapotecas y mixtecas, evangelizando á los que hablaban mexicano, y aprendiendo diligentemente los idiomas del país, sin perder de vista á los españoles, predicando y confesando casi en su totalidad á los habitantes de la Villa. Cuando le pareció oportuno se dirigió á México acompañado de Minaya, dejando en su lugar uno de los frailes que Betanzos habia sacado de la Capital para su excursion por Guatemala.

Entre las medidas que adoptó el Rey para el gobierno de la Nueva España, fué enviar á México una Audiencia formada por hombres prudentes, inteligentes y virtuosos, cuya presidencia se confirió á D. Sebastian Ramirez de Fuenleal, Obispo de la Española. Este personaje, obligado por su amor á la justicia y á la humanidad, emprendió viaje á Oaxaca para remediar los abusos que viese y ordenar el gobierno de la Provincia. El lugar le pareció á propósito para residencia de un Obispo, que luego pidió al Emperador, y juzgando que su proposicion seria bien recibida, señaló el sitio en que deberia levantarse la Iglesia Catedral. En efecto, el Obispado fué erigido por Paulo III en 21 de Junio de 1535.

En España se comprendia la necesidad de erigir nuevas sillas

episcopales, pues era demasiado extenso el territorio de la Nueva
España para que dos Obispos solos, el de México y el de Puebla,
pudiesen atender á todas las necesidades; pero la mirada del Rey
no se habia fijado en Oaxaca para centro de la Diócesis, sino en
Goatzacoalcos. Así es, que entre las instrucciones que dió á su em-
bajador en Roma, una de ellas era que significase al Pontífice que
"haciendo muchos dias que habia mandado poblar de cristianos la
Provincia de Guazcalco, y hasta ahora no se habia proveido Prelado en ella: por la relacion y confianza que tenia de la vida y méritos
de Fr. Francisco Jimenez, de la Orden de San Francisco, y que haria mucho fruto en la conversion de los indios naturales de aquella
Provincia, así por su buena doctrina, como por la experiencia que
tenia de sus calidades y condiciones: y para que en ello hubiese mejor aparejo, le presentase á Su Santidad en su nombre para Obispo de aquella Provincia, con los límites que por entónces y para
adelante se señalasen por su persona Real ó por el Supremo Consejo de Indias, con facultad que los límites de él se pudiesen alterar y mudar cuando y como adelante pareciese convenir," encargándole además que "procurase que en el despacho de las Bulas
hubiese brevedad." Se despachó la Bula por el Sumo Pontífice el
14 de Enero de 1534, erigiendo el Obispado de Oaxaca y nombrando por su primer Obispo á Fr. Francisco Jimenez, quien, porque
no aceptó, ó porque murió ántes que le llegasen las Bulas, no llegó
á consagrarse. Tal vez el Obispado se confirió con el nombre de
Goatzacoalcos.

. Cuando el Illmo. Sr. D. Juan Lopez de Zárate entró en su Diócesis, encontró que otros operarios habian comenzado á desmontar
el terreno en que él deberia plantar la celestial viña. Betanzos regresó de Guatemala á principios de 1531, y dejando en Oaxaca dos
de sus religiosos, marchó á México. En ese tiempo Lucero habia
permanecido en la Capital de la Nueva España, obligado por el
precepto de sus superiores, y hasta 1533 no vió por segunda vez la
Villa Zapoteca. Era tan general y excelente el concepto que habia
logrado este religioso, que cuando se supo en Oaxaca su aproxima-
cion, el Ayuntamiento en cuerpo y casi todos los vecinos salieron á
su encuentro, manifestando al verlo, que se honraban con llevar
á sus labios los harapos que vestia.

El convento edificado dos años ántes estaba bien conservado por la solicitud de los vecinos, pues los dos frailes que habia dejado Betanzos, al saber que éste marchaba á Roma, habian salido en su seguimiento. El 7 de Noviembre de 1533 los Alcaldes, el Alguacil mayor y algunos Regidores dieron dos solares, agregándolos á los doce cedidos con anterioridad á los Padres domínicos, á fin de que ampliasen su templo. Lucero construyó entónces seis celdas de dos varas y media en cuadro para habitacion suya y de tres compañeros, y reasumiendo su antigua vida, comenzó de nuevo á evangelizar á los pueblos.

A solicitud de Cortés, se establecieron algunos domínicos en Etla, edificando iglesia de paja, como entónces era posible, en lo más fértil del pueblo que se llama Natividad, como quinientos pasos abajo de la actual. En Tlacochahuaya y en Teotitlan del Valle se oyó tambien esta vez la voz del cristianismo. Lucero llegó en algunas de sus correrías hasta la Villa Alta. Los esfuerzos principales del ardiente misionero se dirigian á la conversion de los indios; pero, aunque algo hubiese adelantado en el conocimiento del idioma zapoteco, aún no podia hacerse entender con perfeccion, lo que le obligaba á buscar otros medios de conseguir su intento. Con trazos no muy delicados, pues jamás habia tocado los pinceles, pintaba los principales misterios de la fe, exponiéndolos despues á la vista de los indios. Llevaba en sus misiones el cuidadoso predicador una esfera, cuya novedad causaba mucho contento á los indios, y la explicacion de lo que representaba mucho provecho. Dábales á entender cómo el sol y los demás planetas no hacen más que lo que Dios les manda, y les manifestaba cómo toda la máquina de los cielos y tierra está sujeta á que en un momento la deshaga Dios, como la hizo. Mostraba en segundo lugar sus lienzos pintados y explicaba á los curiosos los principales misterios de la fe católica.

Al inconveniente de la ignorancia de los diversos idiomas oaxaqueños se agregaba la escasez de sacerdotes, que imponia al religioso la obligacion de recorrer los pueblos sin detenerse en alguno. Es verdad que sus costumbres puras y severas, su templanza, desinteres, incansable actividad, mansedumbre y dulzura, no podian ménos que conmover á los indios. Mas como, á pesar de todo, apénas entendian lo que aquel religioso les decia, su predicacion más bien puede llamarse una preparacion al Evangelio que el Evangelio mismo. En estos ejercicios perseveró hasta el año de 1535 en que regresó á México para la eleccion de Vicario Provincial. En esta vez fué destinado á la Mixteca, sustituyéndole en Oaxaca Fr. Tomás de San Juan, que se hizo famoso en ese tiempo por su devocion al rosario.

Disputábanse entónces los frailes las ventajas en las penitencias y virtudes propias de su estado, en la modestia, humildad, suavidad en las palabras, valor en el sufrimiento y presteza para acudir al socorro de las necesidades de sus semejantes: con estas armas llegaron los domínicos en 1538 á Tehuantepec. El Rey Cosijopü habia ya abrazado el cristianismo, siendo probable que otros muchos imitasen su ejemplo. Algunos sacerdotes habian estado allí de paso, como Fr. Bartolomé Las Casas, Fr. Luis Cáncer, los Padres Minaya y Angulo, quienes predicaron el Evangelio; pero no habiendo permanecido mucho tiempo entre aquellos indios, la semilla de la divina palabra no produjo todo el fruto que fuera de desear. Los primeros que residieron en Tehuantepec con el carácter de Vicarios, fueron Fr. Gregorio Beteta y Fr. Bernardo de Alburquerque.

No era menor la actividad que desplegaban los religiosos por la Mixteca: habia convento en Yanhuitlan, pues el Vicario de esta casa, Fr. Dionisio de Rivera, dió el hábito, á 6 de Enero de 1544, á Fr. Dionisio de la Anunciacion, y poco despues á Fr. Vicente de San Pedro. Los primeros que predicaron el Evangelio allí, segun dice Burgoa, fueron Francisco Marin y Pedro Fernandez, frailes domínicos: comenzaron por Acatlan sus excursiones apostólicas, se detuvieron algun tiempo en Chila y penetraron despues á Yanhuitlan. Siendo insuficientes estos religiosos, á instancias del Señor Obispo de Zárate, y de acuerdo con el Virey, se dirigieron al mismo lugar otros dos frailes, Domingo de Santa María y Gonzalo Lucero.

Fr. Domingo vino á México deseoso de adquirir riquezas; pero movido por un sermon que oyó al V. P. Betanzos, cambió de própósito y recibió el hábito religioso. En las Mixtecas residió un año discurriendo por los pueblos en solicitud de los indios. Aprendió

con perfeccion el idioma, y más adelante dió á la prensa un diccionario que utilizaron sus sucesores. Fijó su residencia con Fr. Pedro Fernandez en el pueblo de Yanhuitlan, que tenia entónces
doce mil familias.

El primer cuidado de estos sacerdotes, despues del que les ins-
piraba la conversion de los infieles, fué el de edificar un templo
en que adorar al verdadero Dios, y reunir al abrigo del sol á los
neófitos que trataban de instruir en las reglas de la vida cristiana.
Obtenida la licencia del Vicario Provincial y el consentimiento del
Virey, pusieron manos á esta obra.

No era menor el ardor que desplegaba Fr. Gonzalo Lucero. Para comprender el género de vida que acostumbró al cumplir la mision que le confiaron sus superiores en órden á las Mixtecas, es
preciso echar una mirada á los innumerables pueblos que él primero y despues otros convirtieron al cristianismo. El vasto país
de las Mixtecas estaba entónces muy poblado por muchos miles
de idólatras, obstinados en sus errores y apegados á sus antiguos
vicios. Todo el que conozca la naturaleza del hombre podrá medir
en toda su magnitud la firmeza con que se adhiere el corazon á
las creencias religiosas de la infancia, tanto más queridas cuanto
más favorecen las pasiones: enormes eran las dificultades que Lucero debia superar. Sin embargo, Fr. Gonzalo, sin armas ni poder
alguno humano, persuade á casi todas las Mixtecas que rompan
sus tradiciones, despedacen sus ídolos, abandonen sus costumbres
libres y adopten la severa ley cristiana. Su residencia habitual
fué Tlaxiaco, en donde lo sepultaron. Su muerte fué sentida y llorada generalmente, y el Señor se dignó, al parecer, dar una prueba de que sus obras le habian sido aceptas, pues dos años despues
de su inhumacion se encontró el cadáver íntegro y fresco, como
en el dia de su santa muerte.

Nombrado Obispo el Illmo. Señor Zárate, aumentaron los ministros del Evangelio y se procedió á formar las parroquias, dando á
cada una su pastor: Ocotlan, Villa Alta, Cuilápan y Achintla, fueron las primeras agraciadas.

En la Mixteca progresó rápidamente el cristianismo, debido al
natural dócil de los indios, como al celo infatigable de los excelentes predicadores que la Providencia les deparó. Al célebre Lu-

cero acompañó y sucedió en las fatigas del apostolado el no ménos admirable Fr. Benito Fernandez, pues no tenia más deseo ni ·
otra aspiracion, que la de conquistar almas para Jesucristo. De
condicion era mansísimo, naturalmente dócil y blando, acomodán-
dose con suma facilidad á la pluma del indio y á la torpeza natural con que practicaba aquello de que no tenia costumbre. Cuidó
mucho del aseo y limpieza de los templos, y celebraba la Misa con
tal ternura, que movia á devocion á los concurrentes. Prevenia flores y perfumes para honrar al Divino Sacramento por donde quiera
que hubiese de llevarlo. Tan ocupado tenia el corazon por afectos
celestiales, que al viajar cantaba poesías que él mismo componia
para expresar sus sentimientos, y desahogar el fuego que lo devo-
raba. Con el pensamiento dominante de convertir á los indios, nunca contemporizó con los idólatras, pues el miedo era el menor obstáculo que pudiera embargar su ministerio.

Fr. Benito Fernandez, despues de haber acompañado á Fr. Lucero en Tlaxiaco, pasó á administrar la parroquia de Achintla. Al
entrar allí el religioso, perfecto poseedor ya del idioma mixteco,
soltó la lengua combatiendo con energía los errores y supersticiones de los idólatras. La elocuencia varonil del fraile les sorprendió;
pero más les intimidó el conocimiento profundo que manifestaba
tener, no sólo de los más secretos y profundos misterios de su religion, sino hasta de los términos singulares, conocidos de muy pocos, de que hacian uso para encubrir sus idolatrías.

Temiendo que el celoso y ardiente misionero diese por tierra con
toda la máquina de sus viejas supersticiones, se reunieron los indios para deliberar, determinando darle por fin la muerte, no con
violencia, que esto les expondria á la venganza de los españoles,
sino lentamente, sin ruido, por hambre. Rodearon, pues, la choza
que lo albergaba, formando un ancho cerco de hombres, una mu-
ralla humana que nadie podia franquear para entrar ni para salir.
El religioso, á quien no llegaba un grano de maíz de fuera, cogido
en aquella prision de repente, sin provision alguna, ni medio de
procurársela, por la imposibilidad de romper el círculo de indios
que vigilaba sin cesar, hubiera perecido sin duda, si algunos neófitos compadecidos no hubieran encontrado el modo de abastecer-
lo, arrojando por sobre las bardas algunas tortillas por la noche.

Con ellas el sacerdote se sustentó por muchos dias, lo que dió lugar á que los indios reflexionasen que aquella muerte lenta y cruel que se proponian no los libraba de la responsabilidad, y que por lo mismo, con los españoles quedaban sujetos á idénticas consecuencias que si derramasen la sangre del misionero. Pusiéronle, pues, en libertad, y entónces Fr. Benito, con más fortaleza y brío, dió vuelo á su predicacion, combatiendo rudamente las idolatrías de sus perseguidores.

Llegó á saber que en lo más alto de las montañas de Achintla tenian el mayor adoratorio de su ídolo, residencia del sumo pontífice, oráculo de toda la nacion: luego se determinó á encaramarse por aquellos riscos, y seguido de muchedumbre de indios, llegó á la cumbre. Allí vió distribuidos en nichos, colocados sobre piedras manchadas con sangre, envueltos aún en el incienso de sacrificios recientes, gran número de ídolos de figuras varias. La indignacion se apoderó de su ánimo, y sin detenerse por el miedo, comenzó á derribarlos de sus peanas y á hollarlos en presencia de todo el pueblo, al mismo tiempo que los conjuraba, en idioma mixteca, para ser entendido, á que se defendieran si pudiesen. "Falsos, les decia, mentirosos y engañadores, salid de esas piedras y maderos inmundos y mostrad vuestras fuerzas contra este solo hombre que os avergüenza," y arremetió furioso contra ellos.

Temblaban los indios creyendo segura la ruina del mundo con el destrozo de sus divinidades; mas al observar asombrados que nada extraordinario acontecia, y que tan mal se defendian ellos de los insultos del fraile, fueron desengañándose, cobraron aliento y trataron de revelar el escondite del ídolo principal. Llamábase éste "Corazon del reino," como ya hemos dicho, y recibia culto en el lugar más secreto. Un indio lo llevó á la presencia de Fr. Benito, envuelto aún como estaba en su adoratorio, en delicados y ricos paños. Cuando el religioso le tomó en sus manos, no pudo ménos de maravillarse y aun de llorar, sorprendido por la hermosura de aquella rara y valiosa joya.

Por entónces el buen sacerdote se limitó á guardar en el bolsillo al dios de los mixtecas, predicando un largo sermon sobre las perfecciones del verdadero Dios; mas un poco despues, no queriendo dejar vestigio alguno de las antiguas idolatrías, pulverizada la preciosa piedra y mezclada con tierra, la esparció por el suelo, hollándola repetidas veces y predicando nuevo sermon sobre el asunto.

En otra ocasion tambien Fr. Benito mostró su valor y su incontrastable celo. Cerca del pueblo de Chalcatongo, y en una montaña
muy alta, existia una profunda cueva, obra de la naturaleza, que
los mixtecas hicieron el vestíbulo de la eternidad. Creian estos indios en la inmortalidad del alma y la resurreccion de los cuerpos,
y juzgaban que aquella cueva era la puerta del paraíso y el paso
necesario para llegar á las florestas siempre amenas de la otra vida. Cuando moria, pues, algun cacique, su cadáver era llevado entre ceremonias extrañas y depositado en la cueva, cuya entrada
estaba prohibida, bajo pena de muerte, á todos los vivientes, excepto á los sacerdotes, quienes, para mantener al pueblo en sus
errores, contaban mil quimeras de aquel lugar. Fr. Benito, en el
curso de sus correrías, tuvo noticia de la misteriosa cueva, y resolvió llegar á ella en compañía del pueblo, y franquear atrevidamente
aquella puerta del cielo.

Los indios, unos temiendo el enojo de sus dioses que habria de
caer terrible, segun presumian, sobre el osado fraile; otros, por la
prohibicion general de entrar, le acompañaron sólo hasta la puerta
de la cueva, sin atreverse á dar un paso más; pero Fr. Benito, encomendándose á Jesucristo por las asechanzas que pudieran haberle preparado los idólatras sacerdotes, entró resueltamente. Luego, al reconocer el lugar, descubrió una dilatada cuadra escasamente alumbrada por ciertas troneras abiertas en la bóveda. Á los
lados estaban distribuidos unos sepulcros en forma de urnas, y en
ellos depositados cuerpos humanos amortajados ricamente y adornados con piedras de valor. Acercándose más, reconoció con sorpresa el rostro de algunos caciques é indios principales, aun de
pueblos distantes, con quienes habia conversado muchas veces,
juzgándolos cristianos excelentes, entre los cuales le fué fácil distinguir á un anciano rey de Achintla. Penetrado entónces el religioso de vivo dolor, por la desgracia de aquellos indios muertos en
el seno de la infidelidad ó de la apostasía, prorrumpió al principio
en lágrimas y exclamaciones que se oian desde afuera, y que por
la muchedumbre agrupada á la entrada de la gruta eran tomadas
como resultado previsto de la increible audacia del fraile, como

muestra de la venganza de sus dioses. Mas acallando luego el religioso la voz de su pesar para dar cabida en el pecho á la indignacion, acometió con ímpetu á los cuerpos muertos, los arrancó de sus nichos, los arrojó al suelo, los holló, al mismo tiempo que los despojaba de sus vestidos y alhajas. Vió en seguida un segundo salon más interior, penetró en él, descubrió muchos ídolos de madera, de piedra y de oro, de figuras diferentes y pinturas en papel de maguey, de los que usaban los indios como libros; todo lo desgarró y despedazó, haciendo estragos en cuantos objetos llegaban á sus manos.

Cuando los indios juzgaban que habia muerto en extraño castigo, víctima de su desacato é impiedad, fué saliendo el fraile bañado en sudor y muy fatigado del combate que sostuvo con los cuerpos muertos, llevando consigo como trofeo de su victoria los fragmentos de los ídolos y los despojos de los cadáveres. Como de costumbre, predicó un sermon ardiente con que no sólo convirtió á muchos á la fe, sino lo que es más, logró que los mismos mixtecas formasen una hoguera y quemasen sus ídolos y algunos de los cadáveres de sus caciques.

Hizo un tercer descubrimiento Fr. Benito, de idéntica naturaleza, por las cercanías de Chicahuaxtla, corriendo un grave riesgo de perder la vida al ser arrastrado por las aguas de un torrente; mas con la fortuna de sorprender á los sacerdotes en el momento de ofrecer sacrificios á sus divinidades, así como de atraerlos con sus razonamientos á la fe cristiana. Misionero incansable, predicó el Evangelio tambien en Justlahuac y Tecomastlahuac, recorrió la Mixteca baja, y se le debe la conversion al catolicismo de Ometepec, Jamiltepec y Tututepec, cuyos ídolos despedazó, segun costumbre. Convertidos á millares por su palabra los idólatras, lo vieron como un padre comun, á quien consultaban en sus diferencias domésticas, y de cuya autoridad se valian para terminar sus pleitos. En el pueblo de Achintla, que habia sido el principal teatro de su celo, entregó su bella alma al Creador el 23 de Agosto de 1550.

No era menor en Oaxaca que en la Mixteca la diligencia que ponian los religiosos domínicos en propagar el catolicismo. Desde 1535, la casa de Oaxaca habia sido aceptada en el capítulo provincial celebrado en México, asignando como su primer Vicario á Fr. Pedro del Rosario. Sucesivamente habian desempeñado el mismo destino Alburquerque y Mayorga, quienes con cuatro religiosos habitaban el convento de San Pablo. El 4 de Setiembre de 1547 se erigió en convento formal, señalándose como su primer Prior al Señor Alburquerque y asignándole como moradores otros trece religiosos. Esta copiosa remesa satisfacia los deseos del Illmo. Sr. Zárate y las necesidades de la Diócesis, pues todos se esforzaban en moralizar á los españoles de la ciudad, y en civilizar á los indios, cuyos protectores eran. Para que no faltasen más adelante ministros competentes á la religion, se pensó luego en formar un noviciado, cosa que tuvo efecto en el siguiente año de 1548. Los yanhuitecos tuvieron por primer encomendero á Don Francisco de las Casas, pariente cercano de Cortés, hombre de espíritu levantado y de pensamientos nada comunes, á quien los indios vieron con gusto en su compañía. Concibió un plan grandioso para la construccion del templo y del convento. Hizo venir de España los mejores arquitectos y pintores, sacándolos de los que se habian distinguido en el Escorial, que Felipe II acababa de edificar. Se buscó cantería y cal, se terraplenó el terreno y se comenzó la obra con entusiasmo y gusto general. Sin contar los oficiales que labraban las piedras y preparaban la mezcla, los que asistian á los maestros que daban los trazos sobre las piezas de arquitectura, ni los demás que trabajaban inmediatamente en el edificio, los mozos que conducian piedra y cal desde largas distancias, eran seis mil, que se turnaban por fracciones de seiscientos cada dia. El trabajo continuó con perseverancia, sin disminuir el número de operarios, por tiempo de veinticinco años, hasta que se coronó con el éxito más feliz: han causado la admiracion de los siglos las bellezas arquitectónicas del suntuosísimo templo. En seguida se fueron edificando los grandiosos monumentos de Teposcolula, el de Cuilápan, los de Teitipac y Ocotlan.

Los Padres domínicos fueron los primeros que se encargaron del cultivo de las ciencias. En 1547 fué asignado Fr. Fernandez de Mendez para dar lecciones de Teología. Es muy probable que por entónces sólo se hayan consagrado al estudio los mismos regulares y algunos otros pocos, deseosos de recibir órdenes sacerdota-

les; pronto se conoció, sin embargo, la necesidad de ensanchar la
esfera de los conocimientos, y en 1553 fué ya instituido maestro de
artes y teología Fr. Juan Martinez, á quien sucedió en el mismo
encargo poco despues Fr. Gerónimo de Tejada. Tres años más tarde,
en 1556, se instituyó la cátedra de gramática latina y se prescribió
que los regulares celebrasen conferencias morales. Estos religiosos
no circunscribieron la enseñanza á los límites del convento, sino
que abrieron las puertas á la juventud en general, haciéndola cobrar amor al saber.

El cuidado principal de los domínicos era la conversion de los
indios, y sus atenciones, despues de la ciudad, se dirigian con preferencia á la Villa Alta. El Sr. Obispo Zárate habia puesto en
aquel lugar á sus clérigos, quienes, teniendo á su cargo muchos
pueblos, para cumplir sus deberes, partian al trabajo separándose
cada cual por su camino, desamparando entre tanto la Villa, poblada entónces por treinta familias españolas. Semejantes ausen-
cias causaban desagrado á los vecinos que no tenian oportunos los
auxilios espirituales: se quejaron al Sr. Obispo, quien proveyó en
el caso, mandando que fuesen visitados con frecuencia por religiosos domínicos. Dos de estos marcharon en efecto á la Villa, en donde
fueron recibidos con demostraciones de júbilo. Más tarde edifica-
ron un convento y fué el primer prelado de Villa Alta, designado
en 15 de Enero de 1558, el Venerable Fr. Jordan de Santa Catalina, cuyo proceso de beatificacion se remitió á la Santa Sede y
debe existir en los archivos de la S. Congregacion de Ritos. Se
dieron por compañeros á Fr. Jordan otros tres regulares: Fr. Pedro Guerrero, Fr. Pablo de S. Pedro y Fr. Fabian de Santo Domingo, lego, de costumbres ejemplares. El primer cuidado de los
religiosos fué la construccion de un templo, que lograron edificar
ayudados por las autoridades y los vecinos. El lego se encargó
de enseñar á los niños los primeros rudimentos de las letras, tomando luego bajo su direccion hasta el número de unos quinientos. Estos aprendieron prontamente á leer y escribir, y con algunos principios de doctrina cristiana y de canto llano, se espar-
cieron por los pueblos, enseñando á otros muchos lo que sabian.
Fr. Jordan, perfecto conocedor del zapoteco, emprendió la predicacion á los indios de este idioma, y Fr. Pedro Guerrero el estudio

5

del mije, para recorrer despues las comarcas habitadas por éstos.
La religion cristiana se siguió propagando rápidamente, debido
al celo de los domínicos y al ministerio que ejercia el clero secular. El Illmo. Sr. Alburquerque fijó su atencion en las regiones
más remotas del centro de su Obispado y emprendió la primera
visita pastoral á Tehuantepec. Era tal el amor y respeto que desde entónces manifestaban ya los oaxaqueños á sus Obispos, que
es digno de referirse el hecho siguiente. Al llegar el Sr. Alburquerque á Tehuantepec, le pidió audiencia una india principal de
aquella Villa. Era nieta del último Rey de los zapotecas, here-
dera legítima por la sangre y por las leyes de sus mayores del
trono de sus padres, y se llamaba Doña Magdalena Cosijopü. Era
discreta, sinceramente cristiana, y tan respetada de los que deberian haber sido sus vasallos, que aun le doblaban la rodilla,
sin atreverse á mirarle el rostro cuando andaba por la calle. La
noble india se presentó con el esplendor y majestad de los antiguos reyes, y despues de los primeros saludos, hizo algunos
esfuerzos para hincarse ante el Obispo, cosa que no permitió el
respetable prelado. Doña Magdalena se proponia en aquella entrevista agradecer cordialmente, como lo hizo con excelentes razones, las fatigas que se tomaba el Sr. Alburquerque en beneficio
de los suyos: para mostrar mejor su reconocimiento, le ofreció unas
muy bellas pieles y gran cantidad de ricas plumas y algunos vasos llenos de valiosas joyas de oro. El Sr. Obispo recibió las pieles,
súplicando á la india repartiese las alhajas entre los necesitados.
Este generoso desprendimiento acabó de cautivar el corazon de la
cacica, y el de otras doscientas personas principales que formaban
su acompañamiento.

Volviendo á la Provincia de Villa Alta, la historia nos enseña
cómo Fr. Jordan docilizó á los indios, los congregó en pueblos, les
enseñó algunas artes, los doctrinó en la fe de Jesucristo, y cuando
entendió que dejaba firmes en las creencias católicas á los zapotecas serranos y á los netzichus, prestó sus auxilios tambien á los
mijes y á los chontales. Fr. Pedro Guerrero tomó con tanto calor
el cuidado de los mijes, que á los seis meses sabia con perfeccion
su idioma y estaba instruido en sus costumbres más íntimas. Desde
el primer dia lo vieron llegar á sus pueblos sin aparato alguno de

armas, sin apoyo alguno en los conquistadores, saltando como los gamos sobre los riscos de sus montañas, mal cubierto con el hábito y débilmente sostenido por un bejuco. Los mijes eran valientes, y hasta entónces habian permanecido con pecho indómito ante las alabardas españolas; mas sin saber por qué ley de la naturaleza la debilidad triunfa casi siempre de la fuerza, aquellos indios varoniles que habian destruido ejércitos, mansos y dóciles abrieron sus puertas al fraile dominicano.

Cuando lo vieron llegar, se agruparon en torno suyo, le contemplaron en silencio, y se maravillaron oyendo que les hablaba en su idioma, y que, como si fuese con el dedo, les tocaba las llagas del corazon. La doctrina que predicaba era una filosofía inaudita para ellos, pero irresistible, encontrando siempre eco en el fondo del alma. El resultado de todo fué el que debia preverse. Al principio andaban los indios confusos, concertando en su mente la doctrina que les predicaba, y un poco despues, como alumbrados súbitamente por un rayo de luz del cielo, fueron en masa al sacerdote pidiendo las aguas del Bautismo.

Las obras emprendidas por aquellos fervorosos misioneros, eran grandes, y por consiguiente no se realizaban sin graves dificultades. Por el año de 1559 supo Fr. Pedro que D. Alonso, cacique de Comaltepec, y su hijo, apostatando de la fe católica, tributaban adoracion á los ídolos. Con esta noticia emprendió la marcha, deseoso de reducir á la oveja descarriada. Llegó á Comaltepec, se avistó con el cacique apóstata, le habló con entereza, le obligó á confesar sus delitos, recibió de sus manos los ídolos que tenia ocultos debajo del altar católico, en donde halló cuatro marmitas de barro llenas de idolillos; derribó el sacrificadero erigido en aquel lugar, despedazó los frágiles ídolos, holló las plumas, el oro y las joyas que los adornaban, y en presencia del pueblo, con manifiesto peligro de su vida, aprehendió al cacique culpable y lo condujo á la Villa Alta.

Luego se dirigió á Choapam, por la noticia que le dieron de nuevas apostasías verificadas allí, en busca del gran sacerdote Coquitila; mas no tuvo la fortuna de encontrarlo por haber muerto poco ántes. Iguales apostasías habia en el pueblo de Tabaa, adonde se encaminó luego el celoso apóstol. Encontró allí un adoratorio, ó inquiriendo el nombre de los culpables, le fué revelado el de siete personajes principales del pueblo. Los llamó á su presencia, les habló con su acostumbrada energía, y los persuadió que entregaran los ídolos. Así lo prometieron; mas apenas se retiraron á su casa, se arrepintieron. Uno de ellos, el más antiguo, habló á los otros en estos términos: "Sabeis que nuestros dioses, á quienes hemos servido con la sangre de nuestras venas y con los sacrificios, de que son mudos testigos los montes, nos tienen preparado el descanso del otro mundo; y para gozarle luego, y salir del dominio de estos poderosos extranjeros y librarnos de la persecucion de sus sacerdotes, que nos quitan nuestras divinidades, queriendo que sólo á su Dios adoremos, desamparando á los nuestros, que durante tanto tiempo nos han dado aguas ó hijos, es el mejor medio morir. Nos esperan fiestas y regocijos: si teneis valor, seguidme á la muerte; si no quereis seguir mis pasos, esperadme, que intercederé con los dioses y vendré por vosotros." Se despidió de todos, tomó un lazo, se internó en el monte, y atado á las ramas de un árbol, se extranguló. Más tarde, con el convencimiento que tuvieron los compañeros del idólatra, se apresuraron á señalar la cueva que les servia de templo y á entregar las estatuas de sus principales deidades.

Todos los pueblos de Caxonos siguieron el ejemplo: se recogieron de los templos y de las habitaciones privadas ídolos de todas materias, de todos tamaños y figuras, y juntos con los instrumentos del culto se pusieron á los piés de Fr. Pedro. Aquel dia fué funesto para los ídolos: se les juzgó con solemne auto de fe, y todos, sin excepcion, fueron condenados á perecer. No hubo clemencia para ellos, pues Guerrero redujo á polvo así los que estaban formados de vil barro, como los más preciosos y ricos.

Al llegar á este punto prevenimos al lector y le invitamos á que se fije en las diversas épocas por las cuales ha atravesado Oaxaca en el órden religioso. En la primera de dichas épocas, que comprende el espacio que média entre la conquista de México y la conversion de los pueblos de Caxonos, se predicó el Evangelio en toda la extension del Obispado por unos cuantos religiosos de Sto. Domingo, habiendo iniciado esta empresa Fr. Bartolomé de Olmedo, mercenario, y coadyuvado en ella alguno que otro sacerdote seglar.

Pasados esos tiempos apostólicos, la Iglesia oaxaqueña entró en una segunda época, que abarca el período de un siglo y medio, hasta el año de 1700, cuando fueron martirizados por los pueblos coligados de Caxonos, los venerables fiscales D. Juan Bautista y Jacinto de los Angeles.

Los primeros tiempos se distinguieron por las virtudes heroicas de insignes varones, quienes arrostrando todos los obstáculos trabajaron sin descanso y vencieron por doquiera: la lucha era franca entre la luz del Evangelio y las tinieblas del error, entre el culto que se estableció al único y verdadero Dios y los fantasmas de la idolatría, que muchos de los indígenas procuraron conservar, aunque sólo en los montes y en los antros más recónditos de la tierra.

La historia registra desde esos momentos una página brillante para la Iglesia de Antequera, la cual forma, por decirlo así, su verdadera epopeya. La semilla evangélica sembrada á costa de los mayores sacrificios brotó llena de vida y hermosura, y fecundada por virtudes verdaderamente cristianas, floreció y dió abundantísimos frutos. Erigiéronse soberbios templos en toda la Diócesis, y levantáronse conventos que sobrevivirán siglos á los que decretaron la exclaustracion de sus moradores. Los religiosos de las principales Ordenes que vinieron á América, fundaron todos en la ciudad de Antequera: los Franciscanos, Agustinos, Jesuitas, Mercenarios y Carmelitas construyeron magestuosos edificios que son aún el mejor adorno de aquella capital, y los Domínicos construyeron su famosa Iglesia y convento de Santo Domingo, que hoy sirve para acuartelar con desahogo á la tropa de las tres armas que tiene en el Estado la Federacion. Segun informes fidedignos dicha obra tuvo de costo trece millones de pesos: la cifra parece algo exagerada; sin embargo, al examinar detalladamente el edificio, no se puede ménos de reconocer la mano pródiga de los que intervinieron en su construccion, y si hemos de dar crédito á lo que nos ha referido un Padre domínico, ya de edad avanzada, al edificar los de su Orden esa fortaleza, que tal merece llamarse, bajo algunos puntos de vista, gastaron en el pago de operarios setecientos pesos semanales. Aparte de esto, prestaban su trabajo personal voluntario y gratuito los indios en número de setecientos, los cuales se alternaban continuamente, concurriendo de todos los curatos que administraban entónces los domínicos en la Diócesis. Las Ordenes laicales fundaron tambien en Oaxaca amplios y hermosos hospitales, como el de San Juan de Dios y de Nuestra Señora de Belen, servidos por religiosos llenos de caridad y abnegacion.

La fundacion de obras pías fué en tiempos pasados tan frecuente en la Diócesis de Oaxaca, tanto por parte del clero, como de los fieles, que, cuando se dieron las leyes vigentes sobre manos muertas, apénas habia casa en la ciudad que no tuviera alguna imposicion.

A los Prelados de Antequera se debe el suntuoso edificio de la Catedral, estimado en la República despues del de México y Puebla, como el más bello en su género por su mérito arquitectónico; si bien es cierto que por motivo de los temblores, tan frecuentes en la localidad, las torres no se han podido elevar á la altura que se ha pretendido.

El V. Cabildo y el clero secular ha sido generalmente el auxiliar más poderoso que han encontrado los Señores Obispos en todas las buenas empresas que se han establecido en la Diócesis. Muchas veces á esos respetables sacerdotes se han debido instituciones y prácticas saludables que ellos iniciaron y promovieron, subsistiendo aún las que permiten las leyes actuales.

Como la instruccion pública ha sido siempre objeto predilecto de los afanes del clero católico, ántes del año de 1700 existian ya en Oaxaca establecimientos de educacion y enseñanza para la juventud de uno y otro sexo. Los colegios de San Bartolomé y de Santa Cruz constituian el Seminario de la Diócesis, y entre los regulares se enseñaban las ciencias filosóficas y teológicas en Santo Domingo y San Agustin; los Jesuitas en su colegio se encargaban de la enseñanza de la juventud oaxaqueña desde las clases inferiores hasta que pasaban á la Universidad que tenia la misma Compañía en la capital de México; y el Illmo. Sr. Sariñana acababa de fundar el colegio de niñas, aparte de las varias escuelas de primeras letras que para los distintos sexos habia ya establecidas en la ciudad.

En 1682 consagraba el Illmo. Sr. Sariñana el magnífico templo de Nuestra Señora de la Soledad, el cual se debió principalmente á la munificencia del Sr. Arcediano D. Pedro Otalosa y Carbajal. La piedad entre los fieles era ya muy patente, el esplendor del culto divino muy notable, y se habia generalizado ya en todo el Obispado una tierna devocion á María, siendo muy venerados y frecuentados sus dos Santuarios de la Soledad y de Juquila.

Por el año de 1580 tuvo lugar en Villa Alta un acontecimiento trágico que no debe quedar en silencio. Hacia poco tiempo qué habia llegado Fr. Alonso Garcés, nombrado Prior de aquel Convento, cuya jurisdiccion era muy dilatada: era muy conocido por su devocion al Santísimo Sacramento, en cuya presencia pasabá muchas horas del dia y gran parte de la noChe. El 11 de Marzo de ese año, como á las diez de la noche, se declaró un incendio en la Villa que redujo en breves momentos la mayor parte de sus casas y la Iglesia á un monton de ruinas. El P. Garcés, que oraba tranquilamente en el templo, oyendo desde allí el ruido de las voces que se daban en el pueblo, salió al claustro del convento, quedando desde luego deslumbrado por el esplendor de·las llamas que rápidamente se propagaban á su alrededor. Cuidadoso de la suerte de los dos frailes que estaban á su vigilancia y cuidado, penetró en medio del fuego para salvarlos, como en efecto lo consiguió. Vió que las llamas invadian el techo del templo, que era de zacate, y corrió á salvar las Especies Sacramentales. El sacerdote logró con dificultad sacar las llaves del Depósito, que tenia en su celda, presa ya de las llamas; fué á la Iglesia y abrió el Sagrario y tomó en las manos la pequeña caja en que estaba depositado el Divino Sacramento; mas al volverse, se vió rodeado de llamas por todas partes, siéndole imposible la salida: se arrodilló entónces en las gradas del altar y murió abrazado con Jesus Sacramentado. Cuando el incendio cesó, se le halló carbonizado, de rodillas aún, y en una reverente actitud. El tabernáculo estaba reducido á cenizas, el copon fundido, y las Especies Sacramentales habian desaparecido tambien.

El V. Fr. Jordan de Santa Catalina, domínico, llegó á una edad muy avanzada, padecia frecuentemente vértigos y le aquejaba un doloroso mal que al fin lo postró en el lecho. De pronto la cama se trasformó en cátedra de enseñanza, y en general almacen de remedios para el alma. Allí acudian todos, clérigos, religiosos y seglares; los unos preguntando el modo de vencer las tentaciones; los otros en busca de consejo en las dificultades de la vida; algunos con la esperanza de sanar de sus enfermedades, pues corria fama de que era eficaz remedio su sola bendicion, y los más, con el fin de contemplar aquel santo varon, modelo de todas las virtudes. En este estado Fr. Jordan, se confesaba frecuentemente con lágrimas copiosas y muestras singulares de humildad, recitaba el oficio divino, se hacia levantar cada hora para dar gracias á Dios que le habia conservado la existencia por cerca de cien años, y mentalmente oraba sin cesar. El 6 de Febrero de 1592 murió sin perder hasta el postrer momento el uso perfecto de sus facultades mentales, sin haber manchado jamás, segun aseguraron sus confesores, la inocencia bautismal.

El V. Fr. Cristóbal de los Mártires, lego franciscano, se empleó en el oficio de limosnero en los pueblos de Oaxaca, que recorrió á pié ejercitándose en los ayunos y mortificaciones de su instituto. Su afabilidad, mansedumbre y dulzura le conciliaron el amor de los pueblos que acudian á repicar las campanas cuando tenian noticia de que los iba á visitar. Su muerte fué acompañada de circunstancias extraordinarias. Debilitado por sus penitencias llegó un dia á Santa Catalina Hualavichi, pueblo distante siete leguas de Villa Alta. Las autoridades del lugar le ofrecieron algun alimento, mas lo rehusó anunciando que moriria en la noche, suplicando que remitiesen á la ciudad las limosnas que conducia, y tomando abrigo en las casas de comunidad. Al dia siguiente, no encontrándolo en ellas las mismas autoridades, le buscaron en el templo: allí estaba, en efecto, de rodillas ante un altar de la Santísima Vírgen, abrazando con reverente actitud una pequeña cruz de madera. Esperaron algun tiempo, mas luego le llamaron, y al fin se acercaron á él y le tocaron: estaba muerto. Admirado el pueblo de que sin vida conservase aquella postura, dió conocimiento al Gobernador de Villa Alta, quien con el alcalde mayor y muchas personas principales emprendió viaje al pueblo de Santa Catalina. Encontró aún hincado el cadáver del lego, con la misma reverente actitud, y lo que es más raro, con las carnes blandas y sin la rigidez inseparable de la muerte. Se dispuso trasladarlo á la Villa, como en efecto se verificó, siendo conducido en andas, en medio de numeroso concurso, que se disputaba sus reliquias. Fué sepultado despues de tres dias de su fallecimiento, de los cuales uno estuvo expuesto á los rayos del sol, sin experimentar corrupcion. Constan estos hechos de una escrupulosa informacion que se practicó en Oaxaca, segun afirma Baltasar Medina, crónica de la Provincia de San Diego, Lib. 2, cap. 21.

Por el mismo tiempo se hizo notable otro lego franciscano, el V. Fr. Manuel de Jesus. Era natural de Braga, en Portugal, y nació el año de 1544. Se distinguia por un natural pacífico, un exterior mortificado, y una palabra insinuante y persuasiva. El pueblo admiraba sus virtudes, lo respetaba en extremo y obedecia ciegamente sus indicaciones: el lego aprovechaba la superioridad que le daban su hábito y sus santas costumbres para hacer bien. Repetidas ocasiones se reclamó su intervencion, con éxito, para conciliar graves enemistades. Tan público era esto, tanto imperio tenian sus palabras y tan grande fué el concepto que se tuvo de su juicio y discrecion, que habiéndose ofrecido un asunto ruidoso, el Illmo. Sr. Bohorquez dijo: "Era voluntad de Dios que el negocio no se efectuase, pues lo repugnaba y resistia varon tan santo como Fr. Manuel." Desistieron desde luego ambos litigantes.

En su convento fué un verdadero hijo de San Francisco: humilde, pobre, penitente y fiel observador de las reglas de su instituto. Se dice que el pueblo fué muchas veces testigo de las maravillas que obraban sus manos, ya en la curacion de graves y rebeldes enfermedades, ya en vaticinar acontecimientos futuros, ora en devolver cosas perdidas, ora, en fin, en el poder que tenian sobre los elementos y las criaturas irracionales; deponiendo unas á sus piés su ferocidad, y obedeciendo otras sus menores mandatos.

El templo de San Ildefonso (San Francisco) se debe á sus fatigas, pues no sólo empleó en esta obra las abundantes limosnas que recogia, sino que personalmente trabajó conduciendo sobre sus hombros el material necesario y levantando con sus propias manos los muros. Vió terminado el templo y aún le alcanzaron sus recursos para enriquecer con ornamentos la sacristía, y edificar una parte del convento grande.

Anunció con todos sus pormenores la muerte que le sobrevino á las siete de la noche del 9 de Mayo de 1634, habiéndose él mismo vestido su hábito y llamado á los religiosos que le encomendaran el alma. Fué sepultado en el templo que habia edificado, asistiendo á sus exequias las comunidades religiosas, lo más florido de la ciudad y un pueblo inmenso que lo proclamaba santo, disputándose con gran empeño sus reliquias.

A principios del año de 1589 administraba como párroco en Tequisistlan Fr. Juan Tinco, religioso domínico, extraordinariamente desprendido y caritativo, y de costumbres tan puras, que le conciliaron el aprecio y la admiracion general. Se le atribuian los dones de profecía y de vision clara del secreto de los corazones. Se contaba que habia hecho algunos milagros, y Burgoa creyó que seria canonizado. Fué este Venerable religioso quien bautizó al infante Luis Alavez, notándose que al escribir la partida usó de tinta roja y de letra mayor, llenando con ella sola una página del libro de los nacidos: se ignoró entónces la causa de semejante novedad; pero despues se pensó que habia sido anuncio del glorioso martirio que habia de sufrir aquel infante.

Educado cristianamente por sus padres, y despues de estudiar latinidad en el colegio de Jesuitas en Oaxaca, cuando tuvo edad proporcionada, fué conducido Alavez á México, en donde cursó las aulas en el colegio de San Ildefonso, á cargo entónces de la Compañía. A la edad de diez y seis años abrazó el instituto de San Ignacio, siendo su director como novicio el célebre Nicolás de Arnaya, quien aseguró que jamás el jóven oaxaqueño habia perdido en su concepto la inocencia bautismal. Era, en efecto, entónces Alavez tan aventajado en las letras como inmaculado en sus costumbres. Despues de estudiar teología y de emitir, ya ordenado Sacerdote y con la preparacion debida, su cuarto voto, á causa de sus repetidas instancias, lo destinaron los superiores á la mision de los indios tepehuanes, que en notable parte estaba todavía en estado de barbarie.

Encontrándose en la mision del Zape el dia 18 de Noviembre, año de 1616, hubo un motin promovido por los idólatras y los hechiceros contra los cristianos. Al ruido, y adquiriendo noticia de lo que pasaba, el P. Alavez se apresuró á salir, como buen pastor, en defensa del rebaño. Armado con un santo crucifijo, dirigió la palabra á los bárbaros, esforzándose por aquietar sus ánimos; mas léjos de conseguir su objeto, cayó en el acto atravesado por muchas flechas.

La V. Madre María de San José nació en Tepeaca, Diócesis de Puebla, el dia 25 de Abril de 1656 y fué bautizada el dia 8 de Mayo del mismo. Tomó el hábito de religiosa agustina en el convento de Santa Mónica de Puebla el dia 10 de Setiembre de 1687, y profesó el dia 13 de Setiembre de 1688. Salió de Puebla para fundar el convento de Nuestra Señora de la Soledad, en Oaxaca, el dia 2 de Enero de 1697. Fué Maestra de Novicias en ese convento y murió el dia 7 de Marzo de 1719. El Illmo. Sr. D. Fr. Angel Maldonado celebró de Pontifical la Misa del funeral, y pronunció la oracion fúnebre el R. P. Fr. Sebastian de Santander y Torres, del Orden de Predicadores, y despues escribió la vida de esta religiosa, que fué notable por su profunda humildad y obediencia y por las revelaciones y favores que recibió de Dios, comparables, según opinion de algunos, á los que le fueron concedidos á Santa Teresa y á Santa Rosa de Lima.

La V. Madre Sor Antonia de la Madre de Dios, nació en la ciudad de Puebla el dia 3 de Setiembre de 1662, profesó el dia 24 de Mayo de 1688, que fué el mismo en que se fundó el convento de Santa Mónica de Puebla; salió de esa ciudad para fundar el convento de Nuestra Señora de la Soledad en Oaxaca, el dia 2 de Enero de 1697, y entró el 14 del mismo mes y año, que fué el de la fundacion de dicho convento de Nuestra Señora de la Soledad, en el cual, siendo Priora, murió el 8 de Agosto de 1742. Es notable esta V. Madre por su admirable obediencia, profunda humildad y grande paciencia con que sufrió las tentaciones del demonio, y más notable por sus éxtasis y revelaciones. Se dice que en uno de esos éxtasis se le presentó Nuestro Señor Jesucristo en la forma en que se venera su imágen conocida por la del Señor del Rescate, en el templo de la Soledad.

La V. M. Sor Jacinta de San Antonio, religiosa del convento de Santa Catalina de Sena, nació en la ciudad de Puebla el dia 5 de Junio de 1674, y fué bautizada el dia 6 del mismo. Tomó el hábito de la Tercera Orden de Santo Domingo el 6 de Julio de 1710, y profesó en dicha Orden el 6 de Julio de 1711. Esto se verificó en la misma ciudad de Puebla. El año de 1712 pasó á Oaxaca, y desde luego entró de novicia y profesó al año siguiente: despues de una

larga y penosa enfermedad, murió el dia 8 de Setiembre de 1720.
El dia 11 de Noviembre de 1794 fueron exhumados sus restos y
colocados en la capilla de Guadalupe de la Santa Iglesia Catedral.
Esta monja fué tenida por santa, habiendo sido notable por la suma paciencia con que sufrió dolorosas enfermedades, por el don
de profecía, y por las frecuentes y notables revelaciones que tuvo.
Nos quedan de ella siete libros escritos de su mano, unos sobre revelaciones y otros de su vida. Tambien tenemos otros cuatro que
tratan de su vida, y fueron escritos por varios religiosos de Santo
Domingo.

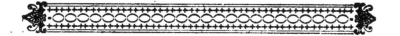

CAPITULO V.

ARA mejor apreciar los hechos que vamos á referir, relativos al martirio de los VV. Fiscales de Caxonos, se hace aún indispensable conocer el estado que guardaba la idolatría en esos tiempos, tanto en esta Provincia eclesiástica en general, como en los pueblos de Caxonos en particular.

El Pbro. Villavicencio, en su obra citada *Luz y Método*, nos da á conocer admirablemente las prácticas de idolatría en el Arzobispado de México y en los Obispados de Puebla y de Oaxaca, donde tuvo á su cargo el ministerio parroquial: publicó su obra ocho años ántes del acontecimiento de Caxonos, como resultado de sus propias experiencias y averiguaciones, y la dedicó, como ya hemos dicho, al Illmo. Sr. Sariñana, obispo de Oaxaca.

Referirémos sus palabras textualmente:

CAPÍTULO VIII.—*De los ídolos y de las idolatrías que al presente se ven y hallan entre los indios de este Reyno.*

1. Aunque por la infinita bondad y misericordia de Dios, buena diligencia de los Príncipes y Prelados, Pastores y curas que celan su honra y cuidan de su honor, culto y veneracion, solicitando siempre los aumentos de la fe y religion cristiana, no se hallan al presente templos y oratorios públicos de ídolos y falsos dioses, á quienes, como en la gentilidad, adoren y reverencien y ofrezcan sacrificios; no obstante, en lo secreto, y á escondidas, y en partes muy retiradas, solas y apartadas de poblados, se hallan particu-

lares sitios y lugares señalados, adonde persuadidos del demonio
y no olvidados de lo que sus antepasados, como infieles y gentiles
y sin luz evangélica hacian gentílicamente, ciegamente idolatrando, ahora no pocos de los indios plebeyos tienen ídolos y los colocan y ponen en altares como dioses, y los inciensan y adoran y
ofrecen sus sacrificios.

2. Es cierto y es verdad evangélica, que aborrece la luz quien
mal obra. *Qui male agit, odit lucem.* Y siendo la idolatría la obra
más perversa y mala de cuantas contra Dios se hacen, pues es quitar al verdadero Señor, Criador del cielo y de la tierra, su silla
real y trono, y colocar en ella á su mayor enemigo, el demonio, dándole veneracion en los ídolos que son sus malditas hechuras y abominables figuras; estos miserables indios, no dejando de conocer
por lo que les han enseñado en sus doctrinas los curas, y por lo
que ven obrar y hacer á los cristianos y católicos en las Catedrales y Parroquias, y en tantas iglesias y templos como háy en las
ciudades, pueblos y lugares de toda esta tierra y Reino, aborre-
ciendo esta luz y huyendo sus resplandores, se retiran, esconden
y ocultan para ejecutar á oscuras y á ciegas sus vanas supersticiones y sacrificios sacrílegos, que idolatrando dan y ofrecen á los
ídolos que adoran.

3. De estos sitios y lugares, como es en los montes que llaman
de Santa Fe, cuatro leguas de México hácia la parte del Sur y camino de Toluca, entre estos montes hay uno más empinado y alto
que los demás, al que llaman el Monte de los Idolos, porque hasta
hoy en dia idolatran en él los indios. Esto se sabe y se ha visto,
porque no léjos de este monte y entre los demás de aquella cordi-
llera, en un sitio muy frondoso de alta y espesa arboleda, no sin
especial providencia de Dios, tienen fundado los religiosos descalzos de Ntra. Sra. del Cármen un desierto de grande edificacion y
ejemplo, donde fuera del convento grande en que están siguiendo
comunidad los religiosos, tienen muchas ermitas por los collados
y laderas de los montes que rodean al convento, adonde están otros
religiosos solos. Estos santos religiosos y ermitaños han ido muchas veces al dicho Monte de los Idolos, y dicen que en la cumbre
de él está un cercado de laja y piedra seca, como cementerio de
Iglesia, de seis ú ocho varas en cuadro, y en medio de él está de

la misma piedra una como mesa de altar, adonde siempre que han ido, han hallado mucha diferencia de ídolos de barro y de piedra, unos pequeños y otros medianos, de la figura de hombres y de animales, y en una ocasion hallaron uno grande de piedra de cantería, y no estaba entero, sino de medio cuerpo de mujer, y delante de este como altar hallaron zahumadores de barro con carbones y copal, cabos de velillas de cera y flores secas. El ídolo grande de figura de mujer lo despedazaron por un profundo derrumbadero, y los demás idolillos los llevaron al convento y los deshicieron ó quemaron.

4. Quiera Su Majestad Divina que los católicos Príncipes, los Vireyes y Señores Arzobispos, con esta noticia dispongan con eficacia el remedio de tanto mal y perdicion de tantas miserables almas, que hoy en dia acuden á idolatrar, apostatando de la fe que en el Bautismo reciben como cristianos.

De este Monte de los Idolos, que está en la jurisdiccion y Arzobispado de México, bajemos al Obispado de la Puebla de los Angeles, y verémos que aunque es poblacion de ángeles buenos, no faltan en ella ángeles malos, de aquellos que por soberbios cayeron del cielo con Lucifer y están poblando el Infierno; estos ángeles apóstatas, que de hermosas criaturas se hicieron feos demonios, no habiendo podido alcanzar ser en el cielo adorados, queriendo poner su silla sobre los astros de Dios, solicitan el ponerla en la tierra de este Reino y Obispado de la Puebla, para que los adoren en ella los indios que ahora la pueblan, como lo hicieron idolatrando sus padres y antepasados; y es tanto el ardid y la maña de estos espíritus, que de algunos lo consiguen, como se verá en lo que resta de este capítulo.

5. En el curato de indios de la Villa de Atlixco habrá catorce ó quince años poco más ó ménos, tuvo noticia el P. Tomastian que algunos de los indios sus feligreses iban á idolatrar á escondidas y á deshoras, á un arroyo que llamaban Jocapa, cuyas aguas son amargas y tienen allí su orígen y manantial.

El Padre Cura, con esta noticia, entró en cuidado de averiguar el caso y poner el remedio que pedia tan grave mal y pecado. Informado de una india, buena cristiana, que le dió el aviso de cuándo y el lugar adonde acudian los idólatras, determinó ir al punto se-

ñalado ocultamente y disfrazado con algunos compañeros. Hízolo
así un dia muy de mañana, y vió que juntándose algunos indios é
indias á las orillas del arroyo trajeron un carreton, y enramándolo
todo con verdes ramas y flores, pusieron enmedio de él una vasija
con agua de aquel arroyo, y al rededor de ella algunos zahumadores con carbones encendidos, y les echaron copal que es el género
de incienso que usan. Luego se uncieron al carreton seis indios en-
jaezados, y sirviendo de brutos y caballos comenzaron á tirar el
carreton, llevando en él y en procesion el agua de aquel arroyo con
mucha fiesta y regocijo, y un indio que hacia oficio de sacerdote,
de Papa ó sacrificador, iba incensando el agua que llevaban, y era
su ídolo á quien todos como á su dios adoraban, y cuando más or-
gullosos iban en su procesion sacrílegamente idolatrando el agua,
salieron de su emboscada el Cura y sus compañeros, y con el celo
que debia arremetió con los suyos al carreton y carreteros, y des-
haciéndolo todo, y con desprecio arrojando el agua por el suelo, y
reprendiendo agriamente su idolatría y maldad, hizo aprehender á
todos los idólatras y les puso en una cárcel, y castigó públicamente
para temor y ejemplo de todos los demás...... *Nolite fieri sicut
æquus et mulus quibus non est intelectus.* Ps. 31.

CAPÍTULO IX.—*De los sangrientos sacrificios con que en algunos
lugares y pueblos adoran y reverencian á sus ídolos los indios.*—1.
No sólo observan y guardan muchos de los indios de estos tiempos
las antiguas tradiciones de sus antepasados, en cuanto á tener ídolos y á idolatrar en ellos, sino que como si fueran gentiles como
ellos, los imitan en los sangrientos sacrificios que inhumanamente
les ofrecen, como se verá en este capítulo. Estando escribiendo este
tratado, se me ofreció el aprehender en esta jurisdiccion á un indio
Rabí, profesante de esta secta, á quien puse luego en la cárcel de
los idólatras (probablemente trata de Oaxaca, pues en la carta
que dirigió el Illmo. Sr. Sariñana al Pbro. Villavicencio, dice: "he
edificado en esta ciudad cárcel para reclusion de dogmatistas y ministros, miéntras que el Illmo. Sr. Obispo de Puebla, Dr. D. Manuel
Fernandez de Santa Cruz, se proponia construir una cárcel parecida, pero aún no lo habia ejecutado, porque le absorbia la atencion un convento de religiosas que estaba edificando"), el cual declaró ante mí judicialmente que, habiendo estado una temporada

én un pueblo, experimentó que los más naturales de él eran idólatras y creian en el demonio, y lo mismo era de otros pueblos, lo
cual dijo que lo sabia muy bien, porque en una ocasion vió que,
juntándose más de treinta de aquellos naturales idólatras, convocaron á sus ministros ó sacrificadores que tenian señalados para
este efecto, y les mandaron que fuesen por todas las cosas que por
allí estaban desparramadas por dentro los montes y espesuras, á
recoger aves de la tierra y de Castilla para un sacrificio que habian
de hacer á sus ídolos, y habiéndolo hecho, se fueron todos con este
declarante á una cueva muy apartada de poblado que estaba en un
monte muy espeso, donde habia muchos ídolos grandes y pequeños, y habiendo entrado en ella y adorado como á seis dioses á
aquellas figuras, hicieron su sacrificio, que fué degollar delante de
los ídolos las aves que llevaban y con la sangre caliente de ellas
los rociaban, y despues de esta funcion que duró medio dia, mandaron los sacrificadores á los circunstantes que ayunaran cuatro
dias y cuatro noches en reverencia de aquellos ídolos sus dioses,
reconviniéndoles que si no cumplian con aquellos ayunos, enojarian
mucho á sus divinidades. Y hecho este sacrificio, poco despues de
puesto el sol, se volvieron llevando las aves muertas cuya sangre
habian sacrificado, para comerlas en sus casas, y no se volvieron
todos juntos porque no se notase en el pueblo.....

CAPÍTULO XX.—*De diez y ocho clases y modos de supersticiones con sacrificios que usan y observan los indios idólatras de este
Reino.*—1. Primera clase de los sacrificios que hacen los indios curanderos por los enfermos, cuando los alquilan, que es lo más ordinario alquilarlos en sus enfermedades.

En estos sacrificios concurren ordinariamente seis circunstancias
gravísimas: La primera, es poner el ídolo junto al enfermo, á quien
se hace el sacrificio sobre papeles de estraza, que le sirven como
de corporales, poniéndole á los lados copal para zahumar al ídolo.
La segunda, es ponerle al enfermo en las manos la ofrenda con que
se sacrifica, que es una ave de Castilla ó de la tierra, y á esta misma le arranca la cabeza el sacrificador, con cuya sangre rocia el
ídolo y papeles de estraza. La tercera es, hincarse de rodillas el
sacrificador y el enfermo, si puede, y los circunstantes delante del
ídolo, haciéndole rogativa por la salud. La cuarta, es ofrecerle san-

gre de sus lenguas, sajándoselas con puyas. La quinta, es ponerle candela encendida al ídolo. La sexta, es zahumarlo, á que se añade otra circunstancia más grave, que es mandar ayunar el sacrificador al enfermo y á todos los circunstantes en aquella casa, siete noches y siete dias, ó seis noches y seis dias, y ellos aceptan luego dichos ayunos, que los hacen absteniéndose de cohabitar los maridos con las mujeres y las mujeres con los maridos, dichas noches y dias apartando cama.

2. La segunda clase de sacrificios que hacen, es por el aumento y sanidad de sus ganados y aves de Castilla y de la tierra, y estos los hacen todos los años, y en los más de estos sacrificios que se siguen, concurren las seis circunstancias arriba referidas, y en dichos sacrificios de ganados dan siete dias y siete noches de ayunos, y ordinariamente entierran en medio de los corrales de dichos ganados el *zuchitelmactli*, que ellos llaman en mexicano, que es un papel de estraza cortado en forma de mano con dedos ó ramales, y muchos de ellos tienen la semejanza del demonio: porque es pacto con él, para que les aumente sus ganados y aves de Castilla y de la tierra.

3. Tercera clase de sacrificios, que hacen por los frutos nuevos todos los años, y estos los hacen en casas ó en las sementeras, y dan en ellos siete noches y siete dias de ayunos, y este sacrificio y todos los demás hacen en la forma que arriba está referida, poniendo los ídolos sobre los papeles de estraza y rociándolos con sangre.

4. Cuarta clase de sacrificios que hacen por los pulques nuevos, y estos los hacen en todas las veces que quiebran magueyes, que al año los quiebran seis ó siete veces, [1] conforme tienen, y en ellos dan inviolablemente cuatro noches y cuatro dias de ayuno.

5. Quinta clase de sacrificios, que hacen por casas nuevas, y estos los hacen todas las veces que hacen casas nuevas, y aún se ha visto que muchos los hacen aunque el ministro de Dios haya bendecido dichas casas, y en estos sacrificios ordinariamente dan trece noches y trece dias de ayunos, aunque otros suelen variar el número de dichos ayunos, que unos dan más y otros ménos; pero

1 Operacion que se hace con frecuencia en las haciendas, y que actualmente llaman capazon del maguey.

aunque varian el número de los ayunos, nunca varian la sustancia, que es sacrificar.

6. Sexta clase de sacrificios, que hacen por tierras nuevas, para hacer sus sementeras, sin reservar ninguna, aunque sea de su beneficiado; porque en una ocasion les mandé sembrar una milpa para ayuda del gasto de casa, y aun con ser mia dicha milpa, sacrificaron á escondidas, como lo vine á averiguar, despues de pasado tiempo. Y en estos sacrificios ordinariamente dan trece noches y trece dias de ayunos.

7. Sétima clase de sacrificios, que hacen por las lluvias, y estos hacen en todos los años (una vez cuando ménos), alquilando sacrificadores por el tiempo de Carnestolendas ó despues, y en estos ordinariamente dan trece noches y trece dias de ayunos, y concurren ordinariamente las seis circunstancias arriba referidas, qué son muy ordinarias en todos los sacrificios, como está referido.

8. Octava clase de sacrificios, que hacen por la planta nueva de magueyes, que si dicha planta es en tierra nueva, hay sacrificio, y si no es tierra nueva, no le hay, y en estos ordinariamente dan cuatro noches y cuatro dias de ayunos.

9. Nona clase de sacrificios, que hacen por jornadas largas, cuando van á negocios ó pleitos á México ó á otros lugares léjos, y en estos ordinariamente dan cuatro noches y cuatro dias de ayunos.

10. Décima clase de sacrificios, que hacen cuando cortan puntales, quiotes y otras maderas para hacer casas, y en estos ordinariamente dan cuatro noches y cuatro dias de ayunos, aunque otros varian el número en que sean más; porque si no los hacen en estas y en las demás clases referidas y por referir en este tratado, dicen que se han de enojar sus dioses, y que los han de matar rayos, ó que les morderán víboras, se ahogarán ó los arrastrará un caballo, y con estos espantajos frívolos los compelen los sacrificadores á que hagan dichos sacrificios y ayunos.

11. Undécima clase de sacrificios, que hacen al demonio en sus ídolos por la salud, cuando están sanos y le otorgan cédula de darle sus almas por ella, y llaman á dicha cédula en mexicano *xuchitelmactli*, y en la lengua chocha *huacengni*, salpicándola y rociándola con sangre de aves y de sus lenguas en lugar de letras, por no saber escribir, la cual he hallado en todos los sacrificadores que

he tenido presos, porque me las han entregado, que han sido muchísimas, y han declarado que las han hecho siempre y dado en
todas las cosas que sacrificaban. Y el modo que he tenido para
que las echen de sí, las quemen y se aparten de ellas, es haber
reprendido en las pláticas y sermones ásperamente dicha superstición, con que he experimentado el fruto de que muchos las han
quemado y echado de sí. Y en estos sacrificios ordinariamente dan
siete noches y siete dias de ayunos, aunque otros dan cuatro noches y cuatro dias.

12. Duodécima clase de sacrificios, que hacen cuando conciertan
ó tratan casamientos: los padres del contrayente ofrecen sacrificio
para ablandar y disponer los corazones de los padres de la contrayente, y que se persuadan á dársela; y en estos sacrificios ordinariamente ayunan los padres del contrayente cuatro noches y
cuatro dias para dicho efecto.

13. Décima tercia clase de sacrificios que hacen en los partos
difíciles y trabajosos de las mujeres, especialmente primerizas, á
quienes ponen una ave en la mano para la ofrenda; y cuando la
mujer es primeriza, mandan ayunar trece noches y trece dias, y si
no es primeriza, cuatro noches y cuatro dias.

14. Décima cuarta clase de sacrificios que hacen cuando salen
al primer baño de paridas; y en estos ordinariamente dan cuatro
noches y cuatro dias de ayunos.

15. Décima quinta clase de sacrificios que hacen cuando se le-
vantan las paridas, y en estos ordinariamente, si el parto es de
varon, siete noches y siete dias de ayunos, y si es de hembra, seis
noches y seis dias de ayunos.

16. Décima sexta clase de sacrificios, que hacen cuando cons-
truyen baños nuevos; y en estos ordinariamente dan trece noches
y trece dias de ayunos.

17. Décima sétima clase de sacrificios, que hacen cuando alguno tiene enemistad con otro, que alquila hechicero sacrificador para
que lo hechice, y en estos sacrificios dan los sacrificadores siete
noches y siete dias de ayunos, aunque otros varian este número.

18. Décimoctava clase de sacrificios, que hacen todos los años
al ídolo de la comunidad, que ordinariamente tienen muy escondido en montes y bosques cerrados, y dichos sacrificios hacen or-

dinariamente de noche, en el monte ó en su mismo pueblo, si no hay vecindad de españoles, ántes ó despues que celebren la fiesta titular de su pueblo; y en dichos sacrificios asiste mucha ó la mayor parte del pueblo, con embriagueces y bailes delante del ídolo; y en dichos sacrificios no se sabe determinadamente las noches y dias que dan de ayunos, que nunca los pueden dejar de dar.

Y adviértase que muchos de los que no son sacrificadores tienen sus ídolos particulares, á quienes sacrifican en todas sus necesidades, alquilando sacrificadores para ello, y los dichos sacrificadores ordinariamente tienen dos géneros de ídolos, unos chiquillos en sus cajas, tenates ó petaquillas con que siempre usan sacrificar en las funciones á que los alquilan, y otros grandes que tienen escondidos en los montes; y cuando en las prisiones que he hecho en ellos, se han visto apurados sobre la entrega de sus ídolos, no entregan los chiquillos con que sacrifican de ordinario, sino los grandes, y con esto escapan los chiquillos, y de esta manera se me escaparon muchos, hasta que, habiendo reconocido su ficcion, los apretaba sobre la entrega de unos y otros ídolos y entónces los entregaban. Esto me consta por experiencia larga con todos los que he tenido presos, que han entregado dichos dos géneros de ídolos, á fuerza de buena diligencia."

"CAPÍTULO XXI.—*De otras nueve clases y modos que tienen de superticiones sin sacrificios.*—1. Primera clase de supersticiones que hacen, imponiendo insignias y nombres del demonio á las criaturas en sus nacimientos, ordinariamente ántes del bautismo de la Iglesia y algunas veces despues, y dichas insignias hacen, atándoles hilos de algodon en los brazos y piernas á las criaturas, y echándoles agua en la cabeza, invocando al demonio, diciendo: *Ven demonio, ayuda á esta criatura;* imponiéndoles nombres conforme á la hora en que nació, diferentes á los que nacen por la mañana y diferentes á los que nacen á medio dia, y diferentes á los que nacen de noche. Uno de tantos nombres como les imponen en la lengua chocha, es llamarle *Xronkaja,* si es varon, y si es hembra *Tenchi,* que son nombres incógnitos en dicha lengua que no tienen significacion.

2. La segunda clase de superstición, es que hacen, y es muy ordinario y cosa que sucede frecuentísimamente, que todas las veces

que se les pierde alguna cosa, ó que tienen algun cuidado, como es saber de un enfermo, si ha de vivir ó morir, ó si tienen algun pleito, saber si han de vencer ó no, alquilando sacrificador adivino, para que les adivine por arte del demonio el suceso que han de tener, diciéndole al adivino, si es en la lengua mexicana *Xinehtlatlamachihuilli*, que quiere decir adivíname; y si es en la lengua chocha *Tochuhxina*, que tambien quiere decir adivíname. En mexicano llaman al adivinador *Tlamatlini* y en la lengua chocha *Ichichago*. El modo de adivinar es medirse del codo á la mano ó refregándose las palmas de las manos, invocando al demonio para que les haga saber por señales lo que desean saber, y otros adivinan con cierto número de maíces que tiran en el suelo, y otros con cajetes de agua.

· 3. Tercera clase de supersticiones, que es costumbre en ellos alquilar á los sacrificadores para que sahumen á los enfermos, niños y adultos, invocando al demonio con palabras supersticiosas por su salud. Unos mandan ayunar cuatro noches y cuatro dias y otros no lo mandan.

4. Cuarta clase de supersticiones que hacen y tienen costumbre de hacer, cuando están enfermos, que alquilan á los sacrificadores curanderos para que los chupen, invocando al demonio por su salud con palabras supersticiosas. Unos mandan ayunos y otros no.

5. Quinta clase de supersticiones que hacen los parientes por sus difuntos, cuando mueren chicos y grandes; ayunan nueve noches y nueve dias, si es adulto el difunto, y si es párvulo, siete noches y siete dias.

6. Sexta clase de supersticiones que hacen, que es lavar los cuerpos de sus difuntos y enterrarlos con los instrumentos que usaban en su trabajo, cuando eran vivos; y unos dan por razon que los necesitan para trabajar con ellos en el infierno, y otros dicen, que en el infierno está una demonia que en chocho llaman *Nchrininchri*, y que ésta, á los que se entierran con dichos instrumentos, no atormenta allá; pero á los que se entierran sin ellos los atormenta mucho.

· 7. Sétima clase de supersticiones que usan todas las veces que en las fiestas bailan el caballo de Santian. El que lo baila le manda echar maíz y agua y ponerle candela encendida y sahumarlo, y lo mandan velar á los bailadores, aquellas noches, porque no se meta el santo en él y se les huya con las ropas que alquilan, mandan ayunar cuatro noches y cuatro dias. Estas supersticiones que son muy usadas en todo este Obispado y Arzobispado de México; porque así me lo declararon en una ocasion que se me descubrió este delito, todos los indios que cogí en él, en este partido, á quienes castigué por ello. Y es muy verosímil que hagan tambien dichas supersticiones con sacrificios, aunque en la ocasion que los castigué por ellos (que los confesaron llanamente) no lo pude averiguar.

8. Octava supersticion, que es muy asentada en todas las casas que sacrifican los sacrificadores (que son muchas al cabo del año) : mandan á los cómplices que jamás se confiesen sacramentalmente de dichas supersticiones, porque les ha de suceder mal. Este mandato observan los cómplices inviolablemente, como lo han declarado todas las veces que han estado presos.

Y nótese que estas supersticiones corren en tierra fria y en muchas partes del Reino, aunque varien en el modo en algunas partes, pero no varian en la sustancia. Aunque en tierras calientes pasa á más otro género de supersticiones que usan, en que tienen pacto con el demonio que les hace creer, trastornándoles el entendimiento, que sucede como cuando uno sueña que ve visiones, y en lo físico y real no hay nada, que se convierten en naguales, leones, toros, etc. Esta conversion es falsa y contra toda filosofía, y aparente, por tener el juicio trastornado; y si tal vez sucede, como algunos arguyen, que mata un tirador un leon y luego se halla muerto el indio en su casa, herido en la misma parte que lo está el leon, se ha de responder, que el demonio pone aquel verdadero animal para que le tiren y lo maten, y luego instantáneamente pasa él y mata al indio que tiene hecho el pacto con el demonio, permitiéndolo así Dios en castigo del pecado con que se entregó al demonio y renunció á Dios.

9. La nona supersticion que hacen es que al octavo dia de muertos sus difuntos, que llaman el *Chicometilis*, y celebran este dia con pulques y otras cosas y con asistencia de los cantores; porque dicen que este dia se va el alma á descansar, saliendo del lugar en que murió. A esto se junta que suelen poner un Santo Crucifijo boca abajo.

  Y es mucho de notar que de todos los sacrificios y supersticiones hasta aquí referidas, consta de los idólatras, que jamás invocan ni piden á Dios cosa alguna de esta vida ni de la otra, sino solamente al demonio."

CAPITULO VI

IDOLATRÍAS EN CAXONOS.

L examinar cómo en los primeros tiempos se fué ex-
tendiendo la enseñanza cristiana en los diversos pueblos de la Diócesis de Oaxaca, hemos encontrado que
la Provincia compuesta de los seis pueblos de Caxonos fué la última que se sometió al yugo de la fe y la más persis-
tente en sus usos idolátricos. En el nuevo período que entónces
comenzó y se distingue por el incremento que fué tomando la semilla evangélica en todo el Obispado, se mostró en los pueblos de
Caxonos, y principalmente en San Francisco, que les ha servido
de cabecera, una tendencia muy marcada á conservar los restos del
culto antiguo. Acaso la configuracion del terreno escarpado, en
donde están situados esos pueblos, sobre faldas de cerros con cres-
tones imponentes y sombríos y á orillas de profundos barrancos
que por doquiera excitan la imaginacion de sus pobladores, influ-
yó en el carácter de los indios, favoreciendo su supersticion; porque á juzgar por los restos de monumentos muy antiguos, que aún
existen, se reconoce que vivieron siempre con cierto pavor, efecto
de su aislamiento y de las ideas tétricas que inspiran esas moles
parduzcas que parecen elevarse hasta el cielo, y cuyos cimientos
parecen ocultarse en las profundidades del abismo. Colindante con
la parroquia de Mitla, en donde aún existen los hermosísimos palacios de la muerte y de la eternidad, se encuentra la de Caxonos,

que conservan muchísimos vestigios de monumentos anteriores á la conquista en las cúspides de su serranía. Basta fijarse en los monolitos de granito tan curiosamente labrados, que sirven de sardineles en las puertas principales de las Iglesias existentes en los pueblos de San Pedro y San Miguel Caxonos, y las innumerables piedras que forman las paredes del templo de San Francisco, en la cabecera, para comprender la importancia del culto que tributaron esos pueblos á sus deidades en la remota gentilidad. En 1623 se erigió la Vicaría de San Francisco Caxonos, y con trabajos, por la poca voluntad de los moradores, se construyó la Iglesia y el convento.

Burgoa, en la segunda parte de su Historia de la Provincia de Predicadores en Oaxaca, cap. LXIV, refiere lo siguiente: "Sucedióme el año de 1652 visitando esta casa, [1] que entre otros principales vino uno muy anciano, señor de un pueblo, y en el traje el más lucido de todos, vestido de seda á lo español, á quien respetaban con más atencion, y llegándome á dar la bienvenida y razon de la administracion de doctrina de su pueblo, reconocí que era muy ladino y, por algunas circunstancias que la experiencia me ha enseñado, recelé de la cristiandad de su fe, tanto que pregunté al Vicario, sin dar á entender á los religiosos mi cuidado, qué persona era la de aquel venerable viejo, y me dijo tanto bueno de su proceder, que atribuí á mi fragilidad la sospecha, y arrepentido me disimulé; pero no pude deponer de ella, y al despedirme le encargué al Vicario se desvelase mucho en asegurar la buena opinion de aquel cacique, tratándole con amor, porque si era como me decia, merecido se lo tenia, y si no, lo tendria con el cariño dispuesto sin horror y miedo para la enmienda. No se pasaron muchos meses en que se averiguó la verdad de que era el mayor dogmatista y el sacerdote de ídolos que tenia aquella tierra, y su pueblo la sinagoga célebre de la nacion, y quiso Nuestro Señor manifestarlo así. Es el pueblo de bastante gentío y de los más altos de la montaña, y retirado de él, y á un lado apartado, como dos tiros de escopeta, en una eminencia, está un escollo que se señorea de lo demás, entre espesuras de árboles y algunos bajíos ó quebradas que ceñian el puesto. Andaba un cazador en busca de

1 Era Burgoa entónces provincial.

venados un dia, y no hallando alguno se fué dilatando tanto, bajando y subiendo por aquella aspereza, que pudo desde una barranca divisar algunos bultos blancos en confuso: era español que traginaba aquella tierra con aquel ejercicio, y estando cierto de que no habia por aquel lugar ocasion del concurso que divisaba, apeándose del caballo, se fué encubriendo unas veces á gatas y otras casi arrastrándose entre árboles y peñas, hasta que llegó á paraje donde, bien escondido, pudo ver á su salvo al gentío y ocupacion en que estaban, y conoció muy bien al viejo, revestido de una túnica talar blanca y su mitra en la cabeza, haciendo sacrificio sobre el risco, con muchos braseros echando humo, y muchos hombres y mujeres sentados de cuclillas, cabizbajos, como llorando. El hombre, temiendo ser sentido, procuró volverse, y como le concedió el horror, en subiendo en su caballo, deseaba tuviera alas para llegar á la cabecera y convento, donde asistian los religiosos, y aunque llegó de noche y tarde, pidió le dejaran entrar, y desfigurado y sin alientos refirió el caso al Vicario y Prelado que era el mismo que dije. Era muy celoso de la honra de Dios y se habia ejercitado en perseguir idólatras con grandes riesgos de su vida, y dejando descansar al buen hombre, y regalándole, dispuso salir con él al asomar el lucero y partir al lugar, ántes que los indios de casa lo alcanzasen á saber, porque suelen ser cómplices tan astutos en estas abominaciones, y, como espías secretas de casa, están prevenidos para dar aviso por el aire, de los movimientos de sus ministros. El Vicario lo era antiguo, y con el buen hombre partieron por veredas y sendas de cazador, llegaron tropezando y cayendo al paraje, ya muy de dia, alto el sol. Y, llegando al sacrificadero, hallaron sobre el nefando altar de que les servia el risco, todas las víctimas de la ofrenda, muchas plumas de varios colores, salpicadas de sangre, que se habian sacado debajo de la lengua y detrás de las orejas, como se averiguó, y muchos braseros y sahumerios, que habian sobrado de sus recinas ordinarias de copal, y en medio una abominable figura de piedra, que era el Dios á quien habian hecho el sacrificio de la expiacion de sus culpas, confesándose bárbaramente con el sacrílego sacerdote y echando cada uno sus culpas en esta forma: tejieron de yerbas ásperas que buscan á propósito, una como fuente ó plato muy gran-

de, y postrados los penitentes le dicen al sacerdote que vienen á
pedir á Dios misericordia y perdon de los pecados que han cometido aquel año y que todos los tienen muy ajustados, y sacan de
unos trapos ó paños, unos hilos doblados del totomosle del maíz,
con dos nudos pequeños de trecho en trecho con una lazada en el
medio, en que representan su culpa, y pónenlos sobre aquel plato
ó patena de yerbas, y encima pican las venas y vierten la sangre, y el sacerdote llega aquella oblacion al ídolo, y le pide con
grande razonamiento perdone á aquellos sus hijos y siervos aquellos pecados que le presentan y les dé licencia para holgarse y ha-
çerle grandes fiestas como á su dios y Señor, y con esto vuelve el
ministro de Satanás á aquellos mismos ciegos y les hace una larga
exhortacion de sus ritos y ceremonias que han de hacer, y que ya
les perdonó el dios y se pueden alegrar y regocijar de nuevo, dándoles licencia para empezar á pecar nuevamente. Todo esto con
otras circunstancias constó por su confesion despues. El Padre
Vicario cogió todo lo que pudieron traer del sacrificio y el ídolo,
y con la brevedad que pudo se partió para la Villa (Villa Alta de
San Ildefonso) á pedir el Real auxilio al Alcalde mayor (que era
caballero entendido y de buen celo), y al punto despachó ejecuto-
res que prendiesen al sacerdote y á los cómplices que cogiesen, y
por prisa que se diesen en quince leguas de camino, ya estaban
los más huidos y alborotada la comarca. Hallaron al principal Ra-
bi, y asegurándolo se remitió toda la denunciacion y sumaria de
la causa al Sr. Obispo, que averiguó con plena informacion, confesando los reos su delito, y cuán infestada de estos errores estaba
aquella tierra. A mí me envió el Vicario el plato de los pecados
con la sangre inmunda, tan asquerosa como suya y para quien era.
Sentenciados con la blandura que se pudo obrar para traer á penitencia á los fugitivos, se consiguió el temor de los presos: el sacerdote murió presto con señales de arrepentido, y en los que quedan se tiene el cuidado posible en doctrinarlos, aunque hay recelos
bastantes de la obstinacion en esta infidelidad, y Nuestro Señor,
como Padre misericordioso, tiene sus escogidos en algunos hombres y mujeres devotas de muy buen sentimiento, que siempre tiene Dios reservados justos que le detengan el brazo de su ira.
En el Juzgado de primera instancia de Villa Alta, existe el ex-

pediente original de una causa criminal, formada en 1684 por idólatría, contra Nicolás Contreras y socios, de Caxonos. Tanto en vista del interes que presenta por referirse al pueblo de Caxonos, como por los detalles interesantes que contiene y porque da á conocer los procedimientos que practicaban entónces en esta clase de asuntos los tribunales civiles, consideramos que agradará á nuestros lectores su conocimiento, y la insertamos en los apéndices, por no alargar demasiado este capítulo.

Entre varios documentos curiosos que encontramos al practicar la sagrada visita en la parroquia de Santiago Zoochila, hay uno que conviene conocer en este punto de nuestra narracion. Contiene parte del proceso que se instruyó en 1691, en la cabecera de Villa Alta, motivado por una sublevacion de los indígenas pertenecientes á los once pueblos que hoy componen ese curato, y dependian entónces de la Vicaría de San Francisco Caxonos, además del pueblo de Solaga, agregado en la actualidad á la parroquia de Tabaa.

Consta por estos autos originales, que conservamos en nuestro poder, cómo el dia 30 de Marzo de 1691, el R. P. Fr. José de Castilla envió una esquela al Alcalde mayor de la Villa Alta de San Ildefonso, D. Juan Manuel Bernardo de Quiroz, Caballero del Órden de Santiago, en la que le dice: "Suplico á vuestra merced, nombre un ministro que me asegure en el pueblo de Sogocho á los dos fiscales, á los dos alcaldes, al maestro de capilla, al alcalde de Salina y á la viuda de Lorenzo Martin, por convenir así al servicio de Dios Nuestro Señor. Espero del celo de vuestra merced lo hará mirando por la honra de Dios." Enterado de su contenido el Alcalde mayor, despachó en comision á Francisco Calvo de Escalona, español, que se hallaba en el partido de Caxonos, para que asistiese á dicho Padre y asegurase las personas expresadas, y remitió la comision al Padre para que de ella usase en el dia que más conviniese y le pareciese para el asegurar dichas personas.

En efecto, Francisco Calvo de Escalona, en la declaracion que hizo ante el Alcalde mayor en Villa Alta, el dia 8 del siguiente mes de Abril, afirma que "Estando en el pueblo de San Francisco Caxonos recibió un papel del P. Fr. José de Castilla, Cura ministro, en que le avisaba que era nombrado en comision para ejecutar una diligencia de justicia. Y el dia siguiente, domingo 1º de Abril, pa-

ra cumplir con su obligacion, salió para el pueblo de Sogocho, donde halló á dicho P. Fr. José de Castilla, quien luego que le vió le
dió el nombramiento y comision. Que vista y entendida preguntó
al dicho Padre si levantaria Vara para usar de ella; y que le respondió que no convenia hasta despues de la Misa, para que no se
alterasen y se huyesen los indios que se habian de aprehender. Que
así lo hizo y pasaron á oir Misa á la Iglesia. Al terminar mandó
dicho Padre cerrasen las puertas de la Iglesia para oir la doctrina
y rezar el rosario, como de costumbre. Concluido esto, el Padre
mandó abrir la puerta principal de la Iglesia y dijo al declarante
les leyese la comision, y leyéndola en castilla, se las hizo entender
en la lengua zapoteca por medio de Lorenzo de Vargas que hizo
oficio de intérprete." "Acabando de declararles la comision pasó
el exponente á ejecutarla, y puso en la cárcel á los alcaldes del pueblo de Sogocho, que rehusaban entregar las varas, á los dos fiscales, al maestro de capilla y al alcalde de Salina. Los pasó á la cárcel de Zoochila, y habiéndolos asegurado en ese pueblo, regresó á
Sogocho para capturar á la viuda de Lorenzo Martin, llevándola
en seguida á Zoochila."

El lúnes por la mañana, 2 de Abril, como á las siete, estando ya
para salir á caballo con los presos para San Francisco Caxonos, el
P. Fr. José de Castilla le dijo que se aguardase, porque venian muchos indios de los pueblos y estaban ya cerca. En efecto, vió venir desde luego á una muchedumbre armada de palos y machetes, la que, al toque de un clarin, se dirigió inmediatamente á la
cárcel y puso en libertad á los presos. El declarante acudió á la cárcel con la vara de mando en una mano y la espada en la otra, esperando reducirlos á la obediencia del Rey, y acudió en su auxilio
D. José de Zárate, natural y principal del mismo pueblo de Zoochila, con espada en la mano, acompañado de los demás del mismo
pueblo; pero considerando el gran número que habia de indios, se
estuvieron á su lado sin poder resistirles, pues cargaron sobre ellos,
hiriendo y derribando en el suelo á Malaber, por una pedrada. Al
declarante tambien apedrearon, y arremetiéndole lo llevaron á la
puerta de la cárcel, amarrado, diciéndole: "Las manos atrás como
tú hiciste con los alcaldes." En seguida le echaron unos grillos y
vió, estando en la cárcel, á muchos indios andando por el pueblo

y. tocando el clarin sin cesar. Á la hora de comer habló con el muchacho que servia al P. Cura, y preguntándole por su amo le dijo: "allá está en la Iglesia." Encontrándose en un lugar donde no podia ver la Iglesia, ni percibir lo que por allí pasaba, sólo oyó el gran murmullo de los indios y el clarin que, segun entendia, lo tocaban en són de alarma, avisando venian las fuerzas. En la noche del mismo dia lúnes, los de Zoochila acudieron á darle de comer, y el mismo alcalde de Sogocho con su compañéro, le decian "no tuviese cuidado, que no le habia de hacer mal nadie, que á quien pedian era que saliese el Padre de la Iglesia."

"El mártes 3 de Abril llegó muy de mañana al pueblo de Zoochila el P. Fr. Alonso de Vargas, Vicario de San Francisco, y con su llegada no oyó más murmullo de gente ni toque de clarin. Á poco rato llegó á la cárcel del comun adonde estaba el dicho R. P. Vicario, Fr. José, José de Malaber y D. José de Zárate, quienes, oyó decir, habian permanecido hasta entónces en la Iglesia. El dicho P. Vicario mandó le quitasen los grillos y en su compañía fueron todos á la Iglesia, donde dijo Misa el P. Fr. José de Castilla; de allí pasaron todos con el P. Vicario á su casa, donde vió que los indios se arrodillaron y pidieron perdon y besaron la mano á ambos Padres. En seguida se fueron los dos Religiosos y los españoles á Caxonos, de donde el exponente ha venido para hacer la presente declaracion."

Confirma lo referido cuanto en los autos asienta el Alcalde mayor, quien dice: "que el dia mártes 3 de Abril, á las diez del dia, recibió un papel del Reverendo Padre Fr. Alonso de Vargas, Vicario de la Casa y Doctrina de San Francisco Caxonos y sus pueblos, escrito en dicho pueblo, cuyo tenor á la letra dice: *Señor mio: Los pueblos de la otra banda, segun está corriendo aquí á la hora de ésta, amotinados, tienen preso á Francisco Calvo, con grillos, al Padre y á Malaber con grande aprieto; esto corre, no sé si será cierto. Adios, de vuestra merced siempre.—Fr. Alonso de Vargas.* Habiendo recibido esta noticia y causándome sumo cuidado, lo comuniqué con el Sargento mayor, D. José Martinez de la Sierra y Acevedo, Alguacil mayor del Santo Oficio de la Inquisicion y perpetuo por su Majestad de esta Villa y sus Provincias y Teniente general de ella, y al Alférez D. Francisco Lopez de Orozco y Acevedo, Procurador general de toda la Provincia. Resolví en la ocasion, por hallarme sin fuerzas para poder sujetar movimiento tan inesperado, pasasen luego á dichos pueblos, como lo ejecutaron á las once del dia, á procurar el sosiego y quietud de ellos. El mismo dia 3 de Abril recibí otro papel de dicho P. Vargas, del tenor que sigue: *Hallándome en este pueblo de Zoochila á la hora de ésta, hoy mártes, que serán las ocho, saqué en primer lugar al P. Fr. José, de la Iglesia, adonde habia estado desde ayer con José de Malaber; saqué á Francisco de donde lo tenian con grillos: quedan apaciguados. Y así pido á vuestra merced, por la Vírgen, por ahora no se haga diligencia alguna: con esto digo á vuestra merced cuanto hay que decir. Los doce pueblos juntos aquí ya apaciguados. Nuestro Señor me guarde á vuestra merced muchos años. Zoochila, mártes de mañana. Besa la mano de vuestra merced, su menor Capellan y amigo siempre.—Fr. Alonso de Vargas.*

D. José Martinez de la Sierra hizo averiguaciones en los pueblos de Zoochila y Sogocho, el miércoles y juéves, y el viérnes 6 de dicho mes, volvió á Villa Alta, á las diez del dia, acompañado de todos los fiscales y principales de los once pueblos, quienes solicitaron ver á su Alcalde mayor. Con demostraciones de arrepentimiento, dice éste, me pidieron todos á una voz les perdonase por ignorantes é incapaces. Habiéndoles oido, se lo concedí en comun, advirtiéndoles que el particular movedor de tal delito, ó particulares que se averiguase, serian castigados por el mérito de la culpa y escarmientò para otros, mandándoles se volviesen y estuviesen en sus pueblos, cumpliendo en todo lo que es su obligacion.

Siguen las declaraciones de José de Malaber, quien acudió al auxilio de Francisco Calvo de Escalona con espada en mano, y en el momento de la refriega lo desarmaron, llevándolo luego unos amigos á la Iglesia para ponerlo á salvo, diciéndole: "ven, no te maten, ¡qué, no los conoces?" En la Iglesia se estuvo hasta el dia siguiente con el P. Fr. José de Castilla y D. José de Zárate, quedando el templo rodeado por mucha gente que daba continuos gritos y silbidos, tocando el clarin las veinticuatro horas. D. José de Zárate y un fiscal que se retiró tambien en la Iglesia, le dijeron que los indios decian "les entregasen al Padre, para en un aparejo llevarle á México con grillos, llevándolo no por el pueblo de San Francisco, sino de Vetailaga camino extraviado."

La declaracion de D. José de Zárate, cacique del pueblo de Zoochila, nos hace saber cómo habiendo permanecido en Sogocho todo el domingo, el lúnes en la mañana, á la hora del motin, obedeciendo las órdenes del Padre Ministro, fué á ayudar á Francisco Calvo de Escalona y juntó á los que pudo para auxiliar al Padre y á los españoles: lo apedrearon y persiguieron, por lo cual se retiró á la Iglesia y estuvo con el Padre, con José Malaber y el fiscal del pueblo de Zoochila, José de Luis, quien entraba y salia de la Iglesia para lo que se ofrecia al Padre y á los que allí estaban. Los indios que rodeaban la Iglesia dijeron al fiscal: "Échanos acá fuera á D. José de Zárate y á José de Malaber, agregando que á su Padre no querian hacer mal ninguno, sino que se fuera á su casa," concluyendo su declaracion con decir que no sabia quién capitaneaba la gente.

José Luis, natural y fiscal de Zoochila, dijo: que estuvo en la misa del domingo en Sogocho, habiéndose cerrado despues "las puertas de la Iglesia, como era costumbre, para contar los que faltaban á la Doctrina y Rosario; leyeron un papel, mandamiento del Alcalde mayor, y sirvió de intérprete para que lo entendiesen los indios Lorenzo de Vargas: que el lúnes temprano se presentaron muchos indios y oyó decir al Padre *que venia mucha gente con clarin que puede ser sean los de Sogocho que vienen por sus compañeros*, y que quien tocaba el clarin era un indio de Sogocho llamado Juan Matías:" se fué entónces á la Iglesia con el Padre, y allí estuvo con José de Malaber y el cacique D. José de Zárate.

El indio Juan Matías declaró que despues de las escenas ya descritas en Sogocho y Zoochila, "el lúnes muy temprano, todo su pueblo de Sogocho, hombres, mujeres y niños daban gritos diciendo: vamos á sacar á nuestros alcaldes: qué culpa tienen ellos para estar presos. Y con esto salieron del pueblo y el declarante con ellos, y llegando la gente á un paraje donde hacen tianguis todos los pueblos, y que allí habia un clarin, le dijeron todos, *toma ese clarin y toca;* y como todos á una voz se lo dijeron, de miedo lo tocó, y no conoció á nadie en particular que se lo mandase; que el clarin no era suyo, pues el suyo lo habia dejado en la Iglesia de Sogocho, y que el que tocó lo tiene en la Iglesia de su pueblo, sin saber de quién es, ni se lo ha pedido nadie. Que delante de los

7

pueblos reunidos, tocando caminó á Zoochila, en donde cercaron la casa del Padre y la comunidad, para que no se saliesen los españoles, y en los campos, perdidos, se despeñasen, pues su intencion no era más que les dijese el Padre quiénes eran culpados en el delito, y que si no eran sus alcaldes, los largasen."

Examinado Lorenzo de Vargas, dijo cómo el domingo 1º de Abril el P. Ministro le dió órden "para que se fuese á parar en la puerta de la sacristía y no dejase pasar á ningun indio, ni india, como con efecto lo hizo así."

"A poco lo llamó Francisco Calvo, que estaba en la puerta de la Iglesia con un papel en la mano y con la vara de la Real justicia, y le dijo les hiciese notorio á todos los indios de Caxonos, y en especial á los del pueblo de Sogocho, cómo tenia comision del Señor Alcalde mayor de prender á todas las personas que por el dicho P. Cura fuesen indicadas, y que á los demás pueblos les dijera que le acudiesen con el socorro que fuese menester, como lo hizo en la lengua zapoteca."

Juan de los Reyes, vecino de Villa Alta, declaró que el domingo 1º de Abril el P. Cura Ministro le encargó cuidase de la puerta de la sacristía para que no saliesen los indios.

Sigue la declaracion de Diego de los Reyes, de 20 años, hijo de Juan de los Reyes, que acompañó á Francisco Calvo de Escalona en la puerta de la Iglesia. Esta declaracion existe en parte, porque el resto del proceso no lo tenemos, si es que aun existe.

Las declaraciones que anteceden y la manifestacion que hizo D. José Martinez de la Sierra ante el Alcalde mayor de Villa Alta, al dar cuenta de su contenido, concuerdan perfectamente en todos los hechos acaecidos; pero se nota en toda esta causa cómo el verdadero motivo del alboroto queda encubierto, y no se llega á saber quiénes fueron los autores del delito, el cual tampoco se precisa.

La indicacion del P. Ministro al Alcalde mayor, cuando pide se aseguren las personas de los principales que menciona, y el participio que despues tomó el pueblo de Sogocho para defenderlos, parecen indicar un delito cometido por la comunidad y no por esos individuos en particular. Significativa es por demás la causal que alega el P. Fr. José de Castilla, "por convenir así al servicio de Dios nuestro Señor;" y por si no bastare agrega: "Espero del celo de V. M. lo hará, mirando por la honra de Dios." No está, pues, fuera de lugar suponer que se trataba de algun acto públi- co y general en el pueblo contra el culto del verdadero Dios, ó sea de un acto solemne de idolatría, á la que tenia tanta propension, al cual concurrieron las autoridades civiles, ó sean los alcaldes, los representantes de la autoridad eclesiástica en el pueblo, ó sean los fiscales, y por último, el maestro de capilla, que es quien aun en el dia interviene por parte del pueblo en los actos externos del culto.

Confirma esta presuncion el hecho singular de que el P. domínico solicitó se asegurasen ciertos individuos en la cárcel; y al nombrar- los, debió poner en primer término, ya que escribia á la autoridad civil, á los miembros para ella más caracterizados, á los Alcaldes; y no lo hizo así, sino que primero nombra á los fiscales; luego eran los más culpables en concepto del religioso, y el delito se relacio- naba con los deberes que incumben á los fiscales. Por último, nó- tese cómo el Alcalde mayor se fijó en el Alguacil mayor del Santo Oficio, D. José Martinez de la Sierra, para que conociese del asunto.

Conviene notar aquí qué representan los fiscales en las pobla- ciones de indígenas. El Pbro. Gay, en su obra tantas veces citada, nos lo da á conocer al tratar del Concilio Tercero Mexicano. En el cap. V del tomo segundo, dice: El Tercer Concilio Mexicano que tuvo lugar en 1585, merece ser contado entre los más notables que se registran en los anales de la Iglesia, por la sabiduría de sus de- cretos, la elevacion de sus miras y la oportunidad de los medios escogidos á su intento....... Tomarémos al vuelo algunas obser- vaciones, y las presentarémos como la explicacion de uno de los más importantes orígenes de las prácticas con que el pueblo estu- vo familiarizado por tres siglos.......

El título 9° sanciona en uno de sus decretos una institucion que parece ya existia y que ciertamente no debia desaparecer. Segun el espíritu de la Iglesia católica, cada Obispo debe tener á su lado un eclesiástico caracterizado por su inteligencia y ejemplar virtud, constituido por oficio defensor de los derechos de la Iglesia y cen- sor de las costumbres del clero y del pueblo de cada Diócesis. Á semejanza de tan respetable personaje, quiere el Concilio que en cada pueblo se elija un anciano, distinguido por sus irreprochables costumbres, quien al lado de los párrocos sea perpetuo censor de las costumbres públicas. Tales ancianos son conocidos con el nombre de fiscales, y es su oficio principal inquirir y perseguir los delitos y vicios que perturben la moralidad, descubriendo al Cura los amancebamientos, adulterios, divorcios indebidos, perjurios, blasfemias, infidelidades, etc. Nada más propio y eficaz para mantener entre los pueblos cierta severa disciplina, que esa institucion, usada por los romanos y que áun vive en Oaxaca, si bien ya degenerada."

El delito cometido por el pueblo de Sogocho en el año de 1691, fué, á no dudarlo, un acto de supersticion solemne ó un acto de idolatría, y de lo que tenemos del proceso se deduce con claridad el espíritu de odio á la religion cristiana, que animaba á los reos, como tambien el fervor católico del Padre Misionero y la persecucion que tuvo que sostener con eminente peligro de su vida.

Torpes anduvieron los indígenas, cuando, para excusarse ante D. José Martinez de la Sierra, atribuian el alboroto no á ellos mismos, los verdaderos autores, sino á su Padre Misionero, "quien de continuo les molestaba y por eso no lo querian." Razones poderosísimas tendria el Misionero para no dejarlos de la mano, y sin embargo, vemos que al último tuvo que apelar al brazo secular, pidiendo se pusieran presos á los principales, para que se les instruyera proceso, seguro de que por lo que resultase quedaria justificada tan severa medida. Igualmente torpes estuvieron en explicar su conducta para con la autoridad civil que menospreciaron, poniendo grillos y encerrando en la cárcel á su representante, miéntras que ponian en libertad á los castigados por ella. Con la mayor hipocresía y con esa flema característica de los indígenas perversos, dijeron á D. Juan Martinez de la Sierra, al tomarles cuentas, "que no sabian era justicia Francisco Calvo de Escalona, pues no les enseñó el mandamiento, ni llegó con vara al pueblo de Sogocho," cuando públicamente se les leyó el mandamiento expreso, estando todos reunidos en la Iglesia, y se les tradujo en su idioma.

El empeño que demostraron todos en ocultar los nombres de los cabecillas y el hecho entre ellos concertado, se deduce de la declaracion típica del indio Juan Matías y de las demás averiguaciones que hicieron tanto D. Juan Martinez de la Sierra, como el Alcalde mayor en Villa Alta, quien no pudiendo concretar la sustancia del proceso, ni fijar persona, se conformó con hacer á todos una seria reprimenda, y amagar con el peso de la justicia á los que se descubrieran principales promotores.

Existian aún restos del pavor que los españoles inspiraron á los indios en la conquista, y ostensible era el respeto que se veian precisados á guardar á las cosas y á los ministros de la religion católica. Así se comprende el gran respeto al derecho de asilo en la Iglesia, circunstancia de que se valió el P. Ministro para salvarse, encerrándose en el templo con los compañeros que corrian peligro, no faltando persona que sirviera á los refugiados como elemento intermediario con la gente amotinada afuera, el fiscal de Zoochila, José Luis, propio para el caso, en razon al afecto que se le profesaba en la localidad y por ser extraño al pueblo de Sogocho. Asistió á los aislados llevándoles los alimentos; y los de afuera quisieron servirse de él con astucia, para apoderarse del español y del indio cacique, y de la misma manera del Padre Ministro. Las depravadas intenciones que abrigaban para con todos, son manifiestas, y muy especialmente las que tenian para con el R. P. Fr. José de Castilla, quien querian saliese de la Iglesia para llevarlo á México, sin indicar objeto alguno, y sí precisando que no lo pasarian por Caxonos, en donde residia el superior inmediato del Padre, á quien tocaba disponer lo conveniente de su persona, sino que lo llevarian *por vereda extraviada*, lo cual hace sospechar que tenian intencion de matarlo en algun paraje aislado. El sentimiento de odio para con el ministro de la Religion, que no podian satisfacer, hizo que se cebaran en las personas que lo defendian, inclusa la representacion de la autoridad civil, á quien desconocieron y ultrajaron.

El celo apostólico del P. Vicario, Fr. Alonso de Vargas, fué el que á su tiempo puso fin á la contienda, y la prudencia exquisita que requeria el caso fué la que logró aquietar los ánimos, conformándose la autoridad eclesiástica con perdonar á los culpables que lo solicitaran, y quitar del peligro al P. Ministro, y la civil con disimular los hechos y proferir amenazas con el fin de reducirlos al órden y evitar mayores males en el porvenir.

Confesamos ingenuamente que el presente escrito adolece del defecto de ser demasiado difuso, mas invitamos al lector á que se fije en la naturaleza del asunto que se ha venido tratando y en los escasos conocimientos que comunmente se tiene de la idolatría que han practicado los indios, y no podrá ménos de convenir en que era preciso descender á numerosos detalles á fin de poder dar una idea adecuada acerca del asunto que nos viene ocupando. Hemos tenido presente que, si para los que vivimos en México hay aún muchos pormenores que ignoramos acerca de los instintos, creencias y costumbres de la raza indígena, esta ignorancia tiene por qué ser mucho mayor, cuando se trata de personas extrañas que no tienen sino una idea muy remota de dicha raza, y de sus usos, hábitos y tendencias. Era esto tanto más necesario, cuanto que el asunto habrá de sujetarse más tarde al riguroso exámen de la curia romana, siendo además conveniente el presentar ante los católicos del Continente Americano, el acto más heroico de virtud cristiana, practicado por miembros de una raza que se ha visto por una inmensa mayoría como de séres degradados, incapaces de las inspiraciones sublimes del alma é ineptos, casi por completo, para los arranques nobles y generosos del corazon. Para fijar bien el mérito que tuvo el martirio de estos Venerables Fiscales, tampoco hay que perder de vista que se trataba de dos razas distintas, la española y la indígena americana, la una conquistadora y la otra conquistada, y cada una con sus costumbres, tradiciones, creencias, idiomas y tendencias diversas, con diferente modo de ser social y con leyes bastante distintas, tanto en el órden religioso como en el civil, y por consiguiente, el haberse opuesto á la idolatría y colocado frente á frente á sus compatriotas, realza más y más su religioso heroísmo y acendrada fe católica.

Pasemos, pues, á relatar ya el acto solemne de idolatría que motivó la muerte gloriosa de los Venerables Juan Bautista y Jacinto de los Angeles, tratando en seguida detalladamente de su martirio, y haciendo por fin algunas apreciaciones que demuestren el interes especial que presenta esta causa para la raza indígena, y den una prueba más de la accion benéfica de la Iglesia católica sobre los pueblos, al ampararlos siempre, ennoblecerlos y guiarlos por el recto camino de su felicidad verdadera, vindicando al mismo tiempo contra el poderoso el derecho del más débil é igualando á todos ante Dios con sus divinas enseñanzas é infalible magisterio.

Las cartas de los dos religiosos domínicos que tenian á su cargo la parroquia de Caxones y las declaraciones de los testigos, españoles casi todos, que fueron examinados por la justicia, en dicho pueblo, en la cabecera de Villa Alta y en la ciudad de Oaxaca, nos dan á conocer minuciosamente todas las circunstancias que se refieren á nuestros Venerables Mártires; y siendo nuestro objeto presentar las noticias históricas con la mayor exactitud y de la manera que constan en los autos que obran en nuestro poder, preferimos extractarlas de los referidos documentos, absteniéndonos por completo de todo comentario y de cuanto pudiera desviar en lo más mínimo la mente de la verdad clara y sencilla.

El dia 14 del mes de Setiembre, año de 1700, estando en su celda el R. P. Fr. Gaspar de los Reyes, Ministro de la parroquia de Caxonos, se le presentaron, como á las ocho horas de la noche, D. Juan Bautista, cacique y principal del pueblo, y poco despues Jacinto de los Angeles, natural tambien de San Francisco Caxonos, y en razon á su oficio de fiscales de la Vicaría, le dieron parte de que aquella noche estaban convocados los indios para un acto solemne de idolatría, en la casa de un indio llamado José Flores, la cual estaba situada detrás de la Iglesia, en una planicie que queda más abajo. Añadieron los fiscales como se estaba disponiendo ya, en dicha casa, los gallos y tamales que habian de ofrecerse; y para convencer plenamente de esto al sacerdote, indicáronle que si queria ver por sí mismo esos preparativos, le pondrian en un sitio donde, sin que le viesen, podria presenciar lo que estaban haciendo en el patio de dicha casa. El religioso encargó entónces á Diego de Mora, oficial de herrero, de cincuenta años de edad y á Manuel Rodriguez, de 18 años, oficial de carpintero, ambos españoles, y que casualmente se encontraban en el convento que sirve de casa cural, que fuesen con los fiscales denunciantes, y luego le diesen parte de cuanto viesen. Salieron en seguida del convento los sujetos mencionados, y colocándose en lo alto de una peña, que está allí cerca del lugar donde existió una capilla que llamaban el calvario, vieron desde allí que en el patio de la casa de José Flores, estaban algunos indios ó indias matando y pelando gallos de la tierra. Distinguiéronlos por la luz que daban los ocotes encendidos, que tenian otros indios en las manos, notando á su vez que iban llegando continuamente más indios é indias á dicha casa, lo que dió motivo á D. Juan Bautista y á Jacinto de los Angeles para afirmar que todos aquellos iban á la casa con el exclusivo objeto de asistir al acto de idolatría. Despues de haber permanecido largo rato sobre el peñasco, regresaron al convento como á las nueve de la noche, y contaron á Fr. Gaspar cuanto habian visto.

Diego de Mora pasó entónces á colocarse en el balconcillo que está en la celda del convento que mira á la plaza y tiene enfrente la casa de comunidad, y al poco tiempo de estar allí, vió pasar á un indio que llevaba en la mano unos ocotes encendidos y la cabeza tapada con una manta de lana; y observándolo tambien D. Juan Bautista, dijo que aquel era el alcalde del pueblo, llamado D. Cristóbal, que iba á la idolatría, pues mirándole con cuidado, le habia reconocido por el cuerpo y manera de andar.

Pareció conveniente comunicar lo que pasaba al Superior de la feligresía, R. P. Vicario Fr. Alonso de Vargas, y así lo verificaron. El buen religioso quedó pensativo al recibir tan desagradable sorpresa, y ántes de que se resolviese á tomar una determinacion, le dijeron los fiscales: "Padre, vamos á cogerlos, que ya están en la idolatría." Mandó llamar entónces al capitan D. Antonio Rodriguez de Pinelo, vecino de Oaxaca, y á José de Valsalobre, ambos españoles, que estaban alojados en la comunidad. En efecto, el referido D. Antonio dijo en su declaracion que, encontrándose ya acostado, recibió un recado de los R. R. P. P. Fr. Alonso de Vargas, Vicario de aquel partido, y Fr. Gaspar de los Reyes, su Ministro, advirtiéndole "que convenia al servicio de Dios Nuestro Señor el que se levantase y les fuese á acompañar para cierta diligencia muy de su obligacion."

Reunidos en el convento, como á las once de la noche, los dos religiosos y los dos fiscales con D. Antonio Rodriguez de Pinelo, José de Valsalobre, maestro carpintero, Diego de Mora, Manuel Rodriguez, Diego Bohorques, criado de Fr. Gaspar, otros dos españoles, y José de la Trinidad, jovencito de doce años y esclavo de D. Antonio Pinelo, se dirigieron todos, sin hacer ruido, á la casa de D.

José Flores. Estaba lloviznando y á nadie encontraron en el camino.

Al llegar á la casa en donde se verificaba la idolatría, habia en el patio luminarias, pero fuese por la llovizna ó por el interes de la funcion, todos los indígenas se encontraban dentro de la cocina y las dos grandes piezas que componian la casa habitacion de José Flores, menos los dos indios que estaban de guardia en la puerta de la sala principal, pero que distraidos con las ceremonias que se estaban practicando en el interior de la casa, no advirtieron su llegada. Los religiosos y sus acompañantes pudieron, por un momento, apercibirse de lo que pasaba dentro de la pieza principal. Estaban allí multitud de hombres y mujeres de todas edades, niños y niñas y hasta criaturas de pecho, en pié los unos, hincados la mayor parte y postrados otros, repitiendo todos ciertos rezos que un indio lector, llamado Sebastian Martin, como maestro de capilla, apuntaba, teniendo en la mano una especie de pergamino, escrito con letras grandes, coloradas como de sangre. Se destacaban de los demás D. José de Celi, gobernador del pueblo, y los dos alcaldes, D. Cristóbal de Robles y D. Juan Hernandez, pues tenian unos paños en la cabeza, á manera de capilla, y unos huipiles en forma de hábitos blancos, parecidos á los que usan los religiosos.

Apénas los sintieron los dos indios que estaban colocados en la puerta principal, dieron aviso á los de adentro, produciéndose en el acto la mayor confusion, y gritándoles el P. Vicario poseido de santa indignacion, *¡qué vergüenza es ésta!* les dijo; y estando reprendiéndoles severamente su apostasía, José de Valsalobre fué el primero en desenvainar la espada, y diciéndoles *¡ah, perros, qué es esto que estais haciendo!* arremetió con ímpetu contra los idólatras allí reunidos, dándoles de cintarazos. Estos, confusos y corridos, fueron saliendo de la casa, tapándose las caras, apagando las luces y los ocotes encendidos, y empujándose los unos á los otros en confuso tropel.

El Vicario mandó traer luces y encendió de nuevo las velas. Los españoles y los religiosos pudieron ver entónces y examinar de cerca los objetos de idolatría que los apóstatas, en su precipitacion y espanto, dejaron abandonados.

Sobre una mesa grande, y con los rostros para abajo, estaban unas imágenes de santos, de pintura mexicana, y sobre sus espaldas unos papeles con escrituras misteriosas y dos apastles ó escudillas llenas de sangre, tres candelillas de cera, que habian estado ardiendo, un tenate lleno de gallos de la tierra, muertos y pelados, unas cazuelas con guisado de cierta clase de pescadillos, tortillas triangulares con un agujero en el centro, otras tortillas chiquitas y redondas, unos tamales, una corteza de palo de buen tamaño, tendida y manchada con algunas gotas de sangre á la cual dan el nombre de *yxcamatl*, y en zapoteco *yaguichi*, y por último un tenate con plumas de pájaro, cabellos, lana, algodon y cerdas de animales. En el suelo habia una cierva grande tendida boca arriba, y con la barriga destripada, que todavía se estaba meneando, y cerca de ella se veian unos cuadros de santos volteados hácia abajo. De unos palos ó estacas sujetos en las paredes pendian algunos gallos de la tierra, degollados y con las cabezas amarradas de los piés, como tambien un pavo ó guajolote suspendido de la misma manera. Por último, en un rincon estaban unos envoltorios de la cáscara de *yaguichi*, sujetos con unas cuerdas llenas de nuditos de trecho en trecho, y curiosamente formados.

Examinado todo, mandó el P. Vicario que se recogieran esos objetos como pertenecientes á la idolatría, y se llevasen al convento. El indio Sebastian Martin, barbero del pueblo, y el único que habia quedado allí, pidió perdon á los P.P., y dijo que era cómplice en lo que habian estado haciendo. El P. Fr. Alonso de Vargas se limitó á ordenarle que levantase la cierva, y cargándola los acompañase al convento. Así lo hizo, y llevando cada cual lo que pudo, fueron depositados todos esos instrumentos de idolatría en las despensas del convento.[1]

---

1 Consignamos en los apéndices las declaraciones de Sebastian de Alcántara y Pascual Manuel, donde se dan á conocer quiénes eran los Rabis de la idolatría en los pueblos de Caxonos, los lugares donde idolatraban, sus ídolos, instrumentos y los ritos que practicaban.

CAPITULO VII·

ESPUES de haber sorprendido el acto de idolatría que referimos en el capítulo anterior, los R. R. P. P. Vicario y Ministro de Caxonos dieron parte de lo ocurrido á su Provincial de Oaxaca, y al Alcalde mayor de la Cabecera, sita en la Villa Alta de San Ildefonso. En la mañana del dia siguiente, muy temprano, enviaron un recado á Juan Tirado, oficial de platero y amigo de ellos, que residia en el pueblo cercano de S. Baltasar Yazachi, encareciéndole fuera pronto en su auxilio y llevara consigo al Gobernador y Alcaldes de aquel pueblo, así como á los de Zoochila y á Francisco Mejía, maestro herrero, que vivia en esta última poblacion. Así lo ejecutó, y á las nueve de la mañana llegaron todos juntos á Caxonos, llevando tambien consigo Francisco Mejía á su hijo Antonio.

Por la mañana de ese mismo dia, 15 de Setiembre, se presentó al R. P. Vargas un indio mestizo llamado D. Pedro, Alcalde del pueblo de S. Pedro Caxonos, y le dijo cómo habia sabido que todos los indios del pueblo de S. Francisco estaban convocados para atacar al convento aquella misma noche, y llevarse á los dos Fiscales denunciantes, y á Diego de Mora y á Valsalobre para matarlos.

Llegaron poco despues los Alcaldes de los pueblos de S. Miguel y S. Pedro Caxonos, afirmando lo mismo y diciendo que, con oca-sion de haberlo sabido, habian traido la gente que habian podido reunir en sus pueblos, á fin de defender el convento, los religiosos y la demás gente que estaba allí.

Como á las tres ó cuatro de la tarde llegaron al pueblo de S. Francisco Caxonos Francisco y José Mejía, que se dirigian á Oaxaca; pero el P. Fr. Gaspar, en union de otras personas, los persuadió á que se quedasen allí, y se apeasen no en la comunidad, como ellos pretendian, sino en el convento, "porque así convenia al servicio de Dios." Habian sabido ya los P. P. al medio dia, que detrás del convento, cerca de la capilla del Calvario, se habian reunido bastantes indios, quienes, al parecer, andaban en combinaciones y fraguando algo grave. Confirmó esta noticia Jacinto de los Angeles, que llegó al poco tiempo diciendo al P. Vicario: "Padre, ya vienen los indios, y pretenden matar á José de Valsalobre y á Diego de Mora;" y con este aviso se refugiaron todos los que habia dentro del convento en la celda de Fr. Gaspar, por ser la que caia á la plaza y comunidad del pueblo; pero se dispersaron al poco tiempo, quedando todo tranquilo, no habiéndose presentado más que D. Juan Bautista y Ambrosio de Morga, quienes permanecieron con los Padres. Estando reunidos en el convento para la defensa de los R. R. P. P., su Iglesia y convento, los dos fiscales D. Juan Bautista y Jacinto de los Angeles, Pinelo, Diego de Mora, Juan Tirado, Manuel Rodriguez, José Valsalobre, Diego Bohorquez y Mejía con sus tres hijos, dispusieron cerrar las puertas del convento, ordenando tambien Pinelo á los naturales que se habian presentado de los pueblos de S. Pedro, S. Miguel y Santo Domingo Caxonos, que se colocaran de la parte de afuera á guardar la portería y las ventanas de las celdas, y que pusieran algunas luminarias, pues la noche estaba muy oscura. Así se ejecutó, y siendo ya como las ocho de la noche, al asomarse Juan Tirado al bálcon de la celda que da á la plaza, oyó murmullo de gente en el atrio ó cementerio de la Iglesia, que está contiguo. Avisó luego á los compañeros para que se previniesen, pues ya estaban allí los indios. Cogieron sus armas de fuego los que las tenian, que fueron D. Antonio Rodriguez Pinelo, Francisco Mejía y su hijo, llamado tambien Francisco, y Diego de Mora, que tomó una de las tres que tenia D. Juan Bautista. Prevenidos todos de esta manera, y conviniendo en que no se dispararia ninguna arma sino para defenderse y como último recurso para salvar la vida; oyeron al poco rato, de repente y á un mismo tiempo, gran gritería, silvas y el redoble de un tambor.

Al llegar los del motin al convento, y habiendo dado un silbido, fué contestado por los que colocó Pinelo para guardar la portería, é incorporándose todos, comenzaron á tirar piedras á las puertas y ventanas. Los indios amotinados, que fueron muchos, se presentaron en su mayor parte con las caras tapadas con caretas, monteras y paños, y muchos de ellos con medias y zapatos y otros trajes para no ser conocidos, y armados con lanzas, hachas, garrochas, coas, machetes y palos en las manos.

Colocados ya en la plaza frente al convento, habiendo tocado de nuevo la caja de guerra, prorrumpiendo en gran gritería y armando muchísima algazara, rompieron á pedradas algunas ventanas y con golpes de hacha hicieron pedazos las puertas de la portería. Al romper las verjas y puerta de una ventana de la celda donde estaban todos reunidos, vieron los españoles caido en el suelo á Ambrosio de Morga, herido por una pedrada. Viendo la furia de los naturales, para atemorizarlos y defenderse á la vez, comenzaron los que tenian armas á disparar algunos tiros al aire, diciéndose los unos á los otros: "quizá con esto los espantarémos y se irán estos indios." Pasó un rato, y se oyó luego una voz que en castellano llamaba al P. Vicario, el cual respondiendo que qué querian, replicaron que no tuviese miedo, que no le llegarian al pelo de la cabeza, como les entregase á D. Juan Bautista y á Jacinto de los Ángeles. El P. Vargas les contestó que no podia dárselos, y que no los daria, porque además de ser sacerdote, la Iglesia defendia á todos los católicos que se acogian á ella; con cuya respuesta, exasperados los indios, dijeron que si no se los entregaban, quemarian la Iglesia y comunidad, y destecharian el convento.

Rotas las puertas del convento, se metieron muchos indios en el claustro, que en ese momento se iluminó con mucha claridad por las llamas que levantaba la casa de D. Juan Bautista, á la que habian pegado fuego, y que estaba situada en la loma inmediata. Dirigiéronse algunos indios á las piezas donde estaban guardados los instrumentos de idolatría, rompieron las puertas, los sacaron y se los llevaron consigo. D. Antonio Pinelo, Francisco Mejía, padre,

Valsalobre y Diego de Mora, al ver que continuaba el ataque, y encontrándose ya en inminente peligro de la vida, dispararon algunos tiros, resultando de ellos un herido y un muerto.

Exasperados con esto los indios, gritaron con más furia diciendo: "¡ah, frailes, ahora habeis de morir!" y llamando al P. Vicario decian: "entréganos á D. Juan y á Jacinto y se acabará el pleito, porque de lo contrario habeis de morir todos." El Padre les respondió: "hijos, no los puedo entregar; si quereis dinero y toda mi celda os la daré," y los indios contestaron: "no queremos sino á D. Juan y Jacinto." Estrechados más y más los Padres, dijeron: "nosotros no nos metemos en nada, ni los podemos entregar." Miéntras esto pasaba, un indio, llamado D. José de Mendoza, daba muchas patadas en el suelo y decia lleno de cólera y á voz en grito: "¡chico pleito es éste! ahora nos darán á D. Juan y á Jacinto, ó han de morir estos frailes cornudos." Á estas voces se asomó el P. Vicario á la ventana de la celda, y procurando persuadirles y hacerles desistir de su intento, les mostraba una imágen de Nuestra Señora que tenia en las manos, diciéndoles: que *por aquella Señora les pedia se sosegasen;* pero ellos gritaban con mayor encono: "quita allá tu Vírgen, y mira que si no entregas á D. Juan y á Jacinto, hemos de quemar el convento, la Iglesia y la comunidad, y mas que se pierda todo el pueblo y el tributo de Su Majestad;" añadiendo á continuacion por ironía, que qué habian de hacer con el alma de aquel hombre que habian muerto los españoles. Quejáronse además de que el P. Vicario hubiese dado parte de lo que ocurria á la justicia de Villa Alta y al P. Provincial, y que habiendo él dado ya ese paso, qué habian de hacer. El P. Vicario les respondió que habia sido preciso obrar así, pero que no tuviesen cuidado, que si se arrepentian y pedian perdon, él lo solicitaria para ellos de los dos jueces. En esto un indio llamado Jacinto, el Chucho, exclamó diciendo: "¡ah, frailes cornudos! ahora morireis, ya que no quereis darnos á D. Juan y á Jacinto," y arroyando un mecate á D. Antonio Pinelo, le dieron con él en el pecho, diciéndole: "entréganos á D. Juan y á Jacinto amarrados con ese lazo, y se acabará el pleito." "Aguardaos, hijos, respondió D. Antonio Pinelo, yo os daré todo el dinero y mantas que tengo." Respondieron los naturales: "no queremos nada, sino que nos entregues á D. Juan y á Jacinto." A lo que respondió D. Antonio Pinelo: "aguardaos, hijos, lo consultaré con mis compañeros;" y preguntando á los Padres qué harian en aquel caso, respondieron "que no tenian intencion de que se los entregasen." Viéndose los españoles en tal aprieto, y notando que los indios se habian subido al techo de la celda en donde se encontraban, y que la estaban ya destejando, se reunieron en consulta. Les hizo presente D. Antonio Pinelo el peligro en que todos se hallaban, sin fuerzas para resistir á la pretension y muchedumbre de los indios, hablándoles en estos términos: "amigos, ¿qué haremos con esta gente? si no les entregamos estos hombres, nos han de matar." Algunos se callaron, otros dijeron que era mejor entregarlos para no morir todos. Dirigiéndose entónces D. Antonio Pinelo á los naturales, les preguntó para qué querian á los dos fiscales? y respondieron ellos que para hacerlos cuartos. Los españoles se decian entretanto los unos á los otros, que estaban ya indefensos, pues no tenian más pólvora ni balas que las que contenian sus armas de fuego, y que era preciso entregar á los fiscales, con tal que los indios prometiesen no hacerles otro mal que tenerlos en la cárcel, miéntras venia la Justicia que estaban esperando de la Villa Alta y se los entregaban. Volvió D. Antonio Pinelo á salir al balcon, y les hizo esta proposicion. Convinieron en ella los indígenas, y dieron palabra de no hacerles más daño que tenerlos presos; y al quererlos entregar, vieron y oyeron los españoles que D. Juan Bautista, arrojando al suelo las armas de fuego que tenia, dijo: "*vamos á morir por la ley de Dios: como yo tenga á su Divina Majestad, no temo nada, ni he menester armas.*" De la misma manera vieron y oyeron, que Jacinto de los Ángeles *pidió á los religiosos que lo confesasen, y que si era posible le diesen la comunion, y que él iria sin armas á morir tambien por la ley de Dios.* Á estas razones le consolaron y exhortaron los religiosos, y habiendo hecho los dos un acto de contricion, fueron absueltos por el R. P. Vicario. Asegurándose de nuevo D. Antonio Pinelo de que los indios no harian daño alguno á los fiscales, sino que sólo los pondrian en la cárcel, los entregó, y en el acto mismo dijeron los Padres que protestaban contra semejante resolucion, y que ellos no participaban ni convenian en manera alguna en aquella entrega.

Luego que D. Juan Bautista se vió en manos de sus verdugos les dijo: *"aquí estoy, si me habeis de matar mañana, matadme ahora."* En el acto maniataron los indios á los dos fiscales, y cargando todos sobre ellos los llevaron en bolandas, y amarrando primero á la picota á D. Juan Bautista y despues á Jacinto de los Angeles, les dierou tantos y tan crueles azotes que llegaron á no tener ya fuerzas para quejarse. Dándoles de quince á veinte azotes, les decian: "¿Te supo bien el chocolate que te dió el Padre? ¿Por qué nos acusaste? Dále, decian, azótale," y descargando sobre ellos muchos azotes, les volvian á preguntar: "¿Dinos quién disparó las escopetas?" Nada les respondieron los fiscales, y continuaron azotándolos en la misma forma, haciéndoles otras preguntas y burlándose de ellos, miéntras los Venerables Mártires sólo clamaban llamando á Dios y á la Vírgen Santísima para que los ayudasen, hasta que perdieron el sentido y dejaron de hablar.

Entre los amotinados que asaltaron el convento, se distinguieron D. José de Celi y los alcaldes D. Cristóbal Robles y Juan Hernandez. Túvose por cierto que se hallaron en el tumulto los indios principales del pueblo de San Francisco Caxonos, como tambien muchos de los pueblos de San Pedro, San Miguel, Santo Domingo, San Pablo y San Mateo.

Habiéndolos quitado de la picota, los indios llevaron á los fiscales á la cárcel de la comunidad, y cuando recobraron el sentido, los hicierou caminar al pueblo cercano de San Pedro, en donde los azotaron de nuevo.

La chusma desapareció por completo del pueblo de San Francisco Caxonos, y sólo quedó tendido en el suelo, frente al convento, el cadáver del indio muerto á causa de los tiros que se dispararon.

Presentáronse con este motivo los indios al P. Vicario diciendo que aquel hombre que estaba allí difunto era del pueblo de San Pedro, y habiéndoles respondido el Padre que él lo enterraria, se marcharon. A los dos dias del asalto fué llamado el P. Ministro para una confesion en uno de los pueblos cercanos, y resultó que se estaba muriendo otro indio que habia sido tambien herido por arma de fuego. Al dia siguiente de la noche del asalto, al amanecer, los españoles que permanecieron en el convento encerrados en una celda, vieron tirado aún en el suelo á Ambrosio de Morga, el único de los indígenas de afuera que se mostró de parte de los religiosos. Estaba casi sin sentido y con una herida en la cabeza, al parecer hecha con piedra, y otra en la boca, al cual por ser amigo, lo metieron en el convento, y lo curaron de la manera que pudieron.

El juéves, 16 de Setiembre, á las cuatro de la mañana, llegó la Justicia de Villa Alta D. José Martinez de la Sierra, alguacil mayor, acompañado de unos auxiliares. Pasó desde luego el indicado al convento, vió los destrozos hechos en la portería, en el techo de la celda y en las ventanas, reconociendo al mismo tiempo cómo las dos puertas de las despensas estaban una destruida con hachazos y la otra arrancada la cerradura. Presentóse, como á las ocho de la mañana, al dicho alguacil mayor el alcalde D. Cristóbal, limitándose á decirle que en esos momentos todos los indios estaban ausentes del pueblo, y que por lo tanto no podia prestarle asistencia alguna. Sin embargo, no dejó de indicar á uno de los españoles presentes, hablándole aparte, que si por lo que habia pasado llegase la Justicia á aprehender á alguno de los pueblos de Caxonos, todos los seis pueblos se perderian.

En la tarde del mismo dia aparecieron de repente como unos ochenta indios armados de coas y palos, y demolieron otra casa cubierta de teja que pertenecia á D. Juan Bautista; y habiendo pasado á hacer lo mismo con la de Jacinto de los Angeles, salióles al encuentro su mujer, acompañada de su hermana Josefa, rogándoles con instancia que se abstuviesen de cometer aquel atentado, y diciéndoles que si no estaban todavía contentos con las crueldades que habian ejecutado con Jacinto. No bastando los ruegos y las repetidas instancias para hacerlos desistir de su intento y mala voluntad, alegó la mujer de Jacinto que si no sabian, como el resto del pueblo, que aquella casa era suya y no de Jacinto, pues le pertenecia ya á ella cuando se habia unido á él en matrimonio. Todas estas razones no fueron capaces de hacer mella en su ánimo y obligarles á cambiar de resolucion, siendo preciso darles algun dinero para hacerlos desistir de su depravado intento, y lograr que se marcharan. Habiendo preguntado Juan Tirado si todos aquellos indios pertenecian al pueblo de San Francisco, hubo quien le dijera que sí pertenecian, y que á ellos tocaba poner en ejecucion lo que disponian los demás pueblos reunidos, y aun llegó á saber que las órdenes salian del pueblo de San Pedro. El alguacil mayor supo, y puede decirse que casi presenció, la destruccion de la casa de D. Juan Bautista, y que habian ido á hacer otro tanto con la de Jacinto; mas viendo el estado de exaltacion de los indios, y que no contaba con fuerzas suficientes para reprimirlos y castigarlos, se vió en la precision de tener que hacerse el disimulado.

El alcalde D. Cristóbal entró al anochecer en conversacion con Juan Tirado, preguntándole qué harian para remedio de lo que habian hecho. Contestó Tirado que fuesen al convento y pidiesen perdon á los R. R. Padres y á la Justicia. En efecto, al dia siguiente, viérnes, el Gobernador y los Alcaldes de San Francisco Caxonos, con unos cuantos indios, fueron al convento como á las nueve de la mañana, y pidieron perdon á los Padres y al alguacil mayor. Preguntándoles entónces Juan Tirado por los fiscales, respondieron que los habian soltado de la cárcel de San Pedro en donde los habian tenido presos, habiéndoles prometido no hacerles sufrir más si se resolvian á irse á Chiapas ó Guatemala. Consta todo esto en los autos que tenemos á la vista por las declaraciones hechas por los españoles Juan Tirado, José de Valsalobre, Antonio de Pinelo, Francisco Mejía y sus tres hijos (Francisco, Antonio, y José), Diego de Mora, Manuel Rodriguez, Diego de Bohorquez, y el mulato José de la Trinidad, testigos presenciales.

Sebastian de Rua, español y vecino de Villa Alta, llegó el juéves al medio dia á Caxonos con Manuel Martinez, mulato, Juan de Chavez, herrero, y Diego Bello, ambos españoles y vecinos de Villa Alta, que desde aquel punto habian acompañado al alguacil mayor. Llegaron con él á las cuatro de la madrugada, habiendo salido juntos de la Villa el miércoles á la una de la tarde. Las declaraciones de los tres primeros que constan en los autos, confirman la relacion anterior, consignando en ellas los destrozos que vieron, y relatando lo que oyeron en Caxonos. Nos hacen saber además que la mujer de Jacinto de los Angeles, llamada Petrona, refirió á Sebastian de Rua y á Manuel Martinez en la misma tarde del juéves, que en la mañana de dicho dia habia ido á ver á su marido y á llevarle ropa para que se mudara; y habiéndole alcanzado en el llano que llaman de San Miguel, que está situado fuera del pueblo de San Miguel, y por el cual pasa el camino que conduce al monte de Tanga y ciudad de Oaxaca, acompañado de muchos indios, así de San Francisco como de los otros cinco pueblos de Caxonos, hablándole y queriendo entregarle la ropa, no la quiso recibir, diciéndole se la volviese á llevar, que ya no le serviria, que Dios sabia el paradero que tendria, que se volviese á su casa y cuidase de sus hijos; y ella con estas razones, y temerosa de los indios, habia regresado al pueblo.

Al dia siguiente, viérnes, acompañaron al Padre Vicario Sebastian de Rua y Manuel Martinez á una confesion que le pidieron en el pueblo de San Pedro, pues el religioso no dejaba de abrigar algun recelo respecto de los indios. Tomaron una vereda que conducia á dicho pueblo, y en ella notaron rastro de sangre. Habiendo llegado á San Pedro, se fueron inmediatamente adonde estaba el herido, y supieron que era natural del pueblo de San Miguel. Al hacer el reconocimiento, hallaron una herida hecha con bala que le habia atravesado el hombro derecho. Supieron en esta ocasion que las juntas y conciliábulos se verificaban en aquel pueblo de San Pedro, y presumieron que los cabecillas del tumulto habian sido las mismas autoridades de los seis pueblos de Caxonos, pues los indios rara vez se mueven sin ser convocados de antemano por sus oficiales, quienes tienen la costumbre de imponer penas de reales y azotes cuando no concurren á las juntas, y no se reunen á dar cumplimiento á lo que se les manda.

Los testigos ya referidos, y otros varios, vieron al siguiente dia, sábado, que Nicolás de Espinosa, que habia sido alcalde del pueblo de San Mateo, fué á pedir perdon al Padre Vicario y á D. Juan Martinez de la Sierra. El domingo no concurrieron los indios á misa como de costumbre, permaneciendo la iglesia cerrada todo el dia, debido á que no se recibieron hasta esa tarde las instrucciones que se habian pedido al R. P. Provincial que residia en Oaxaca. Consultado á la vez el Venerable Cabildo de Oaxaca que gobernaba entónces la diócesis por estar *Sede vacante*, habiéndose reunido en cuerpo, resolvió conceder facultades para absolver á los apóstatas y volver á abrir la iglesia.

Aunque era voz comun, y estaba en la conciencia de todos, que los indios habian dado muerte á los fiscales, y por más que comprendiesen que no podia ser mayor el escándalo que habian dado, los religiosos residentes en Caxonos y sus superiores, juzgaron que en vista de las circunstancias, la falta de medios eficaces para reprimir y castigar á los indios, y el temor de que sobrevinieran aún mayores males, era mejor y más conforme á prudencia el disimular y el dedicarse exclusivamente por entónces á aquietar los ánimos.

El lúnes, á eso de las ocho de la mañana, los religiosos exhortaron fervorosamente á los indios reunidos en el cementerio, estando ellos enfrente de la puerta de la iglesia que ya habian abierto, y les rogaron que depusiesen cualquier rencor que tuviesen contra los fiscales. Los indios respondieron que ya los habian soltado, y que no sabian adónde habian ido á parar, pero que los buscarian y los entregarian tan pronto como los hallasen. Hicieron en comun un acto de fe y rezaron el Acto de Contricion, siendo inmediatamente absueltos por el Padre Vicario. Notó Diego Bohorquez en esta ocasion, que miéntras estaban en el Salmo *Miserere* y en las ceremonias de la absolucion, el alcalde D. Cristóbal y algunos otros indios se estaban riendo, y decian que si querian aprehender á alguno, habian de morir todos y perderse el pueblo.

Una vez reconciliados, y habiendo recibido de rodillas la absolucion, entraron en la iglesia, y siguieron despues sosegados y quietos en sus casas, mas continuaron diciendo á todas horas que si aprehendian á alguno, lo habian de defender, aunque perecieran todos y se perdiese el pueblo.

CAPITULO IX.

DILIGENCIAS JUDICIALES.

L 15 de Setiembre, en las primeras horas de la mañana, los R.R. P.P. Fr. Alonso de Vargas y Fr. Gaspar de los Reyes escribian á D. Juan Antonio Mier del Tojo, Alcalde mayor de la Villa Alta de San Ildefonso, avisándole que acababan de sorprender una idolatría general, y temerosos del resultado para ellos mismos, le decian: "En nombre de Dios N. S. pedimos que luego, vista ésta, se venga por acá, que estamos expuestos á que nos maten, y así venga el mundo, que sea cuanto ántes—con prisa, por Dios. Esta carta la recibió el Alcalde como á las doce del dia, y estando personalmente achacoso, para no desamparar la Cabecera y para mejor entenderse con esta causa, resolvió no moverse. Prefirió enviar á D. José Martinez de la Sierra, Alguacil mayor de aquella jurisdiccion por su Majestad y del tribunal de la Inquisicion, dándole poder especial y dictando las disposiciones é instrucciones necesarias. A la una del dia notificó al referido Señor lo dispuesto, y éste se marchó desde luego para S. Francisco Caxonos.

El dia 16 D. José Martinez de la Sierra escribió al Alcalde mayor de Caxonos como á las seis de la mañana, avisándole de su llegada y dándole parte del tumulto habido la noche anterior: le comunica el triste estado de cosas que ha encontrado y le pide refuerzos y nuevas instrucciones. A las cinco de la tarde del mismo dia juéves, D. Juan Antonio Mier reçibió la carta y dispuso que saliera luego D. Francisco Orozco, español y vecino de Villa Alta, con las personas que pudiesen, y fueran todos á S. Francisco Caxonos, dictando el dicho Alcalde mayor nuevas instrucciones y recomendando que "ante todas cosas se atendiese al servicio de ambas majestades." Ensillaron desde luego D. Francisco de Orozco, Manuel y Juan Alvarez y otros vecinos de la Villa, y se dirigieron á Caxonos.

El viérnes 17 de Setiembre escribió de nuevo D. José de la Sierra á D. Antonio Mier, avisando que á las nueve de la mañana de ese dia, el Gobernador y demás justicias con bastantes indios del pueblo, acompañados de los Padres, le habian pedido perdon y se lo habia concedido con el fin de aquietarlos. Se recibió esta carta en Villa Alta á las seis de la tarde, y el Alcalde mayor escribió sin pérdida de tiempo excitando á D. José de la Sierra solicitáse con prudencia que entregaran ó diesen razon de D. Juan Bautista y Jacinto de los Angeles.

Luego que se retiraron los indios que pidieron perdon, el Alguacil mayor levantó el acta siguiente para que sirviera de constancia. "En el pueblo de S. Francisco, en diez y siete dias del mes de Setiembre del año mil setecientos, ante mí el Juez comisario, comparecieron el Gobernador, Alcaldes, Regidores y demás oficiales de República de este dicho pueblo, acompañados con otros naturales de que al parecer serán como cuarenta, y trayendo consigo á los R.R. P.P. Fr. Alonso de Vargas, Vicario, y Fr. Gaspar de los Reyes su compañero, en presencia de los testigos de mi asistencia me representaron, mediante José Ramos, intérprete del Juzgado de Villa Alta, que venian á pedirme y pidieron que, pues estaba con comision y en lugar del Señor Alcalde mayor, les perdonase lo que habian hecho, que habia sido tontería, como indios incapaces, y otras razones, que vistas por mí y atendiendo á la inquietud que dichos naturales tienen, y presuncion de que otros de esta dicha doctrina los auxilien, mirando á que se aquieten y pacifiquen, habiéndoles dado á entender la gravedad del delito que habian cometido, y que estaban en la obligacion de restituir á la Iglesia á los dos referidos denunciantes, á quienes me dijeron haber sacado de dicha cárcel de S. Pedro y no saber por dónde habian cogido, si bien presumian habrianse ido para Oaxaca; les dije que les perdonaba como me lo pedian, y les amonesté y mandé se portasen con toda paz y quietud, porque de otra manera, si persistian, serian castigados. Y para que conste lo hice poner por diligencia y lo firmé con los testigos de asistencia.—*José Martinez de la Sierra y Acevedo.*—Una rúbrica.—*Diego Bello de Aldona.*—Una rúbrica.—*Juan .D. Chavez.*—Una rúbrica.—*José Ramos.*—Una rúbrica.

El mismo dia viérnes D. José Martinez de la Sierra volvió á escribir al Alcalde mayor diciéndole: "Estoy adquiriendo razon individual de dónde tienen ó se hallan D. Juan Bautista y Jacinto de los Angeles, porque, aunque me han dicho el Gobernador y demás justicias que los tuvieron presos en S. Pedro, y que ayer juéves en la tarde los soltaron, no me consta de ello, y así les he dicho que les importa el que me los entreguen, ó que me traigan instrumentos por donde conste en dónde se hallan los dichos, para solicitar sean castigados por la inquietud que á todos nos han causado." Los indios, sosteniendo que habian tomado el rumbo de Oaxaca, fingieron interés y mandaron un propio en busca de ellos. Avisa tambien D. José de la Sierra, cómo los indios habian destruido la casa de teja de D. Juan Bautista y habian pretendido hacer otro tanto con la de Jacinto, y cómo sabiéndolo todo y oyendo el murmullo, se habia hecho el desentendido, *"porque semejantes osadías piden competente castigo ó disimulo."* Da parte de que tiene noticia que los seis pueblos de Caxonos tenian ya la promesa de ser auxiliados por los doce de la otra banda, ó sean los que formaban ya la nueva doctrina de Zoochila y Sogocho con los demás anexos. Participa por último, que por encontrarse aparentemente sosegados, y amenazantes si se procedia contra ellos, disponia que regresara el refuerzo que le habia llegado de Villa Alta en la persona de D. Francisco Orozco y sus compañeros. D. Juan Antonio Mier acordó al recibir esta carta, que D. José Martinez de la Sierra siguiese obrando con prudencia, inquiriera quiénes eran los cabecillas y dónde se podian hallar D. Juan Bautista y Jacinto de los Angeles.

El 19 de Setiembre volvió á escribir D. José Martinez al Alcalde de la Villa avisándole que habia recibido sus últimas cartas, y le comunicaba que estaba en espera del correo de Oaxaca, el que acaso traeria noticia de los Fiscales, *aunque los R. R. P. P. muestran algun recelo.* "Esperan tambien estos religiosos la facultad para poder absolver á los naturales con el fin de que puedan entrar en la Iglesia y oir Misa, pues de uno y otro se hallan privados, en razon á los crímenes que han cometido, que todo se les ha hecho saber. Cuando pidieron perdon fueron con el R. P. Cura y Vicario á la puerta de la Iglesia y allí rezaron en alta voz el Credo é hicieron un acto de contricion." Termina la carta avisando que se confirma la union existente entre los seis pueblos de Caxonos y la presuncion de que los de la otra banda han ofrecido liga, y considera que por estos motivos no conviene instruir la sumaria del proceso en Caxonos, ni hacer autos ningunos, y sí llevar razon individual de todo para que en Villa Alta se disponga lo conveniente en toda forma.

En 20 de Setiembre Fr. Alonso de Vargas se dirigió por escrito al Alcalde mayor de la Villa participándole que el dia anterior, domingo, á las oraciones de la noche, habia llegado un correo trayéndole carta del Reverendísimo P. Provincial y de los Señores del muy Ilustre Cabildo, en que le concedian "autoridad para absolver al comun del pueblo de S. Francisco, habiendo suspendido por ahora enviar el Juez que tenian sus Señorías nombrado para las averiguaciones, por discurrir ser así conveniente para pacificarlos; tentando ántes con ellos el que entreguen á los dos Fiscales denunciantes, si todavía viven, y si, lo que Dios no permita, son ya muertos, no nos demos por entendidos, y pasemos á efectuar lo que se nos ordena, lo cual tengo ya efectuado, segun y como me dicen. Quiera la Divina Majestad de Dios N. S. darles su auxilio para que conozcan sus yerros, y arrepentidos de todo corazon, con propósito firme de no volver á reincidir, consigan el perdon de nuestro misericordioso Dios."—"Rindo á V. Merced millones de gracias por todos los favores recibidos, y por haber acudido con tanta presteza y puntualidad á provernos del socorro y consuelo, enviándonos al capitan D. José de la Sierra en su nombre y con su autoridad, porque con su buena disposicion, sagacidad y prudencia, nos dejó gustosos y consolados. Por ahora puedo asegurar á V. Merced están estos hijos quietos y pacíficos. Discurrió altamente vuestra Merced con su grande capacidad al no desamparar esa

Cabecera por lo que podia suceder con los demás pueblos de la jurisdiccion, por las experiencias que tenemos. He puesto en manos de Ntra. Sra. del Rosario el negocio, y de su clemencia y proteccion espero que todos tendrémos el buen suceso que deseamos."

Ese mismo dia 20 de Setiembre á las once de la mañana D. J. Martinez de la Sierra se dirigió nuevamente á D. Antonio Mier del Tojo diciéndole lo siguiente: "La noche anterior les vino un correo á los R. R. P. P. con carta del Reverentísimo Padre Provincial, en que dice que su Reverencia pasó en persona á consultar el caso con el Ilustre Dean y Cabildo, *Sede vacante*, y sus Señorías, en atencion á que el delito es de comun, y á los inconvenientes que se pueden originar, al enviar el Juez que tenia determinado, lo suspendieron, y en carta misiva firmada de cuatro Señores Capitulares le dan facultad para que junte el comun de este pueblo, y les haga saber las culpas que han cometido, y que restituyan á la Iglesia los dos denunciantes; y de estar muertos, lo cual Dios no lo permita, no hablen de ello, y los absuelvan con las ceremonias que previene el ritual Romano. Luego en la noche se les hizo saber al Gobernador y demás justicias de este pueblo para que se juntasen por la mañana todos sus habitantes. Como á las ocho, estando juntos la mayor parte de los hombres y mujeres, salieron á la puerta de la Iglesia los R. R. P. P., y el P. Cura les hizo hacer y decir la protestacion de la fe, precediendo una plática fervorosa que les hizo, la cual aseguro á V. Merced que me enterneció y conmovió lo eficaz de las razones de ella. ¡Quiera Dios N. S. que tan buenos deseos se logren, así como tambien los nuestros! Despues entraron en la Iglesia y todos rezamos el Rosario. Ellos en lo interior demuestran que están arrepentidos, pero en las obras parece están de parecer contrario en cuanto á la idolatría, pues no han manifestado los instrumentos diabólicos de ella que se llevaron del poder de los R. R. P. P., y á esto se agrega la osadía de haber dicho, no á mí, que si por esta causa se prendia alguno, se habian de perder todos.

"En cuanto á los dos Fiscales denunciantes, volvió el correo que fué en busca de ellos con razon de que no los pudo hallar, ni tiene noticia de ellos, y por el cuidado que esto causa, dispuse de tal manera que el Gobernador y demás justicias de este pueblo me pidiesen carta para el Corregidor de Teotitlan, la cual les dí vendiéndoles la fineza, y tambien les dí un papel abierto para los dichos dos Fiscales, en que les digo que me avisen con puntualidad en dónde se hallan, porque así conviene, etc...."

Los dos hermanos de D. Juan Bautista llevaron la carta y papel, por órden de las justicias de Caxonos; á Domingo Lopez, Regidor del barrio de Analco, se le encargó la carta de justicia para Teotitlan, y á Francisco Rosete, vecino de la Villa Alta, otra carta de justicia del mismo tenor para los Señores Jueces de Oaxaca.

Auto del Alcalde Mayor remitiendo los autos originales al Virey.

El dia 21 del mismo mes D. Antonio Mier del Tojo dictó un auto en que dice: "En atencion á la gravedad del delito que los naturales de S. Francisco Caxonos han cometido, estoy presto á dar cuenta al Exmo. Señor Virey de esta Nueva España, y para ello se remitan á S. E. estos autos originales ínterin se sustancia la sumaria, para que con su alta comprension provea y mande lo que fuere muy servido y tuviere por más conveniente, quedando testimonio de ellos."

Consulta al Abogado Asesor residente en Oaxaca, y su contestacion.

En seguida el mismo Alcalde consultó al abogado asesor, residente en Oaxaca, el Lic. D. Francisco Manuel Gonzalez, y éste le contestó el dia 24 diciendo: "Parece conveniente no proceder por ahora á novedad exterior miéntras el Exmo. Sr. Virey de este Reino, vista la consulta de V. M., le ordena lo que hubiere de ejecutar; no obstante, tengo por muy preciso y necesario que no se pierda tiempo en reducir á sumaria formal las deposiciones de los testigos, procurando averiguar los principales motores y culpados, y si es cierto el influjo y complicidad de otros pueblos, y cuáles sean, y si son vivos D. Juan Bautista y Jacinto de los Angeles, continuando V. M. su solicitud y cuidado en buscarlos, vivos ó muertos, para que en sí ó á lo ménos en sus cadáveres y mujeres é hijos, puedan ser honrados y premiados, como lo ha merecido su fidelidad y la causa porque han padecido. V. M., como quien tiene la cosa presente, obrará en todo con su mucha prudencia lo que juz-

gue más conveniente al servicio de ambas Majestades, como en
la cuerda prevencion de la sumaria y cualesquiera otras disposiciones que conduzcan al castigo de sus abominables delitos."

Es de notarse el profundo misterio con que los indios subleva-
dos procuraron rodear á los Venerables Fiscales despues que los
sacaron de la cárcel de S. Pedro Caxonos, insinuando unos que se
habian ido rumbo á Chiapas y Guatemala, y afirmando otros que
habian tomado la direccion opuesta, por el camino que conduce á
Oaxaca. Segun las declaraciones y noticias que se han podido recoger, parece que los mataron en la mañana del juéves 16 de Setiembre de 1700, y al regresar al Pueblo de S. Francisco, quisieron todavía desfogar más su encono para con ellos, destruyendo sus casas.

Carta requisitoria de Don José Martinez de la Sierra
á las autoridades de Teotitlan.

En 22 de Setiembre el alguacil mayor D. José Martinez de la
Sierra firmó un auto por el que consta que habiendo mandado á
las justicias de Caxonos hiciesen diligencias en busca de los referidos D. Juan Bautista y Jacinto de los Angeles, éstos le dijeran
haberla ejecutado. "Trajeron, dice, un indio ante mí, que dijeron
ser natural de este dicho pueblo, el cual aseguró haber ido hasta
la ciudad de Oaxaca buscando á los referidos indios, y que no habia hallado razon de ellos; con lo cual les mandé volviesen á enviar quien hiciese más diligencias, para cuyo efecto les dí carta
misiva para la justicia de Teotitlan, y habiendo vuelto de hacer
dichas diligencias dos indios que dijeron ser hermanos del referido D. Juan Bautista, dijeron lo mismo que el antecedente, y me
trajeron carta respuesta de dicha justicia."

Contestacion de la Justicia de Teotitlan.

Esta carta está firmada en Teotitlan el mismo dia 22 por José
Taboada y Ulloa, quien dice que luego que recibió la carta requisitoria de D. José Martinez de la Sierra, manifestó á los dos hermanos de D. Juan Bautista el deseo de servirles y á sus autoridades. "Y asimismo despaché á todos estos mis pueblos mandamiento
solicitando las personas de D. Juan Bautista y Jacinto de los Angeles, pero hasta la hora presente no han parecido ni hay noticia
alguna de ellos; si acaso la hubiere, se la daré á V. M."

Primera carta del Señor Don Antonio Mier del Tojo
á la autoridad de Teotitlan.

En 21 de Setiembre D. Antonio de Mier dirigió tambien desde Villa Alta una carta requisitoria á la autoridad de Teotitlan, en la que refiere los hechos ocurridos con los Venerables Fiscales, y los exhorta de esta manera: "Por convenir al servicio de ambas Majestades, hagan todas las diligencias posibles en órden á saber si están en algun pueblo de esa jurisdiccion los dichos D. Juan Bautista y Jacinto de los Angeles, y pudiendo ser habidos, los amparen y favorezcan."

Diligencias de las autoridades de Teotitlan y Tlacolula.

Las autoridades de Teotitlan y Macuilsuchil mostraron el mayor celo en este asunto, como tambien las de Tlacolula, sujetas á la jurisdiccion de Mitla, é hicieron que por medio de'pregon é intérprete se diera á conocer la carta requisitoria, convocando al pueblo al medio dia en sus plazas mayores á són de trompeta. Dispusieron tambien que en todos los pueblos sujetos corriera la noticia y se tomaran diligentes informaciones.

Segunda carta del Señor Alcalde Mayor de Villa Alta
á la autoridad de Teotitlan.

D. Antonio Mier del Tojo dirigió en 28 de Setiembre una nueva carta requisitoria á la justicia de Teotitlan insistiendo en conseguir informes "en atencion á tener indicios de que á los dos indios Fiscales los indios del pueblo de S. Francisco les dieron muerte en el monte que llaman de Tanga, en la parte y lugar que se dice es de la jurisdiccion de Teotitlan; y porque al servicio de ambas Majestades es conveniente indagar y saber con evidencia dónde se hallan dichos dos Fiscales, sean vivos ó muertos, para que en sí ó á lo ménos en sus cadáveres y mujeres é hijos, puedan ser honrados y premiados, como lo han merecido su fidelidad y la causa porque han padecido; de parte de Su Majestad, exhorto y requiero se sirvan mandar registrar esos montes, é informar de lo que hallaren ó supieren."

D. Francisco Lopez de Lozada, Lugarteniente de Alcalde de Teotitlan, contestó el dia 1? de Octubre en los términos siguientes:

"Atento á ser del servicio de ambas Majestades, estoy presto á pasar personalmente al monte de Tanga y rio Sempoalatengo, y á todos los demás pasajes y escondrijos de mi jurisdiccion, á hacer cateo, inspeccion y vista de ojos, por si en ellas puedan ser halladas las personas ó cuerpos, vivos ó difuntos, de D. Juan Bautista y Jacinto de los Angeles, y ejecutar todas las demás diligencias que se me piden, hasta darle entero cumplimiento. Para cuyo efecto, mando á los alcaldes, alguaciles mayores, menores y á otros de los naturales principales y vecinos de este pueblo de Teotitlan, los más magnánimos, sabios é inteligentes que parecieren ser del conocimiento y trajin de los dichos montes, breñas y rio mencionados, á quienes dichos alcaldes conocieren ser suficientes para este efecto, y les den y hagan guardar todas las órdenes y disciplinas que yo les diere á ellos y á los demás, las cuales cumplan y ejecuten precisa y puntualmente, sin salir de ellas so las penas que se les impusieren; y todas juntas vayan conmigo, con los demás de mi asistencia y acompañamiento, haciendo lo mismo en todos los dichos montes y parajes que yo mandare ejecutar y cumplir, para que diligencias tan del servicio de ambas Majestades se logren según como se piden y desean.

En los autos que tenemos en nuestro poder existe una acta extensa, en la que el referido D. Francisco Lopez de Lozada hace constar cómo el dia 2 de Octubre, montado á caballo á las cinco de la mañana, y acompañado de diez y seis principales de Teotitlan con dos cuadrillas de naturales monteadores, comenzó el cateo del dilatado monte de Tanga, recorriéndolo de Norte á Sur unas veces, y otras de Oriente á Poniente, por barrancas, cuevas, llanuras, cuestas, lomas, faldas de cerros, montes y arboledas, hasta ir á dar con las bajadas y despeñaderos que se nombran de Sempoalatengo. Por todas partes se examinó el monte, y no habiendo podido encontrar rastro alguno, regresaron todos para Teotitlan al anochecer.

Miéntras pasaba lo referido en las jurisdicciones de Teotitlan y Mitla, el Corregidor de Oaxaca D. Pedro Nuñez de Villavicencio y Orozco enviaba mandamiento expreso fechado en 24 de Setiembre, á todos los pueblos sujetos á su jurisdiccion para que diesen informes sobre los Fiscales de Caxonos. En los autos que logramos encontrar se leen las contestaciones originales, escritas unas en castellano y otras en idioma, que enviaron á Oaxaca los alcaldes y regidores de los pueblos de San Bartolomé Cayotepec, San Martin Tilcajete, Ocotlan, San Antonio, Santiago, Santa María de la Asuncion, Santa Lucía, San Dionisio, San Pedro Mártir, San Pedro Apóstol, Santa María Magdalena, San Martin de los Cansecos, San Miguel Ejutla, Santa María Ejutla, Amatengo, San Juan Sagalaba, Ayoquesco, San Andrés Lobachi, San Sebastian de los Fustes, Santa Cruz Ixtepeque, Santa María Lachisco, San Pedro el Alto, Zachila y Santa Catarina Quiané.

Carta del Señor Don Antonio Mier del Tojo á la Jurisdiccion de Ixtepexi.

Viendo que las diligencias practicadas en busca de los Venerables Mártires no daban resultado, D. Antonio Mier del Tajo dirigió, con fecha 6 de Octubre, carta requisitoria á la jurisdiccion de Ixtepexi, por la costumbre que tienen los indígenas de esa serranía de trajinar por el monte de Tanga y cortar madera. D. Matías Antonio Gonzalez, alcalde mayor de Ixtepexi, desde la cabecera de San Juan Chicomezuchil envió mandamiento á Santa Catarina Lachilao, San Miguel Amatlan y á Santa María Yavexia, pidiendo informes. En Chicomezuchil informó D. José Bautista, cacique y principal de ese pueblo, que el 21 de Setiembre, "viniendo caminando desde el pueblo de Cacalotepec en compañía de José Flores, natural de Tanetze, le dijo cómo habian cogido á muchos indios de los caxonos idolatrando, y que dichos idólatras habian quemado las casas de los que los denunciaron de idolatría y derribádolas hasta los cimientos, y que despues dichos idólatras habian muerto á los que los habian denunciado. Agregó, que estando en Yacé tambien oyó decir públicamente haber muerto los indios idólatras á los que los habian denunciado." Esperando ampliar más sus informaciones, el alcalde de Ixtepexi hizo comparecer á los monteros y costeños principales del rumbo de Tanga, y examinándoles, no logró saber más sobre el asunto.

Las declaraciones judiciales de D. Antonio Pinelo, José de Val-

salobre, Diego de Mora, Manuel Rodriguez, Diego Bohorquez y
de José de la Trinidad, como las de Juan Tirado, Francisco Mejía
y sus tres hijos Sebastian de Rua, Manuel Martinez y Juan de
Chavez, nos proporcionan todos los detalles sobre la idolatría, asalto del convento y conducta que observaron los idólatras con los
Mártires hasta el momento en que los llevaron del pueblo de San
Francisco Caxonos. Agregarémos ahora los detalles contenidos
en las diversas declaraciones de otros testigos que fueron examinados por la justicia, y que constan en los documentos que tenemos en nuestro poder.

Declaracion de Nicolas Martin (Yasache).

Nicolas Martin (conocido por Nicolas Yasache) en la declaracion que hizo ante el Alcalde Mayor de Villa Alta en 23 de Setiembre de 1700, dijo: que estando en su pueblo de Yasache el dia 21
del mismo mes, le dijo Pedro Martin, su hermano, que había oido
decir á Pedro Martin Lacha y á Raymundo Martin, hijo de Gerónimo de Yasache, que "viniendo dichos Pedro y Gerónimo de la
ciudad de Oaxaca en el monte que llaman de Tanga, ántes de llegar
á los ranchos, encontraron como treinta indios del pueblo de San
Francisco Caxonos, que llevaban maniatado á D. Juan Bautista,
tan sumamente hinchado y denegrido el rostro, que casi no se le
veian los ojos, ni se le conocian facciones, y que iban caminando;
y que dichos dos indios, siguiendo su camino, oyeron decir á la
chusma que por el pueblo de San Pablo, de la doctrina de Caxonos, llevaban á Jacinto de los Angeles."

Lucía de los Santos del Rosario.

Examinando á Lucía de los Santos del Rosario, de Analco, en 24
de Setiembre, dijo: "que habia como cuatro ó cinco dias que estando en el solar de su casa, que está inmediato al camino que de
la Villa (Alta de San Ildefonso) va al pueblo de Lachirioag, iban
pasando para dicho pueblo dos ó tres indios que le parecia eran de
dicho pueblo, aunque no los conoció, por ser de noche, y que el uno
iba diciendo á los otros, que se andaba buscando á los dos indios
D. Juan Bautista y Jacinto de los Angeles que se habian llevado
los indios de San Francisco Caxonos: que el uno de ellos *estaba*

muerto en el monte de Tanga, y el otro *estaba ahorcado en dicho monte*, por el camino que llaman de Sempoalateugo."

Bernardo Martinez Salgado, español.

La declaracion de Bernardo Martinez Salgado, español, de 30 años de edad, hecha en Villa Alta el 4 de Octubre de 1700, nos hace saber "que andando por los pueblos que llaman Bijanos, de la jurisdiccion de Villa Alta, vendiendo algunos géneros, á mediados del mes próximo pasado de Setiembre, habiendo llegado al pueblo de Santa Catarina Guchela, supo lo que habia pasado en Caxonos, tanto en lo relativo á idolatría, como á lo del asalto del convento, y que el 26 del mismo mes los indios se habian llevado á D. Juan Bautista y á Jacinto de los Angeles. El 28 se habia pasado al pueblo de Yaxona, y allí le habia dicho el Fiscal D. Juan de Vargas lo mismo que ya sabia, y que habian venido dos indios de Caxonos, uno en pos del otro, uno con razon sólo de palabra, y el otro con carta, diciendo *que les diesen favor y ayuda en lo que se les ofreciese*, y que los de su pueblo no habian querido condescender por ser buenos cristianos; que los dichos indios habian pasado á los demás pueblos de dicha nacion bijana, y los habian andado todos en dia y medio. Recordó tambien que estando en el pueblo de San Francisco Yovigo, de la misma Provincia, habia pasado un indio cerca de la comunidad, que por el traje y rostro conoció era de Caxonos, y que se le excusó y cogió una vereda, por lo que presume que andaba induciendo ó inquietando á los naturales." .

Juan de la Sierra, español.

En la misma fecha que el anterior compareció ante el Alcalde de Villa Alta D. Juan de la Sierra, de 30 años de edad, español y vecino de la Villa, y dijo: "que habia llegado á su conocimiento todo lo que habia pasado en San Francisco Caxonos, y que el dia 19 de Setiembre habia ido á su casa un indio que dijo ser de Betaza, y preguntado que adónde habia ido D. José Martinez de la Sierra (padre del declarante), le respondió que si no lo sabia; añadiendo el referido indio con gran desahogo, que desde la noche de lo acaecido en San Francisco lo sabia, *porque habia venido palabra á su pueblo de Betaza*. Prosiguió diciendo tambien que por qué no habia ído por su pueblo el dicho D. José Martinez, que si habia de prender á alguno, y que lo que habia sucedido en San Francisco Caxonos lo decian los religiosos, pero que era mentira. Presume (el declarante) que el dicho indio fué enviado, so capa de vender ocote, á inquirir y saber qué se decia; y por las voces generales que andaban corriendo, creia que habian convocado los indios de Caxonos á los de Betaza y Yalalag, para hacer liga con el fin de resistir cualquier diligencia que contra ellos se hiciera."

Juan Martinez.

Juan Martinez, de 62 años, declaró en 14 de Octubre ante el Alcaldé de Villa Alta, que era escultor y residente en el barrio de Analco, arrabal de la Villa, y que "estando en el pueblo de Sto. Domingo Latani, el dia 20 de Setiembre habia llegado á dicho pueblo un indio que dijo era Alguacil mayor de Betaza, y solicitaba á Marcial de los Reyes, dorador: se despidió sin decir más, y despues Pablo Márcos, Fiscal actual de Làtani, dijo que el dicho indio le habia referido cómo en el pueblo de San Francisco Caxonos habian cogido á sus naturales idolatrando, y que los de su pueblo de Betaza estaban aunados con los seis pueblos de Caxonos. Como seis ó siete dias despues, D. José de los Angeles, cacique y natural de Sta. María Yahuivé, encontrándose en Latani, dijo que sabia por cierto que los indios de Caxonos habian enviado carta convocatoria á los pueblos de Joveo, Jalagui, Jahue y demás de la Vicaría de Choapam, para que los ayudasen."

Pablo Márcos.

Compareciendo ante D. Antonio Mier del Tojo, Pablo Márcos, de 48 años de edad, declaró en 28 de Octubre "que no necesitaba de intérprete, pues hablaba el castellano, y lo que podia decir era, que en 22 de Setiembre, Raymundo de la Cruz, Fiscal de su pueblo de Cosamaloapa, y José Sanchez, le dijeron que dos dias ántes habia estado en Latani un indio de Betaza, quien les contó cómo el dia 14 los Padres de Caxonos habian sorprendido á los naturales idolatrando, y que auxiliados éstos por los pueblos de Sto. Domingo, San Mateo, San Pablo y San Miguel, de dicha doctrina, habian atacado al convento y sacado de allí á D. Juan Bautista y Jacinto de los Angeles; que los seis pueblos estaban coligados con el de Yazache y el suyo de Betaza, y que todos estaban *uni-dos y confederados en todo lo que tocaba á guardar y observar las leyes y ritos de sus bisabuelos y antepasados.*"

Raymundo de la Cruz.

Raymundo de la Cruz, de 60 años, en la declaracion que hizo en Villa Alta el 30 de Octubre, dijo: "que era vecino de Sto. Domingo Latani, y lo que sabia y pasaba era que el dia 22 de Setiembre habia llegado á la casa de Diego de Santiago un indio de Betaza, que se llamaba Francisco Bolaños, á quien habiendo hecho varias preguntas sobre lo acaecido en Caxonos, contestó que no sabia si era verdad ó no."

Sebastian de Rua.

Sebastian de Rua, de 50 años de edad, examinado el mismo dia que el anterior, declaró que ocho dias ántes un indio del pueblo de Zoochila, llamado Juan, hijo de Juan de Santiago, le dijo "que estando en el pueblo de Jahuio oyó que platicaban dos indios de San Francisco Caxonos, y decian cómo á D. Juan Bautista y á Jacinto de los Angeles *los habian muerto;* á éste *lo habian precipitado desde una peña* que hay arriba del pueblo de Sto. Domingo Xagacia, y á D. Juan Bautista *lo habian muerto á hachazos* detrás del pueblo de San Pablo, en el monte que média entre dicho pueblo y Sto. Domingo de las Albarradas, de la jurisdiccion de Macuilzuchil, y que por lo que pudiera convenir, lo ponia en su conocimiento."

José de los Angeles.

Examinado en el mismo dia José de los Angeles, de 32 años, y natural de Yahuivé, dijo: "que habia oido decir á tres indios de Latani, que un vecino de Betaza andaba pidiendo á los Alcaldes le ayudasen y se aunasen con ellos para resistir á lo que podia acaecer en el pueblo de San Francisco. Tambien un indio de Comaltepec, cerca de Choapam, llamado Gabriel Martinez, le dijo que se habia presentado un indio de Caxonos en su pueblo á pedir ayuda en nombre de sus oficiales, para que se juntasen con ellos por lo que podria acontecer, y que los Alcaldes de Comaltepec no

le habian respondido en forma. Dijo tambien el declarante que
se aseguraba generalmente que habian muerto los indios á D. Juan
Bautista y á Jacinto de los Angeles, al uno hácia el sitio que llaman del Chorrillo, y al otro en el pueblo de San Pedro Caxonos y
de Zoochila, y que los habian quemado."

Pedro Flores.

En la misma fecha Pedro Flores, de 63 años, declaró "que era
público y notorio que los naturales de San Francisco Caxonos habian sido prendidos en una idolatría general, y que la noche siguiente los dichos naturales, auxiliados de los de San Pedro, San
Miguel, San Pablo y San Mateo, habian acometido al convento, y
habiendo quebrado las puertas, se habian llevado las víctimas ó
instrumentos que les habian cogido en la idolatría, y que con la
fuerza de armas que llevaban y piedras, habian hecho les entregasen á D. Juan Bautista y á Jacinto de los Angeles, denunciadores de dicha idolatría, á quienes despues de haberlos azotado
cruelmente, se los habian llevado sin haberse podido saber dónde;
y que yendo éste que declara en compañía de un religioso, ministro de aquella Doctrina de la Villa Alta, á la visita de los pueblos
que llaman Bijanos, en el de San Juan Yazona le dijo uno de los
Alcaldes que habian estado en dicho pueblo tres indios de Caxonos con cartas, noticiándoles lo acaecido, y pidiéndoles favor y
ayuda para cuando se lo avisasen, y que luego habian pasado á
los pueblos del Rincon."

Jacinto de Vargas.

En la ciudad de Oaxaca fué examinado por el Alcalde Corregidor, en 25 de Octubre, Jacinto de Vargas, de 55 años, español,
quien manifestó "que habiendo recibido una carta de su hermano
el R. P. Fr. Alonso de Vargas, Vicario de Caxonos, le encargaba en
ella con mucha instancia que si acaso fuesen á dar á aquella ciudad
las personas de D. Juan Bautista y de Jacinto de los Angeles, naturales de S. Francisco, los acogiese en su casa, y les regalase, y
les diese por su cuenta lo que hubiesen menester, y que le estima-
ria los solicitase para ello. Sabiendo que en el pueblo de Santo Domingo Tomaltepeque, de la jurisdiccion del Marquesado del Valle,

tenia el dicho D. Juan Bautista una casa de un compadre suyo donde ordinariamente iba á apearse, habia salido el declarante muy de mañana para el dicho pueblo el mártes 21 de Setiembre, fiesta de S. Mateo, á solicitar al dicho D. Juan Bautista, y llegando al pueblo de S. Sebastian Tutla, de la dicha jurisdiccion del Marquesado, le salió al camino un indio que vivia en dicho pueblo, y era natural de S. Francisco Caxonos, y saludándolo le habia preguntado que si iba allá, y diciéndole el declarante que dónde' era allá, le dijo otro indio que al pueblo de S. Francisco, donde estaba su hermano. Le dijo entónces el declarante que no iba, y que por qué se lo preguntaba, haciéndose el desentendido; á lo que respondió dicho indio: ¿pues qué, no sabes lo que ha sucedido? y respondiéndole que no, le contó habia habido en dicho pueblo mucho ruido y pleito, y que los indios se habian atumultuado contra los Padres y contra la gente que estaba en su compañía, y que le habian quemado una casa al dicho D. Juan.Bautista y derribádole otra que tenia de teja, y asimismo le añadió: *pero ya esos bellacos pagaron su pecado;* y preguntándole quiénes eran los bellacos, respondió que D. Juan Bautista y Jacinto de los Angeles. Informándose en dónde estaban, dijo el dicho indio cómo la noche del tumulto los habian azotado en la picota, y que despues los habian llevado á la cárcel del pueblo de S. Pedro donde los volvieron á azotar, y de allí los habian sacado y llevado al monte, donde los mataron y les cortaron los piés, las manos y los brazos, y los hicieron pedazos todos, y se los dieron á los perros á comer. Preguntándole cómo sabia todo aquello que le contaba, le respondió que un hijo de Valencia, el de S. Francisco, habia llegado á su casa aquella noche, y se lo habia contado á él y á su mujer, y que allí estaba todavía en su casa, y que con esta ocasion no habia proseguido el camino que llevaba, sino que se habia vuelto á aquella ciudad."

Declaracion de José Vargas, español.

El 28 de Octubre el mismo Corregidor de Oaxaca hizo comparecer ante sí á José de Vargas, español, de 60 años de edad, y declaró, "que habiendo solicitado las personas de D. Juan Bautista y Jacinto de los Angeles, naturales de Caxonos, preguntando por

ellos á muchos indios, así del dicho pueblo como de otros circunvecinos, todos le habian dicho cómo habiéndolos llevado á la cárcel
del pueblo de S. Pedro, los habian sacado de allí, y conduciéndo-
los por el camino que iba á aquella ciudad de Oaxaca, á un lado
del Jarriua, en el paraje que llaman el *Chorrillo*, los habian muerto los indios de S. Francisco, y habiéndoles sacado los corazones,
se los habian dado á comer á los perros."

Francisco de Vargas, español.

En el mismo dia examinó el Corregidor á Francisco de Vargas,
español, de 40 años, y dijo, "que habiendo preguntado á muchos
indios del pueblo de S. Francisco Caxonos, de la jurisdiccion de
la Villa Alta, y de otros pueblos de aquella Provincia, por las personas de D. Juan Bautista y Jacinto de los Angeles, naturales de
S. Francisco, le dijeron cómo los habian sacado de la cárcel los
naturales del pueblo susodicho de S. Pedro, donde los habian tenido presos y maniatados, y que trayéndoles por el camino que llaman El Chorrillo, los habian muerto degollándolos, desollándolos,
y sacándoles los corazones, que dieron á comer á los perros."

Felipe de Olivera, español.

En 18 de Noviembre compareció en Villa Alta ante el Alcalde
D. Antonio Mier del Tajo, Felipe de Olivera, de 32 años, mayordomo del trapiche de S. Juan Jooquiva, y declaró lo siguiente: "Un
indio natural del pueblo de Jocchi, llamado Nicolas Morales, sir-
viente en el trapiche, se ausentó; y unos dias despues de lo que
pasó en Caxonos con motivo de la idolatría, regresó, y le dijo este
testigo: has hecho muy bien en haberte huido; te fuiste á juntar
con los de S. Francisco Caxonos. Le respondió Nicolas Morales
que, aunque estaba en dicho pueblo cuando el acontecimiento, no
se habia juntado con ellos. Pasando este testigo á preguntar por
D. Juan Bautista y Jacinto de los Angeles, le respondió que despues que los azotaron mucho en el pueblo de S. Francisco y en el
de S. Pedro, se los habian llevado, y los habian degollado. Otro
dia del mes próximo pasado de Octubre, un indio de S. Pablo
Caxonos se presentó en el trapiche para comprar miel, y pregun-

tándole el declarante que qué se decia de D. Juan y Jacinto, le respondió que ya los habian degollado, y que los habian hecho pedazos. A D. Juan Bautista le habian sacado el corazon, y en él le habian hallado siete señales, que parecia tenia siete corazones. Añadió el declarante que el indio de S. Pablo estaba algo ebrio, pero tenia por cierto, que sólo estándolo, hubiera dicho estas cosas, por el sigilo que entre ellos tenian sobre esta materia, y que cuando daba estas noticias, estaba delante otro indio del pueblo de S. Francisco. Pocos dias despues se habia presentado en el trapiche D. Cristóbal de Robles, Alcalde de S. Francisco Caxonos, y habia dicho á este testigo: *Padrino, ¿quién fué el indio de San Pablo que te dijo que habiamos muerto á D Juan Bautista y Jacinto de los Angeles?* y este testigo le respondió que no lo conocia, y que quién era el que le habia dado á él tanta noticia, á lo que le respondió D. Cristóbal: *un indio que se halló presente cuando te lo dijo; y por vida tuya que si otro viniere con eso, lo azotas muy bien, ó nos avisas para castigarlo.*

Carta del Alcalde de la Villa Alta al Virey.

En 21 de Setiembre D. Juan Antonio Mier del Tajo, Alcalde mayor de la Villa Alta de S. Ildefonso, dirigió una atenta carta al Excelentísimo Señor Virey de México. En ella comunica, en cumplimiento de su obligacion, todo lo que habia pasado en la Doctrina de Caxonos, y termina diciendo: aseguran los indios que soltaron á las dos Fiscales, "no obstante, me asiste, Excelentísimo Señor, justo recelo de que los hayan muerto, como tambien el cuidado de justificar el hecho, para que tan enorme delito tenga el castigo que merece; pues si se quedasen sin éste los delincuentes, y sin premio de sus trabajos los denunciantes (y siendo difuntos, sus deudos) no habrá indio que se atreva á denunciar, y la ley de Dios cuasi se perderá en aquella jurisdiccion, donde son frecuentes las idolatrías, y actualmente se están entendiendo en aquella ciudad en autos de otra en que se comprenden dos pueblos de la misma nacion. A vista de lo acaecido se debe temer otro atrevimiento, mayormente no habiendo en aquella poblacion más que cuatro ó cinco españoles, de suerte que se hallan sin resistencia alguna á la bárbara osadía de los indios. Todo lo referido consta, Señor, en las cartas misivas de los R.R. P.P. y las del Alguacil mayor, que re-mito á Vuestra Excelencia con los autos."[1]

Miéntras el Alcalde de Villa Alta practicaba esta y otras dili-gencias, D. Pedro Nuñez de Villavicencio y Orozco, Corregidor de Oaxaca, en virtud de una carta de justicia que dicho Alcalde le habia dirigido, libraba un mandamiento, fechado en la ciudad de Antequera, Valle de Oaxaca, el veinticuatro de Setiembre de mil setecientos, á los pueblos de San Bartolomé Coyotepec, San Martin Tilcajete, Ocotlan, San Antonio, Santiago, Santa María de la Asuncion, Santa Lucía, San Dionisio, San Pedro Mártir, San Pedro Apóstol, Santá María Magdalena, San Martin de los Can-secos, San Miguel Ejutla, Santa María Ejutla, Amatengo, San Juan Soyolaba, Ayoquezco, San Andres Sobachi, San Sebastian de los Fustes, Santa Cruz Ixtepeque, Santa María Sachisco, San Pedro el Alto, Zachila y Santa Catarina Quiané, pertenecientes todos á la jurisdiccion de Antequera, Valle de Oaxaca; ordenando á las autoridades de dichos pueblos buscasen las personas de Don Juan Bautista y Jacinto de los Angeles, y los llevasen ante él para fa-vorecerlos y ampararlos; cuyo mandamiento contestaron las di-chas autoridades haberlo recibido, prometiendo buscar á los refe-ridos individuos con la mayor prontitud y eficacia, y por todos los medios que estuvieran á su alcance.

Dictámen que el fiscal Espinosa presentó al Virey.

Recibida la carta anterior del Alcalde de Villa Alta por el Vi-rrey de la Nueva España, acordó se pasase al fiscal de su Majes-tad, D. José Antonio de Espinosa Ocampo y Cornejo, á fin de que emitiera su dictámen. En el escrito que este letrado dirigió al Vi-rey con fecha 1? de Octubre, apoyaba la peticion del referido Al-

---

1 Esta carta, igualmente que la comunicacion del V. Cabildo de Oaxaca al Vi-rey, se referia á la causa de D. Lorenzo Rosales, cacique de Teojomulco, acusado del delito de idolatría.

Este idólatra dió bastante que hacer á los tribunales eclesiásticos y civiles, y su causa iniciada varios años ántes, estaba todavía pendiente, como consta por los do-cumentos que tenemos en nuestro poder y que están ligados con los que nos ocupan. Obligado á permanecer en la ciudad de México, fomentaba desde allí la idolatría en diversos pueblos de Oaxaca, y se ha creido que no fué extraño al tumulto de Ca-xonos.

calde Mayor, rogándole interpusiera su autoridad librando un despacho por el que amenazase á los indios con graves penas, para que se aquietasen, obedeciesen y reverenciasen á los Curas y ministros eclesiásticos y seculares. Hacia notar cómo el Venerable Cabildo habia suspendido la remision del comisario para la averiguacion de la idolatría, por hallarse los indios sumamente alterados, ser seis los pueblos convocados, y doce los que prometian ayuda, en el caso de procederse á la prision de alguno por los delitos cometidos, y haberse además experimentado la violencia, desacato y vilipendio con que dichos indios habian tratado y trataban á los ministros eclesiásticos; añadiendo dicho Venerable Cabildo de Antequera, que, como constaba de los autos que tenia remitidos, uno de los principales sediciosos y alborotadores, maestro ó papa de la idolatría, era D. Lorenzo Rosales, cacique del pueblo de Teojomulco, quien residia á la sazon en la Ciudad de México, alterando y conmoviendo desde ella á los naturales del referido pueblo. Emitiendo en seguida su juicio sobre la materia, dijo que la gravedad del delito estaba manifestada en la naturaleza del hecho, basando además dicha gravedad en las leyes que á continuacion se expresan, para que se procediese contra los apóstatas y rebeldes; siendo la primera la ley 7ª del libro 1º, título 1º de la Recopilacion de estos Reinos, *que disponen se quiten los ídolos, altares y adoratorios á los indios, con graves penas, y á los que contravinieren ó hicieren abominaciones contra nuestra santa fe, se castigue con muchísimo rigor:* la 2ª, la ley 1ª, libro 7º, título 7º de dicha Recopilacion, cuyo precepto es: *que todas las justicias procedan al castigo de los delitos, especialmente públicos, atroces y escandalosos, á cuya punicion procedan severísimamente:* la 3ª, la ley 16 del mismo título y libro, cuyo precepto es: *deber las justicias de estos Reinos en todas las causas, de cualquier calidad que sean, procesadas contra españoles, indios, mulatos y mestizos, observar y ejecutar en ellas las penas dispuestas por ordenanzas de estos Reinos y leyes de Castilla, en que se hallaren incursos:* la 4ª, que asimismo dispone en esta materia, es la 9ª, libro 3º, título 4º de la Novísima de estos Reinos, en que se determina *que si habiendo recibido los indios la santa fe, y dado la obediencia á su Majestad, la apostataren y negaren, se proceda como á apóstatas y rebeldes conforme á lo que por sus excesos merecie-*

ren. De cuyos contextos dedujo el fiscal de su Majestad deberse proceder en este caso con la acrimonia y la demostracion que pidiesen los delitos cometidos, así por razon de la idolatría, que tan nativa es en dichos indios, como por la inobediencia, sedicion, alboroto y general escándalo que habian causado, convocándose todos los pueblos, cuyo número era el de diez y ocho, siendo tan crecida su avilantez ó imponderable atrevimiento, que para suspender la pena merecida por tan enormes delitos, habian llegado á conminar, prometiendo de que en caso que llegase á quererse proceder contra alguno de ellos, habian de resistirlo todos en union: desahogo á que se debia imponer pena equivalente y conmensurada al tamaño del tal delito, y con el rigor del derecho que disponian las leyes citadas. Mas como quiera que la citada ley 9ª del libro 3º, título 4º, dispusiese que para la ejecucion del castigo referido, en caso de sublevacion, se tuvieran presentes los medios suaves y pacíficos, y que se antepusieran á los rigurosos y jurídicos; para que uno y otro se verificase, y tales osadías no quedasen sin el castigo competente, como las citadas leyes disponian, y que quedasen en alguna manera refrenados, y no les sirviese de aliento y estímulo el temperamento y benignidad con que con dichos naturales se habia obrado; á ello se procediese con los medios suaves que pedia el caso para sosegar la sedicion y alboroto general, y los delincuentes pagasen su delito, y en ellos con lo acervo de las penas tuviesen ejemplar los demás pueblos de la emocion. Rogaba al Virey fuese servido ordenar que se librara despacho cometido á dicho Alcalde Mayor, para que en el temperamento, celo y prudencia con que hasta entónces habia obrado por medio de D. José Martinez de la Sierra, su alguacil mayor, procediese á las sumarias averiguaciones, así del delito de idolatría como del alboroto, prendiendo á los principales cabezas de uno y otro delito, librándose asimismo despachos secretos para los Alcaldes mayores circunvecinos, principalmente para el de la ciudad de Antequera, Valle de Oaxaca, quienes ayudarian con la gente que suficiente pareciese á dicho Alcalde mayor de la Villa Alta, la cual no pasaria á Caxonos por no causar novedad, sino que quedaria en dicha Villa para que sirviera de socorro en el caso de que llegase la aprehension de los que resultasen culpados; encargándosele en di-

cho despacho especialísimamente al dicho Alcalde mayor hiciera
exactas diligencias en busca de los dos indios denunciadores, por
todos los medios, promesas y demás que imaginase convenientes;
advirtiendo se hiciera con toda eficacia esta diligencia, pues en todo el contexto de los autos remitidos por dicho Venerable Cabildo se hallaba, que todos los indios del pueblo de Teojomulco que
habian depuesto contra varios idólatras de dicho pueblo, declara-
ban haber omitido mucho en sus declaraciones, y casi del todo
negádose en ellas, por razon de que en deponiendo recibian y ex-
primentaban en sus cuerpos y bienes varias extorciones, de que
se seguia continuarse este delito de idolatría sin remedio alguno
por la falta de testigos que, por las razones referidas, se negaban
á deponer lo que hacian; y así con mucha más razon se debia procurar saber el estado de los dos denunciadores, para que siendo
vivos se premiaran, y reintegrasen en todos los bienes y sus casas
que los sediciosos en el tumulto les habian quemado y echado al
suelo; y que en el caso de que muerte les hubieran dado, se les
castigara á los agresores, ejemplarísimamente.

Concluia el fiscal pidiendo al Virey mandase prender á D. Lorenzo Rosales, uno de los principales reos de idolatría, y que se
sirviera ordenar que se le rogase al Venerable Cabildo suspendie-
ra el envío de la comision para la averiguacion de la idolatría hasta que, con íntegro sosiego de los indios y vista de los autos, se
viese lo conveniente; pues de las diligencias podia resultar haberse originado de las idolatrías, maleficios, en cuyo caso, segun la
ley 35, libro 6º, título 1º, de la recopilacion de Indias, procederia
el juez Real en uno y otro juicio, como que le tocaba, y de no resultar dichos maleficios, le servirian al Eclesiástico las sumarias
que en esta razon hubiese ejecutado el Juez Real.

Manifestó el Virey estar conforme con el dictámen del fiscal y
mandó librar inmediatamente los despachos, los cuales ejecutados,
fueron remitidos á la Secretaría de Cámara y Gobierno de su Excelencia en 17 de Octubre de 1700.

Auto de remision del expediente al Abogado de la Real Audiencia
de México, residente en Oaxaca.

Recibido que hubo el Alcalde Mayor de Villa Alta el despacho del Virey, y habiéndose enterado de su contenido, vió que además de los naturales del pueblo de San Francisco Caxonos, y otros de su jurisdiccion, se citaban en él otras personas que no se podian haber ni examinar sin nota de los delincuentes, quienes sabia estaban á la mira y en centinela para saber lo que se determinaba; así como tampoco podia por la misma razon haber y examinar á otros de quienes tenia noticia que sabian de oidas que no sólo habian dado muerte á los dos indios denunciantes, sino que habiéndolos hecho pedazos, y sacádoles los corazones, los habian echado á los perros, que á propósito habian llevado, y no habiendo querido éstos comerlos, *los habian arrojado en una laguna que dicen hay en el sitio donde los ejecutaron.* Por otra parte, pocos dias despues del acaecimiento del alboroto, se le habia presentado mejorado ya de las heridas, Ambrosio de Morga, indio de dicho pueblo de San Francisco Caxonos, á quien dichos indios habian herido de muerte la noche del tumulto, diciéndole que le habian querido derribar la casa, ó quemársela, por haber estado en favor de los religiosos y españoles; que á instancias y ruegos *se compuso en cincuenta pesos,* de que con efecto le sacaron *los veinte que poseia,* y por las rejas que tenia, se habia salido con su mujer y familia á vivir á otro pueblo, dejando su casa y tierras. Presumia tambien que podian estar coligados con dichos pueblos los demás de la jurisdiccion, porque parecia que lo habian solicitado los delincuentes, y que cuando esto no fuese fijo, se tenia casi por cierto lo estarian no sólo los seis que habian cometido los crímenes, sino los otros doce de su doctrina, y ocho de la Villa Alta, que eran de su nacion. Aparte de esto, "Vuestra Excelencia, añadia el Alcalde mayor, me manda que la gente que viniere á auxiliarme, no pase al dicho pueblo de San Francisco Caxonos, y esto es casi imposible, por ser el paso Real de la Ciudad de Oaxaca y su Valle para esta Villa por el medio de los pueblos de San Miguel, San Pedro y San Francisco Caxonos, que distan de ella más de ocho leguas de caminos sumamente ásperos, agregándose el que casi en el centro de los 26 dichos pueblos está el ya citado de San Francisco Caxonos, y los diez y siete de su doctrina á poca distancia de él; y aunque hay otros caminos, así por la provincia de los Mijes como por la del Rincon, de esta jurisdiccion, son muy ásperos y montuosos, y tan dilatados que de venir la gente por ellos padecerá mucho, y podria además causar novedad á los naturales de dichas provincias, las cuales parecen estar quietas y sosegadas, y aún se espera, que siendo necesario ayudará la de los Mijes; y para la aprehension de los cabezas, parece ser necesario que á un mismo tiempo se llegue y cerquen dichos seis pueblos de la sedicion, previniéndose el dia en que el auxilio de Oaxaca pueda llegar al referido pueblo de San Francisco, para que á un mismo tiempo la gente que se puede prevenir de Teotitlan, llegue á los de Santo Domingo, San Pablo y San Mateo, teniendo noticiada á la justicia de Ixtepexi para que esté á la mira en los pueblos de su jurisdiccion inmediatos á ésta, para que los que fuesen de huida por aquella parte, los aprehendan; porque de otra manera se tiene por imposible aprehenderlos, y aun de este modo será muy posible se aprehendan pocos; porque siendo precisa la notoriedad en Oaxaca para la prevencion de la gente, y que ellos no podrán resistirla, se ausentarán; y por las razones referidas parece será conveniente que sea otra justicia quien lo ejecute, respecto de que se podrá con sigilo, y ésto no se podrá conseguir, aquí por los que están á la mira; y porque pareciéndoles á estos independiente, es muy factible que con su sagacidad se consiga me busquen para que los patrocine, y se pueda por este medio facilitar la aprehension de algunos; y cuando no, se facilitará con el agasajo la reduccion de los naturales á sus pueblos, que sin duda los más se ausentarán de ellos, por considerarse los de los seis pueblos cómplices en los crímenes, como lo son: todo lo cual parece digno de consultarse con los autos del Exmo. Señor Virey de esta Nueva España, en cuyas órdenes debo yo fiar el acierto de negocio tan grave y de tales consecuencias, para que su Excelencia, en vista de esta representacion, se sirva ordenarme lo que convenga ejecutar, y dar providencia para la paga y satisfaccion de la gente; porque aunque el Corregidor de la ciudad de Antequera y las otras justicias circunvecinas á esta jurisdiccion, no dudo acudirán prontamente con la gente que se les pidiere, como habrá de ser de todas calidades y por la mayor parte gente pobre, será necesario socorrerla desde luego, y en otra forma, ó se volverán, ó no harán su deber como convenga, y más no pudiendo darles la esperanza de que serán pagados á costa de culpados, por cuanto tengo noticia que desde la noche del acaecimiento, no han dejado cosa alguna en el pueblo de San Francisco los naturales de él.

El referido Alcalde mandó en seguida estos autos, con fecha 12 de Noviembre de 1700, al Lic. D. Francisco Manuel Gonzalez, Abogado de la Real Audiencia de México, y vecino de la Ciudad de Oaxaca, para con su parecer, proceder y ejecutar lo que conviniese.

Parecer del Asesor de Oaxaca.

Vistos los autos que preceden por el referido Abogado, sobre la averiguacion sumaria de la sedicion y tumulto de los indios idólatras del pueblo de S. Francisco Caxonos y otros de la misma jurisdiccion, mandó en 17 de Noviembre de 1700 al Alcalde mayor de la Villa Alta, procediese á embargo de bienes y prision de los que resultasen principalmente culpados, que eran los siguientes: "Todos los Gobernadores y Alcaldes á la sazon de los seis pueblos: S. Pedro, S. Miguel, Santo Domingo, S. Pablo, S. Mateo y el dicho de S. Francisco Caxonos, de aquella jurisdiccion; y con especialidad D. José de Celis, Gobernador, D. Cristóbal de Robles y Juan Hernandez, Alcaldes del mismo pueblo de S. Francisco, y uno de sus alguaciles mayores, tuerto; Pedro Pablo, sastre, Juan de Mendoza, José Flores, en cuya casa se cometió la idolatría; D. José, el cantor, amestizado, mediano de cuerpo; Jacinto, indio ladino que llaman el Chucho; Sebastian Martin, de mediana edad, Bartolo, el barbero, natural de dicho pueblo de S. Francisco; y asimismo Jacinto, el arriero del dicho pueblo de S. Pedro, Nicolás de Espinosa, principal, Alcalde que ha sido del dicho pueblo de S. Mateo, Francisco de Morales, natural de dicho pueblo de Santo Domingo, D. Pablo Jimenez, indio viejo, y Juan Gabriel, naturales de dicho pueblo de S. Pablo, D. Gonzalo de Aquino y Gregorio Martin, viejo, naturales del pueblo de Yalala, y D. Miguel de la Cruz y Domingo de la Cruz, Gobernador y Alcalde respectivamente del pueblo de Yazache." Esto, decia, sin perjuicio de la aprehension de los demás que en la prosecucion de la sumaria resultasen principalmente culpados. Y aunque á vista de tan graves delitos y sus consecuencias, insta la ejecucion de estas aprehensiones, para que no se retarde el castigo que les corresponde; sin embargo, como el sosiego en que se mantienen los reos, da lugar á la deliberacion sobre la mejor forma y modo de la ejecucion, en que consiste todo; pareciéndome, como me parecen, dignos de consideracion los motivos de V. M. expresados en su último auto de 12 del corriente; juzgo los debe V. M. representar al Exmo. Sr. Conde de Moctezuma, Virey de esta Nueva España, consultando á su Excelencia, sin innovar, como hasta aquí.

Auto de prision en Villa Alta contra los A'caldes y cómplices.

En vista de lo que arrojaban los autos y en conformidad con el parecer del Asesor, el Alcalde mayor de la Villa Alta con fecha 22 de Noviembre de 1700 mandó fuesen presos y puestos en la cárcel pública de la Villa los Gobernadores y Alcaldes á la sazon de los pueblos de S. Francisco Caxonos, S. Pedro, S. Miguel, Santo Domingo, S. Pablo y S. Mateo, juntamente con los cómplices de los cuales se ha hecho mencion en el parecer del Asesor de Oaxaca, embargando al mismo tiempo sus bienes, con especialidad á D. José de Celis, Gobernador, á D. Cristóbal de Robles y á Juan Hernandez, Alcaldes del mismo pueblo de S. Francisco; sin perjuicio de la aprehension de los demás que resultasen culpados en la prosecucion de la sumaria, despachando al efecto mandamiento en forma, y añadiendo que aunque á vista de tan abominables delitos, requeriase pronta la ejecucion del castigo, sin embargo, no pareciéndole conveniente ejecutarlo por entónces, teniendo presentes los motivos expresados en su auto de 12 de Setiembre (en que remitió al Asesor los hechos) hasta consultar al Excelentísimo Señor Virey con ellos originalmente, á cuya acertada providencia debia fiar el acierto de negocio tan grave y arduo; mandó no se ejecutase hasta que dicho Excelentísimo Señor mandase y diese la providencia que fuese más servido.

Manifestacion del caso al Virey y consulta.

En 22 de Noviembre de 1700 el dicho Alcalde mayor, despues de hacer un breve resúmen del suceso y haber dado cuenta de los autos que hasta entónces habia hecho y sumaria que habia ejecutado, en conformidad con el mandamiento que en 11 de Octubre de 1700 le habia librado el Virey, indicándole lo' que habia de observar y ejecutar; le participaba que porque la aprehension de los que hasta entónces se habian podido notificar reos, no lo habia podido conseguir por suaves medios que habia solicitado judicial y extrajudicialmente, y teniendo noticia de que estaban dichos naturales en mantenerse en sus errores y delitos en caso de que los quisieran aprehender, por esta razon y los motivos que expresaba en el auto, le habia parecido conveniente para mejor acierto consultar á S. E., como lo hacia en dichos autos originales, para que con su justificada providencia, con vista de ellos, le mandara lo que tuviese por más conveniente, que ejecutaria con la prontitud que debia.

Los referidos autos contenian las diligencias practicadas y del claraciones que se habian tomado tanto por D. Antonio Mier de Tojo, Alcalde mayor de Villa Alta, como por el Corregidor de Oaxaca D. Pedro Nuñez de Villavicencio y Orozco en virtud de las cartas de justicia por aquel remitidas, no solamente para que se buscase en los pueblos de su jurisdiccion á los denunciadores D. Juan Bautista y Jacinto de los Angeles, sino para que tomase declaracion á los testigos presenciales de la idolatría, sedicion y sublevacion que desde S. Francisco Caxonos se habian trasladado despues del suceso á la ciudad de Antequera, como D. Antonio Rodriguez Pinelo, Diego de Mora, Francisco Ruiz Mejía (padre) y Francisco Ruiz Mejía (hijo), Jacinto Vargas, José Ruiz Mejía, Antonio Ruiz Mejía, Manuel Rodriguez, Diego Bohorquez, José de la Trinidad, José de Vargas, Francisco de Vargas, José Valsalobre, Sebastian de Alcántara y Pascual Manuel, á los cuales tomó declaracion separadamente desde el 2 al 28 de Octubre de 1700, ménos á José Valsalobre, Sebastian de Alcántara y Pascual Manuel que la prestaron ante dicho Corregidor el dia 4, 5 y 8 de Noviembre respectivamente.

Todas estas declaraciones (ménos las tres últimas que se mandaron despues), firmadas y selladas por el Corregidor de Oaxaca, fueron remitidas al Alcalde mayor de Villa Alta el 28 de Octubre de 1700, quien ordenó se juntasen con los autos de la misma materia. Este por su parte no solamente comisionó á D. José Martinez de la Sierra, Alguacil mayor por Su Majestad, para que tomase declaracion, como la tomó el 17 de Setiembre á los testigos presenciales de la idolatría, sedicion y sublevacion que se encontraban aún en S. Francisco Caxonos, como D. Antonio Pinelo, José de Valsalobre, Diego de Mora, Manuel Rodriguez y Diego Bohorquez, quienes estuvieron todos unánimes en la relacion de lo ocurrido, sino que desde el 23 de Setiembre al 30 de Octubre la recibió por sí mismo en la Villa Alta á Nicolás Martin, Lucía de los Santos Toca, Nicolás Solano, Juan Tirado, Manuel Pablo, Sebastian de Rua, Manuel Martinez, Juan de Chavez, Bernardo Martinez Salgado, Juan de la Sierra, Pablo Márcos, Juan Martinez, Raymundo de la Cruz, José de los Angeles y Pedro Flores.

Entre los dichos autos remitidos al Virey por el Alcalde mayor de Villa Alta en 22 de Noviembre de 1700, habia algunas declaraciones de suma importancia por lo mucho que ilustraban el hecho y estado en que se encontraba entónces la idolatría en los pueblos de Caxonos: tales eran las prestadas ante el Corregidor de Oaxaca por los indios Sebastian de Aleántara y Pascual Manuel, natural el primero del pueblo de S. Francisco, y el segundo del de Santo Domingo Caxonos, los cuales residian entónces en la ciudad de Antequera, Valle de Oaxaca. Descubrió el primero en su declaracion que el Sacerdote y Maestro de la idolatría del pueblo de S. Francisco Caxonos, segun lo que habia oido decir comunmente á todos los naturales así de dicho pueblo como de otros, lo era el indio llamado José Flores, en cuya casa fueron precisamente sorprendidos los naturales en el acto solemne de idolatría; añadiendo que dicho indio habia sido ya castigado mucho ántes por este delito. Descubrió asimismo quiénes eran los Sacerdotes de la idolatría en los pueblos de S. Pedro y S. Miguel, quién el Papa de la idolatría en su pueblo de S. Pablo y quiénes sus Sacerdotes, quiénes eran los Maestros y Sacerdotes de dicha idolatría en el pueblo de S. Mateo, cuándo y cómo idolatraban dichos pueblos convidándose mutuamente los dias que se ocupaban de la idolatría, de qué manera usaban de ella, y cómo corria de cuenta de los Sacerdotes el señalar los dias en que debia verificarse, obligando tambien á los padres á que llevasen á ellas á las criaturas y muchachos de todas edades, habiendo visto él mismo idolatrar muchas veces á dichos naturales igualmente que á los de Suchilla; agregando tambien haber visto por sí mismo que en sus idolatrías usaban para sus sacrificios de unas tortillas de maíz cuadradas y con un agujero en medio, y de otras pequeñitas que llamaban *buachis*, de tamales largos y de gallos de la tierra muertos y pelados. Declaró además haber oido generalmente que en la cima del monte de S. Francisco Caxonos estaba el ídolo á quien llamaban Dios los naturales de dicho pueblo, y que detrás del monte del dicho su pueblo de S. Pablo, á cosa de media legua, habia una cueva que los naturales veneraban mucho y hacian allí idolatrías; finalmente, que en el pueblo de Yalala habia oido decir que á la distancia de un cuarto de legua, junto á un arroyo estaba un ídolo de la estatura de un hombre, á quien sus naturales adoraban por Dios y hacian sacrificios.

El segundo declarante reveló asimismo los nombres de los Maestros de idolatría de su pueblo, manifestando á su vez cómo éstos juntaban á todos los indios ó indias y á los muchachos de todas edades para la idolatría; que ésta la hacian matando perros y gallos de la tierra ofreciéndolos á sus dioses, así la carne como la sangre, tamales, tortillas de maíz gruesas, de tres esquinas y un agujero en medio, y otras pequeñas como un dedo de la mano, redondas y largas, las cuales repartian, despues de haberlas ofrecido, á toda la gente que se hallaba presente hincada de rodillas, para que las comieran con mucha veneracion y como cosa bendita y dedicada á sus dioses, dándoles á entender las recibian de su mano. Indicó los puntos en que tenian lugar los sacrificios; los lugares donde estaban las cajas que contenian sangre, y aquellas que sólo contenian ídolos y reliquias de sus antepasados; añadiendo por último, que la idolatría era generalmente usada entre los naturales de los pueblos de S. Francisco, S. Pedro, S. Miguel, Santo Domingo y S. Mateo Caxonos, igualmente en S. Juan Yalala; que dichos pueblos se convidaban unos á otros para las idolatrías, que los maestros de ellas decian ó rezaban algunas cosas en su lengua

en alabanza de sus dioses, que iban repitiendo los que se hallaban presentes, y que todo lo referido lo sabia por haberlo visto él
mismo, siendo muchacho.

Como se ve, estas declaraciones se hallan perfectamente de acuerdo con lo que vieron, oyeron y encontraron los que sorprendieron
el acto solemne de idolatría que motivó en su principio la presente causa.

Dictámen que presentó al Virey D. Juan de Valdés.

En virtud de lo que arrojaban de sí los autos, Juan de Valdés
presentó al Virey en 19 de Enero de 1701 el siguiente dictámen que
insertamos literalmente:

Exmo. Señor: Esta causa está compuesta de muchas, gravísimas, enormes, y atroces nacidas de una que es la idolatría, la cual
S. M. ha atendido con más cuidado para que se desarraigue, ma-
nifestándolo por su cédula y ley 6ª, título y libro V de la Recopilacion de Indias, en que manda á los Exmos. Señores Vireyes pongan
todo cuidado en desarraigarla, dando el favor y ayuda á los eclesiásticos, expresando el motivo de ser ésta de las principales de
gobierno, y á que deben acudir con mayor desvelo, como tan del
servicio de Nuestro Señor, de S. M., y bien de las almas; por la
7ª manda se derriben y quiten los adoratorios y sacrificios; y si
estas disposiciones fueron para arraigar la santa fe y reducir los
indios, estándolo, es mayor el delito, y sin efecto, el santo, vigi-
lante católico celo de S. M., despues de tan crecidos y continuados
gastos de su Real hacienda para traerlos al gremio de la Iglesia.

Otra es la apostasía, pues estando en dicho gremio por el Bautismo que recibieron, en la ley evangélica, y con Ministros que les
administran y enseñan la doctrina cristiana á costa de S. M., des-
viados de ella se ocultan de noche para idolatrar, y esto con las
víctimas y sacrificios que se les aprehendieron, y el modo y forma
con que postrados todos, y los muchachos puestas las manos, de-
precaban al tiempo que se aprehendió una cierva, la sangre, guajolotes, y candela de sacrificio.

Otra es el tumulto y vilipendio de los religiosos con indecentes
ó injuriosas palabras, sin que por buenas razones y medios tuviesen aquiescencia, despreciando, apedreando y diciendo que no eo-

nocian á la santísima imágen de Nuestra Señora que el Vicario tenia en las manos para el sosiego, sin querer hacer aprecio ni sosegarse hasta que les entregasen los denunciantes.

Otra es el pretender derribar el convento como derribaron las casas de D. Juan Bautista y procuraban hacerlo con la de Jacinto de los Angeles, quebrando las rejas de una ventana del dicho convento, destechando una parte de él, roto las puertas donde habian puesto las víctimas los religiosos, sacádolas y llevádoselas, volviéndolas á su poder con esta violencia.

Otra el que habiéndoseles entregado los dos denunciantes, D. Juan Bautista y Jacinto de los Angeles, por D. Antonio Pinelo y demás seculares que ocurrieron á la defensa, debajo del pacto de no hacerles daño, fué lo ménos faltar á él; y lo más y más execrable, y que pide eficacísimo remedio y castigo condigno, es, el que así que los tuvieron debajo de su mano, los azotaron tan cruelmente que sin aliento los quitaron de la picota, y no satisfechos de su encono y ferocidad, los llevaron al monte de Tanga, y como asientan de público todos los testigos, los mataron, y los más de ellos el que les sacaron los corazones, los dieron á los perros, y quemaron sus cuerpos; que esto recibe más vigor á vista de no haber parecido rastro ni halládose memoria, habiéndose ejecutado por las justicias de los lugares circunvecinos las diligencias para la inquisicion, y explorádose todo el monte de Tanga por los vientos, por sus partes y mansiones; cuya tiranía y cruel accion pide presto necesario y eficaz remedio, no sólo en los que expresa el parecer de fojas 138, por resultar más culpados, sino contra todos los del pueblo de San Francisco de los Caxones, porque todo él resulta idólatra, alborotador, por la aprehension de este delito, levantado y tumultuado, siendo causa de una muerte en el alboroto, y dé otros heridos de cuyas consecuencias deben reportar las penas.

Otra es la conspiracion y noticia á los diez y ocho pueblos circunvecinos, para que ligados y unidos hiciesen otros más é iguales estragos; y aunque para las penas y el conocimiento de la causa pudiera haber duda por ser propio del eclesiástico la idolatría, y que la ley 35, título V, libro VI de la Recopilacion de Indias, no da á la justicia Real si no es en el de hechicería con maleficio, como lo declara sin expresar éste; como quiera que no hay otro mayor que el de la idolatría, y tiene la mixtura y los adjuntos de las muertes, conspiracion, sacrilegio y maleficios, debe ser de la justicia Real, para que prosiguiendo sustanciando la causa, y determinándola con Asesor, dé cuenta con los autos á V. E. ántes de pasar á ejecutar su determinacion. Y si por las penas establecidas á los delitos se conoce su gravedad, la que tiene el idólatra, que contiene el de lesa Majestad divina y humana, es de muerte con infamia, aunque sea hijodalgo y noble, porque pierde el privilegio, y los bienes para el Real fisco, y para perpetua infamia y memoria, las casas del que lo comete, se derriban y echan en tierra.

La que tiene el de la sedicion, alboroto y conspiracion, es de muerte no sólo en el principal autor, sino tambien en los que dieren favor y ayuda, porque contiene en sí el del sacrilegio y el de lesa Majestad.

El de la fuerza pública con armas, turba y multitud de hombres con ellas, demás de las impuestas á los cómplices, es la de muerte al autor de las asonadas, si en la pelea ó en la turba muere alguno. Y finalmente, si cada uno de estos delitos, y de los demás expresados, cometidos tienen pena de muerte y confiscacion de bienes para la cámara, demolicion de habitacion ó infamia perpetua; todos juntos no tienen castigo y pena igual á su gravedad; y sin embargo, para que se les declare ó impongan las que se hallen establecidas á los incursos por la aprehension, los hechos y los convencimientos, siendo V. E. servido mandará se libre despacho al Alcalde mayor de la Villa Alta para que proceda á las prisiones y embargos con auxilio de todas las justicias comarcanas, con gente armada para la aprehension, dando providencia para los costos, gastos y necesario sustento de cualesquier efectos, principalmente de los que discurriere más prontos, aunque sean de la Real hacienda por ahora, que despues se reintegrarán de los bienes de los culpados; pues S. M. la gasta y todo su patrimonio consume en la extirpacion de los vicios, en el bien de los indios, y en la propagacion de la santa fe, y estando invertida con el crímen de la idolatría, con mayor razon parece que los gastos deben ser por ahora de los efectos Reales, si no se descubrieren ni hubiere otros de donde salgan, para que por falta de medios no queden impunidos los delitos, librándole á dicho Alcalde mayor y demás justicias circunvecinas los despachos, así para las diligencias de ella, como las providencias que se discurrieren podrán serlo para el buen logro de este efecto y servicio de ambas Majestades.

En vista del anterior dictámen ordenó el Virey, con fecha 22 de Enero, pasasen los autos al Real Acuerdo por voto consultivo y se llevasen al Relator con el mandato expreso de que los devolviese ya vistos el 24 de dicho mes.

Dictámen del Señor Fiscal del crímen, Dr. D. José de Espinosa.

El 22 de Diciembre de 1700 el Fiscal de S. M. presentó al Virey el siguiente dictámen.

Exmo. Señor: El Fiscal de S. M., en vista de los autos é informaciones de D. Juan Antonio Mier del Tojo, Alcalde mayor de la Villa de San Ildefonso, dice: Que se reduce su contenido á noticiar á V. E. con autos haber procedido á las sumarias informaciones, que en virtud de mandamiento de V. E. ejecutó para la averiguación de los principales cabezas de la sedjcion, sublevacion é idolatría, la cual con prontitud tenia ejecutada, resultando de ella los principales motores y cabezas, los cuales expresamente se nombran á fojas ciento treinta y ocho de los autos en él determinado por su asesor, quienes se señalaban, capitaneaban y daban órdenes en los acometimientos que hicieron á la Iglesia y convento, añadiéndose al hecho que en su primer escrito fiscal representó á V. E., la noticia que se da del paradero de los dos denunciantes, cual es, el que habiéndolos á las manos dichos indios, los berberaron tan cruelmente que les llegó á faltar el sentido, llevándoselos de allí á la cárcel, donde habiendo descansado y vuelto en sí, reiteraron los azotes, llevándoselos desde dicho lugar al monte, en donde, segun voz comun, les quitaron los brazos, les sacaron los corazones, que arrojaron á los perros que á este fin llevaban, y no queriéndolos comer, los arrojaron á un rio, procediendo á pegarle fuego á los cuerpos hasta que los consumieron: notíciase asimismo que aun estando sosegados ya dichos indios, acometieron á la casa de un natural que la noche del suceso auxilió á los religiosos, á quien dejaron por muerto á pedradas dicha noche, queriéndola quemar, y quitar la vida al indio; osadía insoportable, como la de hacer ir-

reverentemente, cuando mostrándoles un retrato de Nuestra Señora, le perdieron materialmente el respeto con piedras, diciéndoles
á los religiosos la quitasen, que no la conocian: esta relacion es lo
restante del hecho, con la adicion que noticia dicho Alcalde mayor
de estar los indios á la vista y con prevencion á cualquier acontecimiento.

Prevínose en el mandamiento de V. E. á dicho Alcalde mayor,
que procediese á la prision de los que resultasen culpados, auxi-
liándole para ello todas las justicias que fuesen requeridas, y en
particular la de Oaxaca, quien socorriese con gente suficiente para
el logro de la aprehension de los culpados cabezas; el cual socorro
no llegase al pueblo de San Francisco Caxonos, sino que pasase á
la Villa Alta á estar á la disposicion de dicho Alcalde Mayor, para
valerse de él en caso que juzgase ser necesario. Sobre este punto
informa dicho Alcalde Mayor, que de la sumaria resultan los reos
culpados que expresados lleva el fiscal, para cuya aprehension en
lo mandado halla los inconvenientes siguientes:

El primero, que no se da órden para la satisfaccion\de los soldados que han de auxiliar desde la ciudad de Oaxaca, á quienes se habrá precisamente de socorrer, por haberse de componer el cuerpo
de gente pobre, á quienes no les puede asegurar la paga en contemplacion de los culpados, porque estos, aunque sean muchos,
será poca la aprehension de bienes, ó ninguna, por razon de que
avisándoles su conciencia, los han trasportado y ocultado, quedando sólo sus cuerpos en guarda de sus casillas y tierras, esperando
la resolucion de este caso; y así pide se le declare el modo y órden
que ha de tener en cuanto á esta satisfaccion, y habiendo de ser,
se le diga de qué ramo para ejecutar la paga y socorro que será
necesarísimo; porque siendo gente miserable, aunque el Corregidor de Oaxaca, por ser en servicio de S. M., lo ponga en efecto,
dicha gente ó se le esconderá, ó no hará su deber, dando ocasion
á la fuga, cosa que motivará no conseguirse el fin deseado, á cuyo
daño se ha de ocurrir.

Lo segundo, pondera mandársele por V. E. que dicha gente se
quede en su Alcaldía, sin llegar á dicho pueblo de San Francisco
Caxonos, por no motivar alboroto. En cuanto á este punto, dice
que siendo él ejecutor de estas diligencias, no está materia dable

que lleguen los soldados ó auxilio de Oaxaca á San Ildefonso de
la Villa Alta sin pasar por el de San Francisco Caxonos, que está
en el medio, y ser paso preciso de Oaxaca á la Villa Alta, en que
no hay otro camino,si no es con muchísima dificultad y dilacion,
por lo montuoso de los lugares.

El tercer punto es, insinuar á V. E. será convenientísimo para
conseguir el fin deseado, el que de estas diligencias no sea el ejecutor el Alcalde mayor, por razon de que habiendo sido el que en
ellas se ha mostrado parte, están los indios á la mira de sus acciones observando sus movimientos, por ser muchos de los indios de
dicho pueblo asistentes en el de su morada; por cuya razon juzga
por conveniente la eleccion de otro Ministro ejecutor, así por lo dicho como porque viendo dichos indios no mostrarse juez en tal caso
acontecido, tendrán más de su cuidado, con que se conseguirá con
ménos dificultad dicha aprehension, como porque ocurrirán á él
para que les patrocine, y se le irán á las manos; y caso que esto
no sea, tendrá facilidad para su reduccion. Advierte asimismo, que
llegado que sea el caso del referido auxilio, será necesario asignacion de dia, para que hallándose las justicias circunvecinas, en particular la de Ixtepexi, avisadas, estén á la mira en todos los pueblos
de su jurisdiccion, para que los que fueren de huida por aquellos
lugares los aprehendan, pues aun de esta manera será muy posible
se apresen pocos, habiendo de ser necesario se haga notorio este
caso en la ciudad de Oaxaca, hallándose allí muchos de los natú-
rales con quienes estos se corresponden.

El sentir del fiscal es que la contingencia del caso, como en su antecedente escrito tiene ponderado, es de las mayores y más graves
que en este Reino han acontecido, que pide den toda la atencion
y acuerdo de V. E. sus leales y católicas demostraciones, para que
se impongan las penas con la acrimonia y vigor que las leyes expresadas en su antecedente escrito piden contra una gente sedi-
ciosa, apóstata y rebelde, que no sólo han faltado á la ley natural y
obediencia de su Rey y señor, sino pasádose á manifestar en lo público, el odio y encono al Católico y á la Majestad divina, oprobian-
do de obra y de palabra sus divinas imágenes; y siendo sólo y único
el motivo y ánimo de S. M. la quietud y conservacion de los católicos, por la cual ha gastado y gasta crecidísimas cantidades de

hacienda, cuidado y desvelo en su Real persona, como lo manifiesta
á cada paso en sus Reales Cédulas y leyes de estos Reinos, de las
cuales expreso algunas; se ha de servir S. E. de mandar se libre
despacho cometido á dicho Alcalde mayor de la Villa Alta, para
que, hallando ser inconveniente el ejecutar las diligencias, se entienda con aquel á quien dicho Alcalde mayor lo remitiere, que lo·
ejecute pena de mil pesos, procediendo á la aprehension de los culpados que en la citada foja 138 se expresan, para lo cual observe
todas las órdenes que en cuanto á la disposicion de dicha aprehension le diere por escrito dicho Alcalde mayor de la Villa Alta, quien
como quien tiene la cosa presente, sabrá el modo, disposicion y
tiempo que el caso pide, librándose asimismo para todas las justicias á quienes dicho Alcalde mayor remita, para que tengan pronto
el socorro que les pidiere, y que hagan debajo de la misma pena;
con otro despacho para que el Corregidor de Oaxaca con toda prontitud acuda con la gente que se le pidiere, la cual pague de los efectos más prontos que tuviere, ó cualesquiera de las justicias más
cercanas y de distinta jurisdiccion, y de cualesquier ramos que se
han, puesto se puede reintegrar de bienes de culpados, que aprehendidos que sean, manifestarán, y posible será que de tierras y casas
se saque el costo, y caso que á ello no alcance, y no haya efectos de
gasto de justicia, será ménos inconveniente causarle este gasto á
S. M. en cualquiera de sus efectos, que el dejar impunidos unos delitos de tan perniciosísima consecuencia, y que tan de la voluntad
de S. M. es se castiguen.

Y en cuanto al llegar ó no el socorro de Oaxaca al lugar de San
Francisco Caxonos, sea á disposicion del juez ejecutor, que consulta dicho Alcalde Mayor de la Villa Alta, que como dicho lleva, tiene el caso presente, determinarán lo que vieren y juzgaren conveniente, encargándoseles la brevedad en la materia y el secreto
posible, para que aprehendidos que sean en aquel lugar, ó puestos
en el que les pareciere conveniente, les tomen sus confesiones, hagan cargo, ratifiquen testigos, examinando los que hubiere de nuevo, poniendo en estado el proceso con todas las demás diligencias
á él concernientes con que den cuenta á V. E., quien sobre todo
proveerá en justicia lo que sea más conveniente. México, y Diciembre 22 de 1700.—*Dr. D. José Antonio de Espinosa Ocampo y Cornejo.*

Con dicha respuesta y parecer que le dió al Virey su asesor general, mandó con fecha 22 de Enero de 1701 se llevase luego al Real Acuerdo por voto consultivo, y se entregasen los autos al Relator para que los llevase ya vistos el día veinticuatro de dicho mes.

Real Acuerdo.

En efecto, el Real Acuerdo, en vista de la gravedad de la materia de que se trataba, y el peligro de que el remedio que se eligiera, no la empeorase, pidió en dicho dia veinticuatro del citado mes, el deberla atender con premeditada circunspeccion; y que no teniéndose presente el estado en que se encontraban actualmente los pueblos de los Caxonos, si habian vuelto á ellos sus individuos, si estaban quietos y pacíficos, ó se conservaban en los montes; si habia capacidad, en caso de estar alterados y sin obediencia, de reducirlos á fuerza de armas, cuántas y qué calidad de ellas seria menester, de qué jurisdicciones se podrian juntar, qué distancias habria de ellas á dichos pueblos, y si puestos éstos en defensa, se conseguiria, sin embargo, el castigo y reduccion, ó se malograria la empresa, retirándose á los montes donde no fuese accesible emprenderla, ó seria más prudencial medio, hallándose á estos indios en quietud en sus pueblos, solicitar por medios secretos y prudenciales haber á las manos á los principales motores de las idolatrías, del tumulto y muertes que se suponian hechas de D. Juan Bautista y de Jacinto de los Angeles, aprehenderlos fuera de los pueblos, y sustanciarles la causa, y ejecutado en éstos el castigo, perdonar é indultar á los demás, para que la desesperacion en ellos no hiciera imposible la reduccion á la Santa Madre Iglesia y dominio de S. M.: puntos y circunstancias que debia tener presentes el Real Acuerdo para deliberar con algun conocimiento en materia tan grave; agregando que siendo S. E. servido podria mandar á los Alcaldes mayores de la Villa Alta y Oaxaca informasen y satisfaciesen á ellos con madura deliberacion y acuerdo, con la mayor brevedad que pudieran; y que el Juez eclesiástico de Oaxaca hallando las cosas en estado de conseguir el fin del servicio de Dios y reduccion de aquellos fieles al gremio de la Iglesia, procediese en dicha causa por lo que tocaba á su jurisdiccion sobre la idolatría; y que juntamente dichos Alcaldes mayores de la Villa

Alta y de Oaxaca inquirieran con toda vigilancia, cuidado, desvelo y secreto qué paradero tuvieron las personas de dichos D. Juan Bautista y Jacinto de los Angeles que se suponian muertos violentamente á manos de los indios, qué calidad de muerte les habian dado, dónde habian echado sus cuerpos, procurando examinar testigos que diesen razon cierta de aquel suceso, y de quiénes habian sido los principales motores y cabezas del alboroto y tumulto, y los remitiesen. Este Real Acuerdo está señalado con siete rúbricas.

Provision del Virey.

El Excelentísimo Sr. D. José Sarmiento de Valladares, Caballero de la Real Orden de Santiago, Conde de Moctezuma y de Tula, Vizconde de Ilucan, Señor de Monte Rozano de la Peza, del Consejo de S. M., Su Virey, Lugar Teniente, Gobernador y Capitan General de esta Nueva España y Presidente de la Real Audienbia de ella, etc., habiendo recibido de D. Juan Antonio Mier del Tojo los autos y diligencias que habia hecho y sumarias informaciones que habia ejecutado en virtud de su despacho para que averiguara los principales cabezas de la sedicion, sublevacion ó idolatría del pueblo de S. Francisco Caxonos, y los demás de la jurisdiccion de Villa Alta, muertes ejecutadas á D. Juan Bautista y Jacinto de los Angeles que habian denunciado de dicha idolatría, vista la respuesta del Sr. Fiscal del Crímen Dr. D. José de Espinosa, á quien fueron remitidos los autos, y el parecer del Real Acuerdo que precede; conformándose con él, mandó el 3 de Marzo de 1701 á los Alcaldes mayores de la Villa Alta y Oaxaca le informaran y satisfacieran los puntos que prevenia dicho parecer, con madura deliberacion y acuerdo, con la mayor brevedad que pudieran, remitiéndole dichos Alcaldes mayores sus informes cerrados y sellados, pasando este despacho el Alcalde mayor de la Villa Alta, despues de ejecutado su informe, al Alcalde mayor de Oaxaca, para que ejecutara el suyo, y en vista de ellos resolver materia de tanta gravedad y consecuencia.

Obedecimiento del Alcalde mayor de Villa Alta.

Recibido el anterior despacho en la Villa Alta de S. Ildefonso el quince de Marzo de mil setecientos y un años, el Sr. Alcalde mayor, D. Juan Antonio Mier del Tojo, acusó recibo de dicho documento, prometiendo obedecer con el debido acatamiento, y cumplir su puntual ejecucion, informando á S. E. acerca de lo que se le ordenaba y mandaba, y una vez ejecutado, remitir su informe cerrado y sellado á manos del Corregidor de la ciudad de Oaxaca, juntamente con el superior despacho, para que por su parte cumpliese con lo que se le ordenaba.

Testimonio y Razon.

Dos dias despues, diez y siete de Marzo de mil setecientos uno, el referido Alcalde mayor, en ejecucion y puntual cumplimiento del superior despacho, hizo sacar y sacó testimonio así del referido despacho y obedecimiento como de su informe y carta misiva, remitiendo uno y otro en dicho dia al Corregidor de la ciudad de Oaxaca (yendo cerrado y sellado dicho su informe) para que por su parte diese cumplimiento á lo que se le ordenaba y mandaba, y devolviese dicho despacho al Superior Gobierno de Nueva España, y dicho pliego con su informe; todo lo cual remitió con Juan Diaz de Acevedo, español, vecino del pueblo de Jalatlaco, extramuros de dicha ciudad.

Obedecimiento del Corregidor de Oaxaca.

El 20 de Marzo de 1701, el Exmo. Sr. D. Pedro Nuñez de Villavicencio y Orozco, Caballero de la Orden de Santiago, Corregidor y Teniente de Capitan General por S. M. de la ciudad de Oaxaca y su jurisdiccion, dijo haber recibido en dicho dia los anteriores documentos, y haber acusado recibo de ellos al Alcalde mayor de la Villa Alta de S. Ildefonso, para el efecto que contenian, y que entendido de su tenor, en su obedecimiento, ejecucion y cumplimiento, estaba presto dicho Corregidor, por lo que tocaba á hacer la consulta é informe que se le mandaba, en todo lo que se le ofreciese, segun lo expresado en dicho Superior despacho, que con ella cerrado y sellado remitiria al Superior Gobierno de la Nueva España, para que con vista de todo, dicho Señor Exmo. Virey determinase lo que fuese servido.

Informe del Alcalde mayor de Villa Alta al Virey.

En el informe que el Alcalde mayor de Villa Alta remitió al Virey con fecha 17 de Marzo de 1701, en cumplimiento del despacho y Real Acuerdo de que queda hecha mencion anteriormente, deoia que el pueblo de San Francisco Caxonos y los demás sus aleados se mantenian hasta entónces en el mismo tenor de sosiego exterior que habia representado á S. E. en su antecedente consulta, pero que estaban muy sobre aviso inquiriendo en todas partes qué resolucion se tomaba, guardándose bien los principales culpados de no parecer en aquella Villa, sin embargo de haber procurado atraerlos por varios modos que le habian parecido superiores á la capacidad de ellos, y no lo habian sido á su malicia; y cierto, añadia el dicho Alcalde, parece los instruye el demonio á quien sirven, pues se mantienen en tal secreto en cuanto á las muertes de D. Juan Bautista y de Jacinto de los Angeles y sus circunstancias, que no las he podido ni sé podrán averiguar hasta que se logre su prision; si bien me hallo noticiado (aunque de persona exenta de la Real jurisdiccion) que despues de los crueles azotes que dierou á los susodichos en el pueblo de Santo Domingo Caxonos, donde los llevaron y pusieron presos, les dieron tormentos para que confesasen la denuncia que habian hecho, y despues les ofrecian ayudarlos, y otras promesas porque se viniesen á desdecir; y viendo la constancia de los dichos D. Juan Bautista y Jacinto de los Angeles los llevaron al pueblo de San Pablo y les dieron muerte en la forma que en los autos consta: que la dicha prision no le parecia se conseguiria, segun se cautelaban, sin armas de fuego y doscientos hombres de la Jurisdiccion de Oaxaca, que dista de dicho pueblo de San Francisco diez y seis leguas, que los pueblos sus confederados entendia que eran todos los de aquella jurisdiccion, excepto los Mixes, que les eran muy opuestos; que los más descubiertos en que se habian de ejecutar prisiones eran San Pedro, San Miguel, Santo Domingo, San Pablo, San Mateo, Yalalag y Yazache, y reguladas sus distancias á dicho pueblo de San Francisco, el pueblo de San Miguel Caxonos distaba una legua, y en medio estaba el de San Pedro, por los cuales era el paso de la Ciudad de Oaxaca para el dicho de San Francisco, y los demás mencionados distaban entre sí dos leguas poco más ó ménos; y no siendo posi-

ble que ignorasen este movimiento y prevencion de armas, la resulta
más verosímil seria su fuga y retirada á los montes, luego que tal
noticia tuviesen, aunque la gente no se hubiere movido de Oaxaca; pero aun en este caso le parecia convendria que saliese y se
dejase ver en aquella jurisdiccion y que los siguiera y persiguiera
cuanto se pudiese, que siempre seria con dificultad, pero no sin
efecto: porque estando aquella jurisdiccion circunvalada de la de
Mitla y Maquilxúchil, de las de Nexapa, Coxomoloapam, Usila,
Teotitlan ó Ixtepexi, y prevenidos desde luego los Alcaldes mayores con órden de S. E. para que con suma vigilancia y cuidado hicieran aprehender á los indios que entrasen en sus jurisdicciones,
y sabiendo ó presumiendo ser de aquella de la Villa Alta, los re-
mitieran al Alcalde mayor de Oaxaca, donde fácilmente serian conocidos; que parecia que se aseguraba así la prision de muchos.

Llegábase á esto que no parecia dable tan universal y concorde
en todos la anticipacion de su fuga que no quedaran algunos, y
sobre todo, aunque no se consiguiese otro efecto que ocurrir al
gravísimo escándalo de lo sucedido, seria ya un gran bien; y que
los indios de aquel Obispado, por la mayor parte idólatras, y en
su jurisdiccion con mucha frecuencia (pues en la doctrina de Villa Alta estaban dos pueblos de la Nacion Caxona contra quienes
habia fulminada sumaria por idolatrías, y se tenia noticia perse-
veraban actualmente en ellas, sin atreverse con lo sucedido, y por
la poca resistencia que consideraba el comisario eclesiástico, á pedir auxilio, para aprehender los culpados, estando el indio denun-
ciante con imponderables temores), del movimiento y entrada de
la gente infririan la gravedad de semejantes delitos, y que no se
les podia disimular ni dejar sin severísimo castigo; y que por lo
tanto parecia no seria ociosa aquella disposicion, que tambien serviria de aliento á la fidelidad de los buenos indios para que denun-
ciasen las idolatrías con valor y celo que de ótra suerte descaece-
ria en ellos totalmente. Y si viesen (como todos lo esperaban de
la grandeza y piedad de S. E.) remunerada y como desagraviada
la fidelidad de los dichos D. Juan Bautista y Jacinto de los Angeles en las pobres de sus mujeres é hijos, serian sus muertes y
tormentos para los indios fieles, no horror que los atemorizase sino incentivo que los estimulara á imitarlos.

Todavía por si lo dicho no pareciese conveniente ni practicable en aquellas circunstancias, añadia que habia discurrido que podria ser importe que á los indios que se hallasen en aquella Corte del dicho pueblo de San Francisco (que segun estaba noticiado habian ido á deponer no sabia qué frivolidades contra los denunciantes difuntos; que uno de dichos demandantes era D. José de Mendoza, el cantor, amestizado, uno de los principales reos, y los que con él estaban, no dudaba lo serian tambien), se les diera un despacho para que el Alcalde mayor de Oaxaca les recibiese la informacion que ofrecian. dar, y que los indios que hubiese de examinar fuesen naturales del pueblo de San Francisco y del de San Pablo, con cuya ocasion la tendria el Alcalde mayor de pedirles para examinar los que se le dieren en nómina de los contenidos en su auto de prision, sin que en dicho despacho se les nominasen, por la suma malicia de los indios (que para este efecto le remitiria, llegado que fuese el caso, nómina de los que hubiesen de ser) y podria por este medio aprehenderlos.

Y con más facilidad, si para llamar á los dichos que hubieren de ser testigos interpusiese dicho Alcalde mayor, con órden de S. E., al Sargento mayor de dicha Ciudad, D. Fernando de Silva, Encomendero de los seis referidos pueblos Caxonos, que con título de patrocinarlos, tenia por cierto que cuando no todos, ocurririan los más.

Y si el Gobernador y Alcaldes á quienes en dicho despacho se les habria de mandar llevasen ante dicho Alcalde mayor los naturales que les mencionase para la averiguacion de lo que habian de deponer, no obedeciesen, se reconoceria entónces la mala disposicion del pueblo y la necesidad de recurrir á las armas para que tuviera en parte, si no en todo, efecto la aprehension.

Contestacion del Corregidor de Oaxaca al Virey.

El Corregidor de Oaxaca, en conformidad del despacho del Virey de tres de Marzo de mil setecientos y un años, y parecer en él inserto del Real Acuerdo en que se le mandaba que informase por lo que á él tocaba sobre los puntos contenidos en dicho Real Acuerdo, contestó en 20 del citado mes y año, diciendo: que respecto de la independencia y distancia de la jurisdiccion de Oaxaca con la Villa Alta (que distaba de su Cabecera veinticinco leguas, y del pueblo de San Francisco Caxonos diez y siete) y no tener á la vista los movimientos y máximas de sus naturales, lo que sólo le constaba por notoriedad pública, y por las conferencias que sobre esto habia tenido con el Reverendísimo Provincial de Santo Domingo, y con diferentes religiosos que asistian á las casas de doctrina de aquellos pueblos, y por noticias que por sí mismo habia inquirido de los comerciantes que entraban y salian, y de otros vecinos de la Ciudad que tenian tratos con ellos; era que al presente, aunque con el recelo y conocimiento de la gravedad de su causa, estaban sobreavisados, observando é inculcando con espías hasta en la misma Capital de México, las determinaciones que se tomaban, y en aquella de Oaxaca á las que se movian, se mantenian en sus pueblos al parecer sosegados y pacíficos, con obediencia y respeto á la justicia y reverencia á los Ministros de la Iglesia, asistiendo á ella, y trabajando entónces con más aplicacion que nunca en la de dicho pueblo de San Francisco, estando asimismo muy asistentes con prontos avisos á los pasajeros. Con todo, el Corregidor reconocia que lo escandaloso y execrable del delito de los indios necesitaba ejemplar castigo, y más cuando les constaba que la gravedad de sus cargos habia habido menester la atencion del Virey y del Real Acuerdo, y porque viendo que se tomaba una severa resolucion, les estimularia á mirar con más horror semejantes errores y maldades, y serviria de ejemplo á los demás naturales de aquellas provincias infestadas con la bárbara ceguedad de la idolatría; y tenia por cierto que el sangriento castigo que se habia de ejecutar en los sobresaltados bastaria para horrorizarlos á todos y para que solicitasen indultos y reconciliacion, viendo que se procedia con todo rigor con las cabezas que pudiesen ser habidas de las que por los autos se manifestaran culpados; que éstas el Alcalde mayor de aquel partido podria aprehender con el mañoso y prudencial arbitrio que hallase conveniente, y que como quien tenia la materia presente, informaria cuál podria ser con conocimiento más cierto que podria él hacerlo, ya fuese en su dicha jurisdiccion de la Villa Alta ó en aquella Ciudad de Oaxaca, adonde era factible que irian, como todos los dias lo hacian los naturales de aquel partido; que por lo que á él tocaba estaria siempre muy prevenido para con su aviso proceder á prisiones y á lo demás que pareciese conveniente en aquella Ciudad, y en caso de serlo el que se entrase por armas, estaba presto á convocar la gente necesaria, cuyo número, tiempo y direccion podria prevenir dicho Alcalde mayor; sobre que se ofrecia que, aunque se intentase con la más recatada prevencion y prontitud, los habia de coger muy prevenidos por las espías referidos, y centinelas avanzados que tenian en los caminos; como tambien el que era necesario se diese providencia de medios para los socorros de la soldadesca que se hubiese de mover, como para los víveres, bagajes y municiones que hubiesen de llevar, hallándose aquella Ciudad para tales funciones con pólvora, balas y armas de fuego, de cuerda, con sus pertrechos necesarios, aunque por lo fragoso de aquellos parajes serian más á propósito espadas, lanzas y armas de chispa, que en tal caso se solicitarian entre los vecinos que no fuesen; entresacando de todos los gremios la gente que pareciese más á propósito, y lo seria encomendar esta faccion á una persona experta y práctica en aquellos territorios (aunque no fuese Capitan de Infantería ó de caballos del Batallón de aquella Ciudad), la cual se nombraria por comisario, fuese de aquella jurisdicción ó de la de Villa Alta; y de no ir pagados los soldados, era indubitable que aunque saliesen de la Ciudad de Oaxaca, no habian de seguir la empresa, respecto de que se habia de componer el Cuerpo de aquel trozo de gente de oficiales y vecinos pobres que se sustentaban y á sus familias de su trabajo personal, y más cuando en el estado presente no miraban la materia con el fervor que si actualmente estuvieran obstinados y rebeldes idolatrando, sin respeto á entrambas Majestades: y que para conseguir algo en aquellas circunstancias, habrian de mantenerse muchos dias, ó bien por la resistencia que hicieran los naturales desde inaccesibles cuestas y malos pasos que habia en el camino por donde forzosamente habian de pasar, y desde donde sin más armas que peñas podian hacer mucho daño, ó por fuga que hiciesen á los montes (que seria lo más cierto), donde con dificultad podrian coger y aprehender algunos.

Acuerdo del Virey, respecto del informe del Corregidor de Oaxaca y parecer del Fiscal, relativo á los informes anteriores.

Enterado el Virey de los anteriores informes, ordenó en 4 de Mayo de 1701 pasasen con los autos al Fiscal de Su Majestad, Dr.

D. Francisco Bolaños del Castillo, quien habiéndose hecho cargo de su contenido y·teniendo presente que la prudente justificacion del Virey habia querido deliberar con más conocimiento la materia, consultando para su resolucion el maduro dictámen del Real Acuerdo, no conformándose por entónces con la respuesta fiscal y parecer del Asesor, sino que habia querido disponer y preparar mejor el estado de la causa, para pasar á determinarla, con lo que en el citado despacho mandó ejecutar; en vista de que estaba ya todo cumplido mediante los informes dichos de las dos justicias á quienes se cometieron; juzgó por muy debido representarlo así á S. E. en 12 de Julio de 1701, para que se sirviese de mandar se llevara el proceso al Real Acuerdo, tambien por voto consultivo, para que hallando Su Alteza-que las diligencias que habia prevenido en dicho despacho, se habian ejecutado, y que las dudas que le habian embarazado dar parecer resolutivo, estaban ya purificadas con los informes; procediese á conferir su sentir en la determinacion que debiera tomarse; y que si S. E. fuese entónces servido de que el Fiscal expusiese el suyo, lo haria como lo discurriera competente.

Acuerdo del Virey relativo al parecer del Fiscal.

En atencion á la respuesta fiscal anterior ordenó el Virey en 15 de Julio de 1701 pasase con los autos al·Real Acuerdo por voto consultivo, mandando al mismo tiempo los viese el Relator á quien tocasen.

Miéntras estaban en estas diligencias, el Gobernador, Alcaldes y Oficiales de República de S. Francisco Caxonos, presentaron al Virey, por medio de D. José Patiño de las Casas, un memorial en el cual relataban á su manera los acontecimientos y pedian justicia. El Virey remitió dicho memorial al Sr. Oidor Dr. D. José Osorio Espiñosa de los Monteros, y con lo que éste dijera, ordenó que pasase al Sr. Fiscal Dr. D. José Antonio Espinosa Ocampo y Cornejo, quienes les dieron las respuestas siguientes:

Parecer del Sr. Oidor D. José Osorio.

Excelentísimo Señor: A lo que se reduce este escrito presentado por el Gobernador, Alcaldes y Oficiales de República de S. Francisco Caxonos de la jurisdiccion de Villa Alta, es á representar á V. E. lo que consta de los autos que se hicieron de órden del Alcalde mayor de dicha Villa, que pasan al Superior Gobierno de V. E. sobre el crímen de la idolatría, alboroto que sucedió en dicho pueblo, y muertes que se dice acaecieron, sobre que V. E. se sirvió, con parecer del Real Acuerdo, de mandar dar diferentes providencias, y pretenden dar satisfaccion dichos Gobernador y Alcaldes y justificar estar inocentes, ponderando que de temor han desamparado sus pueblos, que se atrasa la cobranza de reales tributos, y lo demás que refieren, concluyendo que se les reciba la informacion que ofrecen, y que no se les haga molestia ni vejacion, y que dicho Alcalde mayor haga diligencia en órden á que los dos indios que fueron delatores del delito de idolatría que se dice haberles quitado la vida despues de haberlos azotado cruelmente, parezcan, dando á entender los tienen ocultos los deudos de los susodichos para vejarles más y agravar la causa como más largamente consta en su escrito.

Y lo que me parece es que sin perjuicio de lo determinado y mandado por V. E. se les dé á estos naturales despacho para que hagan diligencia en órden á que se reduzcan todos á sus pueblos, pues dicen que vienen de órden de todos ellos, desde donde podrán tener más fácil éxito las providencias dadas por V. E. y que se les oirá y hará justicia en lo que la tuvieren, ó lo que á V. E. pareciere, que será como siempre lo mejor. México, Marzo 10 de 1701 años.—*Dr. D. José Osorio Espinosa de los Monteros.*

Respuesta del Señor Fiscal.

Excelentísimo Señor: El Fiscal de S. M., en vista de su memorial, dice que la pretension de los suplicantes en cosa alguna no se opone á las providencias dadas por S. E. con parecer del Real Acuerdo, ántes sí en alguna manera se facilitan, y así siendo V. E. servido podrá condescender con la súplica, concediéndoles todo lo que piden, para lo cual se les libre despacho, ó lo que V. E. determinare, que será como siempre con la madurez que acostumbra. México y Marzo 14 de 1701 años.—*Doctor D. José Antonio de Espinosa Ocampo y Cornejo.*

Provision del Virey.

Conformándose el Virey con el parecer del Señor Oidor en 7 de Abril de 1701 y respuesta del Señor Fiscal, mandó al Alcalde mayor de Villa Alta procediera á recibir á dichos naturales la información que ofrecian al tenor del escrito de que se ha hecho mencion, y dada que fuera la remitiese al Superior Gobierno, y en el ínterin no molestase á dichos naturales, dejándolos volver á su pueblo, sin innovar en manera alguna, para que tuviera efecto la reduccion de todos los naturales, procurando dicho Alcalde mayor pesquisar sobre descubrir las personas de los indios expresados que se suponen muertos, rogando y encargando á los Padres Ministros de Doctrina no les causasen molestia ni perjudicasen, ínterin que se determinaba sobre todo lo más conveniente al servicio de ambas Majestades.

Recibo del anterior mandamiento en Villa Alta.

En virtud del Superior Despacho, el Gobernador, Alcaldes y Oficiales de República de S. Francisco Caxonos presentáronse el dia seis de Mayo de mil setecientos uno ante el capitan D. Juan Antonio Mier del Tojo, Alcalde mayor de la jurisdiccion de Villa Alta, pidiéndole el cumplimiento del referido despacho, que visto por el Alcalde, dijo que lo obedecia, y lo obedeció con el acatamiento debido y en su puntual ejecucion mandó se les recibiese á dichos naturales la informacion que tenian ofrecida; y que se le hiciese saber el auto del Excelentísimo Señor Virey en él inserto al R. P. Fr. Miguel de Rojas, Vicario y Cura interino de Doctrina en dicho pueblo, para que, por lo que le tocaba, lo cumpliera; y que como para la prosecucion de las diligencias que en virtud de dicho despacho habia que hacer, se necesitaba de intérprete; por cuanto José Ramos, vecino de aquella Villa, entendia y hablaba el idioma zapoteco, que es el nativo de dichos naturales, se nombrase por tal intérprete, y que estaba presto á hacerlo parecer ante sí, para que, asentándolo, jurase de usarle bien y fielmente y de que guardaria secreto, y así se lo apercibiria, y que donde no, se procederia contra el susodicho como por derecho hubiere lugar.

Nombramiento de intérprete y aceptacion del cargo.

Y luego incontinenti el dicho Alcalde mayor para el efecto contenido en el auto antecedente, hizo parecer ante sí á José Ramos, natural del barrio de Analco, arrabal de aquella Villa, y vecino de ella, el cual, entendido del nombramiento de intérprete para esta causa que en él se tenia hecho, dijo que lo aceptaba, y aceptó, y juró en forma á Dios Nuestro Señor y á una señal de Cruz, de usar fielmente dicho cargo, y de que interpretaria la verdad sin fraude, dolo ni engaño, y que guardaria secreto en todo, so cargo de dicho su juramento y so el apercibimiento que se le habia hecho.

Ruego y encargo al Ministro de Doctrina.

En el mismo dia 6 de Mayo de dicho año, el Alcalde mayor, en ejecucion del anterior Superior Despacho, hizo sabedor del auto del Excelentísimo Señor Virey al R. P. Fr. Miguel de Rojas, Vicario y Cura interino de la Casa y Doctrina de S. Francisco Caxonos, en la parte que á él se referia, el cual dijo que lo oia y obedecia, y cumpliria con su contexto, como lo habia hecho desde que administraba dicha Doctrina.

Declaracion de Nicolás Martin de Espinosa.

Al dia siguiente, siete de Mayo, el Alcalde de Villa Alta comenzó la informacion que los naturales del pueblo de S. Francisco Caxonos tenian ofrecida y él estaba obligado á recibir en virtud del anterior Superior Despacho. Presentáronle pues dichos naturales como primer testigo á Nicolás Martin de Espinosa, indio del pueblo de S. Mateo Caxonos, de 55 años de edad, y mediante José Ramos, intérprete, despues de haber hecho juramento en forma á Dios Nuestro Señor y á una señal de Cruz, so cargo del cual prometió decir verdad, declaró: que habiendo ido el año próximo pasado á S. Francisco Caxonos, al segundo dia de lo acaecido en dicho pueblo, habia sabido de los Oficiales de República del mismo S. Francisco y de otros indios, que la noche del 14 de Setiembre habian estado juntos á un convite que José Flores, vecino de dicho pueblo, les habia dado por haber terminado el cargo de mayordomo de S. José que habia estado desempeñando, y que habian ido los

Ministros, noticiados por D. Juan Bautista y Jacinto de los Angeles, y les habian cogido los gallos y las tortillas; que los dichos Ministros habian llamado á los naturales de los pueblos de S. Pedro, S. Miguel, Santo Domingo, S. Pablo y S. Mateo, y enojados los naturales por haberles llevado lo referido, juntamente con un venado muerto, al Convento, se habian juntado los de dicho pueblo de S. Francisco, y habian entrado á sacar del dicho Convento los objetos mencionados, habiendo sacado tambien á los referidos D. Juan Bautista y Jacinto de los Ángeles por habérseles entregado los que estaban dentro, que eran Francisco Mejía, y sus tres hijos, Diego de Mora, D. Antonio Pinelo, José de Valsalobre y otros á quienes él mismo habia visto; que á dichos dos indios los habian aprehendido y azotado en el pueblo de San Pedro, y que habiéndoles llevado sus parientes cabalgaduras y ropa, y dicho que se marcharan, no fuera que los hiciesen pedazos los del pueblo, ellos habian respondido que no querian, que Dios sabia dónde irian á dar, que ellos avisarian despues, y que aunque habian hecho diligencias para encontrarlos, que no habian podido adquirir razon alguna de ellos.

Testigo Lorenzo Bautista.

Presentaron en seguida los dichos Oficiales de República como segundo testigo á D. Lorenzo Bautista, de 40 años de edad, natural tambien de San Mateo Caxonos, el cual declaró que la noche del dia 14 de Setiembre próximo pasado, habiendo ido al dicho su pueblo, del cual era entónces Gobernador el declarante, un teopantopile del pueblo de San Francisco, le dijo que los Padres Ministros habian ido á casa de José Flores, y le habian cogido unos gallos, tamales, tortillas y un venado, todo lo cual tenia preparado el mencionado José Flores para cenar con los más de dicho pueblo á quienes habia convidado por acabar su tiempo de Mayordomo de San José, y que esto que habian ejecutado los Padres habia sido porque D. Juan Bautista y Jacinto de los Ángeles, de dicho pueblo de San Francisco, habian ido á decirles que aquella Junta era para una idolatría; que más tarde habia oido decir á los Oficiales de República de dicho pueblo de San Francisco, que enojados los naturales habian entrado en el Convento y habian sacado todos los trastos referidos que les habian quitado en la casa de José Flores; que en dicho Convento habia diferentes españoles que los Ministros habian llamado, y que igualmente habian llamado á los naturales de San Miguel, San Mateo, San Pedro, Santo Domingo y San Pablo; que habian sacado del Convento á los dos indios referidos que habian dado la noticia á dichos Ministros, y les habian dado muchos azotes y quemádole la cara á dicho Bautista; que á pedimento de Cristóbal, hermano del referido D. Juan Bautista, les habian metido en la cárcel de San Pedro, y porque los del pueblo los querian matar habian entrado en Consejo los Oficiales de República y habian dicho que mejor era soltarlos, como en efecto los habian soltado, y que se habian ido; que aunque las justicias habian hecho bastantes diligencias para hallarlos, no se habia podido saber dónde estaban; que habia visto que el Alguacil Mayor. de aquella Villa de San Ildefonso, D. José Martinez de la Sierra, habia ido á dicho pueblo de San Francisco por órden que se le habia dado para ello, y que no sabia lo que habia pasado.

Al tenor de las declaraciones que anteceden, fueron todas las demás que prestaron los testigos que llevaron ante el Alcalde mayor de Villa Alta los Oficiales de República de San Francisco Caxonos, cuyos nombres de dichos testigos consignamos á continuacion: Pascual Perez, indio de San Pablo; Domingo de la Cruz, indio de Yasache; Pedro de la Cruz, indio natural y principal del pueblo de Santiago Zoochila; Juan de la Cruz, natural tambien de Zoochila; Pablo Jimenez, indio del pueblo de San Pablo Caxonos, y Regidor que habia sido de dicho pueblo el año próximo pasado; Nicolás de la Cruz, indio natural asimismo del pueblo de San Pablo; D. Bartolomé de los Ángeles, Gobernador entónces de San Miguel Caxonos, y de el de San Pedro; Juan Martin, natural del pueblo de San Miguel Caxonos, en el que habia sido Regidor el año anterior; Francisco Luis, indio natural del pueblo de San Francisco Caxonos, en el que asimismo habia sido Alcalde en el año anterior; Bartolomé de los Ángeles, Pascual Martin, Gerónimo Francisco, Juan Matías, y Juan Martin, indios todos naturales del citado San Francisco Caxonos.

Auto del Alcalde Mayor relativo á la informacion anterior.

Por cuanto que los Oficiales de República del mencionado pueblo de San Francisco Caxonos, de la Jurisdiccion de Villa Alta, habian concluido la informacion que el Exmo. Señor Virey habia mandado recibir al Señor Alcalde mayor de dicha Villa y su jurisdiccion, por el despacho que está por principio de estos autos, en ejecucion y puntual cumplimiento del dicho Superior Despacho, mandó el citado Alcalde en 25 de Mayo de 1701, que cerrada y sellada se remitiese á la Secretaría de Gobierno del cargo de D. Francisco de Morales; y para que más se asegurasen y confiasen los naturales del referido pueblo y se acabaran de reducir á él, ordenó se les entregase cerrada y sellada á los mismos Oficiales de República de San Francisco que le habian presentado el referido despacho.

Razon.

· Y luego incontinenti hizo sacar dicho Alcalde el testimonio de los referidos autos, y los entregó cerrados y sellados á los dichos Oficiales de República, añadiendo en dicho testimonio que iban en veintidos fojas.

Real Acuerdo.

La anterior informacion pasó por órden del Virey al Real Acuerdo por voto consultivo en 25 de Julio de 1701, previniendo que se entregase con los demás autos al Relator, segun estaba mandado.

Citacion del Curador de los reos.

En doce de Diciembre de mil setecientos uno, el Alcalde mayor, con parecer de Asesor, citó, para sus efectos, á Diego Bello de Aldama, Curador de los reos, notificándole al mismo tiempo y haciéndole saber que el término de prueba corria desde el dia anteriormente referido, el cual dijo que lo oia y se daba por citado.

Ratificacion de D. Gabriel de los Ángeles.

Acto continuo se dió principio en dicho dia á la ratificacion de los reos, y habiendo hecho el mencionado Alcalde comparecer ante sí á un indio llamado D. Gabriel de los Ángeles, natural del pueblo de San Francisco Caxonos, y Gobernador á la sazon de dicho pueblo, despues de haberle recibido juramento á Dios Nuestro Señor y á una señal de Cruz, so cuyo cargo prometió decir verdad, siendo preguntado qué sabia de la muerte de D. Juan Bautista y Jacinto de los Ángeles, naturales de dicho pueblo, dijo que se acordaba haber hecho una declaracion en estos autos, y habiéndosela leido declaró haberla hecho segun y como en ella se contenia, y que si era necesario la volveria á hacer de nuevo.

Exhibicion de los palillos de Blas Martin, sortero ó agorero.

Preguntado á continuacion el individuo anteriormente referido acerca de Blas Martin, dijo haber hecho diferentes diligencias para hallarle y que no lo habia podido conseguir, y que ántes bien habia sabido que se habia ausentado de San Francisco Caxonos, y que las havillas ó palillos con que se decia que sorteaba, las habia encontrado en poder de Nicolás Ximo, las cuales exhibiria, y exhibió en efecto.

Ratificacion de José Alavez.

Compareció en seguida José de Alavez, indio natural tambien de San Francisco Caxonos, y Alcalde entónces de dicho pueblo, y siendo preguntado qué sabia acerca de la muerte de D. Juan Bautista y Jacinto de los Ángeles, naturales de dicho pueblo, dijo que se acordaba tener hecha una declaracion en estos autos, y habiéndosela leido se ratificó en ella.

Notificacion á los Oficiales de República del pueblo de San Francisco Caxonos.

Se notificó entónces á los Oficiales de República del pueblo de San Francisco, hiciesen las diligencias necesarias para saber en qué poder paraba la cabeza del *Yactao* que constaba en estos autos, y sabido esto, se la llevasen, ó que le diesen cuenta para proveer lo que conviniese. Declararon entónces que no sabian nada de la cabeza, y lo que sabian era que la noche del motin en dicho su pueblo, en que se decia habian sacado del Convento los instrumentos de idolatría, un indio del referido pueblo que se encontraba entónces preso en la ciudad de Oaxaca por el Sr. Juez Eclesiástico, y que se llamaba Nicolás Valencia, habia guardado un manojo ó atado de papel de cáscara de árbol, salpicado con sangre, á que dichos indios llamaban *qui quiac Yactao*, y que no sabian dónde lo tenian.

Notificacion á José Flores.

Notificóse entónces á José Flores, preso en la cárcel de aquella Villa por esta causa, exhibiese la cabeza del *Yaotao* que constaba en los autos, con apercibimiento que se procederia contra él en lo que hubiese lugar. Contestó que no sabia de tal cabeza, ni la habia visto, y que aunque lo mataran, no sabia de ella.

Ratificacion de Francisco López, reo.

Estando el Alcalde en la sala donde se acostumbraba poner á cuestion de tormento á los delincuentes, para efecto de ratificarse como testigos, mandó comparecer á un indio llamado Fancisco López, del cual, presente Diego Bello de Aldama, su Curador, recibió juramento en forma, que hizo á Dios Nuestro Señor y á una señal de Cruz, so cuyo cargo prometió decir verdad, y puesto por mano de Antonio Vazquez en el tormento, se le preguntó dijese la verdad acerca de la muerte de D. Juan Bautista y Jacinto de los Ángeles, naturales del pueblo de San Francisco Caxonos, y habiéndole dado una vuelta por mandato del Alcalde el referido Antonio Vazquez, ministro de dicha ejecucion, el citado López dijo que lo que tenia confesado era la verdad, y habiéndole leido su confesion se ratificó en ella, declarando haber dado muerte á D. Juan Bautista, y que á esto no habia sido forzado, sino de su voluntad; que era verdad y así lo confesaba, que se habia hallado en la casa de Sebastian Martin en la Junta que se habia hecho para determinar, como determinaron, dichas muertes; que en ella estaban todos los Oficiales de República de dicho pueblo de San Francisco y demás principales maseguales del pueblo de San Mateo, San Pablo, Santo Domingo, San Pedro y San Miguel, y los Alcaldes Pedro Martin y Pascual Pérez, y que aunque habia visto y conocia á los Alcaldes de los otros pueblos no sabia sus nombres. Confesó además que Nicolás de Aquino habia dado muerte á Jacinto de los Ángeles, y que habia bebido de la sangre que vertia el cuerpo, igualmente que el declarante habia bebido una poca de D. Juan Bautista, y que la bebieron porque Martin de la Cruz les mandó que la bebieran para que anduviesen bien; que era verdad que tanto él como Nicolás de Aquino les habian hecho en la cabeza diferentes heridas cada uno con su machetillo, y que les habian cortado casi todo el pescuezo.

Ratificacion de Nicolás de Aquino.

A continuacion se hizo comparecer para el mismo efecto á Nicolás de Aquino, y preguntado en la misma forma y con los requisitos que el anterior acerca de la muerte de D. Juan Bautista y Jacinto de los Ángeles, habiéndole mandado dar una vuelta, contestó lo mismo que Francisco López, y se ratificó en la declaracion que tenia hecha, añadiendo que tambien habian tomado parte en la ejecucion de dichas muertes Juan Cipriano y Juan de Aquino, de dicho pueblo de San Francisco; que él le habia hecho otras heridas en la cabeza y cortado la mitad del pescuezo á Jacinto de los Ángeles, bebiendo tambien de la sangre que habia vertido, lo mismo que Francisco López habia hecho con D. Juan Bautista; y que la causa de haberla bebido habia sido porque Nicolás Antonio, del pueblo de Santo Domingo, y Nicolás Bartolo, del de San Francisco, les habian mandado que la bebiesen para no tener miedo y poder caminar. Agregó tambien, que al mes de haber ejecutado dichas muertes, de mandato de D. Cristóbal de Robles, Alcalde, y Pascual Luis, Regidor; habia ido en compañía de Jacinto, el chucho, Felipe Baltazar y Nicolás Tin, á enterrar dichos cadáveres, y con efecto lo habian ejecutado, enterrándolos en un hoyo que para este fin hicieron los cuatro, en lo bajo del sitio donde mataron á los ya referidos indios.

Ratificacion de D. Cristóbal de Robles, reo.

Llamóse en seguida á D. Cristóbal de Robles, Alcalde que habia sido el año anterior, y puesto en tortura, despues de haber hecho juramento como los anteriores, preguntado acerca de las muertes de D. Juan Bautista y Jacinto de los Angeles, contestó del modo siguiente: *Ya tengo dicho que no fué sola la ejecucion de dichas muertes por mi palabra, sino por la de todos los naturales de dicho mi pueblo y Oficiales de República de los de San Pedro, San Pablo, San Mateo, Santo Domingo y San Miguel.*

Verificadas las ratificaciones que anteceden, siguiéronse en la misma forma la de José de Mendoza, José Luis, Nicolás Bartolo

y José Flores, Maestro ó Papa, de idolatría, y despues de ellas añadieron algunos detalles é hicieron confesiones importantes que habian omitido en su primera declaracion.

Declaró José de Mendoza haberse encontrado el juéves 16 de
Setiembre del año anterior de 1700 en San Francisco Caxonos, en
la casa de Sebastian Martin, juntamente con los Oficiales de República y demás naturales y principales de dicho pueblo, y asimismo con los Alcaldes, Regidores Principales y masaguales de los
pueblos de San Mateo, San Pablo, Santo Domingo, San Miguel y
San Pedro, y todos juntos, y él con ellos, habian acordado sacar de
la cárcel de San Pedro, donde los tenian, á D. Juan Bautista y
Jacinto de los Angeles, llevarlos al monte y sitio de Yaveza, y allí
darles muerte, *por haberles descubierto su idolatría*, y que así lo habian ejecutado. José Luis, Alcalde que habia sido el año anterior
de 1700 de San Francisco Caxonos, declaró tambien que se habia
encontrado en la casa del dicho Sebastian el dia y año referidos,
con las autoridades y demás personas mencionadas en la declaracion anterior, añadiendo que desde el pueblo de San Francisco
hasta el de San Pedro, habia visto á Bartolomé de Alcántara, Alguacil mayor del pueblo de San Pablo, ir delante de Jacinto de
los Angeles, tirando del cordel con que éste estaba maniatado; y
que en el sitio donde se habian ejecutado dichas muertes, habia
visto tambien á Nicolás de Aquino y Francisco Lopez beber una
poca de sangre de la que vertian los cuerpos por haberles dicho
que así lo hicieran Lorenzo Guzmán y Martin de la Cruz. Nicolás
Bartolo confesó lo mismo respecto á haber bebido los citados individuos de la sangre que vertian los cuerpos de D. Juan Bautista y Jacinto de los Angeles, agregando que se lo habia aconsejado
Nicolás Antonio, del pueblo de Santo Domingo, para que pudiesen
andar. Confesó José Flores, Maestro ó Papa de idolatría del pueblo de San Francisco Caxonos, que los tres indios de los cuales habia hablado en su primera deposicion, le habian dicho que se hu-
yera hasta que acabase el pleito, y que los Oficiales de República
de San Francisco le habian aconsejado lo mismo. Reveló además
los nombres de los Sacerdotes de la idolatría de los pueblos de Yasache, Santiago, Betailaga, Yalalag, San Mateo, San Pablo y Santo Domingo. Comparecieron despues por su órden, los demás reos

172

en número de veinticinco, los cuales, puestos en el tormento como los anteriores, ratificaron su primera declaracion, añadiendo Cipriano de Aquino haber visto á Francisco Lopez y Nicolás de Aquino beber de la sangre que vertian los cuerpos cogiéndola con la mano.

Pedimento y entrega de los autos á Diego Bello de Aldama, Curador de los reos.

Hechas las anteriores ratificaciones por parte de los reos, presente en el mismo dia Diego Bello de Aldama, su Curador, pidió éste por medio de un escrito los autos de la causa, los cuales ordenó el Alcalde mayor le fuesen entregados al suplicante dejando recibo de ellos para que alegase y probase lo que á sus partes conviniese, tomándose razon por dicho Alcalde de la referida entrega.

Defensa de los reos por su Curador Diego Bello de Aldama, vecino de Villa Alta.

En 22 de Diciembre de 1701 el citado Diego Bello de Aldama, Curador de los reos, presentó al Alcalde mayor de Villa Alta un escrito pidiendo la absolucion y libertad de los reos, á lo ménos bajo de fianza, en virtud de lo que á su juicio resultaba de los autos favorable, basando y apoyando la defensa de sus partes en la benignidad y moderacion con que se debian mirar los indios en virtud de las repetidas Cédulas con que los amparaba S. M. y á su cortísima capacidad, miseria é ignorancia; en no haber habido cabecilla particular en el tumulto y en las muertes, habiendo tomado parte todos los naturales como en su ratificacion lo habia confesado D. Cristóbal de Robles, Alcalde del pueblo; y que aunque por la ley V y VI, libro 8°, título 3° de la Recopilacion de Castilla, estaba impuesta pena de muerte y otras á los que usasen agüeros, adivinanzas y sortilegios, dichas leyes no se debian entender con los indios á razon de su ignorancia y corta capacidad; que aunque la ley primera de dicha Recopilacion, de dicho libro, título 4°, y las que se seguian en dicho título, disponian que al que negase ó denostase de Dios Nuestro Señor, ó de la Vírgen gloriosa Su Madre, además de otras penas se le fuese cortada la lengua, no se debia entender con sus defendidos así por las razones que llevaba alegadas, como porque aunque las palabras que se decia habian dicho á D. Juan Bautista y Jacinto de los Angeles (qué donde estaba su Dios que no les ayudaba), se quisieran entender que por ellas negasen el poder infinito de Dios Nuestro Señor y que no podia ni se tenia para ayudarlos, y otros sentidos que para hacer cargo á sus partes se les pudiera dar á dichas palabras; considerada la suma incapacidad de los susodichos, caso que las hubieran dicho, era lo cierto que no sabian, como no habian sabido, lo que decian, sino sólo respondieron lo primero que se les ocurrió en la memoria. Concluia dicha defensa haciendo cargo y culpa á los entregadores de los referidos D. Juan Bautista y Jacinto de los Angeles, quienes habian sido la principal causa del delito que se les acumulaba á dichos sus partes, pues siendo quienes debian tener más fe y defender la causa de Dios, habian entregado á dichos individuos, afirmando que en ellos habia sido más culpable dicha entrega que en sus partes la ejecucion de las referidas muertes, caso que las hubieran hecho.

Vista esta defensa por el Alcalde mayor, la hubo por presentada, mandando se pusiese con los autos de la presente causa y se los llevasen para los ver y proveer.

Auto de remision.

Enterado de dichos autos el referido Alcalde ordenó se llevasen al Lic. D. Francisco Manuel Gonzalez, Abogado de los Reales Consejos y vecino de la Ciudad de Oaxaca, para con su parecer, proveer en justicia lo que conviniese, atendiendo á la cortedad y poco seguro de la cárcel de aquella Villa y otros inconvenientes que se podrian recelar de la retardacion y ejecucion, mandando asimismo se citasen en forma las partes para sentencia.

En efecto, en dicho dia, mes y año mencionados, citó para sentencia con el auto precedente á Diego Bello de Aldama, Curador de los reos, tomando tambien razon de haber remitido á Oaxaca los dichos autos en ciento sesenta y una fojas.

Sentencia.

En los autos de la causa criminal que se ha seguido de oficio de la Real Justicia, contra D. Cristóbal de Robles, Nicolás de Aquino, Francisco Lopez, José Luis, Nicolás Bartolo, Jacinto Hernandez, el chucho, Bartolomé de los Angeles Gastila, Francisco Her-

nandez, álias Francisco Lúcas, Jacinto'Cano, D. José de Mendoza,
Martin de los Angeles, álias de la Cruz, Nicolás Contreras, Ambrosio Contreras de la Cruz, Jacinto de la Cruz ó Angeles, Pascual Luis, José Flores, Cipriano de Aquino; Gerónimo Francisco,
Francisco de Luna, José Martin Xiniguia, Ambrosio Hernandez,
Nicolás Hernandez, Pedro Pablo José de Contreras, naturales del
pueblo de San Francisco Caxonos, de esta jurisdiccion; Bartolomé de los Angeles, D. Andrés Martin, José Martin, Francisco Luis,
el Güenche, Gabriel Martin, naturales del pueblo de San Miguel;
Bartolomé de Alcántara, D. Pedro Martin, naturales del pueblo
de San Pedro Yasache; Pedro Martin, natural del pueblo de San
Mateo, y Nicolás Antonio, natural del pueblo de Santo Domingo
Xagacia, todos de esta dicha jurísdiccion, reos presos en la cárcel
pública de esta Villa, por las muertes crueles y alevosas que acor-
daron, mandaron y ejecutaron el dia diez y seis de Setiembre del
año pasado de mil setecientos, en D. Juan Bautista y Jacinto de
los Angeles, naturales del mismo pueblo de San Francisco Caxonos, en el sitio que llaman Guiaguesa, y está en términos del pueblo de San Pablo Caxonos, por haber descubierto y denunciado la
idolatría general á que se convocaron y juntaron los naturales del
pueblo de San Francisco Caxonos, en la casa del dicho José Flores la noche del dia catorce de los dichos mes y año.

Y asimismo contra Gabriel Flores de los Angeles, natural del
pueblo de Santa Lucía, de la jurisdiccion de Oaxaca, y vecino de
dicho pueblo de San Francisco, reo preso en dicha cárcel por adivino y sortílego.

Vistos, y sus declaraciones y confesiones con lo dicho y alega-
do por Diego Bello y Aldama, su Curador, en sus nombres y todo
lo que ver convino.

Fallo, atento á los autos y méritos de dicha causa, que, por la
culpa que de ellos resulta contra dichos reos, debo condenar y condeno en la pena ordinaria de muerte á los dichos D. Cristóbal de
Robles, Nicolás de Aquino, Francisco Lopez, José Luis, Nicolás
Bartolo, Bartolomé de los Angeles Gastila, Francisco Hernandez,
álias Francisco Lúcas, D. José de Mendoza, Martin de los Angeles, álias de la Cruz, Cipriano de Aquino, Gerónimo Francisco,
Ambrosio Hernandez, Nicolás Hernandez, Pedro Pablo, natura-

les de dicho pueblo de San Francisco Caxonos, y asimismo al dicho Nicolás Antonio, natural del pueblo de Santo Domingo Xagacia. En los cuales quince como van expresados (atento á la enormidad y alevosía de su delito, á la plenitud de su probanza, á lo pernicioso de sus pésimas consecuencias, al gravísimo escándalo que ha causado su perpetracion y causa la dilacion de su castigo, y á los inconvenientes que de ella se pueden seguir), mando se ejecute la dicha pena de muerte sin embargo de apelacion.

Y asimismo condeno en la misma pena de muerte á los dichos Jacinto Hernandez, el Chucho, Jacinto Cano, Nicolás Contreras, Jacinto de la Cruz ó Angeles, Pascual Luis, José Flores, Francisco de Luna, José Martin Xienegnia, José Contreras, naturales del dicho pueblo de San Francisco Caxonos; Bartolomé de los Angeles, D. Andrés Martin, José Martin, Francisco Luis, el Güeache, Gabriel Martin, naturales del dicho pueblo de San Miguel; Bartolomé de Alcántara, D. Pedro Martin, naturales del pueblo de San Pedro Yasache; y á Pedro Martin, natural del dicho pueblo de San Mateo; suspendiendo como suspendo, en cuanto á estos diez y siete reos, la ejecucion de dicha pena hasta dar cuenta con los autos en la Real Sala del crímen de la Real Audiencia y Chancillería de México.

Y la dicha ejecucion se haga dentro de dicha cárcel, donde se les dé garrote y se les corten las cabezas, las cuales se lleven al dicho pueblo de San Francisco, y á voz de pregonero que publique su delito, se pongan fijas en estacas por el circuito de la plaza pública de dicho pueblo, clavándose en las mismas estacas en que se pusieren las cabezas de los dichos Nicolás de Aquino y Francisco Lopez, las manos derechas de los susodichos; y los cuerpos de todos se pongan hechos cuartos en árboles ó estacas por el camino real que va de dicho pueblo de San Francisco á los de San Pedro y San Miguel, y nadie sea osado á quitarlos so la misma pena, y así se pregone para que venga á noticia de todos.

Y asimismo condeno al dicho Ambrosio Contreras de la Cruz, natural de dicho pueblo de San Francisco, en la pena de doscientos azotes, que mando se le den desde luego en forma de justicia, paseándole por las calles públicas de esta Villa, y más, le condeno en privacion perpetua de oficios de República.

Y asimismo condeno al dicho Gabriel Flores de los Angeles, natural del pueblo de Santa Lucía, en la pena de doscientos azotes, que mando se le den desde luego en la misma forma, paseándole por dichas calles con coraza untada de miel y salpicado de plumas, y vuelto á la plaza pública de esta Villa, sea amarrado á una escalera, y así esté expuesto al sol por espacio de una hora; y más, le condeno en diez años de destierro de toda esta jurisdiccion, y se le notifique no lo quebrante, pena de la vida.

Y asimismo mando se demuela la casa de Sebastian Martin, natural de dicho pueblo de San Francisco, donde se hizo la junta en que se determinaron las muertes de los dichos Juan Bautista y Jacinto de los Angeles, y con los materiales que de ella pudieren servir, y los demás que fueren necesarios, reedifiquen los naturales del dicho pueblo de San Francisco á propia cuenta y trabajo, las casas que le quemaron y derribaron al dicho D. Juan Bautista, dejándolas en la perfeccion y estado-que tenian, á satisfaccion de los interesados en ellas. Y demolida la casa del dicho Sebastian Martin, dejen limpio y desembarazado el solar, y en el centro de él, fabriquen de obra firme una ermita ó humilladero abierto á los cuatro vientos, con su cubierto decente de bóveda ó teja, y dentro, en su mediania, levanten una peana de la misma obra, y sobre ella se pongan dos cruces grandes ó iguales que se erijan á la buena memoria de los dichos D. Juan Bautista y Jacinto de los Angeles. Y todo lo referido ejecuten dichos naturales de San Francisco, en el término de dos meses desde la notificacion de esta sentencia, que se les haga saber, y á su Gobernador y alcaldes para que lo cumplan y hagan cumplir y ejecutar precisa y puntualmente, con apercibimiento, y de haberlo ejecutado den cuenta. Y con costas, cuya tasación en mí reservo, y que asimismo condeno y mancomuno á todos los dichos reos, juzgando con Asesor. Así lo pronuncio y mando por esta mi sentencia definitiva, con cuyo testimonio se dé cuenta en el Superior Gobierno de este Reino, y con los autos en dicha Real Sala del Crímen de la Real Chancillería de México.—*D. Juan Antonio Mier del Tojo.*—*Lic. Francisco Manuel Gonzalez.*—*Pedro Bosa.*—*Juan Gonzalez.*—Rubricados.

Razon.

Yo el Capitan D. Juan Antonio Mier del Tojo, Alcalde mayor
por Su Majestad de esta Villa Alta y su jurisdiccion, dí y pro-
nuncié la sentencia de las fojas antecedentes en esta dicha Villa,
en siete dias del mes de Enero de mil setecientos y dos años; siendo testigos el Capitan Pedro Bosa Espiñosa de los Monteros y
Juan Gonzalez de Ambas, españoles residentes en esta dicha Villa; actuando como Juez Receptor con los dichos testigos que lo
fueron de mi asistencia y lo firmaron conmigo.—*D. Juan Antonio*
Mier del Tojo.—Pedro Bosa.—Juan Gonzalez.—Rubricados.

Notificacion á los quince reos.

En la Villa Alta de San Ildefonso, en nueve dias del mes de Enero del dicho año de mil setecientos y dos, yo el Capitan D. Juan
Antonio Mier del Tojo, Alcalde mayor, por Su Majestad, de esta
jurisdiccion, mediante José Ramos, intérprete general de este juzgado, leí, notifiqué y dí á entender la sentencia de las fojas antecedentes, por mí dada, con parecer de Asesor, á D. Cristóbal de
Robles, Nicolás de Aquino, Francisco Lopez, José Luis, Nicolás
Bartolo, Bartolomé de los Angeles Gastila, Francisco Hernandez,
alias Francisco Lúcas, D. José de Mendoza, Martin de los Angeles, alias de la Cruz, Cipriano de Aquino, Gerónimo Francisco, Ambrosio Hernandez, Nicolás Hernandez, naturales del pueblo de S.
Francisco Caxonos, de esta dicha jurisdiccion, y á Nicolás Antonio, natural del pueblo de Santo Domingo Xagacia, de dicha jurisdiccion, presos en la cárcel de esta dicha Villa, por esta causa,
en sus personas, presente Diego Bello de Aldama, su Curador, los
cuales dijeron que lo oian, y que el referido delito lo hizo todo el
comun, que por qué lo habian de pagar solos.

Y el dicho su Curador dijo: "Qué hablando con el debido respeto apelaba en nombre de sus partes, para ante los presentes, de la
Real Sala del crímen de la Real Audiencia de esta Nueva España,
que visto por mí dicho Alcalde mayor, mando se ejecute dicha sentencia, segun y como en ella se contiene; y lo firmé con los dichos
testigos de mi asistencia, el dicho su Curador, el referido José de
Mendoza, y no los demás, por decir no saben, y el dicho intérprete.—*D. Juan Antonio Mier del Tojo.—D. José de Mendoza.—Diego*

12

*Bello de Aldama.—Pedro Bosa Espinosa de los Monteros.—Juan González de Ambas.—José Ramos.—*Rubricados.

Certificacion de la ejecucion.

Yo, el Capitan D. Juan Antonio Mier del Tojo, Alcalde mayor, por Su Majestad, de esta jurisdiccion: Certifico y doy fe, en forma de derecho, que hoy dia de la fecha se ejecutó la sentencia de muerte y cuartos en los quince reos contenidos en ella, y para que conste lo hice poner en diligencia, y lo firmé con los testigos de mi asistencia, actuando como Juez receptor, por falta de Escribano en esta Villa Alta, en once dias del mes de Enero de mil setecientos y dos años.—*D. Juan Antonio Mier del Tojo.—Pedro Bosa Espinosa de los Monteros.—Juan Gonzalez de Ambas.—*Rubricados.

Auto.

En dicha Villa Alta, el dia, mes y año anteriormente referidos, yo, el dicho Alcalde mayor, en conformidad de la sentencia por mí dada en estos autos, con parecer de Asesor, mando á D. José Martin de la Sierra, Alguacil mayor por Su Majestad, de esta jurisdiccion, la ejecute y haga conducir al pueblo de San Francisco Caxonos las cabezas y demás cuartos de los referidos reos; y en el circuito de la plaza de dicho pueblo haga poner en estacas las cabezas de los susodichos, y en las que se pusiesen las de Francisco Lopez y Nicolás de Aquino se pongan las manos derechas de los susodichos, y los cuartos de todos por el camino real que de dicho pueblo de San Francisco va al de San Pedro y San Miguel; y por vez de pregonero que publique su delito, haga saber no sea nadie osado á quitarlos, so la misma pena, y para ello se le despache mandamiento y la forma del pregon: así lo proveí, mandé y firmé con los dichos testigos de mi asistencia.—*Don Juan Antonio Mier del Tojo.—Pedro Bosa.—Juan Gonzalez.—*Rubricados.

Razon.

Y luego, incontinenti, yo, el Alcalde mayor, dí el mandamiento que previene el auto que antecede, á D. José Martin de la Sierra, Alguacil mayor por Su Majestad, y para que conste lo hice poner por diligencia, y lo rubriqué.

Notificacion de la sentencia á las Autoridades del pueblo de
San Francisco Caxonos.

Al dia siguiente, doce del mes de Enero de mil setecientos y dos, el dicho ·Alcalde mayor de Villa Alta, mediante José Ramos, intérprete general de aquel juzgado, notificó y dió á entender la sentencia por él proveida, con parecer de Asesor, en estos autos, á D. Gabriel de los Angeles, Gobernador, á Fabian de Quiroz y Ambrosio de Morga, alcaldes, D. Pedro de los Angeles y Nicolás Xim, Regidorés, todos oficiales de República del pueblo de San Francisco Caxonos, de aquella jurisdiccion; y á José Alaves, Pedro de la Cruz y Juan Juarez, principales de dicho pueblo, los cuales, entendidos de su contexto, dijeron que lo oian, y que estaban prestos á cumplir y ejecutar, y hacer cumplir y ejecutar lo que se les mandaba.

Notificacion á los demás reos.

El dia catorce de dicho mes y año el Alcalde mayor de Villa Alta, mediante el' referido intérprete, notificó y dió á entender la sentencia por él dada, con parecer de Asesor, en estos autos, á Jacinto Hernandez, el chucho, Jacinto Cano, Nicolás Contreras, Jacinto de la Cruz, ó Angeles, Pascual Luis, José Flores, Francisco de Luna, José Martin Xieneguia. José de Contreras, naturales del pueblo de San Francisco Caxonos; Bartolomé de los Angeles, D. Andrés Martin, José Martin, Francisco Luis, el Güenche, Gabriel Martin, naturales del pueblo de S. Miguel; Bartolomé de Alcántara y D. Pedro Martin, naturales del pueblo de San Pedro Yasache; y á Pedro Martin, natural del pueblo de San Mateo, y á Gabriel Flores, natural del pueblo de Santa Lucía, y Ambrosio Contreras, natural de dicho pueblo de San Francisco, en sus personas, presente Diego Bello, su Curador, y los referidos Gabriel Flores y Ambrosio Contreras, dijeron, y el dicho su Curador, que lo oian y consentian, y los demás reos dijeron, que hablando con el debido respeto apelaban, y apelaron de dicha sentencia para ante los Señores de la Real Sala del crímen de la Real Chancillería de México, en donde estaban prestos á.ocurrir por su Procurador, y la misma apelacion dijo que interponia é interpuso el dicho Diego Bello su Curador, en nombre de dichos sus partes, y el dicho José Flores dijo: *que se ejecute en él la sentencia, y más que le ahorquen y hagan cuar-*

tos, que con eso de aquí á cinco años no le llamarán á que se ejeroite en él lo mismo, respondiendo los demás que quedaban enterados.

Ejecucion de la sentencia de azotes.

En el dia, mes y año referidos, se ejecutó la sentencia de azotes en las personas de Gabriel Flores y Ambrosio Contreras, reos presos en la cárcel de Villa Alta por esta causa.

Auto y citacion al Curador de los reos.

Habiendo visto estos autos el Alcalde mayor, y atento á estar ejecutada la sentencia definitiva que en ellos tenia dada; para que les constase á los reos que dichos autos se remitian á los Señores de la Real Sala del crímen de la Real Audiencia de esta Nueva Espa ña, y ocurriesen alegando lo que les conviniera, mandó se citase en forma á Diego Bello, Curador de dichos reos, al cual estando presente citó y dió á entender el contenido del presente auto, el cual dijo que lo oia y quedaba enterado, firmándolo juntamente con el Alcalde y testigos de asistencia.

Enero 11 de 1702.

En conformidad de la sentencia que con parecer de Asesor habia dado el referido Alcalde, mandó en 11 de Enero de mil setecientos dos á D. José Martin de la Sierra, Alguacil mayor por Su Majestad, ejecutase lo contenido en dicha sentencia, haciendo conducir las cabezas y cuartos de los quince reos en quienes habia ejecutado dicha sentencia, y las hiciese poner en la plaza de dicho pueblo de San Francisco y parajes mencionados, en la forma que en dicha sentencia se mandaba y prevenia.

Diligencia hecha en la ejecucion de los reos el 14 de Enero de 1702.

El 14 de dicho mes y año presentóse al Alcalde mayor el citado D. José Martin de la Sierra, y dijo que en ejecucion y cumplimiento del mandamiento anteriormente mencionado, habia hecho poner en estacas en la plaza del pueblo de San Francisco Caxonos las cabezas de los quince reos ya mencionados, y que en las mismas estacas donde se pusieron las cabezas de Nicolás de Aquino y Francisco Lopez habia hecho clavar las manos derechas de los susodichos, y asimismo los cuartos de todos por el camino que de dicho pueblo

de San Francisco va al de San Miguel, y que por voz de pregonero publicó en el idioma de los naturales y en castellano el delito de
los susodichos, y que so la misma pena, dió á entender, nadie fuese
osado á quitarlos. En este mismo dia sacó el Alcalde mayor testimonio de la sentencia y diligencias hechas en su ejecucion, y lo remitió al Supremo Gobierno, tomando razon de haber hecho esta diligencia.

En 24 dias del mes y año citados arriba, el Alcalde mayor dió
razon de haber sacado testimonio de lo tocante á idolatría, para
el Señor Provisor de Indias de aquel Obispado.

Auto de tasacion de costas.

El Alcalde mayor de Villa Alta, D. Juan Antonio Mier del Tojo,
en conformidad de lo mandado por él en estos autos y sentencia
que dió con parecer de Asesor contra los naturales de los pueblos
de San Francisco Caxonos, San Pedro, San Miguel, San Pablo, Santo Domingo y San Mateo por las crueles y alevosas muertes que
dieron á D. Juan Bautista y Jacinto de los Angeles, naturales de
dicho pueblo de San Francisco (por haberles denunciado la idolatría general á que se convocaron y juntaron la noche del dia catorce de Setiembre de mil setecientos, y sublevacion y alboroto
que cometieron, demolimiento é incendio de las casas de dichos dos
denunciantes y destrozos en el convento), en que condenó á pena
de muerte á treinta y dos de los que resultaron principales reos;
atento á que en las costas de los autos se habia reservado la tasacion, hizo que se hiciesen en la forma siguiente, en diez y seis de
Enero de mil setecientos y dos.

Primeramente: Por el costo de dos correos de á caballo que
envió á la Ciudad de México con los autos que sustancia-
ron, que á uno le detuvieron en dicha Ciudad treinta y
cuatro dias, y al otro noventa y cuatro, á un peso que se
les dió por cada dia de los dichos á cada uno, y cincuenta
pesos por el viaje, doscientos y veintiocho pesos. . . . . $ 228
Item. Por otro correo á dicha ciudad con la sentencia y su
ejecucion al Superior Gobierno, sesenta y tres pesos. . . 63

A la vuelta. . . . . . $ 291

De la vuelta. . . . . . . $ 291
Al Verdugo ejecutor, treinta y seis pesos. 36
A D. José Martinez de la Sierra, Alguacil mayor, que fué con
comision en los primeros autos, é hizo poner los cuartos
en donde se refiere, cien pesos. 100
Al Teniente, testigos de asistencia é intérprete de las diligencias, por buscar y hallar los huesos de los denunciantes, é instrumentos de idolatría, cien pesos. 100
A los dos intérpretes de los autos, ochenta pesos. 80
Al Curador, treinta pesos. 30
A las dos asesorías de los primeros autos, cien pesos . . . 100
A las de los segundos, la exhibieron ellos al Juez. De los correos de á pié y conduccion de cartas de justicia, al que escribió unos y otros autos y tres testimonios, uno de todos
los segundos autos, otro de sentencia y diligencias de ejecucion al Superior Gobierno, y otro al eclesiástico, y á los
testigos de asistencia, trescientos pesos. 300
En lo cual entra papel sellado y otros gastos para las diligencias precisas.
                                    Suma. . . . . $ 1,037

Todo lo cual recibieron las personas que menciona dicha tasacion
y autos, y otorgaron recibo en forma.

Auto.

El Alcalde mayor de la Villa Alta de San Ildefonso, en veinticuatro de Abril de mil setecientos y dos, dió cuenta al Superior
Gobierno de haber ejecutado y cumplido con lo que el mismo Gobierno le habia mandado en veinticuatro de Agosto de mil setecientos uno, sustanciando autos sobre las muertes de D. Juan Bautista
y Jacinto de los Angeles, naturales del pueblo de San Francisco
Caxonos de aquella jurisdiccion, ejecutadas por diferentes naturales del mismo pueblo y de los otros cinco pueblos complicados; en
cuya prosecucion dice haber aprehendido treinta y cuatro naturales de los mismos pueblos; y que con parecer de Asesor sentenció
á dos de ellos en la pena de doscientos azotes, desterrando además de aquella jurisdiccion á uno de ellos por diez años, los cuales
tendria que cumplir pena de la vida, y á los treinta y dos de los

reos condenó á la pena ordinaria de muerte, habiéndose ésta ejecutado en los quince de ellos sin embargo de apelacion, y que por
los diez y siete restantes se diese cuenta A. S. A.; poniendo además en su conocimiento la diligencia que por órden de dicho Alcalde, en cumplimiento de la sentencia, llevó á cabo D. José Martinez de la Sierra. Todo lo cual hizo ejecutar el Alcalde mayor en
dicho dia, y en cumplimiento de su obligacion remitió los autos originales A. S. A., para que con su acostumbrado católico celo mandase lo que fuese servido y tuviese por conveniente; suplicando
asimismo A. S. A. se sirviese de honrar á los hijos de los referidos
D. Juan Bautista y Jacinto de los Angeles, así por premiar la fidelidad de éstos, como por el ejemplo á los demás naturales que con
entereza y conocimiento de que tendrian premio y amparo, se opon-
drian á los errores de que estaba tan infestada aquella provincia.

Pone tambien en la atencion soberana de S. A. el atroz delito que
dichos naturales cometieron por mantenerse en sus idolatrías; y
aunque el castigo ejecutado en los quince reos no dejaria de refre-
narles en alguna manera, no obstante, quedándose sin el mismo
castigo los de los pueblos confederados, en quienes el Alcalde mayor considera no sólo igual, pero aun mayor la culpa, porque de su
patrocinio ó instigaciones procedió el ejecutar las crueldades que
de los autos constan en odio de nuestra Santa Ley, siendo José
Flores su Jefe y diabólico Sacerdote, quien como principal motor
ó instigador de dichas muertes, resulta gravísimamente culpado;
parece de necesidad (como á los otros pueblos) la confirmacion de
la pena ordinaria de muerte que se le va impuesta; pues no hay
duda que los indios se enojarian juzgando materialmente se le cas-
tiga por maestro de idolatría, delito que no sólo tiene corrompida
aquella jurisdiccion, sino todo el Obispado de Oaxaca, con gran
sentimiento de los fieles y desesperacion del remedio, mayormente
cuando dicha pena tambien se debe considerar se le impone como
á sortílego. Añade, que los cinco reos que el Juez eclesiástico de
Oaxaca tiene en su cárcel, como de los autos parece, eran princi-
palísimos en la ejecucion de las muertes, y tambien otros que estaban ausentes, para cuya prosecucion suplicaba A. S. A. que con
su acostumbrada justificacion ordenara lo que tuviese por conveniente.

Vistos estos autos en la Ciudad de México el quince de Mayo de mil setecientos dos, se ordenó fuesen entregados á las partes, y expresasen en el término de ocho dias.

Alegato del defensor de los presos en Villa Alta, su representante en México.

El siete de Junio de mil setecientos dos José de Ledesma, en nombre de Jacinto Hernandez y demás consortes presos en la cárcel pública de Villa Alta de San Ildefonso, por causa criminal que contra los susodichos se habia seguido de oficio de la Real Justicia por decir ser cómplices en la idolatría, tumulto y muertes de D. Juan Bautista y Jacinto de los Angeles, en virtud de las apelaciones interpuestas por sus partes y su defensor Diego Bello, de la sentencia pronunciada por D. Juan Antonio Mier del Tojo, por la cual condenó á diez y siete reos con la pena ordinaria de muerte con apelacion, y con ejecucion en otros quince, interponiendo como interponia dicha apelacion de nuevo, como mejor hubiese lugar en derecho, y presupuestos todos los autos de la materia, dijo: Que Su Alteza se habia de servir declarar por nulos dichos autos y por atentada la justicia que se habia ejecutado por dicho Alcalde mayor en los quince reos, ó á lo ménos en los trece, y la que asimismo habia ejecutado en Gabriel Flores y Ambrosio de la Cruz, dando á uno doscientos azotes, y á otro, por sortílego, igual número, desterrándolo á la vez de aquella jurisdiccion, y absolver y dar por libres á sus partes condenando al Asesor que se intitulaba Lic. Francisco Manuel Gonzalez, á las penas establecidas por derecho, por el modo de sentenciar, caso que constara ser Abogado pasado por aquella Real Audiencia, para cuya constancia exigia que ocurriése con su título á presentarse en la Real Sala, pidiendo asimismo se condenase á dicho Alcalde mayor en las penas correspondientes, y á que devolviese á sus partes mil y treinta y siete pesos que les habia quitado de costas que dijo se le debian.

Dicho defensor basaba su peticion en las razones siguientes: Primera: Que atendidos los autos de la materia, se hallaba la causa en términos de una mera sumaria. Segunda: que el Alcalde mayor y el Asesor habian entendido mal el despacho que su Alteza en virtud del voto consultivo del Real Acuerdo les habia mandado. Tercera:

Que habiéndose ejecutado la ratificacion sin más diligencias y careamientos, se había pronunciado la sentencia sin apelacion á los quince de muerte, á los dos de azotes, y emplumado uno, y tasando las costas á su arbitrio. Cuarta: Que prescindiendo de dos reos, Nicolás de Aquino y Francisco Lopez, que confesaron ellos mismos haber ejecutado las muertes, los demás no debian haber sido ajusticiados, porque el despacho de su Alteza, mal entendido por dicho Alcalde y Asesor, indultaba á los tumultuantes y sediciosos; y por lo que hacia á la idolatría se habia declarado deber conocer el eclesiástico, y por consiguiente era claro el error que se habia cometido, y por lo tanto era digno el Asesor, caso que fuese Abogado, de grave pena. Quinta: El haber negado en todos quince, y á los dos azotados, las apelaciones para ante Su Alteza, yendo en esto contra la cédula novísima que mandaba no se ejecutase sentencia sin dar cuenta, ó á lo ménos consultar. Sexta: El haber exigido las ratificaciones en tortura, porque no habia autor ni derecho que apoyara semejante manera de proceder. Sétima: Que se habia obrado por antojo al condenar á otros diez y siete á la pena ordinaria de muerte y á Gabriel Flores por sortílego, porque ni éstos ni los trece ajusticiados habian ejecutado las muertes; que del tumulto se hallaban libres por el citado despacho; y que por las idolatrías no era Juez competente. Termina diciendo que no constando que dicho D. Francisco Manuel fuese Abogado, pedia certificasen los Escribanos de Cámara si estaba recibido y matriculado en la Real Audiencia de México; que la tasacion de las costas debia hacerse por el tasador de la Real Audiencia, confirmado que fuese el hecho, lo cual no tenia cabimiento al presente, y que por lo tanto dicho Alcalde debia restituir los mil y más pesos que habia llevado, y ser condenado en las demás penas arbitrarias.

Testimonio de ser Abogado de la Real Audiencia D. Francisco Manuel Gonzalez.

En dicho dia se pasó traslado á los Escribanos de Cámara de lo Civil para que certificasen como se pedia, con citacion del Señor Fiscal, y al punto se dió testimonio de ser Abogado de aquella Real Audiencia, y estar matriculado en ella D. Francisco Manuel Gonzalez.

Este es el resultado que arrojan los autos que hemos podido adquirir hasta el presente, relativos á la causa que nos ha venido ocupando. Ignoramos qué fin haya tenido, pero nos inclinamos á creer que la prudencia tan consumada del Virey, del Real Acuerdo y de las demás autoridades, que tanto brilla en esta causa, atendiendo al carácter de los indios, á la ausencia de no pocos de ellos de sus pueblos, y temiendo tal vez el levantamiento de los diez y ocho que estaban ya coligados, ó, lo que es más probable, mirando únicamente al mayor bien espiritual de dichos indios, que era el primordial objeto. á que se dirigian las Reales cédulas y el celo de las autoridades, haya obligado al Supremo Gobierno á disimular en ella, contentándose solamente con el ejemplar castigo realizado por el Alcalde de la Villa Alta en los quince primeros reos á quienes hizo pagar sus crímenes con la pena capital.

CAPITULO IX.

TRADICION HOY DIA EXISTENTE ACERCA DE LOS MÁRTIRES
EN SAN FRANCISCO CAXONOS Y PUEBLOS DE LA JURISDICCION DE
VILLA ALTA, Y VENERACION Á SUS RESTOS MORTALES. ·

ABIENDO examinado ya varios documentos relativos á la causa y martirio de los Venerables Fiscales, y obrando tambien en nuestro poder sus mortales res- tos, creimos no deber despreciar la oportunidad que Nos ofrecia, como hemos dicho, la santa visita Pastoral que está- bamos practicando en la jurisdiccion de Villa Alta de San Ilde- fonso, para adquirir el mayor número de datos posible respecto de dichos venerables Fiscales. Resolvimos por lo tanto averiguar si existia aún alguna tradicion en los pueblos de Caxonos y sus in- mediaciones acerca del martirio de dichos Venerables, y de todo cuanto con ellos se relacionaba, lo cual verificamos por medio de indagaciones que hicimos y declaraciones que tomamos á las per- sonas más caracterizadas, y que Nos parecieron más aptas para el fin que pretendiamos. El resultado fué mucho más satisfactorio de lo que en un principio creimos, y de lo que, pudiera decirse, tenia- mos derecho á esperar despues del trascurso de cerca de dos siglos, sobre todo tratándose de la raza indígena y del aislamiento en que viven los pueblos de Caxonos. En efecto, refiere Ignacia Noriega, como de setenta años de edad, viuda, y oriunda de la Villa Alta, en donde ha pasado casi toda su vida, que habiendo ido á San Francisco Caxonos hará como unos treinta y cinco ó cuarenta años, á visitar á su tia Dª Isidora Castellanos, al acostarse en la cama que le tenia prevenida, notó que estaba colgado en la cabecera de dicha cama un cuadro al óleo representando un santo que le pareció extraño: el retrato, dice, era de medio cuerpo, y no recuerda bien la vestidura que llevaba, pero sí tiene presente que tenia en la mano una vara como la que usan los fiscales en los pueblos. Preguntando á su tia qué santo era aquel que tenia en la cabecera de la cama, le respondió que era el retrato de Jacinto de los Ángeles, uno de los santos mártires de Caxonos, quien siendo Fiscal del mismo pueblo de San Francisco, y habiendo visto que los indígenas de dicho pueblo estaban adorando una cierva, habia dado aviso al Cura Párroco, y enojados por eso los del pueblo, le habian quitado la vida, como igualmente á su compañero Juan Bautista: todo lo cual dice tiene muy presente por la impresion que esta noticia le causó. Preguntando de nuevo á su tia la Sra. Castellanos, qué noticias tenia de las reliquias de los Venerables Mártires ó de sus restos mortales, le contestó que se habian encontrado, debido á que Juan, de sobrenombre Piche, uno de los que habian dado muerte á Jacinto de los Ángeles, habiendo querido casarse despues con la viuda de Jacinto, ésta, viendo que la inquietaba continuamente, y que pretendia aun sacarla de su cása, habia dado aviso á sus cuñados, y aconsejándola uno de éstos á que le dijera que sí se casaria con él con tal que ántes le probara que habia muerto Jacinto de los Ángeles; el Juan Piche se comprometió á enseñarle los restos de su marido, y al efecto la llevó al lugar donde estaban enterrados los restos de los mártires, que era en el crucero de Xaganiza con Santo Domingo Caxonos, donde se colocaron despues unas cruces. Al llegar la viuda de Jacinto al lugar señalado por Juan Piche, vió una mata de azucena de Castilla muy frondosa que tenia una hermosa flor abierta, la cual azucena no se da en el monte sino solamente en los solares y bajo cultivo. Comenzó á llorar la viuda á voz en grito conforme á lo convenido con sus cuñados, y en el acto los hermanos de Jacinto de los Ángeles, que ocultamente la habian seguido, corrieron y aseguraron á Juan Piche, y procediendo desde luego á exhumar los restos mortales, encontraron, en efecto, el esqueleto de un hombre, estando los huesos bien conservados y muy blancos, advirtiendo que el lugar donde hallaron la flor de azucena, correspondia al del corazon en el cuerpo del difunto. Aseguró bajo juramento la dicha Ignacia Noriega, que su Señora tia le habia referido todo lo que acababa de expresar, igualmente que el que dichas reliquias, juntas con las del otro mártir, habian sido llevadas á la Villa Alta de San Ildefonso, añadiendo que hacia mucho tiempo que tanto ella como muchas personas de dicha Villa, sabian que los restos de los Venerables Mártires se conservaban ocultos en la Iglesia Parroquial de dicha Villa debajo del Santo Sepulcro; pero que nunca habia logrado verlos, por más que ella y otras personas lo habian deseado y pedido, á causa de haberse resistido á mostrarlos los Señores Curas.

El Presbítero D. Juan Bautista Robles, oriundo de San Francisco Caxonos, en cuyo pueblo vivió hasta la edad de diez años, dice: que recuerda que sus padres le contaron que en dicho pueblo habia habido dos mártires llamados Juan Bautista y Jacinto de los Ángeles, á quienes los naturales habian dado muerte por haber denunciado ante la Autoridad Eclesiástica los actos de idolatría que se cometian por la comunidad; y que en la casa de sus mismos padres se conservaron por mucho tiempo dos pinturas al óleo, representando, no se acuerda bien, si á los dos mártires, ó si eran dos copias de Jacinto de los Ángeles, teniendo uno de los retratos una vara de Fiscal en la mano, y del otro lado del cuadro pintadas unas flores de azucena de Castilla. Añade que, habiendo sido nombrado Vicario de Zoochila, recien ordenado de Sacerdote, al registrar el archivo de aquel Curato, se encontró con parte de los documentos relativos á la causa que se instruyó en Villa Alta en tiempo del suceso que tuvo lugar en los pueblos de Caxonos, y recordando la veneracion que sus padres tenian á los mártires, y en consideracion á la que les tienen todavía los vecinos del pueblo de San Francisco, creyó como deber suyo por ser natural de dicho pueblo, el trasladar dichos documentos del archivo de la Parroquia de Zoochila al de Caxonós; mas habiendo encontrado sin Párroco á este último Curato, se vió precisado á guardarlos en el archivo del Municipio, en el cual se han conservado hasta el momento en que enterado el Obispo Diocesano de la existencia de dichos documentos, deseoso de tenerlos en su poder, habia pasado por órden suya á recogerlos para entregárselos. Confirma la relacion hecha por Ignacia Noriega acerca de la manera y motivo con que se encontraron los restos moItales de Jacinto de los Ángeles, y agrega que, despues de haber leido los citados expedientes, y deseoso de adquirir más datos, habia examinado detenidamente á los ancianos del pueblo de San Francisco Caxonos, conviniendo todos ellos en que la tradicion constante en dicho pueblo ha sido que D. Juan Bautista y Jacinto de los Ángeles fueron martirizados al principio del siglo pasado, por haber denunciado á los Religiosos que tenian á su cargo el Curato, los actos de idolatría que realizaban los hijos del mismo pueblo, los cuales adoraban á un venado, añadiendo dos de dichos ancianos que conservan aún la creencia que les han trasmitido sus antepasados, de que ese venado no era otra cosa más que la forma visible que tomaba el demonio.

En cuanto á los restos mortales de los Venerables Mártires, los hijos de Caxonos creian que se encontraban en Villa Alta, por haber sido trasladados á aquella Villa por órden de la Autoridad civil, con el fin de tener el cuerpo del delito en poder del juzgado respectivo, y sabian, además, que dichos restos se depositaron despues en la iglesia de dicha Villa, adonde algunos solian ir á venerarlos ofreciéndoles velas y flores; pero que ignoraban el paradero que habian tenido los mencionados restos desde que se habia comenzado á construir la nueva iglesia.

Con estos antecedentes, el citado Sr. Robles trasladóse á Villa Alta, con el fin de examinar por sí mismo los autos existentes en aquel juzgado relativos á los mártires, y ver al mismo tiempo él lugar donde se encontraban sus restos, todo lo cual consiguió felizmente hallando otra parte de los expedientes en dicho juzgado y en el templo parroquial, encerrados en una caja, los restos de los Venerables Mártires. El Sr. Pbro, D. José Villafañe, actual Cura Párroco de dicha Villa, declaró al Sr. Robles lo mismo que manifestó despues al Obispo Diocesano, y es, que nombrado Cura interino de San Ildefonso en 1870, al llegar á la Parroquia habia encontrado el templo amenazando ruina, haciéndose por esta causa el servicio del culto católico en un galeron antiguo llamado el *suplemento;* y que habiendo encontrado debajo de los altares entre los escombros que habia en dicho *suplemento,* un cajon que contenia restos humanos, tomando informes del sacristan, que habia entónces, éste

le hizo saber que eran los restos de los santos mártires de San Francisco Caxonos. No contentándose todavía con este solo informe,
procuró hacer en seguida más indagaciones, preguntando á personas distintas y de las más caracterizadas residentes en dicha Villa
acerca de los mencionados restos, y todos estuvieron conformes en
sus respuestas, asegurando que pertenecian á dos individuos que
habian muerto en defensa de la Religion católica, por haber denunciado actos de idolatría que se practicaban en el pueblo de
San Francisco Caxonos; cuyos actos denunciaron los Mártires al
Padre Cura del lugar por ser Fiscales de dicho pueblo, con el adi-
tamento de que, descubierta y probada la idolatría, los indígenas
idólatras habian perseguido á los mártires denunciadores, azotá-
dolos cruelmente, cortádoles y quemádoles las plantas de los piés,
y por último, les habian quitado la vida á machetazos, degollándolos despues. En cuanto al motivo y manera con que los restos
de los mártires habian estado depositados en la iglesia de Villa
Alta, entiende el referido Párroco que habiéndose instruido la causa en dicha Villa, cuando se encontraron los cuerpos, fueron llevados ante el juez que habia sentenciado ya en ella, como consta de
los autos del ruidoso proceso que entónces se instruyó; y una vez
certificado el cuerpo del delito ante la Autoridad civil, los venerables restos fueron entregados á la Autoridad Eclesiástica para
que dispusiera de ellos como mejor le pareciera. Concluye diciendo
el citado Párroco, que en su leal saber y entender, los huesos están íntegros, y que son los mismos que desde que es Cura de Villa
Alta han estado bajo su cuidado.

Margarita Velasco, natural de Santa María Yalina, de ochenta
años de edad, y descendiente del venerable Fiscal Jacinto de los
Ángeles, confiesa, que aunque no recuerda los hechos relativos á
los mártires de Caxonos, tiene sin embargo muy presente que siendo niña, cuando hacia travesuras, sus padres le mandaban fuese á
rezar al Santo, es decir, que se hincase y rezase ante la imágen
pintada al óleo en un lienzo cuya figura le decian era el retrato de
su abuelo (término general entre los indígenas para indicar todos
sus antepasados). El cuadro era del tamaño de una puerta comun,
y la figura que representaba de tamaño natural, vestida con una
capa negra recogida en la cintura por un cordon de color claro, á

la manera de los que llevan los religiosos, el cual pendia de los dos lados, teniendo una borla en cada una de las extremidades; en la cabeza tenia un adorno á manera de resplandor, un rosario grande de cuentas negras, como el que usan los domínicos, colgaba del cue-llo, y en la mano una vara parecida á la de los fiscales de los pueblos, en cuya extremidad se distinguia una azucena blanca de Castilla, en los lados de la figura unas azucenas pintadas en el lienzo, y al fin de dicho cuadro unas letras tambien pintadas. La existencia de varios cuadros ó retratos semejantes al anteriormente descrito, se halla confirmada por la relacion que hacen otras varias personas que suministran los mismos detalles y aun añaden otros pormeno-res, como José de los Santos Robles, quien describiendo uno de dichos retratos, dice que era de medio cuerpo, representando un varon como de cuareuta á cuarenta y cinco años de edad, con barba poblada, cara ancha y llena, color trigueño, ojos vivos y negros, nariz comun, boca regular, el pelo corto y las manos gruesas, y si bien no recuerda lo que tenia en la mano, tiene sin embargo presente que al pié del cuadro habia un letrero que decia: San Jacinto.

Respecto del acto solemne de idolatría, denuncia que de él hicieron los Fiscales, muerte que se dió á éstos y motivo por el cual se descubrieron sus restos despues de algun tiempo, están en un todo conformes todas aquellas personas de quienes se recibió declaracion, agregando además algunas de ellas otros pormenores de no pequeña importancia. Dícese que un anciano llamado D. Marcelino Miguel Bautista solia hacer con frecuencia la relacion del martirio de los Fiscales y su causa á varios de sus vecinos y conocidos; advirtiéndoles que se las repetia para que no se olvidasen de este suceso, porque les habia de servir algun dia.

Asegúrase tambien que ántes de haberse empezado á construir la nueva Iglesia de Villa Alta, acostumbraban varios fieles ir á dicho punto á venerar los restos de los mártires, encendiéndoles velas, colocando flores en su derredor, é invocando públicamente á los Venerables Mártires, entre otros, Matías Martinez y su hermana que se decian (y nadie se lo negaba ni disputaba), sus parientes, pidiéndoles de rodillas les consiguieran socorro en sus necesidades espirituales y temporales; y aun estando ya los restos en el *suplemento* que queda referido, no han faltado personas que hayan hecho lo mismo, como D. José de los Santos Robles, natural y vecino de San Francisco Caxonos, quien vió además por sí mismo los venerables restos que le mostró el sacristan de la Villa Alta á ruego suyo. Esto mismo declara el actual Cura de Zoóchila, de sesenta y cuatro años de edad, así como también afirman varios testigos haber oido lamentarse á dos de los Señores Sacerdotes que fueron Curas de la Parroquia de Caxonos, de no contar ·con recursos para practicar las diligencias y promover la causa de canonizacion de dichos Venerables, manifestando á los fieles repetidas veces los deseos vehementes que en este punto abrigaban, y guardando con exquisito cuidado tanto ellos como los que les sucedieron en el desempeño de aquella Parroquia, igualmente que algunos fieles de San Francisco Caxonos, varios de los documentos pertenecientes á la causa de los Venerables Mártires.

Son en gran manera dignos de consignarse de un modo especial los datos que en su declaracion suministró D. Tomás Robles, relativos á las pruebas á que los idólatras sometieron á los VV. Fiscales en la cárcel de San Pedro Caxonos. Preguntados por los idólatras por qué habian entregado á los Sacerdotes del Idolo y á la Idolatría, contestaron los Fiscales: *que habian denunciado el acto de idolatría, porque era mucha la malicia, y porque los del pueblo no querian reconocer el Cristianismo.* Viendo que los mártires se sostenian en sus sentimientos católicos, los pasaron á la cárcel de San Miguel y allí les intimaron la sentencia de que serian ejecutados, *porque no querian retractarse del Cristianismo y seguir las prácticas de la idolatría.*

¿ Qué, les decian, *no ven ustedes que eso fué lo que siguieron nuestros antecesores y nuestros abuelos?* Desde allí los pasaron á Santo Domingo Xagacia, en donde volvieron á hacerles las mismas instancias, diciéndoles: *¿ Por qué no quieren entrar entre nosotros, pues que la idolatría no es la que llama á la riqueza?* Mantuviéronse firmes los dos Fiscales y contestaron á los idólatras: *Una vez que hemos profesado el bautismo, seguirémos siempre la Religion verdadera; porque si ustedes de verdad profesan la religion verdadera, ¿por qué no ponen una iglesia separada con sus Sacerdotes, y dejan de andar de noche seduciendo á los pobres cristianos?* Las justicias de los idólatras dijeron entónces á los VV. Fiscales: *Si no entregan*

todo lo que se llevaron los Padres, ahora mismo les quitamos la vida. Contestaron los Fiscales: *que estaban conformes, pues morian por la Religion verdadera y no por engaños de hombres del mundo.*

Lo mismo viene á decir en sustancia D! Rosa de Zúñiga, de setenta y siete años de edad, natural y vecina de San Francisco Caxonos, refiriéndose á la constancia de los VV. Fiscales, y la muerte que padecieron en defensa de la fe católica.

El Presbítero D. Pedro Ortiz, Cura de la Parroquia de San · Juan Yalalag, dice que en las tres épocas distintas en que tuvo á su cargo el Curato de Caxonos, oyó decir repetidas veces y á distintas personas de la Parroquia haber sufrido el martirio hace más de un siglo, D. Juan Bautista y Jacinto de los Angeles, Fiscales que fueron de la Cabecera de San Francisco Caxonos, y despues de hacer como los demás la relacion del acaecimiento, añade, que ha oido tambien á persona respetable de dicho pueblo una especie que comprueba el espíritu heroico de que estaba animado Jacinto de los Angeles en el momento de mayor peligro, y es, que cuando comprendió que los RR. PP. Domínicos estaban á salvo, y que la furia de los idólatras buscaba únicamente la venganza en su persona y en la de su compañero Juan Bautista, tiró en el acto las armas que llevaba, y dijo que Jesucristo no se habia defendido con armas contra los judíos, sino que se habia resignado humildemente y con mansedumbre á una dolorosa pasion y muerte, y así estaba dispuesto él á sufrir todo lo que Dios permitiera.

Respecto á prodigios, además del de las azucenas que se encontraron en el sepulcro de Jacinto de los Angeles, en cuya relacion están conformes todas las personas en las diligencias practicadas por el Obispo Diocesano, se refieren algunos otros dignos de especial mencion. Recuerda la citada Ignacia Noriega que durante el tiempo en que fué Cura de Villa Alta el Sr. D. José Jimenez, D! Carlota de Santibañez, que sufria muchísimo en sus partos, pues eran siempre desgraciados y tan difíciles que hubo vez que tuvieron que colgarla por la mala direccion que presentaba la criatura, solicitó en uno de dichos partos una reliquia de los mártires, y accediendo á sus deseos el Padre Jimenez, le envió dicha reliquia envuelta en un algodon. Al llegar la reliquia, prescindiendo la enferma de sus dolores, se arrodilló para recibirla, invocando al mismo

tiempo con todo fervor á los Venerables Mártires. Visitó el Señor
Jimenez á la enferma al siguiente dia, y con esta ocasion la enferma le devolvió la reliquia que le habia mandado, manifestándole
que no queria tenerla por más tiempo en su poder, porque la habia perturbado mucho desde que la habia recibido, con el ruido
que se oia en la casa y por la fuerte comezon que sentia en su cuerpo, mostrándose por lo demás muy reconocida á la venerable reliquia, pues por su medio habia logrado por primera vez salir de su
cuidado prontamente, sin dificultad y sin haberse tenido que confesar en aquel trance, como habia acostumbrado en los partos anteriores.

Dícese tambien á este propósito que al hacer la exhumacion de
los restos, varias personas recogieron algunos huesos de los dedos
de los Venerables Mártires, y engastándolos en plata se los pusieron al cuello; pero fuese porque soñaban mucho, como ellos aseguraron, ó lo que es más probable, porque los RR. PP. Domínicos
así lo ordenaron, es lo cierto que entregaron dichos restos á los
referidos padres, aunque es de presumir que muchas personas no
los devolvieron, pues faltan no pocos como verémos al tratar del
exámen científico que de los restos hicieron los doctores comisionados al efecto. Reunidos dichos restos en un cajon, los RR. PP.
Domínicos los remitieron al Juzgado de Villa Alta que los habia
reclamado.

Son tenidas además por milagrosas las dos cruces que desde
tiempo inmemorial han estado colocadas en el mismo punto en donde fueron martirizados los VV. Fiscales, segun confiesan los vecinos del pueblo de Santo Domingo Xagacia, distante como dos leguas del lugar donde sufrieron el martirio y fueron sepultados los
referidos fiscales, así como tambien son tenidas por milagrosas por
los demás habitantes de sus contornos.

Don Fernando Antonio, de ochenta y seis años de edad, natural y vecino del dicho pueblo de Santo Domingo, declara que desde
su juventud le decian los ancianos del pueblo que en sus grandes
necesidades se encomendara á dichas cruces, y que en efecto, así lo
habia verificado cuando hace veintiocho años sus dos hijos Antonio Cruz y Desiderio Domingo se encontraron al borde del sepulcro con motivo de un tifo muy fuerte que les atacó. Los dos habian

llegado á tal estado de gravedad, que viéndolos ya su padre sin conocimiento, próximos á la muerte y sin que pudiera aplicarles ya remedio ninguno, dejó á sus hijos y se fué al lugar de las cruces, y ante ellas pidió á Dios con todo fervor concediera la salud á los enfermos. Al regresar á su casa los encontró tan aliviados, que habian vuelto en sí, recobrando todos sus sentidos, y hablaban perfectamente, de modo que á los quince dias andaban los dos enteramente buenos y sanos en sus faenas y trabajos ordinarios. D. Fernando Antonio, restablecidos ya sus hijos, los llevó al lugar de las cruces para que dieran gracias á Dios ante ellas, manifestándoles entónces cómo habia hecho la promesa de construir allí una capillita si conseguia la gracia de que se aliviaran, y que habiéndose logrado esto, justo era que los tres pusieran manos á la obra.

En efecto, así lo verificaron, habiendo levantado dicha capilla como á cuatro varas del lugar donde estaban las dos cruces, el cual distaba ocho varas del borde de un precipicio de unos trescientos metros de profundidad. La capilla fué construida de adobe y lodo, dando á las paredes dos varas y media de altura y techándola con pequeñas vigas, carrizos y teja, y con una sola vertiente. Dicha capilla tiene tres varas de largo por dos de ancho. En el fondo de ella levantaron un pretil como de media vara de alto y media de ancho; y quitando las dos cruces del lugar donde estaban, las fijaron en dicho pretil, colocando en el medio de ellas por su devocion una cruz más grande que ellos mismos hicieron. Las dos cruces más pequeñas, ó sean las que estaban en el lugar del sepulcro de los VV. Mártires, se encuentran en tan buen estado y tan frescas, que parece haber sido construidas hace un año ó poco más, á pesar de haberse hallado á la intemperie desde tiempo inmemorial, miéntras que por el contrario, la cruz grande colocada por D. Fernando Antonio y sus hijos, parece ya mucho más antigua, y eso que se ha conservado siempre bajo techo. Tal es la declaracion que ha rendido la comision de dos Sacerdotes y varias personas respetables enviados á aquel lugar por el Obispo Diocesano, á fin de que informasen en esta materia.

Ignora el referido D. Fernando Antonio, lo mismo que los habitantes de aquellos contornos, el tiempo que dichas dos cruces llevaban de colocadas en el sitio en que las veneraban, pero sí consta por confesion de ellos mismos, que son ya muy antiguas. Saben igualmente que las ya citadas cruces son milagrosas, y por tales las tienen los del mismo pueblo de Santo Domingo Xagacia, y aunque la ermita dista dos horas y media de camino, sus habitantes suelen ir á visitarlas llevando consigo velas que encienden ante ellas, colocando flores en su derredor, y quemando incienso. Al tener noticia los vecinos de Santo Domingo de la construccion de la capilla y del motivo por que se habia construido, dieron las mayores demostraciones de agradecimiento á D. Fernando Antonio y sus hijos, viendo que de esa manera las cruces se conservarian mejor y serian más respetadas y veneradas. Recuerda tambien el citado D. Fernando Antonio, que ántes de construirse la mencionada capilla, solian ir hasta allí, aunque con mucho trabajo, algunos enfermos de los piés ó de las piernas con el exclusivo fin de encomendarse al Señor ante dichas cruces, y que cuando estaban ya perfectamente buenos iban á dejar en aquel lugar sus muletas y bastones; añadiendo que tambien suelen hacer lo mismo al presente, dejando allí figuras de cera que representan piernas, brazos, ojos ú otras partes del cuerpo en donde han tenido algun mal y se les ha aliviado en virtud del voto ó promesa que habian hecho.

El Alcalde y Secretario del municipio de Santo Domingo á quienes se leyó la anterior relacion, aseguraron ser cierto todo su contenido, afirmando á su vez que conocen perfectamente á D. Fernando Antonio y que es hombre honrado, religioso y fidedigno, igualmente que sus dos hijos Antonio Cruz y Desiderio Domingo, hoy ya difuntos, á quienes conocieron personalmente y que asimismo tuvieron noticia de la grave enfermedad que les aquejó y de la cual sanaron á poco tiempo, asegurando tambien que en esa época no habia enfermedad contagiosa en el pueblo ni en sus alderredores, ni hubo tampoco entónces más casos de tifo que los que quedan referidos. Dan fe tambien y afirman bajo el mismo juramento, que las dos cruces citadas son tenidas por milagrosas, y que á todos llama la atencion el ver el estado en que se encuentran despues de tantos años como estuvieron á la intemperie, siendo así que la cruz colocada por D. Fernando Antonio y sus hijos, á pesar de haber estado defendida del sol y de la lluvia, por haberse conservado siempre bajo techo, aparece mucho más antigua que las otras dos referidas.

El cinco de Agosto del presente año de mil ochocientos ochenta y nueve, estando el Obispo Diocesano en San Francisco Caxonos, se le presentaron Manuel Sixto Salvatierra y su mujer María Ines Tello con su hijo Tiburcio, de doce años de edad, todos vecinos y oriundos de dicho pueblo, y hablando el primero de ellos dijo que desde el mes de Octubre próximo pasado su hijo Tiburcio habia estado sufriendo un dolor agudo en la boca del estómago, que el ataque le repetia á menudo y le hacia sufrir mucho llorando y gritando por la fuerza del dolor, hasta el punto de que á veces se revolcaba en la cama y en el suelo, y que dichos ataques le habian durado en algunas ocasiones doce y hasta quince dias con muy cortos períodos de interrupcion. Anoche, como á las siete, continuó diciendo, le volvió el ataque con mucha fuerza, y habiendo tenido noticia durante el dia él y su esposa de que se estaban practicando algunas diligencias relativas á los VV. Mártires de Caxonos, cuyas reliquias tenia en el Curato el Obispo de la Diócesis, dijeron desde luego á su hijo Tiburcio que con toda fe invocara á los VV. Mártires ó hiciera la promesa de llevar á sus reliquias unas velas de cera para honrarlas, y así alcanzar el alivio. El paciente contestó que sí, y en el acto cesó el dolor. El niño ha continuado bien toda la noche y todo el dia de hoy, hasta el grado de haber ido al campo á cuidar sus bueyes sin sentir molestia alguna. Se presenta pues á estas horas, que son las siete de la noche, y solicita ver las reliquias de los mártires y licencia para encenderles dos velas. Interrogados la madre y el niño dijeron que estaban enteramente de acuerdo con lo referido por Tiburcio, y que eso era la verdad.

El Señor Cura D. Pedro Ortiz dijo en comprobacion de lo expuesto, que conocia á la familia que estaba presente, y que recordaba haber confesado al niño en la segunda semana de cuaresma, por haber sido llamado por sus padres, creyendo que se moriria en el ataque que entónces le habia dado.

Por lo que toca á los restos de los VV. Mártires que, como hemos dicho, se encontraban en el templo parroquial de la Villa Alta de San Ildefonso, el Obispo Diocesano los sacó del referido lugar y los llevó consigo á la ciudad de Oaxaca, en donde procuró que se hiciese de ellos un reconocimiento científico, comisionando á este efecto á los Sres. Dres. en Medicina y Cirujía D. Fernando Sologúren, D. Ramon Castillo y D. Nicolás Leon.

Reunidos estos señores en la sala del Palacio Episcopal el veinte de Agosto del presente año, el Obispo Diocesano presentó á la Comision las expresadas reliquias, manifestando al mismo tiempo á los referidos facultativos, que deseaba saber, por medio de un exámen científico, la aclaracion de los puntos siguientes:

1º Si aquellos restos provenian de dos individuos muertos á machetazos, ó quemados, ó degollados, ó despeñados.

2º Si aparecian haber sido enterrados en el suelo sin amparo de cubierta ó caja, y por cuánto tiempo.

3º Si estaban completos los huesos, y si alguno ó algunos de ellos habian servido como de reliquias ó tenido uso.

4º Qué edad tendrian los individuos á quienes pertenecian los restos, y á qué raza ó razas habian pertenecido.

Procedieron los dichos señores doctores al exámen que se les pedia, y á su debido tiempo dió cada uno su dictámen por escrito al Obispo Diocesano. Examinados y confrontados los tres dictámenes, dan el resultado siguiente:

Respuesta al primer punto:

Que los dichos restos pertenecieron á dos individuos del sexo masculino, que han existido hace mucho tiempo, siendo imposible determinar con precision los años que llevan de existencia. No manifiestan signo de combustion, pero sí es cierto que ambos individuos sufrieron en el cráneo grandes heridas, hechas con instrumentos cortantes, habiendo además en el cráneo núm. 2 una extensa fractura, la cual indica haber sido resultado de una fuerte contusion, bien haya sido por golpe, ó por haber sido despeñado. Si fueron ó no degollados, es cosa que no se puede asegurar.

Al segundo punto:

Por las impresiones dendríticas que aparecen en la superficie de los huesos, es de presumirse que no fueron amparados por cubierta alguna, como caja, etc.; y con respecto al tiempo que estuvieron en esas condiciones, no es posible determinarlo; mas sí puede asegurarse por la conservacion y color de los huesos, que el tiempo de su permanencia bajo tierra fué bien corto.

Al tercer punto:

Los huesos de ambos esqueletos están incompletos, pues faltan un radio (hueso del antebrazo) y diez y seis costillas, nueve vértebras, dos rótulas, y la mayor parte de los huesos pequeños de las manos y de los piés, no quedando de ellos más que treinta y seis. Algunos huesos de las extremidades contienen signos de haber sido usados, demostrándolo claramente el estado de sus superficies.

Al cuarto punto:

La edad aproximativa que se les puede calcular á los individuos de cuyos restos venimos tratando, es la de treinta á cuarenta años ó poco más. El cráneo número 2, ó sea el que tiene el maxilar inferior entero, pertenece á un individuo de la raza americana pura, y el cráneo número 1, sin tener el tipo de la raza europea, tampoco es netamente americano, y por su estudio, segun las reglas antropológicas, se le juzga perteneciente á un individuo de raza mezclada, ó sea criollo.

Presume uno de dichos señores doctores que los dos individuos de quienes se trata han sufrido una rotura completa de los muslos para dejarles sin duda en la imposibilidad de andar, fundando esta suposicion en la existencia de una fractura en cada uno de los cuatro huesos fémures, situadas próximamente todas dichas fracturas en su parte media de cada uno de los referidos huesos.

Resta que digamos algo de la veneracion que tienen y distincion que hacen de los descendientes de los VV. Mártires los habitantes de los pueblos en que residen dichos descendientes.

La nobleza de Jacinto de los Angeles, como cacique y principal del pueblo de San Francisco Caxonos, está evidentemente probada, y las mismas justicias y principales del pueblo de Santa María Yalina, donde residen hoy sus descendientes, certificaron, á peticion de los mismos, en 1774, que no pagaban tributo en atencion al privilegio que les estaba concedido por los jueces y alcaldes mayores, mirando á su calidad y nobleza de caciques y principales. Las autoridades de Villa Alta hicieron en dicho año una informacion juramentada respecto de este mismo punto, habiendo sido el resultado no sólo el haberse confirmado superabundantemente la decla-

racion y el reconocimiento de su nobleza de caciques por las autoridades y principales del pueblo de Yalina, sino tambien la concesion del citado privilegio y otras exenciones á causa del mérito con-
traido por sus ascendientes a! haber derramado generosamente
su sangre por la santa fe católica.

Es costumbre en los pueblos de indígenas el renovar anualmente los cargos del servicio de la Comunidad. Los cargos inferiores
son los de topiles de la Iglesia y del Municipio, quienes deben prestar su servicio personal en todo lo que se ofrezca, y servir tambien
de mandaderos. Sigue el Juez del Municipio, el cual tiene por oficio hacer los cobros, bien sea que pertenezcan al Municipio ó al
señor Cura, corriendo además de su cuenta el hacer observar el
órden en los pueblos, tanto en lo religioso como en lo civil. El que
llaman Mayor, es el jefe de los topiles, y quien los acompaña para
ejecutar las órdenes, inclusas las de llevar á la cárcel á los que el
Presidente ó Alcalde condenen.

Hay además en cada poblacion tres ó más Regidores, segun la
importancia de ella, los cuales forman el Consejo del Presidente;
llaman á los Principales, cuando hay junta en la poblacion, teniendo además por objeto cobrar la capitacion. Estos son los cargos
inferiores y de servidumbre.

Son honoríficos los cargos siguientes: primero, el de Presidente, quien representa la autoridad política en el pueblo; segundo,
el de Alcalde, quien se entiende en lo judicial; y tercero, el de Fiscal, quien representa al señor Cura del lugar y se ocupa en todo
lo relativo á la disciplina eclesiástica de su pueblo. El Presidente
nunca puede mandar al Fiscal, mas sí el Fiscal al Presidente, con-
siderándose y obrando á veces como Superior del Presidente.

Este caso pasó recientemente en las inmediaciones de los pueblos
de Caxonos, pues habiendo observado el señor Cura la poca limpieza
que habia cerca de la puerta de la Iglesia, avisó al Fiscal, y éste á su
vez dió parte al Presidente, previniéndole que se limpiara; aguardó
un poco el Fiscal, y viendo que el Presidente no llamaba á los topiles, y que la cosa permanecia en el mismo estado, llevó al mismo Presidente al indicado lugar, reconviniéndole al mismo tiempo y obli-
gándole á que él mismo hiciera la limpieza, como en efecto la hizo.

Pues bien, los descendientes de los VV. Mártires nunca desem-

peñan en los pueblos donde residen más cargos que los honoríficos, es decir, el de Presidente, el de Alcalde y el de Fiscal. In-
dagando el motivo de esta distincion, Nos hemos convencido por las
declaraciones que al efecto hemos tomado, de que los VV. Mártires descendian en línea recta de Caciques Principales, y de que
ellos mismos se mantuvieron en posesion del Cacicazgo toda su vida. Debido á esto, ó al haber derramado su sangre por la fe, ó por
las dos cosas, los descendientes de los VV. Mártires han estado
siempre exentos del tributo.

Interrogados los referidos descendientes acerca del motivo de
las distinciones y exenciones de que gozan, declararon que tal habia sido siempre la deferencia y costumbre del pueblo para con ellos.

La veneracion que hay en Caxonos y otros pueblos de la jurisdiccion de Villa Alta á los descendientes de D. Juan Bautista y
Jacinto de los Angeles, tiene por orígen la tradicion que existe
en ellos de que dichos individuos, D. Juan y Jacinto, murieron en
defensa de la fe católica.

Ellos, segun resulta de los informes que hemos recibido, procuran tambien por su parte hacerse dignos descendientes de los VV.
Mártires y del respeto y veneracion que les profesan con este motivo, observando una conducta ejemplar y desplegando el mayor
celo por el culto divino y por cuanto atañe á la Iglesia, soliendo
decir por esto los vecinos que *no es de extrañar, pues sus ascendientes fueron buena gente;* término que ellos usan para indicar gente
piadosa. Este decidido empeño por todo lo que pertenece á la Iglesia, tanto en los pasados descendientes de los Mártires como en los
que viven hoy dia, es público y notorio en las referidas poblaciones; así como tambien lo es el que todos ellos han vivido y viven
unidos con el santo vínculo del matrimonio, cosa bastante extraña
en aquellos lugares, en que el concubinato es, por desgracia, demasiado frecuente.

Darémos remate al presente capítulo, diciendo que existe aún
en San Francisco Caxonos, en el lugar donde estaba la casa donde
se decretó la muerte de los VV. Fiscales, y que el Alcalde de Villa
Alta mandó destruir, el pretil en forma de ermita que mandó levantar y cubrir para colocar en él, como se verificó, dos cruces á la
buena memoria de D. Juan Bautista y Jacinto de los Angeles.

CAPITULO X.

L juzgar por los informes emitidos el 31 de Julio de 1889 por los Señores Sacerdotes encargados de los Curatos pertenecientes á la Jurisdiccion de Villa Alta y de otras Parrroquias limítrofes, está muy léjos de haber desaparecido la idolatría de entre los habitantes de los pueblos de Caxonos y de los de sus inmediaciones; al contrario, se vé que se ha sostenido y se sostiene en no pocos de ellos de una manera oculta y solapada, evitando siempre el que los Señores Curas y algunas otras personas verdaderamente católicas puedan apercibirse de sus prácticas idolátricas.

En efecto, refiere el Sr. D. Pedro Ortiz, Cura interino de la Parroquia de Yalalag, y encargado de las de Caxonos y Chichicaste-.pec, que habiendo ido al pueblo de Santa María Mixistlan, doctrina de Chichicastepec, con el fin de visitar á los de dicho pueblo en cumplimiento de su deber, se dirigió inmediatamente al templo para ver el estado en que se encontraba; y al fijarse en el Altar Mayor, vió en él con gran sorpresa y disgusto un ídolo que ocupaba el lado derecho de una imágen de Jesus crucificado que estaba colocada en el centro del altar, teniendo á su lado izquierdo una escultura de la Santísima Vírgen Madre de Dios. Increpó entónces á los que le acompañaban haciéndoles gravísimos cargos por los actos de idolatría que sin duda alguna se consumaban en la santa casa del Señor, y habiéndoles hecho unas preguntas con relacion al ídolo, nada le contestaron absolutamente. Ordenóles que sin pérdida de tiempo lo trasladaran al Curato, mas al ver que no era obedecido, se vió precisado á tomarlo en sus mismos brazos y llevarlo á la casa cural. Viendo que acudian á la casa muchas personas del pueblo y que se quedaban contemplando con profunda tristeza al par que con ternura el ídolo que habia substraido del templo, procuró cubrirlo con unas mantas á fin de quitárselos de la vista. Entre los que visitaron el Curato encontróse un anciano del lugar, el cual se acercó al ídolo con mucha devocion, lo miró con intensísima tristeza, y ántes de que el Señor Cura pudiera impedirlo, lo besó casi llorando, y echó á huir en seguida á toda prisa. Notando que el Curato se habia convertido en una especie de adoratorio, juzgó necesario ocultar cuanto ántes el ídolo de la manera que queda expresado.

A fin de evitar en el pueblo escenas desagradables y temiendo que se le impidiera sacar de allí el ídolo, y con algun recelo además respecto á su persona, no fuera á ser objeto de alguna violencia por parte de los indígenas, en la noche del mismo dia en que se verificó la escena anteriormente referida, ordenó á un criado de confianza que con todo sigilo y cuidadosamente cubierto, llevase por sí mismo el ídolo al pueblo de Yalalag. Al dia siguiente hubo muchos que visitaron el Curato para escudriñarlo todo muy disimuladamente, y bien claro está cuál era él objeto de su escudriñamiento. Cuando se estaban arreglando los bultos que dicho Señor Cura debia llevar consigo para Yalalag, Cabecera de la Parroquia, examinaban con todo cuidado lo que se estaba enfardando, admirándose de no encontrar lo que ansiosamente buscaban. Pasados algunos dias fueron á visitarle las Justicias y Principales de dicho pueblo de Mixistlan, pidiéndole al mismo tiempo con instancia su ídolo, ofreciéndole lo que quisiera por su devolucion. Echóles entónces en cara sus actos de idolatría y demás abominaciones, pero no logró persuadirlos. Volvieron poco despues con el mismo objeto, quejándose de que el cielo les negaba el agua pluvial y qué la enfermedad los estaba diezmando, todo, segun decian, por haber permitido se hubiera sacado el santo de su pueblo. Aprovechó de nuevo la ocasion para hablarles sobre el particular, pero notó que nada les impresionaban las observaciones que les hacia, y continuaron enviando algunos comisionados para rescatar su ídolo. Procuró hacer varias diligencias con el fin de adquirir datos acerca del ídolo en cuestion, mas nada pudo averiguar, y sólo pudo saber que los de dicho pueblo de Mixistlan lo veneraban de un modo especial, encendiéndole velas (de cuyas luces han quedado huellas en las rodillas del ídolo, pues están calcinadas) y presentándole además algunas ofrendas.

Encontrándose en el pueblo de San Pablo Xaganisa, perteneciente á la parroquia de Caxonos, el Sr. Prb. D. Juan M. Muñoz Cano, hoy Cura del Sagrario de la Catedral de Oaxaca, le llevaron á un manantial de agua que riega todo aquel pueblo, cuyo manantial es una especie de cueva de donde sale el agua en abundancia. Le habian asegurado poco ántes que aquel era lugar de idolatría, y habiendo llegado á él, ordenó á algunos de los que le acompañaban se entrasen en aquella cueva para ver lo que habia en ella. Eran todos jóvenes indígenas, y al decirles que sacaran el santo que estaba allí dentro, quedaron todos sorprendidos, y como resistiéndose á ejecutar lo que se les mandaba; mas instándoles de nuevo y valiéndose de llamar *santo* al ídolo que suponia habia en la cueva, se metieron en ella dos niños, y al poco rato sacaron un ídolo de piedra, como de una tercia de alto, un braserito de barro con carbon encima, y unas plumas de pavo ó guajolote. Tomó luego en sus manos el ídolo, y despues de haberles hecho algunas explicaciones (en cuanto pudo, por no saber el idioma) á fin de que concibiesen horror al ídolo y á toda clase de idolatría, lo hizo pedazos delante de ellos.

El Sr. D. Juan Bautista Robles, Presbítero, oriundo de San Francisco Caxonos, en donde tiene establecida su familia y que por lo tanto tiene mayores motivos que otro ninguno para estar enterado en esta materia, confirma lo anteriormente referido por el Sr. Muñoz Cano respecto del pueblo de San Pablo, añadiendo que dicho pueblo estaba ántes situado más arriba del imponente cerro pedregoso que domina la poblacion actual, y que el mismo Gobierno obligó á sus habitantes á bajar al punto donde hoy se hallan establecidos, y ésto para alejarlos precisamente de sus prácticas idolátricas, tenerlos más á la mano y lograr de esta manera civilizarlos. Sin embargo, asegura el Sr. Robles que en ese pueblo es donde se practica hoy más la idolatría, yendo además á la referida cueva en sus más grandes necesidades, no sólo cada cual en lo particular ó separadamente, sino todo el pueblo reunido, llevando consigó algunas oblaciones, como tamales, gallinas, etc., todo ya condimentado.

Practican tambien la magia matándose á veces unos á otros por medio de ella; usan de ciertas ceremonias, como la imposicion de manos, y exhalacion del aliento, practicando esto último sobre el enemigo, rodeándole además su casa y mandándole por tercera persona algun obsequio potable con intencion de que le haga daño, y que se realicen sus proyectos, pero sin que manden ó introduzcan en dicho obsequio sustancias venenosas. Son en extremo supersticiosos, fijándose mucho en las fases de la luna, y segun que el tiempo sea bueno ó malo para ellos, encienden velas y en número determinado que ellos sólo saben, las cuales reparten entre determinadas cruces de los caminos, las encienden y dejan allí. En sus grandes necesidades se bañan á media noche, yendo luego á practicar sus ritos religiosos y á encender delante de la Iglesia ó de sus ídolos las velas que compran en la plaza, notándose que los más supersticiosos encienden las velas al revés, ó sea por la parte baja y de ordinario más gruesa.

Cuando tienen odio ó prevencion, ó ven que progresa alguna persona y desean que se muera, celebran reuniones en las cuales ponen en práctica las ceremonias de las velas, llevando además un ataúd vacío desde el punto más cercano de la Iglesia al cementerio, rezando al mismo tiempo, en voz baja, como á los difuntos.

Es creencia general en los pueblos de Caxonos y aun en la Ciudad de Oaxaca, entre la gente baja y otros muchos pueblos de la República, que cuando matan á alguno, si cae boca abajo, no puede correr el asesino, y para que lo logre, necesita beber la sangre del asesinado, y así lo practican. En otras comarcas, y especialmente en Caxonos, hacen tortillas de tres picos con un agujero en el centro como de un dedo de diámetro, y otras de distintos tamaños, entre ellas unas redondas y del tamaño de un peso ó algo ménos, las cuales dan á las criaturas particularmente, confeccionando asímismo otras que llaman *memelas*, que son como fajas de una tercia de largo y como de tres ó cuatro dedos de ancho. No se sabe que haya adivinos en los pueblos de Caxonos, pero no faltan algunos indígenas de esos pueblos que crean en ellos y vayan cuando se les ofrece á Yalalag, en donde los hay de profesion, á quienes pagan, conviniendo ántes en la cantidad que les deben dar por la respuesta.

Al Sudeste de Yalalag y á la distancia de unos tres cuartos de legua de esta poblacion, hay una catarata de unos quince metros de altura, y á ella concurren los del pueblo para sus prácticas idolátricas. Cuando escasea el agua pluvial van á bañarse allí, con el objeto, segun creen, de que obrando de ese modo lloverá pronto. Depositan tambien en ese lugar, tepache, bebida embriagadora, tamales, pescado y otras viandas por vía de ofrendas; degüellan asimismo en el lugar susodicho algunos pollos, derramando su sangre para alcanzar un feliz resultado en sus peticiones. Cuando desean que muera algun enemigo suyo, ó que consideran como tal, aunque realmente no lo sea, degüellan unos pollos, derramando su sangre en los cuatro ángulos del solar, y los entierran despues en los mismos lugares, ó sea en la parte exterior de la casa del enemigo; y por el contrario, cuando intentan favorecer á alguno, practican estas mismas ceremonias, pero en el interior de su casa, haciendo todo esto por consejo de los adivinos á quienes consultan para saber en qué dia, ó en qué faz de la luna deben verificarse las indicadas prácticas. A veces en lugar de pollos se sirven de perros muy tiernos para dichas prácticas y fines indicados. Existen actualmente en dicha poblacion tres adivinos á quienes van á consultar aun los naturales de otras poblaciones, y consta que algunas veces aciertan en sus respuestas, lo que no es de extrañar por lo que ahora verémos.

Sucedió hace poco que un indio, habiéndole robado las mulas, fué á consultar al adivino, y cubierta su paga, éste declaró que iban caminando hácia Tehuantepec, y así era en verdad; pero como acostumbran tambien consultar á los mismos adivinos sus proyectos de robo, y como tienen una confianza ilimitada en ellos, nada más fácil para los referidos adivinos que dirigir las acciones de los que les consultan, estar enterados de todo, y así medrar, lucrando por ambas partes.

Asegúrase además que en dicho pueblo hay en un lugar conocido sólo de los idólatras, una caja llena de diferentes ídolos. Muchos de los vecinos se fijan en dos fases de la luna, el plenilunio y el novilunio, considerando poderosa la luna en el primer período, y en el segundo propicia á sus ruegos; bien sea que se hagan en favor de las personas que quieren y aman, bien para dañar á quienes reputan por enemigos suyos. Esta misma supersticion existe en otros de los pueblos ya indicados, sirviéndose además con preferencia en la época de la luna tierna, para mandar decir misas y responsos, y llevar velas y flores á la Iglesia y á las Cruces, creyendo que entónces es el buen tiempo para ellos y pueden conseguir abundantes cosechas y librarse de enfermedades. Siempre que van á idolatrar á las cuevas ó peñascos de los montes, salen de sus casas á la media noche.

Cuando fallece alguno de dicha poblacion acostumbran ponerle una pequeña jícara con algunas monedas y tortillas, y si es mujer, le ponen además algunos pixcles, ó sean semillas del mamey, á fin de que pueda aliñarse y embellecerse el cabello ántes de presentarse á la Divinidad. Las monedas que acompañan al muerto tienen por objeto proveerlo en sus necesidades durante el viaje que suponen tiene que hacer, y las tortillas, para que lo dejen pasar unos perros muy fieros que creen deben encontrar los difuntos en su camino. Llevados del consejo de sus adivinos, suelen enterrar además algunas viandas *para que la tierra coma tambien.*

Cuando se les introduce alguna espina ó tienen alguna hinchazon en el cuerpo, creen que es tierra, piedrita ó frijol que sus enemigos les han introducido, y buscan á sus *chupadores* para que les extraigan el mal, y éstos, despues de chuparles la parte adolorida, les enseñan un frijol, una piedrita ó una cuenta, haciéndoles creer que tenian dentro estas cosas. Están tambien muy aferrados en la creencia de que nadie al morir pasa á la vision beatífica, sino que todos siguen penando en este mundo, acudiendo los más devotos á ver á los adivinos (quienes los explotan de una manera admirable todo el tiempo que consideran prudente), hasta lograr cerciorarse por medio de éstos de que sus deudos están ya en el cielo.

Consta tambien que los individuos de uno y otro sexo, pertenecientes al referido pueblo, se reunen en tres puntos distintos para ofrecer sacrificios á los ídolos con pollos y perros tiernos, valiéndose al efecto del Sacerdote de la idolatría.

Hay pueblos en que cuando truena, se juntan en el patio de la Iglesia para gritar y llaman al *Mayor* para que lleve las llaves y encierre al rayo en la cárcel, estando otros prevenidos con machetes para pegarle á dicho rayo, que es el *contrario*, segun dicen, por si acaso quisiese caer sobre ellos. En los pueblos de Cotzocon y Candalloc, hubo hace poco un gran pleito por causa del rayo. Estos dos pueblos se amenazan frecuentemente el uno al otro con la caida de los rayos, y habiendo caido uno de éstos en Cotzocon el dia 23 de Junio del presente año, víspera de San Juan, mató á tres hombres de este pueblo, y con este motivo hubo un pleito muy serio con los de Candalloc.

Entre los Mijes suelen matar pavos ó guajolotes y derramar la sangre en derredor de sus siembras para que tengan buenas cosechas, y cuando tienen alguna cuestion de límites en sus terrenos con otro pueblo vecino, acostumbran matar guajolotes ó pavos y derramar la sangre en las líneas que reconocen ellos ser las divisorias. Compran pollitos de á medio ó de á real, y llevándolos al monte, los sueltan, ofreciéndoselos de esa manera á sus dioses. Colocan huevos de gallina y guajolote al derredor de las paredes de la Iglesia, y no se cuidan de observar quién los coje, de modo que el Cura encuentra siempre en ese sitio despensa provista, y aun considera hacerles una obra de caridad con retirarlos, pues si notan los naturales que los huevos colocados en aquel lugar permanecen allí largo tiempo, manifiestan inquietud. Dicho se está que el Cura no desperdicia ocasion ninguna para hacerles desistir de semejantes prácticas.

Cuando las mujeres están ya próximas á salir de su cuidado, el marido esparce ceniza en el suelo á corta distancia de la casa y examina continuamente si hay rastro de algun animal que haya pasado por encima de la indicada ceniza, pues creen los Mijes que vivirá la criatura miéntras viva ese animal.

Los maestros de Capilla hacen responsos todo el año, y creen los indicados Mijes que en ese punto tienen la misma facultad que el Sacerdote.

Cuando tiembla ó llueve mucho, el maestro de Capilla entra en

14

la Iglesia con vela encendida, y todos creen que miéntras el referido maestro esté en ese lugar, no pasa nada.

Suelen pedir se les diga una misa para que con más eficacia puedan hacer daño á sus adversarios, y cuesta trabajo hacerles comprender que eso no es debido.

Festejan el dia de la Asuncion, yendo á visitar las pozas de agua al monte, y piden á sus dioses les den á conocer por las aguas si el año será bueno ó malo, acabando por implorar que sea el año fructífero.

En el pueblo de Betaza hay muchos hechiceros, y se sirven principalmente de la forma de la culebra para impresionar á la gente. Tiran culebras dentro de las casas, hacen tambien algunas de palo, procurando persuadir y haciendo creer realmente á la gente, que por virtud de los mismos hechiceros las culebras de palo se vuelven de carne cuando ellos quieren. Llevan fruta, huevos, guajolotes ó pavos, pollos, gallinas, pan y marquezote, á la laguna de Yatie, que está en el camino que conduce de dicho pueblo á Villa Alta, en cuya laguna los matan y echan al agua con el fin de pedir á Tata Dios por sus familias; pudiendo afirmarse de ellos que en lo general creen en toda clase de brujerías, de cuya credulidad se sirven algunos revoltosos para inquietarlos y explotarlos miserablemente.

En el pueblo de Tepustepec, cuando las Justicias reciben la vara, se dirigen luego al monte con pollos, huevos y harina de maíz, y riegan el suelo en determinados lugares con la sangre de esos animales, el contenido de los huevos y el polvo ó harina de maíz, buscando para esto las cascadas, corrientes impetuosas, manantiales, cuevas ó peñascos, y al regresar al pueblo, el más anciano echa polvo de maíz alrededor del puño del baston de mando y en la cabeza del Alcalde para que le vaya bien, y en seguida el nuevo Alcalde se dirige muy satisfecho á la iglesia para rezar. Cuando quieren tener hijos van á la cueva á llevar tamales, y dentro de uno de ellos que llaman el *principal*, echan bolillos de masa de maíz según los hijos que quieren tener, adornando todo esto con rollitos de barba de ocote del más tierno que encuentran.

En el pueblo de Tamasulapa, donde son generalmente trajineros ó comerciantes, ántes de emprender el viaje y salir de camino, derraman sangre de pollo en una cueva donde hay un manantial, dejando allí la cabeza del pollo y comiéndose el resto del cuerpo. Si en el camino ven una culebra, regresan desde luego á su pueblo, porque creen que es señal segura de que les ha de ir mal, y dejan el viaje para otra semana.

Si no hay contrariedad, y logran hacer bien sus compras de *chile* (pues ellos no lo cultivan), compran *tepache*, bebida, como hemos dicho, embriagadora, y derramando parte al suelo para que sirva á las almas, se beben despues el resto.' Cuando se encuentran enfermos, van tambien á ver á los que llaman *Abogados* para que les chupen el mal, y éstos, como queda dicho, les hacen creer que les sacan las piedras, espinas envueltas en ixtle y otras cosas que dicen les metieron sus contrarios; y si los enfermos son avaros, y no los suelen regalar, les sacan mezcal y cigarros, haciéndoles creer que estaba todo en el sitio donde tenian el mal.

El dia de año nuevo, y la víspera de Navidad por la noche, van á una cueva donde hay dos piedras medio puntiagudas, como de tres cuartas de alto, vara y media de circunferencia en su base y una vara en su parte superior. Dicen que son los patronos San Pedro y San Pablo, y les llevan tamalitos, guajolotes, dejando allí la cabeza y regando la sangre alrededor de dichas piedras, así como tambien ollitas de *tepache*.

En los terrenos que siembran acostumbran enterrar un pollo, al cual van á examinar á los pocos dias, y si los restos tienen muchos gusanos, es prueba de que el año va á ser bueno, y si no, malo.

En Chichicastepec entierran tras de la iglesia y en los peñascos, perritos tiernos, huevos, harina de maíz, y en una hoja sangre de pollo y tres plumas, tambien de pollo, todo lo cual entierran de la misma manera.

· A los habitantes del pueblo de Ayutla quitó el actual Cura Párroco un ídolo, al que encendian velas y sacrificaban animales, el cual tenian guardado en una cueva.

En la Parroquia de Atitlan, además de lo que hemos dicho que practican respecto del rayo, tienen la costumbre de matar una culebra, y despues de enterrarla la rodean de huevos de gallina, y luego le dicen lo siguiente: *ya te dí tu presente, no me hagas nada, y haz que se me dé mi cosecha.*

Creen tambien generalmente que cuando nacen los niños tienen su *tona*, y se informan del *Abogado* acerca del animal ó *tona* que cada niño tiene, tomando mucho interés en saberlo, porque consideran que si se muere ese animal se muere al mismo tiempo el niño.

Cuando los cazadores matan un venado colocan la cabeza sobre una piedra determinada, y jamás dan esta prenda ni la venden por cantidad alguna, por grande que sea, pues consideran que desde ese momento se les acaba la buena suerte.

Cuando hay disgustos y pleitos entre marido y mujer, van á preguntar al *Abogado* que cómo se explica eso, y éste les responde: porque sus nombres son muy semejantes ó parecidos; como por ejemplo, el de *Tastahen*, que aplican á la mujer, y el de *Xaxahen* que aplican al hombre: aseguran, pues, que por ser los nombres tan parecidos el mal no tiene remedio, y que no debian haberse casado; con cuya respuesta los consortes se quedan peleando.

En Lachirioag, ponen comestibles sobre el túmulo de sus difuntos cuando mandan celebrar alguna misa, y un poco más abajo del lugar donde está situada la capilla, y en unos peñascos que hay allí cerca, colocan tambien comestibles, y están en la creencia que aquel es el lugar del purgatorio.

En Tonaguia, perteneciente á la doctrina de Totontepec, compran pollos grandes en tiempo de sus sementeras, y degollándolos en las orillas de sus tierras ya sembradas, las rocian con dicha sangre.

CAPITULO XI.

RESULTADO FINAL.

NTES de que hagamos algunas apreciaciones acerca del martirio de los Venerables Fiscales, no estará por demás que demos una idea, siquiera sea muy sucinta, de las condiciones que, segun la Iglesia Católica, debe reunir el martirio para que lo sea en realidad de verdad, lo cual contribuirá, á no dudarlo, á formar un juicio más exacto del que padecieron D. Juan Bautista y Jacinto de los Ángeles.

Martirio es lo mismo que *testimonio*, entendiéndose aquí esta palabra por la muerte ó tormentos sufridos por causa de la verdadera fe ó alguna virtud que con ella se relacione; y mártir quiere decir *testigo*, significando asimismo en este lugar la persona que padece muerte por Jesucristo, ó tormentos capaces de suyo para ocasionarla. Esto supuesto, para conocer segun la doctrina de los Teólogos, si ha habido ó no verdadero martirio, es preciso atender no sólo á la causa por la cual dió su vida el mártir, sino tambien al motivo que impulsó al tirano á inferirle la muerte. Consistiendo el martirio en el sufrimiento ó tolerancia voluntaria de la muerte por la santa fe de Cristo, ó por cualquier otro acto de virtud que haga relacion á Dios, requiérese de parte del tirano, para que haya verdadero martirio, el odio á la fe ó religion cristiana ó acto de virtud prescrito ó aconsejado por la misma fe, es decir, el odio á la fe por cuanto prescribe ó aconseja tal obra ó acto de virtud. El ejercicio, pues, de una virtud cualquiera que la fe manda ó aconseja, y que podriamos llamar profesion de fe práctica ó de hecho, es causa de verdadero martirio, si de dicho ejercicio proviene y trae su orígen la muerte inferida por el tirano. Y para que tal martirio sea verdadero, basta que el tirano sea movido interiormente á quitar la vida al mártir por odio á la verdadera fe ó religion cristiana, ó acto de virtud que tenga relacion con lo que la fe prescribe ó aconseja, por más que afirme que obra de esa manera impulsado por otra causa; teniendo en la historia de los siglos pasados mu-chos ejemplos que lo confirman y no pocos en el presente, en el que se ha dado muerte á muchos ministros del Señor alegando motivos falsos ó causas aparentes, y ocultando solapada é hipócritamente la verdadera causa, que era el odio á la religion de Cristo y á sus sagrados ministros. Nada importa tampoco, para que haya verdadero martirio, el que el tirano sea gentil, hereje ó católico, como aseguran los Santos Padres, pues el pagano y el hereje causan la muerte por el odio que profesan á la religion y fe de Cristo, y el católico por el que guarda á alguna virtud relacionada con la fe, y por consiguiente su odio es patrocinado por la iniquidad.

Por lo que toca al mártir, debe tener, si es adulto, algunas disposiciones ántes del martirio á fin de gozar de esta insigne prerrogativa, pues es un segundo bautismo; y así como para recibir este Sacramento como conviene, es necesario que los adultos tengan ciertas disposiciones que precedan y acompañen á su recepcion, para que el Sacramento surta los efectos saludables que en él están encerrados, así tambien en el mártir adulto, por ser el martirio bautismo de sangre, se requieren disposiciones previas para dar su vida por la fe. Necesita en opinion de algunos Teólogos, si no tiene confesor, hacer un acto de perfecta contricion ántes del martirio; aseguran otros con el Cardenal Belarmino, que basta hacer un acto de atricion, y otros afirman, por último, que es suficiente un acto de contricion virtual.

El mártir debe aceptar tambien el martirio por medio de un acto de la voluntad, porque el recibimiento de éste es un acto meritorio para la vida eterna, y por lo tanto debe ser voluntario y libre; pues de otra manera, dice el Angélico Doctor, el martirio deberia llamarse más bien muerte, por no ser acto de virtud plenamente voluntario, á causa de no haber sido aceptada y sufrida la muerte

215

voluntariamente. Leemos tambien en el Evangelio de San Mateo, capítulo 16, versículo 24, las palabras siguientes: "Si alguno quiere venir en pos de mí, niéguese á sí-mismo, tome su cruz y sígame." Ahora bien, la negacion de sí mismo, el tomar la cruz y seguir á Cristo, reclaman desde luego un acto de la voluntad, si bien asientan los teólogos que, tratándose del martirio, no se necesita que dicho acto de la voluntad sea actual, por más que sea lo mejor, sino que basta que sea virtual, con tal que no se haya retractado é influya en el acto.

Para ser además inscrito en el catálogo de los Mártires, no es bastante el aceptar la muerte por Cristo voluntariamente y el recibir ésta por odio á la fe cristiana, sino que es preciso que el mártir persevere pacientemente y de una manera invicta en la misma voluntad hasta exhalar el último aliento; mas al asentar esto, Nos referimos únicamente á la perseverancia final externa que está sujeta al juicio de la Santa Iglesia, y que es indicio de la perseverancia final interna.

En cuanto á la causa del martirio por parte de quien lo padece, necesario es tener presente la idoneidad de ella, pues si no fuese idónea, no podria merecer el nombre de mártir quien por ella sufriera el martirio, por más que en la misma muerte hubiese dado pruebas de una fortaleza eximia y claros indicios de una constancia invencible; porque no constituyen por sí solos el verdadero martirio los tormentos y la muerte, sinò la causa por la cual se sufren y padecen estas cosas. La única causa que constituye el martirio y hace que lo sea real y verdaderamente, es, por parte del mártir, la fe de las cosas que se deben creer ó practicar segun ella misma enseña; y si éste busca con su muerte la gloria vana del mundo, ó desea esa misma gloria, ó por otras causas ó motivos que omitimos en gracia de la brevedad, dicha causa es completamente inepta, ó deja de ser verdadera causa para que el que perdió la vida por ella pueda merecer el glorioso título de mártir. Argumentando S. Agustin contra los herejes donatistas que apellidaban mártires y bienaventurados á sus compañeros de herejía y socios en el error, porque los veian aceptar la muerte y tolerarla con paciencia, les decia: "Tendriais razon, y diriais bien, si tuviéseis la causa de los mártires. Porque no son felices los que sufren esos males, sino los que los padecen por el Hijo del Hombre, que es Cristo Jesus. Nadie alardee de la pena, del dolor y de la muerte, si no pruebe la causa, no sea que no pudiendo probar ésta, sea contado entre los inicuos y malvados." La verdadera y única causa, repetimos, de martirio por parte del mártir, es la fe de las cosas que se deben creer ó practicar, y por lo tanto sólo merecen el nombre de mártires los que mueren predicando ó confesando la fe católica, ó practicando algunas de las virtudes por ella mandadas ó aconsejadas, segun aquellas palabras del Símbolo, atribuido á San Atanasio: "El que quiera salvarse, debe ante todo tener la fe católica, y quien no la mantenga íntegra é inviolable, perecerá sin duda para siempre."..... Hemos dicho tambien que es verdadera causa de martirio por parte del mártir la fe de las cosas que se deben practicar en virtud de un precepto ó consejo de la misma fe, y de consiguiente, si alguno muere en el ejercicio de una virtud sobre la cual cae el precepto ó consejo referidos, es y debe tenerse por verdadero mártir." Todas las obras de virtud, dice el Doctor Angélico, que se refieren á Dios, son otras tantas protestaciones ó confesiones de fe, dándonos Dios á conocer por medio de la misma fe que quiere ó pide de nosotros tales obras, y que nos recompensa por ellas, pudiendo ser, segun esto, causa de verdadero martirio. En efecto, la Iglesia Católica honra como mártir á San Juan Bautista, el cual no murió directamente por la fe, sino por el ejercicio de una virtud que tenia relacion con ella, ó sea por haber predicado contra el adulterio: por lo tanto, añade el mismo Santo Doctor, no sólo sufre como cristiano el que sufre por la confesion de la fe que se hace de palabra, sino el que padece por hacer algun bien, ó por evitar algun pecado mirando á Cristo, porque todo esto pertenece á la protestacion de fe.

Supuesta la doctrina precedente, y concretándonos ahora á los VV. Fiscales, confesamos con ingenuidad que al fijarnos en el motivo que impulsó á los idólatras de San Francisco Caxonos á quitarles la vida, no podemos encontrar otro que el odio á la fe cristiana, vislumbrándose ya éste, y aun manifestándose con claridad en la conducta que observaron y en las frases que emitieron en dicho lugar la noche del tumulto. Creyendo los religiosos domínicos que mostrándoles la imágen de Nuestra Señora, y amonestándoles al mismo tiempo, lograrian calmar los ánimos de los sediciosos y turbulentos, apelaron á este último recurso; mas al ver dicha imágen y oir lo que por amor á ella se les aconsejaba y rogaba que hiciesen, que era el que se calmaran y sosegarán, y desistiesen de su inicua pretension, gritaron diciendo al Padre que tenia en sus manos el cuadro: *Quita tu Virgen, que no la conocemos*, arrojando al mismo tiempo piedras en direccion de la ventana donde estaba asomado el Religioso. Demás de esto, arrebataron del convento los instrumentos de idolatría que les habian recogido la noche anterior, valiéndose al efecto de la fuerza bruta, rompiendo las puertas del convento y las de la pieza donde se encontraban dichos instrumentos. De creer es tambien, que siendo, como eran, idólatras, la muerte de los Fiscales no haya tenido otro orígen que su odio á la fe cristiana por ser adversa á los ídolos, cebando por este motivo su encono en aquellos que habian sido la causa de que no pudieran seguir idolatrando por haberlos descubierto. Revélase además el espíritu de odio y encono de que estaban revestidos contra la religion, en las palabras injuriosas que dirigieron á los religiosos, juntamente con las amenazas de muerte. Segun consta del proceso formado por las autoridades españolas contra los referidos idólatras, éstos habrian perdonado la vida á los Fiscales, si se hubieran dejado llevar de los halagos, promesas y amenazas que les hicieron en la cárcel del pueblo de San Pedro, á fin de que renunciaran á la fe cristiana y se unieran á dichos idólatras para practicar la idolatría en lo sucesivo. ¿Por qué, les decian, *habeis entregado á los sacerdotes del ídolo y á la idolatría?* En la cárcel del pueblo de San Miguel les amenazaron con que serian ejecutados, *puesto que no querian retractarse del Cristianismo y seguir las prácticas de la idolatría. ¿Qué, no ven vdes.*, añadieron, *que la idolatría fué lo que siguieron nuestros antecesores y nuestros abuelos?* Instándoles de nuevo en el pueblo de Santo Domingo Xagacia, les decian: *¿Por qué no quieren entrar entre nosotros, pues que la idolatría llama á la riqueza?* En todo lo cual se ve puesta á prueba la fe de los Fiscales, y que por no renunciar á ella prefirieron una dolorosa y cruel muerte.

Existen testimonios claros y evidentes de la buena disposicion de los Fiscales á derramar su sangre por la fe, pues confiesan testigos presenciales que en el momento de la entrega que de ellos hicieron los españoles á condicion de que no les habian de hacer daño ninguno, vieron y oyeron que D. Juan Bautista, arrojando al suelo las armas que llevaba, dijo: *Vamos á morir por la ley de Dios, que como yo tenga á su Divina Majestad, nada temo, ni he menester armas*. Agregando despues: *Jesucristo no se defendió con armas en la mano, y yo estoy dispuesto á morir de la misma manera.* Vieron y oyeron igualmente los mismos testigos *que Jacinto de los Angeles pidió al Padre que lo confesara, y que si era posible, le diera la Comunion, y que él iria tambien á morir por la ley de Dios.* Consígnase asimismo en las declaraciones de varios testigos, que al presentarse D. Juan Bautista ante los idólatras, les dijo estas palabras: *Aquí estoy; si me habeis de matar mañana, matadme ahora*. Colígese, pues, de todo esto, ó mejor dicho, se vé palpablemente, la conviccion en que estaban los Fiscales de que les iban á quitar la vida, y que tanto en el momento de la entrega, y en el patio del convento, como en los demás lugares en que los idólatras pusieron á prueba su fe, prefirieron la muerte en defensa de ella, á la vida que les ofrecian los idólatras á costa de la fe santa que profesaban. El que hayan perseverado en esa misma resolucion hasta exhalar el último aliento, puede colegirse del mismo hecho de su muerte; pues es de presumir que si los Fiscales vacilando en su fe hubiesen prometido adherirse á los idólatras, éstos les habrian sin duda ninguna perdonado la vida, que tantas veces les habian ofrecido á condicion de que adoptaran las prácticas de la idolatría y fuesen fingidos cristianos como ellos habian venido siéndolo. Por otra parte, no puede dudarse razonablemente de la referida perseverancia final externa, á no haber señal ó prueba en contrario, la cual no consta ni aparece en el caso presente, pues todas las razones militan en favor de los Fiscales.

De lo dicho con respecto á la causa que movió á los idólatras á dar la muerte á D. Juan Bautista y á Jacinto de los Angeles, dedúcese tambien, y aun se ve manifiestamente, el motivo por el cual dieron su vida. Aun cuando no hubieran tenido el cargo de Fiscales habrian estado obligados, segun la doctrina comun de los teólogos, á dar parte á la autoridad eclesiástica, ó sea á los encargados del pueblo en la parte espiritual, teniendo como tenian noticia cierta del acto solemne de idolatría que se estaba cometiendo por aquellos apóstatas y fingidos cristianos, mucho más atendido el cargo de Fiscales que estaban desempeñando, y cuyo deber era el de velar por la pureza de la fe y moralidad de las costumbres en el pueblo; pues de no haber obrado así, hubieran faltado gravísimamente á su obligacion. La conducta por consiguiente que en este punto guardaron los Fiscales, es digna de toda loa, y está muy léjos de poderse atribuir con justicia á fines ménos rectos, y á lo que vulgarmente se llama chismografía, tratándose como se trataba de una falta gravísima, de un acto solemne de idolatría, realizado por la inmensa mayoría de un pueblo compuesto únicamente de cristianos. Ni obsta á la causa de los Fiscales el que con su denuncia hubiesen provocado á los idólatras á inferirles la muerte, ni esta circunstancia es tampoco obstáculo ninguno para que no pueda considerarse como verdadero su martirio; pues como acabamos de indicar, los Fiscales estuvieron obligados á hacer la mencionada denuncia por el bien de la fe y de la religion. Mas dando por un momento de barato el que no hubiese habido obligacion grave de hacer la referida denuncia, habrian hecho todavía los Fiscales una obra meritoria y digna de alabanza al dar el paso que dieron, practicando un acto de caridad. Porque es cierto, y conforme á la doctrina de los Santos Padres y parecer de los Teólogos, que los siervos de Dios pueden hacer algunos actos de virtud laudables, aunque en dichos actos haya peligro de muerte, y nada importa el que con los actos mencionados provoquen la ira del tirano y se le dé ocasion para pecar; pues los siervos de Dios sólo tienen por blanco aquel acto de virtud, aunque sea con peligro de·la vida, y si el tirano toma de ahí ocasion para darles muerte, culpa suya es, y no de los que hicieron aquella buena obra. Por lo tanto ninguna consecuencia puede sacarse de la conducta observada en este punto por los VV. Fiscales, que sea en lo más mínimo desfavorable á la causa de su martirio.

Respecto de la manera con que se portaron en la picota al recibir los golpes y crueles azotes, todos los testigos que desde el convento presenciaron el acto, son unánimes en afirmar que los Fiscales clamaban á Dios y á su Madre Santísima miéntras no perdieron el sentido, y que dirigiéndose á intervalos á los Padres Domínicos que estaban en el convento, clamaban diciendo: *Padres, encomién-*

dennos á Dios; asegurando tambien los mencionados testigos que no se les oyó la menor queja en tan cruel tormento.

Su paciencia y constancia en confesar la fe cristiana se vió además en la cárcel de San Pedro, en donde despues de haberlos azotado cruelmente, intentando convencerles los idólatras para que adoptaran la religion de sus antepasados y se unieran á ellos para las prácticas ildolátricas, tomando la palabra D. Juan Bautista les dijo: *Si vuestra religion es la verdadera, ¿por qué no levantais templos y la practicais públicamente, y no que andais por ahí de noche seduciendo á los pobres cristianos?*

Por último, si tenemos en cuenta los prodigios que se refieren acerca de las cruces de que se hace mencion en el capítulo nono, las cuales tienen por milagrosas todos los habitantes de aquellos contornos, y lo prueban los ex-votos que han acostumbrado y acostumbran llevar á aquel lugar, igualmente que la ermita ó capilla levantada no há muchos años, efecto de lo mismo; si atendemos además á los milagros que se atribuyen á sus reliquias, y finalmente, si es cierta, como aseguran muchos de los testigos, y lo suponen los cuadros que han visto muchos de ellos, la aparicion de las azucenas en el sepulcro de Jacinto de los Angeles, las probabilidades de un verdadero martirio aumentan de manera que suministran una verdadera certeza moral.

Estas son las razones que Nos ocurren en favor de la causa de los Venerables Fiscales, salvo siempre en nuestras apreciaciones el juicio de la Silla Apostólica.

Por lo demás, la presente causa tiene un interés grandísimo no sólo para la raza indígena, á la que pertenecen los Venerables, no sólo para la América en general, y especialmente para México, sino que pudiera tal vez decirse que lo tiene, y muy especial, para todo el mundo católico. Sabido es el empeño grandísimo que desde la conquista tuvo el Gobierno Católico de España en la conservacion de la raza indígena; sabido el celo que desplegó para que los indios se convirtiesen á la fe cristiana; conocidos son los sacrificios que hizo para lograrlo, el cuidado que puso en conocer su índole, las leyes que dió respecto de ellos, las cuales por la sabiduría y prudencia que encerraban, llamaron justísimamente la atencion de los hombres pensadores y aun de las naciones más prevenidas contra España, no siendo capaz el prisma de la pasion y envidia por el cual miraban al Gobierno y cosas de esa nacion, á ofuscar las inteligencias de modo que no pudieran ver la realidad de la verdad en esta materia. España obligó á los indios á formar poblaciones bajo el régimen de autoridades entresacadas de ellos mismos; jamás permitió que se compraran á los indios sus propios terrenos, declarando por nulas las ventas que se efectuaran aun cuando los indios estuviesen conformes con dichas ventas; los eximia de alcabalas y les otorgaba privilegios; les dió leyes suaves por las cuales se gobernasen, dictando al mismo tiempo otras que protegieran su debilidad. La Iglesia por su parte hizo tambien cuanto pudo en provecho de los indígenas, ya favoreciendo de mil maneras á los misioneros, ya cediendo su derecho en el cobro de los diezmos, ya dando leyes especiales en provecho de los indios, como concediéndoles que se casaran, aunque fueran parientes, con tal que no lo fueran en el primero y segundo grado de consanguinidad, eximiéndoles de casi todos los ayunos prescritos por la Santa Iglesia, y dispensándoles el oir misa ménos los domingos y unos cuantos dias de fiesta, y por último, cuando la codicia de algunos conquistadores pretendió oprimirlos, los misioneros y demás ministros de la Religion Católica con el Soberano Pontífice á la cabeza salieron á su defensa. Proclamaron algunos codiciosos que los indios eran séres abyectos, incapaces de instruccion alguna é indignos de recibir los sacramentos; y entónces Roma declaró ante la faz del mundo entero todo lo contrario, y sosteniendo con firmeza su doctrina, estableció penas severísimas contra los que tuvieran el atrevimiento de oprimir á los indios.

Volviendo á la conducta que la nacion española guardó siempre con la raza indígena, tenemos en la causa que traemos entre manos, aparte de otros muchos que pudiéramos citar, un rasgo brillantísimo del celo que animaba al Gobierno de España y simpatía que tenia á dicha raza, bastando haber leido el capítulo titulado *Diligencias judiciales* para convencerse plenamente de la verdad de nuestro aserto. En efecto, cualquiera que se fije en los pasos que se dieron á causa del acto de idolatría, del tumulto, sedicion y muertes verificadas con ese motivo; cualquiera que lea sin prevencion los documentos que se insertan y las Cédulas Reales á que en ellos se alude, no podrá ménos de admirarse y edificarse á la vez de un género de comportamiento en que campean brillantemente no sólo el celo por la Religion de Jesucristo y del bien espiritual de los indios, sino tambien el amor desinteresado, la compasion de los infieles y la mayor simpatía hácia los Fiscales y sus familias por parte de las mismas autoridades. Y aquí no podemos ménos de consignar el contraste tan asombroso que resulta en este punto entre la España Católica y la nacion protestante Americana. Esta nacion, léjos de haberse interesado por la clase indígena en los tiempos pasados, ha procuradó más bien acabar con ella, y esta triste verdad, además de atestiguarla la historia, la verá confirmada por propia observacion todo el que recorra el inmenso territorio que hoy ocupa. Y lo peor es que la inmensa mayoría de los habitantes de la República Americana no abrigan hoy mejores sentimientos que sus antepasados respecto de los indios y de los negros, sino todo lo contrario. Se sabe que cada año decrece el número de los indígenas, y no es extraño, pues los americanos, además de fomentar los vicios entre dicha clase, particularmente el vicio de la bebida, para que por sí mismos ó con sus desavenencias locales se destruyan unos á otros, los anonadan tambien valiéndose de otros medios. Procuran tambien comprarles el territorio que poseen, y los infelices no tienen más remedio que venderlo, pues saben que de otro modo se lo cogen por la fuerza. La creencia general en los Estados Unidos del Norte es que llegará tiempo en que no quede en esa nacion un solo indio; y en cuanto á los negros temen algunos que con el tiempo habrá necesidad de hacerles la guerra á fin de acabar con ellos, pues no tienen en general simpatía ninguna, y aunque la ley los ha declarado ciudadanos, son muchos los que no les conceden la igualdad en el trato social.

Pero la Iglesia Católica abriga mejores sentimientos, tiene mucha más caridad y obra con más justicia saliendo siempre á la defensa de los indios, elevándolos y colocándolos al nivel de los demás hombres, mal que les pese á sus enemigos. Y en prueba de la justicia de la causa que defendia, aquí tenemos á dos indios llevando á cabo el acto más heroico de abnegacion por aquella fe y aquellos sacramentos de cuya recepcion los creian incapaces algunos codiciosos, cuyas injustas apreciaciones vemos hoy desvanecidas por los

Venerables Fiscales, quienes no solamente fueron capaces de recibir la fe cristiana, sino de sostenerla y defenderla hasta sucumbir gloriosamente por ella, cubriendo de esta manera de gloria á su Madre la Iglesia Católica, que desde el principio de la Conquista y á la faz del mundo entero, los habia defendido, elevado y ennoblecido, considerándolos tan dignos de ser hijos suyos y tan acreedores á sus gracias y beneficios, como el resto de los demás hombres. Tiene por lo tanto esta causa un interes grandísimo para todo el orbe católico, por la participacion que tomó y defensa que hizo de la clase indígena el Vicario de Jesucristo. Léase á este propósito el Breve del Soberano Pontífice Paulo III, y la Encomienda hecha al Cardenal de Toledo para que cuidase de su ejecucion.

Por lo que atañe á la raza indígena y á la Nacion Mexicana, dicho se está que la causa de canonizacion de los Venerables Mártires tiene importancia suma y un interes especialísimo. Dicha canonizacion honraria indudablemente no sólo á la clase indígena, sino á la nacion á que pertenecen, pues serian los primeros indígenas que de todas las Américas serian elevados al honor de los altares.

Por otra parte, existiendo aún la idolatría, aunque en pequeña escala, en algunos puntos de la República, al ver los indios que el mundo católico honraba de esa manera á los de su raza, y sabiendo como sabrian el motivo de tanta honra, los impulsaria desde luego poderosamente á abandonar en absoluto las prácticas idolátricas, y á profesar la fe cristiana en toda su pureza. Esto seria de tanta importancia mirándolo bajo otro aspecto, que en las presentes circunstancias pudiera considerarse tal vez como el único remedio que fuera capaz de atajar el mal de que se resiente ya tanto la raza indígena. Carecen de los sólidos principios católicos que ántes tenian; tratan con emisarios de iniquidad que procuran por todos los medios arrancarles la fe é imbuirlos en el error; ignora ya una gran mayoría lo necesario é imprescindible para salvarse, y los mismos actos externos del culto los verifican por rutina y costumbre, más bien que impulsados por el verdadero y único motivo de tales actos; y por consiguiente corren gran peligro de volverse indiferentes y materialistas, y de aquí al empleo de la fuerza bruta y al socialismo, no hay más que un paso. La canonizacion, pues, de los Venerables Fiscales de Caxonos, seria, á no dudarlo, un dique al torrente que amenaza desbordarse, y contribuiria poderosamente á despertar y reanimar el espíritu católico entre la dicha clase, resultando de esto un bien inmenso no sólo para los indígenas, sino para toda la Nacion Mexicana.

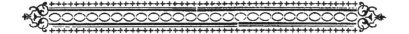

APÉNDICE PRIMERO

La santa Cruz de Huatulco.

A historia de la Cruz de Huatulco es muy digna de que le consagremos un estudio aparte, y más en estos tiempos en que con demasiada frecuencia se observa cierta tendencia á desconocer el influjo de todo lo sobrenatural. La falta de conocimientos en lo general sobre esta materia, el poco estudio de las ciencias más sublimes, y una exagerada apreciacion de los descubrimientos físicos, y sus múltiples aplicaciones á la vida social en el órden meramente material, hacen que con el mayor desembarazo nieguen algunos lo que no conocen, ó les es imposible refutar. Somos entusiastas, y siempre lo hemos sido, de las mejoras materiales que traen bienestar físico y moral á nuestro país, pues las consideramos como elementos importantísimos para elevarlo á mayor cultura; pero no podemos dejar de deplorar el estravío de algunas inteligencias que se limitan á esas muestras de progreso, y no se elevan á las regiones de donde todo dimana.

Para nuestros lectores, que sólo busquen los fundamentos sólidos en que descansa la respetable tradicion de la Cruz de Huatulco, bastará que les presentemos la que con tan buen criterio ha escrito el P. Gay en su *Historia de Oaxaca*, apéndice segundo, cuya lectura llegará á persuadirles, á no dudarlo, de que el cristianismo fué predicado en América desde tiempos muy remotos.

El citado autor se expresa en los siguientes términos: "Curiosas é interesantes son en verdad las noticias que algunos escritores de nuestras antigüedades nos han trasmitido acerca del orígen, milagros y culto de la Cruz de Huatulco. Se encuentran en las siguientes obras, que tuve á la vista en Abril de 1872, para formar la sucinta relacion con que en 22 del mismo mes y año obsequié al Sr. Lic. D. José Javier Cervántes, que con motivo de haber obtenido un gran fragmento de la misma Cruz, deseaba saber su orígen, y que hoy con algunas variaciones sale á la luz pública como apéndice de esta *Historia de Oaxaca,* porque su bondadoso autor así lo ha querido.

Tercera parte de los veintiun Libros rituales y Monarquía indiana, compuesta por Fr. Juan de Torquemada, primera edicion, hecha en Sevilla por Matías Clavijo en 1615, libro 16, cap. 28.

Memorial y Noticias sacras y reales del Imperio de las Indias Occidentales, escrito en 1646 por Juan Diaz de la Calle, é impreso sin designacion de lugar ni año, cap. 2º, párrafo 17, foja 80 vta.

Teatro eclesiástico de la primitiva Iglesia de las Indias Occidentales. Vidas de sus Arzobispos, Obispos y cosas memorables de sus Sedes, escrito por Gil Gonzalez Dávila, tomo 1º, impreso en Madrid en 1649, páginas 228 á 30, en que se ocupa del Obispo de Oaxaca D. Juan Cervántes.

Reforma de los Descalzos de Nuestra Señora del Cármen de la primitiva observancia, hecha por Santa Teresa de Jesus en la antiquísima Religion fundada por el gran Profeta Elías, tomo 2º, escrito por Fr. Francisco de Santa María, é impreso la primera vez en Madrid en 1655, libro 7º, capítulo 45, que trata exclusivamente de las reliquias que se veneraban en una capilla de la iglesia de los Religiosos Carmelitas de la Puebla de los Angeles.

Geografía, descripcion de la parte septentrional del Polo Artico de la América, y nueva iglesia de las Indias Occidentales, y sitio astronómico de esta Provincia de Predicadores de Antequera, Valle de Oaxaca, escrita por Fr. Francisco de Burgoa, é impresa en México por Juan Ruiz en 1674. Tomo 2º, capítulo 69, que trata únicamente de la Santa Cruz de Huatulco.

Crónica de la Santa Provincia de San Diego de México, de Re-

ligiosos descalzos de N. S. P. San Francisco en la Nueva España, escrita por Fr. Baltasar de Medina, é impresa en México en 1682, foja 134, núm. 480 y 481, y foja 227, núm. 793.

Biblioteca Mexicana, escrita por el Dr. D. Juan José de Eguiara y Egúren. Artículo "Cervántes" en la parte que poseo inédita.

Serie de los Illmos. Señores Obispos de la Santa Iglesia de Antequera, en el Valle de Oaxaca, formada por el Sr. Arzobispo D. Francisco Antonio de Lorenzana, y añadida por el mismo á la edicion que en 1769 hizo en México de nuestros Concilios Provinciales, primero y segundo. Páginas 303 á 306.

Historia antigua de México, escrita por el Lic. D. Mariano Veytia. Tres tomos, impresos en México en 1836. Tomo 2°, capítulo 16.

Biblioteca Hispano-Americana Septentrional, escrita por el Dr. D. José Mariano Beristain, é impresa en México en los años de 1816, 1819 y 1821. Tomo 1°, artículo "Cervántes" (Illmo. D. Juan).

En Enero de 1587 entró por el mar del Norte en el estrecho de Magallanes el pirata Tomás Candish, natural del Condado del Sufolk en Inglaterra, á quien su patria, segun se refiere en el tomo 2° del *Gran Diccionario Histórico*, de Luis Moreri, debia importantes servicios; y saliendo al mar del Sur, despues de haber apresado la nao llamada *Santa Ana*, que venia de las Filipinas á desembarcar en Acapulco, muy cargada de oro, sedas, olores, variedad de curiosidades de marfil y otras materias de alto precio, entró de sorpresa en el puerto de Huatulco, lugar de pocos y pobres vecinos, en el Obispado de Oaxaca, á distancia como de sesenta leguas de aquella ciudad. Se dió aviso al alcalde mayor Juan de Rengifo, que habia llegado á la costa una gran embarcacion; mas él, alegre por creer que era de comerciantes, con quienes tendria mucha ganancia, no cuidó de tomar las debidas precauciones, y aunque le sacó pronto del error el estruendo de los esmeriles y mosquetes del enemigo, que marchaba por la playa, no pudiendo hacer resistencia alguna, cayó prisionero en poder del corsario, que con su gente se internó luego, robando cuanto encontraba. Gil Gonzalez Dávila confunde esta invasion de Candish con la que habia hecho en 1579 el otro famoso pirata llamado Francisco Drake.

Habia en aquel puerto una grande Cruz, á la que los gentiles que lo habitaban ántes de la entrada de los españoles tributaban suma veneracion, porque en ella hallaban el remedio de sus aflicciones, y era tradicion entre ellos que la habia llevado allí hacia más de mil quinientos años un hombre, que vino por la mar, como del rumbo del Perú, anciano, blanco, vestido con túnica larga ceñida á la cintura, con manto, y el cabello y barba largos, á la manera que se pinta á los apóstoles. Decian que luego que le vieron venir abrazado con la Cruz, admirados acudieron en gran número á la playa, y habiéndoles él saludado en lengua mixteca con mucha benevolencia, estuvo entre ellos algunos dias, pasando lo más del tiempo hincado de rodillas en fervorosa oracion, y hablándoles de cosas que entónces no pudieron entender, y que al irse les dijo: que les dejaba allí la señal de su felicidad, que le tuviesen grande respeto y veneracion, y que vendria el tiempo en que conociesen al verdadero Dios, y el bien inestimable que debian á la Cruz. Referian igualmente, que siendo ésta tan pesada, el mismo hombre venerable por sí solo la fijó en aquel lugar, en que tantos siglos despues la encontró el corsario.

Confirma esta tradicion el nombre mismo del puerto, pues Quauhtolco, que es el nombre propio, significa lugar donde se adora ó se hace reverencia al palo, por estar compuesto de la voz *Quahuitl*, que significa el madero, del verbo *toloa*, que es hacer reverencia bajando la cabeza, y de la partícula *co*, que denota lugar.

El P. Torquemada, desechando tal tradicion, cree (si bien no ha faltado quien le impugne con sólidas razones) que quien condujo y colocó en aquel sitio la Santa Cruz fué el venerable P. Fr. Martin de Valencia, cuando llegó á él para embarcarse á fin de pasar á la conversion de los infieles de la China. El P. Fr. Juan de Jesus María, que es el autor de la relacion inserta en el citado tomo 2°, libro 7°, capítulo 45 de la Crónica de los Carmelitas Descalzos, dice que fué el apóstol San Mateo quien la llevó allí. El P. Burgoa opina haber sido Santo Tomás, ó alguno de sus discípulos.

Queriendo pues el hereje corsario destruirla, mandó á sus gentes que con hachas la rompiesen, pero éstas se hacían pedazos, y faltando las fuerzas á aquellos hombres, desmayaban antes que hacerle el más leve daño. Habiendo ordenado luego que la aserrasen, por varias partes saltaban los dientes de la sierra como si fueran postizos, y se rendian los brazos de los que las manejaban, sin que la Santa Cruz sufriera detrimento alguno. Hizo en seguida que la atasen con fuertes cables, cuyas extremidades se fijasen en la popa del navío, y que soltando las velas se dirigiese éste hácia el mar, ayudando tambien á hacer con otros cables fuerza los marineros, á fin de derribarla; mas tampoco pudo conseguir esto, pues rompiéndose los cables quedó la Santa Cruz inmóvil en su puesto, como si fuera un monte. Enfurecido Candish, hizo poner alrededor de ella gran cantidad de leña con brea y que se le diese fuego; ejecutada su órden, viendo que la Santa Cruz no se quemaba, mandó la untasen toda de alquitran; sin embargo, permaneció ilesa entre las llamas. Cansado por fin y vencido el corsario, se embarcó, y segun se refiere en el citado Diccionario de Moreri, pasó el cabo de Buena Esperanza, y habiendo costeado la Africa, regresó por Setiembre de 1588 con inmensas riquezas al Puerto de Plimouth, de donde habia salido. Despues de tres años volvió con cinco navíos al estrecho de Magallanes, pero arrojado por una tempestad á las costas del Brasil, pereció allí en la flor de su edad.

Era obispo de Oaxaca en dicho año de 1587, el Sr. D. Fr. Bartolomé de Ledesma, religioso domínico incorporado en la Provincia de Santiago de México. Este docto y prudente varon, habiendo averiguado la verdad de los sucesos referidos, reunió á su cabildo, á los Prelados de las Comunidades religiosas y á las autoridades seculares, y manifestándoles los testimonios que comprobaban la tradicion del orígen de la Santa Cruz y sus milagros, les pidió diesen su parecer sobre si seria bien trasladar ésta á la ciudad, para que en ella tuviese más culto y veneracion. Despues de varias razones opinaron que convenia dejarla en aquel lugar en que la habia puesto el hombre venerable que la condujo hasta allí, y en que quiso Dios se conservase á pesar de las inclemencias del tiempo y de la furia del corsario. Resuelto esto, se mandó á los ministros eclesiásticos y seculares del puerto cuidasen de que se le diese el debido culto.

Por la noticia que de los prodigios referidos llegó al Perú, los que venian de allá á este puerto de Huatulco cortaban de la Santa Cruz tantas astillas, que la fueron adelgazando mucho por el pié hasta la altura á que podian alcanzar con la mano, siendo motivo de admiracion ver cómo podian sostenerse lo restante del cuerpo y los brazos sobre lo disminuido del pié, y resistir el furor de los vientos tan fuertes que corren en aquella playa. Premiaba Dios la fe de los devotos de la Santa Cruz, obrando por medio de las astillas muchos milagros, de que refiere cinco el P. Torquemada y otros el P. Burgoa.

Algunos años habian pasado ya de los sucesos expresados, permaneciendo siempre constante el afecto á aquella sagrada insignia no solamente en esa diócesis, sino en otras, cuando en 1608, por el fallecimiento del Señor Ledesma, acaecido en 3 de Marzo de 1604, presentó el rey Felipe III para Obispo de la misma Iglesia al Dr. D. Juan Cervántes, natural de esta ciudad de México y de una de sus más antiguas é ilustres familias, Gobernador que habia sido del Arzobispado, Catedrático de Sagrada Escritura en la Universidad, y actualmente Arcediano de la Catedral. Luego que este Prelado llegó á Oaxaca, que fué segun el P. Burgoa en 1611, movido de la singular devocion que desde algunos años ántes profesaba á la Santa Cruz de Huatulco, quiso asegurar más la tradicion de su orígen y la verdad de los prodigios acaecidos cuando el pirata intentó destruirla, y la de los otros milagros obrados despues, enviando al puerto á su Provisor y sobrino D. Antonio de Cervántes y Carbajal y á dos notarios muy aptos á que hiciesen una competente informacion. Hicieron éstos un proceso de dos mil fojas, y habiendo vuelto á la Ciudad, le concluyeron en ella con la averiguacion de otros muchos milagros, que testificaron varias personas.

Presentó el Obispo este proceso á los hombres doctos del clero secular y regular, y en vista de él y temiendo la total destruccion de la Santa Cruz á causa de que multitud de devotos cortaban fragmentos de ella, opinaron se trasladase á la ciudad, para cuya ejecucion fueron nombrados algunos sacerdotes. Entre tanto el Obispo hizo construir con toda brevedad á sus expensas, en su catedral, una suntuosa capilla en que colocarla.

Habiéndose esparcido en el puerto la noticia de esta determinacion, concurrieron á gran prisa tantas personas á cortar astillas de la Santa Cruz, que la dejaron del grueso de una caña, dos varas del pié arriba, por lo que el cura, temiendo la derribasen, la sacó del lugar en que siempre habia estado, en donde no tenia ni una tercia dentro de la arena, y acompañado de los vecinos que manifestaban su júbilo con arcos, música, aromas y perfumes, la puso en la Iglesia. Poco tiempo debió estar en ella, pues en Abril de 1612 fué trasladada á la ciudad de Oaxaca por los sacerdotes comisionados al efecto, quienes tuvieron en el puerto no poco trabajo para vencer la resistencia que oponian los indios. Salieron á encontrarla ambos cabildos, las comunidades religiosas y la mayor parte de los vecinos españoles é indios, y la condujeron al oratorio del Obispo, quien la recibió con singular afecto, dirigiéndole las tiernas palabras que dijo el apóstol San Andrés á la Cruz de su martirio: "*O bona Crux, quæ decorem ex membris Domini suscepisti, diu desiderata, sollicite amata, sine intermissione quæsita, et aliquando cupienti animo præparata, accipe me ab hominibus, et redde me magistro meo, ut per te me recipiat, qui per te me redemit.*" El dia ántes de que fuese trasladada á la catedral, la llevaron al convento de los religiosos domínicos, y de allí la sacaron en procesion que presidió el Obispo, vestido de Pontifical. Se celebró la colocacion en su capilla durante ocho dias con solemnes fiestas, y hubo en la ciudad toros, cañas, encamisada y máscaras.

Por disposicion del Obispo se quitó á la Santa Cruz una gran parte del pié, ya por estar muy desproporcionada en el grueso, á causa de haberle cortado tantas astillas los devotos, ya tambien por distribuirla entre los individuos de su cabildo, los de las comunidades religiosas y demás vecinos que con instancias pedian fragmentos de la Cruz, y así quedó reducido el tamaño de ésta á una vara de largo y cuatro dedos de ancho.

Hizo cortar igualmente un pedazo de la cabeza, de una cuarta de largo, y mandó se formase de él otra Cruz para enviarla al Sumo Pontífice, que lo era Paulo V. Al efecto, por consejo de su amigo Fr. Pedro de la Cueva, Provincial de los Domínicos, la entregó al P. Fr. Andrés de Acevedo, religioso de la misma órden y provincia, el cual iba por definidor al Capítulo general. Puso tambien en sus manos, con el mismo fin, un testimonio auténtico del proceso y una carta del tenor siguiente: "Santísimo Padre: Juan, por la gracia de Dios y de esa Santa Sede Apostólica, Obispo de Antequera en las Indias Occidentales de esta Nueva España, postrado á los piés de V. S. se los besa profesando obediencia á esa Santa Silla Apostólica Romana, á cuya Santidad envia una pequeña parte de la milagrosa Cruz que se halló en el Puerto de Huatulco, del mar del Sur, dentro de la jurisdiccion y términos de esta diócesis y obispado: acompáñala el testimonio auténtico de los singulares milagros que ha sido Nuestro Señor servido de obrar, y cada dia obra por esta Santa Reliquia y se manifestó cuando Tomás Candish, inglés hereje, corsario que entró á saquear esto dicho Puerto, quiso quitarla, y su veneracion de los ojos y corazon de los fieles, intentando con tenacidad y porfía abrasarla y consumirla, conservándola Nuestro Señor sin lesion, para confusion de los enemigos de su Santa Fé, y porque en V. Beatitud reside el sagrado de ella, como Vicario de nuestro glorioso Padre San Pedro, no satisfaciera á mi obligacion y obediencia si, como fiel hijo y el más humilde súbdito de V. S., no la pusiera en su santísima mano para que como cabeza de toda la Iglesia tenga noticia y apruebe la calidad de este tesoro con que Nuestro Señor ha enriquecido esta nueva viña suya, á cuya bondad suplica conmigo conserve, para su mayor honra y de su Iglesia, la vida de V. Santidad, cuya bendicion apostólica, arrojado á sus plantas, imploro humildemente á los cuatro de los Idus de Mayo de 1613 años.—JUAN, OBISPO DE ANTEQUERA.¡¡

Luego que llegó á Roma el P. Acevedo en cumplimiento de su comision, se presentó al Sumo Pontífice, el cual, leida la carta y recibido el proceso, hincado de rodillas tenia en sus manos con singular agrado la Santa Cruz, y rezando el himno ¡¡Vexilla Regis prodeunt....¡¡ la besó y adoró. Se informó en seguida de los asuntos pertenecientes á aquel Obispado, y mandando se acudiese brevemente al Padre con todo lo necesario al bien espiritual de la misma diócesis, le despidió con benevolencia.

Pasaba esto en fin del año. En el siguiente, 1614, el dia 13 de Setiembre, víspera de la Exaltacion de la Santa Cruz, murió el Sr. Cervántes, habiendo dejado dotada en su catedral la fiesta que se hace cada año el dia 14 del mismo mes. En 1769, en que el Sr. Lorenzana publicó su citada ¡¡Serie de los Obispos de Oaxaca,¡¡ los viérnes de Cuaresma era trasladada la Santa Cruz de su capilla al altar mayor, y cantado con solemnidad el *Miserere* la daban á besar á los fieles. Todavía se practica en dicha Iglesia esta piadosa costumbre y aún adornan el altar de la capilla lienzos en que se ven pintadas las escenas referidas.

Poco tiempo despues de la muerte del Obispo, su sobrino, el mencionado D. Antonio de Cervántes y Carbajal, viviendo ya en la ciudad de la Puebla, de cuya catedral fué maestrescuelas, compró en

precio de seis mil pesos al citado Sr. Juan de Jesus María la capilla,
que para guardar algunas sagradas reliquias habia fabricado este Padre en el presbiterio de la iglesia de su convento de la misma ciudad al lado del Evangelio, y colocó en el principal lugar de ella, para
que fuese su titular, una Santa Cruz de tres cuartas de altura, que
era un fragmento de la de Huatulco. En fin del año de 1860, con
motivo de la impía exclaustracion de los religiosos, sacaron éstos la
Santa Cruz y las otras muchas reliquias que allí se veneraban, y
las guardaron en otros lugares que consideraron seguros fuera del
convento. La capilla en que fué sepultado el dicho maestrescuelas y
en donde se conserva aún su retrato, sirve hoy de sacristía. Habia
igualmente en la antesacristía de la iglesia un lienzo grande en que
se veian pintados los prodigios acaecidos en el puerto de Huatulco
cuando el pirata descargaba su furor sobre la Santa Cruz. Este lienzo fué salvado tambien por los religiosos en la exclaustracion.

En el convento grande de Nuestra Señora de la Merced de esta
ciudad de México se veneraba otra parte de la misma Cruz, trasladada á él del de los religiosos de Jesus María, hácia el año de 1614,
con licencia del Cabildo, en sede vacante, en virtud de un breve pontificio que al efecto obtuvieron los religiosos Mercenarios. Estos mismos conservan aún en la iglesia de su colegio de San Pedro Pascual
de Belen, entre varios lienzos que adornan un altar antiguo dedicado á la Santa Cruz, uno de vara y cuarta de altura y una vara de ancho, pintado por Nicolás Enriquez en 1735, en que se ve la Cruz de
Huatulco ilesa en la hoguera que á su rededor hizo encender el corsario. (Gay, "Historia de Oaxaca," apéndice 2º.)

APÉNDICE SEGUNDO.

Los ministros del culto católico que han evangelizado la Diócesis de Oaxaca.

L tratar un asunto tan interesante como éste, hubiéramos deseado tener todos los datos suficientes sobre la materia y haber permanecido largo tiempo en Oaxaca, para adquirir el conocimiento exacto y más amplio del carácter y tradiciones de nuestros diocesanos; pero no siendo así, hemos tenido que valernos de las únicas fuentes que citarémos en el curso de este estudio.

"Los primeros ministros del culto que vinieron con Cortés, fueron el P. Fr. Bartolomé de Olmedo, del Orden de la Merced, y el Lic. Juan Diaz, clérigo. El primero se dedicó á la conversion de los naturales, de los cuales bautizó á muchos, y al servicio de los hospitales, y terminó su vida en México durante la expedicion de Cortés á las Hibueras, habiéndosele sepultado en la Iglesia de Santiago Tlaltelolco con la pompa que aquellos tiempos permitian, manifestando los indios el mayor sentimiento por la pérdida de este su primer Apóstol. El Lic. Diaz fué muerto por los indígenas en Quechula, departamento de Puebla, no léjos de Tepeaca, por haber roto sus ídolos, cuya muerte fué castigada por el encomendero de aquel pueblo, Pedro de Villavicencio." (Alaman, Disertacion sobre la historia de la República Mexicana, t. II, Dis. 7.)

Es digno de notarse cómo los dos primeros Sacerdotes indicados, apénas cayó el imperio de Moctezuma, comenzaron sus trabajos apostólicos en la Zapoteca: Fr. Bartolomé de Olmedo bautizando á los infieles, y entre ellos á los Reyes de Zaachila y Tehuantepec, y el Presbítero Juan Diaz celebrando la primera misa en el Valle de Oaxaca. Más singular es todavía la muerte del V. Juan Diaz, quien despues de ofrecer la víctima de expiacion por excelencia ante los pueblos que con más pertinacia han conservado la idolatria, al destruir los ídolos, presentó á Dios el sacrificio de su propia vida.

La organizacion eclesiástica que Cortés pensaba se debia dar al país que habia conquistado, era muy diversa de la que ha tenido, y se reducia á establecer en toda la Nueva España lo que se ha hecho en las misiones de Californias. Primeramente habia pedido, en unión de los Consejos establecidos en las Villas que se habian fundado, por medio de los procuradores enviados á la Corte, Antonio de Quiñones y Alonso Dávila, que se proveyesen Obispos y otros Prelados para los oficios y culto divino; pero en la carta cuarta le dice al Emperador: "que mirándolo bien, le ha parecido que se debe mandar proveer de otra manera, y es que V. M. mande que vengan á estas partes muchas personas religiosas, muy celosas de la conversion de estas gentes, y que de éstas se hagan casas y monasterios por las Provincias que acá nos pareciere que convienen, y que á éstos se les dé de los diezmos para hacer sus casas y sostener sus vidas, y lo demás que restare de ellos sea para las Iglesias y ornamentos de los pueblos donde estuvieren los españoles y para clérigos que las sirvan, y que estos diezmos los cobren los oficiales de V. M. y tengan cuenta y razon de ellos, y provean de ellos á los dichos monasterios é Iglesias: que bastará para todo y aun sobra harto de que V. M. se pueda servir. Y porque para hacer órdenes y bendecir Iglesias y ornamentos, y óleo y crisma y otras cosas, no habiendo Obispos, seria dificultoso ir á buscar el remedio de ellos á otras partes, V. M. debe suplicar á Su Santidad que conceda su poder y sean sus subdelegados en estas partes las dos personas principales de religiosos que á estas partes vinieren, uno de la Orden de San Francisco y otro de la Orden de Santo Domingo, los cuales tengan los más largos poderes que V. M. pudiere."

Pareció bien á Cárlos V el plan de Cortés, reducido como se ve á mandar misioneros, concediendo á los Prelados las facultades necesarias para desempeñar en todo lo que era indispensable las funciones episcopales, y en las circunstancias de aquellos tiempos parece que no podia adoptarse otro mejor, aunque despues vino á ser insuficiente con el aumento de la poblacion española y con el que todas las cosas tuvieron, lo que dió motivo á la ereccion de catedrales, uniformándose la gerarquia y sistema de administracion eclesiástica con el de la Iglesia de Granada, erigida por los Reyes católicos. " (Alaman, obra cit. Dis. 7.)

Tratarémos por consiguiente en este apéndice, de las órdenes religiosas que vinieron á México y de su traslacion á Oaxaca, como de su establecimiento y desarrollo en esa diócesis hasta su extincion, y en seguida darémos una breve noticia de la Provincia Metropolitana de la cual es sufragáneo el Obispado de Antequera, terminando con una breve noticia de los distinguidos Prelados que han regido esa Diócesis, hoy encomendada á nuestras débiles fuerzas.

DE LAS ORDENES RELIGIOSAS.

LOS FRANCISCANOS.

Desde que se divulgó la fama de la Conquista de México, varios religiosos, movidos de fervoroso espíritu, quisieron venir á predicar el Evangelio, y en efecto, vinieron desde el año de 1523 tres franciscanos flamencos, Fr. Juan de Tecto, guardian del convento de Gante, Fr. Juan de Aaora y el laico Fr. Pedro de Gante. El primero fué empleado por Cortés en encargos de mucha confianza: en la expedicion á las Hibueras le acompañó y murió de hambre al pié de un árbol. El segundo falleció en Texcoco poco tiempo despues de su llegada, y el tercero fué el principal instrumento de la enseñanza artística de los indios, á quienes tambien enseñó á leer, escribir y contar. Cárlos V lo apreciaba tanto, que por diversas veces le mandó la dispensa para que se ordenase de sacerdote y le ofreció el Arzobispado de México, cuando quedó vacante por fallecimiento del Sr. Zumárraga, todo lo cual rehusó prefiriendo ocuparse de la instruccion de los indios en la humilde clase de lego de San Francisco.

Animados del mismo espíritu, salieron de Roma autorizados con Bulas pontificias otros dos Franciscanos: Fr. Juan Clapion, tambien flamenco, y confesor que habia sido del Emperador, y Fr. Francisco de los Angeles, del apellido de Quiñones, hermano del Conde de Luna; pero detenidos en España, adonde habian pasado con el fin de formar una mision más numerosa, no pudieron ejecutar sus miras por haber fallecido el primero y haber sido elegido el segundo General de su Orden en el Capítulo que celebró en Búrgos en 1523. Con las facultades que este empleo le daba, dispuso Fr. Francisco de los Angeles hacer por otros lo que no habia podido efectuar por sí mismo, y á este fin nombró á Fr. Martin de Valencia, Provincial que á la sazon era de la Provincia de San Gabriel, con doce religiosos, cuyos nombres deben conservarse en la memoria y en la gratitud de los habitantes de estas regiones, y están á no dudarlo escritos en el libro de la vida: fueron éstos Fr. Francisco de Soto, Fr. Martin, Fr. José de la Coruña, Fr. Juan Juarez, Fr. Antonio de Ciudad Rodrigo, Fr. Toribio de Benavente, Fr. García de Cisneros, Fr. Luis de Fuensalida, Fr. Juan de Rivas y Fr. Francisco Jimenez, sacerdotes, y Fr. Andrés de Córdoba'y Fr. Juan de Palos, legos. Reunida la mision en el Convento de Belvis, pasaron á Sevilla los religiosos que la componian, y habiéndose embarcado en San Lúcar de Barrameda el dia 25 de Enero de 1524, arribaron en diversos puntos de su travesía y llegaron á San Juan de Ulúa el 13 de Mayo del mismo año.

El celo que animaba á aquellos hombres apostólicos por la propagacion de la fe cristiana, el empeño con que se ofrecian á una vida de trabajos y de privaciones, y el ardor con que se consagraban á la conversion de los indios, era efecto de la reforma que la Reina Dª Isabel habia hecho en las Ordenes religiosas. Aquella Princesa, cuyas providencias se dirigian á la mejora de las costumbres y en todas las cuales se descubria siempre un fin religioso, quiso restablecer en el clero español la regularidad de conducta que tanto se habia relajado con la disoluciou y perniciosos ejemplos de los anteriores reinados, y especialmente llamaron su atencion los conventos de frailes y monjas, en los cuales se tenia una vida algun tanto licenciosa, si hemos de creer á los historiadores de aquellos tiempos. Confió una empresa tan difícil al hombre más á propósito para ejecutarla: éste fué el Cardenal Arzobispo de Toledo, D. Fr. Francisco Jimenez de Cisneros, quien por la severidad de sus costumbres, por su perfecta regularidad en la observancia de su instituto, conservando la austeridad del pobre franciscano bajo el brillo de la púrpura, servia á un tiempo de instrumento y modelo de la reforma que se trataba de hacer.

Cisneros empezó la reforma por su propia Orden, y tal fué la alarma que en él se suscitó, que el general creyó necesario venir á Castilla para oponerse á las innovaciones que aquel Prelado intentaba; pero no siendo bastante su presencia para impedirlas, se presentó á la Reina, hablando contra el Cardenal de una manera tan descompuesta, que aquella Princesa hubo de preguntarle "si estaba en su juicio y sabia delante de quién hablaba;" á lo que el audaz religioso contestó: "estoy en mi juicio, y sé que hablo á la Reina de Castilla, un puñado de polvo como yo," con cuyas palabras se salió precipitadamente. Pero ni la Reina ni Cisneros eran para ser detenidos por obstáculos ni dificultades; el carácter de Cisneros era naturalmente arbitrario y resuelto, y cuando obraba por la conviccion de que hacia una obra agradable á Dios y que cumplia con su deber, nada podia contenerle. Autorizado además con las más amplias facultades, que despues de muchas contestaciones y embarazos la Reina obtuvo de la Corte de Roma que se le confiriesen en union del Nuncio para llevar adelante la obra comenzada, ésta se llevó á cabo con teson y constancia. Más de mil frailes abandonaron la España por no someterse á la reforma, y se pasaron á Italia, Francia y aun á los moros de Berbería; pero la disciplina religiosa quedó establecida en todo su vigor, la Reina mereció los aplausos de sus contemporáneos y de todos los historiadores, y cuando la América se descubrió se encontró formado el plantel de varones apostólicos que vinieron á difundir en ella las verdades de la religion y á preparar no sólo con sus palabras, sino todavía más, con su ejemplo, la Fe de Jesucristo." (Alaman, Obra cit., t. II, Dis. 7ª.)

Las Constituciones de la Provincia de San Diego de México en el apéndice que trata de *La precedencia seráphica* nos ministran los siguientes datos:

§ 57. "El año de 1524 entraron en México los doce apóstoles de América con su Prelado Fr. Martin de Valencia... Con tan corto número no era posible llenar una tan gran Provincia como la del Santo Evangelio de México, la cual fundó el dicho venerable Fr. Martin con sus doce compañeros y los venerables Padres de la Observancia que en otras tres misiones antecedentes habian llegado ya á las Indias. Siendo ésta cuarta y última del año de 1524, la más célebre por más autorizada con las pontificias é imperiales Letras. § 58.»

§ 63. «Este año de 1576, fué la segunda entrada de nuestra descalcez franciscana en México.,... y prosiguiendo los *cuasi* nativos alientos de dicha descalcez, volvieron á entrar tercera vez en México los fundadores de esta provincia de San Diego el año de 1580, pasando á la de San Gregorio de Filipinas, y quedándose otros á principiar ésta de San Diego de México para que se esforzaron, habitando en el convento de Hitzilopohco (que los españoles llaman Churubusco), fundacion primera de los doce primitivos descalzos que vinieron á esta ciudad.»

§ 64. «Consta de lo dicho que la primera entrada de nuestra franciscana descalcez en México el año de 1524, precedió dos años á la Orden de Santo Domingo, y nueve años á la de N. P. S. Agustin; 46 á la Sagrada Compañía de Jesus, 58 á la religion de Nuestra Sra. de la Merced, 61 á los padres Carmelitas Descalzos, y 80 cabales á la Hospitalidad de San Juan de Dios.» § 35. De consiguiente, partiendo del año de 1524, entraron en México los Domínicos en 1526, los Agustinos en 1533, la Compañía de Jesus en 1570,[1] la Provincia Descalza de San Diego en 1580, los Mercedarios en 1582, los Carmelitas en 1585, y los religiosos de San Juan de Dios en 1604.

Todas estas órdenes con el tiempo se extendieron hasta Oaxaca, fundando sus conventos ó residencias en la importante ciudad de Antequera, la tercera que al decir de los historiadores de aquella época, despues de México y Puebla, habia más grande en toda la Nueva España.

§ 6J. «El año de 1531, en 12 de Junio estaba ya tan plantada la fe en las Indias por los doce Minoristas descalzos y,los demás apostólicos predicadores, que en dicho dia, mes y año, escribió desde México al Comisario General Cirmontano Ntro. venerable Fr. Martin de Valencia: *Hablando la verdad y no por vía de encarecimien-*

1 Consta por la historia de la Compañía de Jesus, escrita por el P. Alegre, S. J., que los Jesuitas llegaron á Veracruz en 1572, y nos atenemos más bien á esta fecha.

to, más de un millon de indios han sido bautizados por vuestros hijos, cada uno de los cuales (principalmente los doce que juntamente conmigo fueron enviados) ha bautizado más de cien mil."

Por las notas anteriores consignadas en un libro que constantemente ha estado en manos de los padres franciscanos, se ve que ántes de la venida de Fr. Martin de Valencia habian llegado otras tres misiones á las Indias. § 57. Sabemos que en una de ellas llegaron los tres religiosos flamencos Fr. Juan de Tecto, Fr. Juan de Aaora y Fr. Pedro de Gante; otra fué probablemente la que salió de Roma, compuesta de Fr. Juan Elapion y Francisco de los Angeles, pero que no llegó hasta México, y la tercera fué tal vez la que señala el P. Gay, refiriéndose á Torquemada, cuando indica que los franciscanos recorrieron la provincia de zapotecas y estuvieron en Mitla.

Si estos religiosos proporcionaron á Torquemada datos sobre Mitla, no estaba fuera de lugar el conjeturar que visitaron y acaso se detuvieron en alguna de las poblaciones circunvecinas. Por esto nos inclinamos en un principio á creer que habian estado en el pueblo de San Francisco Caxonos, hoy dia cabecera de parroquia colindante con la de Mitla; pues al practicar la santa visita en dicha cabecera de Caxonos, nos llamó la atencion todo lo que en ella encontramos, viendo por primera vez en esta Diócesis un curato con todos los caracteres de haber sido fundado por los padres franciscanos: la iglesia de muros gruesos y bajos y muy ancha en su capacidad interior, la puerta lateral desproporcionadamente amplia para su altura, el cementerio con tres entradas y arcos á los tres vientos libres, y la casa cural en forma de convento pequeño, con sus puertas angostas y bajas como de las celdas en los conventos de franciscanos; no dejaban entrever señal alguna característica de haber sido una de las construcciones de los domínicos, tan numerosas en la Diócesis de Oaxaca.

La iglesia está dedicada á San Francisco de Asís, y tiene en el altar mayor una hermosísima escultura guatemalteca que representa á este santo fundador. Examinados los restos del antiguo retablo, que ha sido reemplazado por uno nuevo, encontramos un gran escudo en alto relieve de la Orden Seráfica; y habiendo hecho ulteriores indagaciones, se nos informó de otro escudo que estaba sobre la puerta que comunica el presbiterio con la sacristía: en el acto mandamos lavar la pared para quitar la capa de cal con que no hace mucho fué blanqueada, y en efecto, apareció el escudo de los dos brazos cruzados. En el coro alto se halla un escudo antiguo pintado al óleo que representa la muerte de San Francisco rodeado de varios religiosos de su Orden, y otro lienzo con el mismo santo abrazando á Santo Domingo. Estos datos nos indicaban que aquel curato en su orígen fué fundacion de los franciscanos; mas estudiando el asunto, hemos quedado persuadidos que, sin embargo de lo referido, esas construcciones fueron obra de domínicos, porque los franciscanos, segun hemos averiguado, nunca tuvieron á su cargo la administracion parroquial en la Diócesis, con excepcion de la parroquia de Teotitlan del Camino, que tuvieron al poco tiempo de haberse establecido en la Diócesis, la cual entregaron muy pronto al Gobierno eclesiástico, y además, porque el historiador Burgoa en el cap. 64, t. II de su obra, asegura que la fundacion de la parroquia de San Francisco Caxonos fué hecha por los domínicos en 1623, habiéndose instituido en doctrina por mandato del Virey y audiencia con provision real en un capítulo Provincial en que salió electo N. P. Fr. Juan Enriquez.

Por otra parte, los indios, tan apegados á sus costumbres, conservan hasta hoy en su asistencia al culto las prácticas de los franciscanos. Los acólitos revisten aún la sotana de sayal, llevan la capucha encima del roquete liso, y sirven ante el altar siempre descalzos. Esta última circunstancia se nos hizo más patente en la visita Pastoral que practicamos, pues á distancia de dos leguas largas de Caxonos los pueblos pertenecientes á la cabecera se presentaron para recibirnos, como de costumbre, con velas de cera, flores, incienso y música, llevando al frente de ellos los tres acólitos con Cruz alta y ciriales, caminando descalzos. Este hecho es muy notable, porque ninguno, ni el más infeliz, anda por esos terrenos tan pedregosos sin calzarse. Parece pues probable que las imágenes, las inscripciones, el traje franciscano y la inveterada costumbre de servir el altar, se habrán conservado por alguna primitiva fundacion que hicieran los franciscanos, y despues respetaron los domínicos al construirse la parroquia de Caxonos por la evangélica armonía con que aquellas dos Ordenes vivieron.

La provincia franciscana de México con el nombre del Santo Evangelio, fué confirmada por Clemente VII en 1532. De esta provincia salió en 1604 la de Zacatecas, en 1607 la de Guadalajara, y en 1665 la de Michoacan. Los religiosos franciscanos que se establecieron en Querétaro, bajo el título de Colegio de la Santa Cruz, pertenecieron á la Congregacion de «Propaganda Fide.»

La Orden de San Diego se fundó en España en 1496, por Fr. Juan de Ntra. Sra. de Guadalupe, y fué perfeccionada por San Pedro de Alcántara. Los padres de esta Orden llegaron á México con el Padre Fr. Pedro de Alfaro, estableciéndose en el convento de San Cosme en el año de 1576. En 1593 principiaron la custodia, y despues con suficiente número de conventos se erigió en Provincia en 1599, bajo la advocacion de San Diego. El protomártir mexicano San Felipe de Jesus, canonizado el 8 de Julio de 1862, salió de esta familia. La provincia de San Diego llegó á establecer en la Nacion catorce conventos, entre ellos el de Oaxaca.

Los religiosos dieguinos sirvieron poderosamente para la enseñanza de los preceptos evangélicos, más que por la palabra, mediante sus obras y buen ejemplo, practicando con grande edificacion de todos las virtudes cristianas, muy principalmente, conforme á la mente de su fundador, el espíritu de humildad y pobreza. Llegaron en Oaxaca á su mayor apogeo á principios del siglo XVIII, cuando en el convento de San Francisco llegaron á residir doce frailes. Decretada la exclaustracion, la Sagrada Mitra de Oaxaca procuró con decidido empeño la conservacion de algun religioso franciscano en el templo de San Francisco, el que fué confiscado, pero al fin entregado al Gobierno eclesiástico para el uso del culto católico, debido á las instancias que hicieron algunos vecinos. Residiendo un padre franciscano en las piezas contiguas á San Francisco con el carácter único que permitió la ley, de capellan del templo, era fácil conseguir la conservacion de las tradiciones piadosas, la propagacion de la Tercera Orden y las prácticas religiosas especiales de los franciscanos. Desgraciadamente el año próximo pasado se hizo necesario remover al capellan indicado, que lo era entónces el R. P. Fr. Buenaventura Mancera. Este religioso se resistió abiertamente á las órdenes de sus superiores, y con escándalo general publicó un folleto en que sostenia su rebeldía, desconocia la autoridad de la Sagrada Mitra y se declaraba *Guardian del Convento de San Francisco.* Comprendiendo al fin su situacion, entregó la iglesia al Gobierno eclesiástico, y solicitó perdon, el que con fecha 24 de Octubre de 1888

le concedimos desde luego por nuestra parte; pero el gobierno civil
en vista de la publicacion del Padre Mancera, dictó una órden, que
oficialmente nos fué comunicada, mandando á la Jefatura de Hacienda de Oaxaca que recogiéra la iglesia de San Francisco de aquella
ciudad y la parte del ex—convento del mismo nombre que no estuviese ocupada por el Estado; "pero si es un solo clérigo, ó capellan, el
que vive en esa parte del ex—convento, como encargado del culto del
aquella, suspenda vd. todo procedimiento, dejando las cosas en el estado que guardan." Al llegar esta órden á Oaxaca, el R. P. Mancera ya habia hecho la entrega de la iglesia á un clérigo secular que
nombramos, y el templo de San Francisco ha permanecido en nuestro poder.

LOS DOMÍNICOS.

"En 1523 Fr. García de Loayza, domínico, Obispo de Osma, y
confesor del Emperador Cárlos V, encargado del despacho de los negocios de Indias, á pedimento de D. Fernando Cortés mandó veinticuatro religiosos á la Nueva España, doce de su órden y doce franciscanos: el Prelado de los franciscanos fué Fray Martin de Valencia, y el de los domínicos, con título de Vicario Gen ral, Fr. Tomás
Ortiz. Por diversos motivos se detuvo Fr. Tomás Ortiz en España,
y sus compañeros se adelantaron hasta la Isla Española de Santo
Domingo, en donde permanecieron, y habiéndose juntado, prosiguie-
ron su camino, y desembarcaron en Veracruz y entraron en la ciudad
de México el año de 1526. Los domínicos fueron hospedados en México por los franciscanos que dos años ántes se habian establecido
en la capital: el personal se componia de Fr. Tomás Ortiz, Vicario
General, Fr. Vicente de Santa Ana, Fr. Diego de Sotomayor, Fr.
Pedro de Santa María, Fr. Justo de Santo Domingo de Betanzos,
Fr. Diego Ramirez, Fr. Bartolomé de Calzadilla, lego, y Fr. Vicente de Las Casas, novicio, y algunos más, entre ellos Fr. Francisco de
Mayorga, Fr. Francisco de Santa María, Fr. Alonso y Fr. Bartolomé
de Santo Domingo, lego, pues Fr. Tomás Ortiz al salir de España
para la Isla Española, trajo consigo á otros ocho religiosos que se

agregaron á los doce, que estaban esperándole: de éstos, tres habian muerto, y dos, por haberse desanimado, no pasaron adelante. [1]

El capitan Pedro de Alvarado, con el interés de que el cristianismo se propagara en la region del Oriente hasta Guatemala, solicitó de los Padres domínicos enviasen emisarios á aquellos pueblos «ántes que se embarcasen con la enseñanza de los indios de México y su comarca.» [2] Fr. Tomás Ortiz, deseando complacer al conquistador, resolvió partir para España en busca de nuevos operarios, pues cinco de los que trajo á México ya habian muerto, y casi todos los demás resolvieron volver á su patria para reponer su salud quebrantada. En efecto, en Febrero de 1527, Fr. Tomás Ortiz se embarcó con el mismo Alvarado, dejando reducida la comunidad dominicana á Fr. Gonzalo Lucero, Diácono, Fr. Vicente Las Casas, novicio, y Fr. Domingo de Betanzos, como Prelado.

A principios de 1528 Fr. Vicente de Santa María, con el título de Vicario General se embarcó en San Lúcar acompañado de veinticuatro religiosos domínicos, destinados á la Nueva España: al cabo de ocho meses llegó á Veracruz al mismo tiempo que el adelantado Pedro de Alvarado con su gente. Una vez en México, en donde ya habia aumentado la comunidad que tenia á su cargo Fr. Domingo de Betanzos, se procedió á la eleccion canónica de Prelado, y resultó unánimemente nombrado Fr. Vicente de Santa María.

La familia dominicana aumentó rápidamente, hasta el grado de que en 1530 habia en toda la Nueva España más de cincuenta religiosos, y con el tiempo se formaron las siguientes provincias. En 1532, á instancias de Fr. Domingo de Betanzos, la de Santiago de México: en 1536, la de San Juan Bautista del Perú: en 1551, la de San Vicente de Chiapas y Guatemala: y en 1592 se instituyó la provincia de San Hipólito Mártir, señalándole por término todo el Obispado de Oaxaca.

Se formó esta Provincia de cinco Prioratos: el de Santo Domingo de Oaxaca, Santiago de Chilápan, San Pedro de Tehuantepec, Santo Domingo de Yanhuitlan y la Asuncion de Nuestra Señora de Tlaxiaco. Juntamente se fijaron treinta Vicarías en el órden siguiente:

1 Historia de la Provincia de San Vicente de Chiapas y Guatemala, por Antonio de Remesal, libro I, cap. 6 y 7.
2 Remesal, obra citada, cap. 8.

San Pablo de Etla, San Pablo Huazolotitlan, Zaachila, Zimatlan, Santa Cruz Mixtepec, Santa Ana Zagache, Ocotlan, Las Minas, Santo Tomás Juliesa, Teitipac, Tlacochahuaya, Teotitlan, y Tlalistac, todas situadas en el Valle de Oaxaca. En la Sierra: la Villa alta de San Ildefonso, Santiago de Choapam, Totontepec, Juquila, Quesaltepec, Nejapam, Tepuztepec, Los Chontales, Tequisistlan, y Jalapa. En la Mixteca: Achintla, Jaltepec, Tilantongo, Nochistlan, Las Almoloyas, Tecomastlahuaca, y Tuxtlahuaca. Los curatos de Coixtlahuaca, Teposcolula, Tejúpan y Tamazulapán quedaron por razones especiales agregados á la Provincia de México. [1]

Los Padres dominicos no se limitaron á la administracion de los Curatos mencionados, sino que se extendieron y fundaron sucesivamente nuevas doctrinas, entre ellas la de San Francisco Caxonos. Burgoa, refiriéndose á los naturales de los pueblos de Caxonos, los pinta como "desleales, varios, altivos, negociantes, codiciosos y mercaderes." Júntaseles, dice el mismo Burgoa, los que llaman Nexichos, astutos, maliciosos, inclinados á robos y desacatos, con otros serranos supersticiosos, acostumbrados á alevosías y hechiceros, calidades en que los Prelados repararon á tenerlos sujetos á la vista de nuestro Fr. Jordan: visitábalos á menudo, predicándoles, enseñándoles la doctrina y reduciéndoles á los aranceles de la fe, los errores, idolatrías y supersticiones que entre ellos se han continuado, como embebidos en las venas.... En 1623, por mandato del Virey y audiencia, se instituyó en doctrina y Vicaría, nombrando por su primer Vicario á un sujeto docto y muy escogido ministro, como pedia la necesidad. Trató con ellos de que hiciesen Iglesia decente, y aunque aplicó la eficacia de su condicion, que era mucha, no alcanzó á moverlos á que obraran como podian, porque el gentío de la cabecera y jurisdiccicn es grande, los materiales de maderas escogidas en la vecindad, piedra, cal y agua dentro de casa: faltaba el alma, que era la devocion, y se encogian torpes las manos para la obra.... Tuvo la gran dicha este pueblo de alcanzar por Patron al simulacro vivo de la humildad, á la imágen animada de Cristo, al aparador sensible en que se representan sus penas...., á nuestro esclarecido Padre San Francisco. La iglesia y el altar mayor se lucen por su aseo y limpieza, se ha hecho una sacristía competente, y el convento con decente órden para

1 Remesal obra citada, libro XL, cap. 16.

la clausura y vivienda de los religiosos, tiene suficientes oficinas; administran á quince pueblos (los seis que actualmente constituyen la parroquia de Caxonos, y los once del curato de Santiago Zoochila), de los mejores y más seguros caminos que hay en toda la jurisdiccion de la Villa (Alta de San Ildefonso), el 'templo de la cabecera es sanísimo, que toca en caliente y seco, tendrá cerca de doscientos vecinos, es gente ágil, trabajadores, mercaderes, grandes trajinadores de tierras con el oficio de arrieros, muy defensados en su proceder, y saben bien buscar la comida: son hábiles para la música, y en la eclesiástica tienen muy buena capilla; diestros en el canto y de suaves voces. Está colocado "el sitio del pueblo sobre lomería espaciosa y dilatada, y en medio del camino real sin estomagarse del continuo pasaje de españoles de todos estados [1] y cae respecto de la Ciudad (Oaxaca), al Nordeste, en distancia de quince leguas, habiendo declinado dos de la cumbre de la montaña." [2]

En la Arquidiócesis de México los Padres franciscanos fueron los más celosos ministros en la propagacion del Evangelio: ayudaron poderosamente al clero secular en la administracion de las parroquias, hasta que con el trascurso del tiempo, existiendo un número competente de eclesiásticos seculares y por el ingreso en el país de las otras comunidades religiosas, se proveyó que en adelante se limitaria la asistencia del clero regular en la administracion parroquial, dedicando dos curatos para cada una de las órdenes que los solicitaron. En la diócesis de Puebla poca ó ninguna intervencion han tenido las órdenes religiosas en la cura de almas. En Oaxaca, por las muchas dificultades locales y el gran celo que desde un principio demostraron los hijos de Santo Domingo, obtuvieron de los Ilustrísimos Señores Obispos de Antequera la más amplia esfera de accion, y formaron y poseyeron el mayor número de los Curatos del Obispado. Como era consiguiente, apénas hubo bastante clero secular, se sintió el efecto de aquel órden de administracion. Consultando la historia, vemos que la Provincia de San Hipólito de Oaxaca fué tomando constantes creces hasta por el año de 1700, pues

1 El paso por Caxonos, por la configuracion de las montañas, es el más recto, ménos escabroso, seguro y cómodo para comunicarse de Oaxaca con los distritos de Villa Alta y Choapam.
2 Burgoa, tom. II, cap. 64.

nos dice el Padre Gay que por este tiempo habia cerca de doscientos domínicos en sus tres casas de la ciudad; pero desde esa época comenzó á declinar, y lentamente ha ido entregando las parroquias á la Sagrada Mitra, al punto que hoy en dia ha quedado reducida solamente la Provincia á la ocupacion de cinco curatos en las Mixtecas

El Rmo. D. Fr. Angel Maldonado, de la Orden de San Bernardo Dignísimo Obispo de Antequera, en comunicacion de 28 de Setiembre de 1704, representó al Virey Duque de Alburquerque, encareciendo el favorable despacho de la súplica que el cabildo de su Iglesia y el estado eclesiástico secular de su Obispado habian hecho á su Excelencia en instancias de "11 y 20 del mismo mes y año, para que fuese servido de remover á los religiosos de Santo Domingo de las diez doctrinas" que le indicaban. [1] Esas doctrinas que señalaron fueron las de Santa Cruz Mixtepec, Santa Ana Zegache, Ocotlan, Zaachila, Tlalistac y Huitzo en el Valle de Oaxaca; la de San Francisco Caxonos y San Ildefonso Villa Alta en esa Provincia, y la de Achintla y Justlahuaca en la Mixteca. El expediente se apoyaba en que habia por entónces en el Obispado de Antequera 282 clérigos y sólo estaban en posesion de 60 curatos, siendo éstos notoriamente los ménos productivos. El Rey de España, en 24 de Noviembre de 1705, accedió á la súplica, fijando por base que los diez curatos que habian de ingresar en el estado eclesiástico secular no fuesen los señalados en la lista, sino los diez que sucesivamente fueren vacando. [2]

Actualmente la Provincia de San Hipólito Mártir ha quedado reducida al cuidado de los curatos de Tlaxiaco, Yanhuitlan y Achintla, y tambien los de Coixtlahuaca y Teposcolula por convenio que hizo esa Provincia respecto á estos dos últimos con la de Puebla: cada una de estas parroquias comprende todo un distrito en la divi-

1 Expediente oficial que se conserva en el archivo de la Sagrada Mitra de Oaxaca.
2 Refiere la tradicion que habiendo sabido el Illmo. Señor Maldonado esta resolucion ántes que los domínicos, invitó á un banquete á los Superióres del Convento de Santo Domingo, y en la mesa hizo servir solamente bobos (pescado que abunda en los rios de la Sierra de Oaxaca), condimentados de distintas maneras. En conversacion durante la comida, el Señor Obispo tocó el asunto pendiente, y *pro bono pacis* propuso una transaccion. Vacilaron los Superiores, pero al fin accedieron entregando de una vez para siempre algunos de los curatos designados en la lista. Llegó despues la cédula real ordenando que se entregasen á la Sagrada Mitra las diez parroquias de la Provincia que primero vacaran: así aumentó el número y mejoró la calidad de los beneficios que poseia el estado eclesiástico secular.

sion territorial del Estado. El curato de Achintla, por no haber Padre domínico que lo administre, está servido por un clérigo secular: Yanhuitlan, de la misma manera, por la quebrantada salud de su párroco regular, y en Tlaxiaco residen dos religiosos cuyas fuerzas no alcanzan, por cierto, para servir una ciudad, hoy tan crecida y rodeada de numerosos pueblos. Deseamos, sin embargo, guardar todas las atenciones de respeto y gratitud á la venerable Provincia de Predicadores de Oaxaca, y si no nos es dado, como quisiéramos, prolongar la vida á los últimos vástagos de la familia que tantos beneficios derramó sobre el extenso territorio de nuestro Obispado, siquiera no agravarémos su situacion y le guardarémos hasta el último momento de su existencia nuestras simpatías y afectuosas consideraciones.

LOS AGUSTINOS.

Don Lúcas Alaman nos refiere en su disertacion sétima sobre la historia de México, que en el año de 1533 llegaron los Padres Agustinos, quienes animados de gran celo y empeño se distribuyeron el país con los religiosos franciscanos y domínicos para la predicacion y enseñanza religiosa: por haber venido hombres de más ilustracion, contribuyeron mucho á los progresos de la Universidad cuando se hizo la fundacion de ella.

Concretándonos á Oaxaca, el Presbítero Gay en su historia citada, t. II, cap. 5, asienta que en el año de 1586 ya existia el templo de San Agustin, segun consta por la relacion de un viaje hecho á Oaxaca en ese año por Alonso de Ponce, Comisario de la Provincia del Santo Evangelio, y por otra parte, Fr. Juan Grijalva en su Crónica de Agustinos dice que fué Fr. Juan Adriano quien fundó personalmente en Oaxaca. Este Adriano, religioso agustino, se distinguió por su celo en la propagacion de su Orden; orador elocuente, teólogo, doctor, escribió varios opúsculos que dejó inéditos. En 1590 desempeñó el cargo de Provincial de su Orden y murió en 1599.

Al juzgar por las ruinas existentes del Convento é Iglesia de San Agustin, es de presumir qué aquellos religiosos tuvieron en la ciudad de Oaxaca una comunidad de alguna importancia, y deben ha-

berse señalado por su predicacion y el esplendor del culto. En efecto, dice el Padre Gay, que en tiempo del Sr. Maldonado, en el
Convento de San Agustin, moraban diez y ocho religiosos que enseñaban artes y Teología. Tambien se sabe que cuando fué clausura-
do el Colegio de los RR. Padres Jesuitas. los religiosos agustinos y
domínicos se dividieron la enseñanza superior en Oaxaca.

El Sr. general D. Mariano Jimenez en la Memoria que formó cuando fué Gobernador del Estado, dice: "Que San Agustin y su ex—convento comenzaron á construirse en el año de 1699, y se terminó la
obra en 1722; el solo templo en la actualidad representa un valor
de $70,000." En vista de la diferencia de fechas que se nota en los
datos anteriores, es probable que la obra á que se refiere el Sr. Jimenez haya sido una restauracion completa de todo el edificio, cosa
muy natural por causa de los fuertes temblores, que en varias épocas han destruido en Oaxaca· aun las más sólidas construcciones. [1]

Al mencionar la Orden Agustina, viene á la memoria la fundacion
del convento de las Recoletas Agustinas en el Venerado Santuario
de Nuestra Señora de la Soledad, Patrona predilecta de los oaxaqueños. El Arcediano Otalosa y Carbajal construyó ese magnífico monumento, comenzado en 1682, y concluido en 1690. Siete años despues, en 14 de Enero de 1697, llegaron á Oaxaca las religiosas fundadoras: la madre Bernarda Teresa de Santa Cruz, como Priora, la
madre Ana de San José, la madre María de San José, y la madre
Antonia de la Madre de Dios. Esta fundacion fué debida á la solicitud de ambos cabildos de Oaxaca, que hicieron al Illmo. Sr. Santa
Cruz, para que del convento de las Mónicas, que habia fundado en
Puebla por el año de 1682, enviara las mencionadas fundadoras,
como lo hizo en 1º de Enero de 1697. En este convento las Agustinas recoletas ejercitaron por cerca de dos siglos las más heroicas virtudes, sobresaliendo entre sus hermanas la V. Sor Antonia de la Madre de Dios, cuyo nombre ha llegado hasta la época presente á ser
querido y reverenciado por religiosos y seculares.

1 En los momentos de mayor exaltacion de la época revolucionaria, y cuando
fueron exclaustrados los religiosos de Oaxaca, se perdieron las bibliotecas de los conventos y la del Seminario Conciliar. Sólo parte de ellas se encuentra hoy en la biblioteca del Estado: á la vez los documentos todos de la Curia eclesiástica, y aun los
que pertenecieron al palacio Episcopal, pasaron á poder del Gobierno civil, lo cual
nos ha privado de adquirir más datos y detalles como hubiéramos deseado.

LOS JESUITAS.

Felipe II, Rey de España, en 3 de Mayo de 1566 escribió una carta á San Francisco de Borja, general de la Compañía de Jesus, diciéndole entre otras cosas: "Por la buena relacion que tenemos de
las personas de la Compañía y del mucho fruto que han hecho y hacen en estos reinos, he deseado que se dé órden, cómo algunos de ella
se envien á las nuestras Indias del mar Océano. Y porque cada dia
en ellas crece más la necesidad de personas semejantes, y nuestro
Señor seria muy servido de que los dichos Padres vayan á aquellas
partes por la cristiandad y bondad que tienen, y por ser gente á propósito para la conversion de aquellos naturales, y por la devocion que
tengo á la dicha Compañía, deseo que vayan á aquellas tierras algunos de ella. Por tanto, yo vos ruego y encargo que nombreis y
mandeis á las nuestras Indias veinticuatro personas de la Compañía
adonde les fuere señalado por los del nuestro Consejo, que sean personas doctas, de buena vida y ejemplo y cuales juzgareis convenir
para semejante empresa. Que además del servicio que en ello á nuestro Señor hareis, yo recibiré grande contentamiento y les mandaré
proveer de todo lo necesario para el viaje. Además de eso, aquella
tierra donde fueren, recibirá gran contentamiento y beneficio con su
llegada." Accedió gustoso el Santo General, y el 28 de Junio de 1566
se embarcaron en San Lúcar los primeros misioneros, los Padres Pedro Martinez y Juan Royel, y el hermano Francisco de Villareal.[1]
   Al pasar por las costas de la Florida desembarcó el Padre Pedro
Martinez con algunos marineros, y sorprendido por unos bárbaros
Tacatucuranos, recibió la muerte á golpes de sus macanas, con edificante resignacion y serenidad. Sus dos compañeros desembarcaron
salvos en la Habana.
   A fines de 1567 San Francisco de Borja envió una nueva mision
compuesta de los padres Juan Bautista de Segura, Gonzalo de Ala-
mo y Antonio Sedeño, y los tres hermanos coadjutores Juan de la
Carrera, Pedro Linares y Vaez, y tambien algunos jóvenes de esperanzas que pretendian entrar en la Compañía y quisieron sujetarse

1 Alegre, Historia de la Compañía de Jesus, libro I.

á la prueba de una mision tan trabajosa. Todos estos religiosos se dedicaron á las misiones del Perú y la Florida. [1]

En Marzo 1° de 1571 escribió desde Madrid el Rey Felipe II una carta al Padre Provincial de Castilla diciéndole: "Venerable y devoto Padre Provincial de la Orden de la Compañía de Jesus de esta Provincia de Castilla: Ya sabeis que por la relacion que tuvimos de la buena vida, doctrina y ejemplo de las personas religiosas de esa Orden, por algunas nuestras cédulas, os rogamos á vos y á los otros Provinciales de dicha Orden que en estos reinos residen, señaládedes y nombrásedes algunos religiosos de ella, para que fuesen á algunas partes de las nuestras Indias á entender en la Instruccion y conversion de los naturales de ellas, y porque los que de ellos habeis nombrado han sido para pasar á las nuestras Provincias del Perú y la Florida y otras partes de las dichas Indias, donde mandamos y ordenamos residiesen y se ocupasen en la instruccion y doctrina de los dichos naturales, y tenemos deseo de que tambien vayan á la Nueva España, y se ocupen en lo susodicho algunos de los religiosos, y que allí se plante y funde la dicha Orden, con que esperamos será nuestro Señor servido, por el bien comun que de ello redundará en la conversion y doctrina de los dichos indios; por lo mismo vos rogamos y encargamos que luego señaleis y nombreis una docena de los dichos religiosos, que sean personas de letras, suficiencia y partes que os pareciese ser necesarias, para que pasen y vayan á la dicha Nueva España á ocuparse y residir en ella en lo susodicho, en la flota que este año ha de partir para aquella tierra; que demás del servicio que en ello hareis á nuestro Señor, cumplireis con lo que sois obligado, y de como así lo hiciéredeis nos dareis aviso para que mandemos dar órden cómo sean proveidos de todo lo necesario á su viaje. Yo, el Rey." [2]

Respondió á S. M. el Padre Diego Lopez, que la resolucion de aquel negocio y eleccion de sujetos pertenecia privativamente al Padre General. Despachó luego el Rey correo á Roma con carta al General, y San Francisco de Borja oyó con increible júbilo la peticion del Rey católico. El mismo Santo nombró luego la mision, como consta por la carta que escribió al Padre Provincial de Toledo. "Para

1 Obra citada, libro I.
2 Alegre, obra citada, libro I.

la mision de Nueva España he hecho eleccion de doce que S. M. pide,
y son éstos: De la Provincia de V. R. el Padre Pedro Sanchez, Rector de Alcalá, por Provincial; el padre Eraso, el hermano Camargo,
en Placencia, Martin Gonzalez, portero de Alcalá, y Lopez Navarro,
residente en Toledo. De Castilla irán el Padre Fonseca, el Padre
Concha, el Padre Andrés Lopez, el hermano Bartolomé Larios y un
novicio teólogo. De Aragon, los hermanos Estéban Valenciano y Martin Mantilla.» El Padre Sedeño pasó de la Habana á Nueva España
á dar noticia al Señor Virey y preparar hospedaje á la mision: en
9 de Setiembre de 1672 llegaron los Padres á San Juan de Ulúa.

Por lo que respecta á Oaxaca, encontramos que D. Antonio Santa Cruz, canónigo de la santa iglesia de Antequera, enviado á México con una comision del Cabildo, tuvo oportunidad de conocer y
de apreciar la conducta de los Jesuitas. Pareciéndole hombres apostólicos, y cuyo establecimiento podria ser de mucha utilidad á su
patria, determinó declararse con el Padre Diego Lopez, y despues
con el Padre Pedro Sanchez, pidiéndoles una fundacion para Oaxaca.

El referido Padre Sanchez, habiendo ofrecido el Sr. Santa Cruz
proveer lo necesario para el establecimiento de un colegio en Oaxaca, despachó en su compañía á los Padres Diego Lopez y Juan Rogel, con el fin de que reconociesen la tierra y determinasen lo más
conveniente á la gloria del Señor y servicio del público. Fueron recibidos en la ciudad los Padres con grande acompañamiento y concurso de lo más florido de ella. Pasaron inmediatamente á dar la
obediencia al Illmo y Rvmo. Sr. D. Bernardo Alburquerque, Obispo
de aquella ciudad, del Orden de Predicadores, uno de los más celosos
operarios de indios que ha tenido aquella religiosa Provincia, varon
de una sencillez evangélica, y de muy sanas intenciones. El Canónigo Santa Cruz los hospedó en su misma casa, desde donde procuraron luego informarse del afecto é intenciones de los vecinos y del
fruto que podian hacer en la ciudad, y se resolvió el Padre Diego
Lopez á admitir en nombre del Padre Provincial aquella fundacion.
Comenzaron de allí á poco con las previas licencias que gustosamen-
te les habia concedido el Ilustrísimo, á ejercitar los ministerios. Con-
fesaban y predicaban en la catedral, no teniendo aún propia iglesia,
ni habiendo otra en que poderlo hacer. [1]

1 Alegre, obra citada, libro I.

El piadoso y opulento canónigo Santa Cruz hizo donacion á la Compañía de unas casas muy acomodadas que tenian adjuntos unos grandes solares, y que ofrecian un sitio muy á propósito para la fábrica de la Iglesia y Colegio; además, muchos ricos ciudadanos comenzaron á favorecer á los Padres con pingües limosnas, ofreciendo cuidar con sus caudales en todas las necesidades de la casa. Por el poco conocimiento que se tenia entónces de los privilegios de la Compañía de Jesus, se suscitaron algunas dificultades con las demás órdenes religiosas por motivo del sitio que se escogió para el establecimiento del Colegio. Los Padres Jesuitas sostuvieron con buen tino y enérgicamente sus derechos, aunque al mismo tiempo con humildad y desinterés, y esto les valió no sólo el que se les hiciera justicia y que aumentaran sus adictos, distinguiéndose por el afecto y liberalidad D. Francisco Alvarez, D. Julian Ramirez y D. Juan Luis Martinez, Dean de la Santa Iglesia Catedral, sino que el Illmo. Sr. Alburquerque les fuera en adelante enteramente favorable, y áun obtuvieron, con motivo de esta fundacion, la Bula de Su Santidad Gregorio XIII, *Salvatoris Domini*, tan honrosa á la Compañía como á la religiosísima Provincia mexicana. [1] Renunciaron los Padres el sitio que les habia dado D. Antonio Santa Cruz, y el Señor Obispo les agradeció la cesion. Queriendo este señor dar pruebas claras de su aprecio á la Compañía, escribió al Padre Provincial Pedro Sanchez para que volviese á Oaxaca el Padre Diego Lopez, y que enviase con él á algunos otros Padres, para cuya morada les dió más casas en mejor sitio y más acomodadas que las que habian dado ocasion á aquel disturbio. Todo el tiempo de su vida se valió de los Jesuitas para cuantos arduos negocios se ofrecieron á su Mitra, y finalmente, en manos de esos dignos operarios, de quienes quiso ser singularmente asistido en su última enfermedad, entregó su alma al Criador en 23 de Julio de 1579. Los religiosos, desengañados y persuadidos á ejemplo del Señor Obispo, quedaron despues enteramente reconciliados con la Compañía.

El Dean, Don Juan Luis Martinez, dejó para el Colegio una renta fija anual, y quiso que del remanente de sus bienes se fundase, á cargo de la Compañía, un Colegio Seminario con la advocacion de

1 Esta Bula está datada en Roma á 30 de Octubre de 1706, año V de su Pontificado.

San Juan. Fundóse el Seminario y fué su primer Rector el Padre Juar Rogel.

En Oaxaca, muy desde sus principios, se encargó la Compañía de la administracion espiritual de un pueblo vecino de la ciudad que se llama Jalatlaco. [1]

La congregacion de la Anunciata, que pocos años ántes con la licencia del Padre General se habia plantado en México, se extendió al Colegio de Oaxaca. Se leyeron las Bulas y se hizo la fundacion primera de la Congregacion, con asistencia del Illmo. Sr. Dr. Fr. Bartolomé de Ledesma y su Vicario General, del Dean y muchas otras personas de uno y otro Cabildo, que fueron los primeros admitidos en aquella Congregacion.

· A los indios se les predicaba en la Iglesia de San José, que estaba á cargo de la Compañía, en lengua mexicana, y se comenzó á aprender la zapoteca. [2] Actualmente las religiosas exclaustradas, las capuchinas españolas que tuvieron su convento anexo á esta Iglesia, conservan y veneran varios santos de la Compañía.

Habiéndose presentado una enfermedad que hacia igual estrago entre los españoles y los indios, los Padres de la Compañía encontraron abundante mies de merecimientos y de gloria. Fué de notar que en diez y ocho ó más sujetos que moraban en el Colegio, ninguno fuese atacado de la epidemia, tratando incesantemente dia y noche con los apestados y respirando aires corrompidos. La caridad y fervor que mostraron en esta importante ocasion, les ganó nuevas estimaciones de parte del Illmo. Dr. Fr. Bartolomé de Ledesma, quien habiendo fundado un monasterio de monjas, quiso que los Jesuitas le ayudasen á darle la mejor forma para su establecimiento y perpetua observancia.

Aunque ya por el año de 1634 habia dejado la Compañía la administracion del pueblo de Jalatlaco, continuaban los Padres recogiendo copioso fruto entre los indios con frecuentes misiones. Este ejercicio fué más provechoso y necesario el año de 1636, por la epidemia que se extendió entre los naturales de una maligna calentura que ellos llaman *cocolixtli*. [3]

1 Alegre, obra cit., lib. II.
2 Alegre, obra cit., libro III.
8 Alegre, obra cit. lib. VI.

" A fines de 1692 y principios de 1693, se comenzó á tratar con calor en Oaxaca de la fundacion de un Colegio Seminario de indios, *agregado al que tiene en aquella ciudad la Compañía*, á la manera que el de San Gregorio al Colegio de San Pedro y San Pablo en México." [1] Era autor de tan bello y fructuoso proyecto el Lic. Don Antonio de Grado, cura del partido de Xicayan. Fincaba la fundacion y sustento de dicho Seminario en tres haciendas unidas y una de labor que poseia en el Valle de Ejutla. Los seminaristas debian ser por lo ménos doce al cuidado de dos Padres, que debian aprender las lenguas zapoteca y mixteca de la costa, con la obligacion de hacer cada tres años misiones en varios pueblos de uno y otro idioma. El proyecto no se efectuó, porque habiendo concluido el Gobierno del Padre Oddon y entrando en el oficio de Provincial el Padre Diego de Almonázir, éste, examinado el asunto, no juzgó conveniente admitir aquella fundacion. [2]

El año de 1727 fué fatal á la ciudad de Oaxaca por los continuos y espantosos temblores con que por muchos dias se sacudió la tierra, habiendo sido el más fuerte el del dia 10 de Marzo. [3] El Colegio de la Compañía, aún recien edificado, siguió la fortuna de muchas otras fábricas, que fué menester derribarlas para no perecer debajo de sus ruinas. Los Padres pasaban la noche en chozas cubiertas de esteras (ó petates) que se habian levantado en la huerta; la Iglesia, abiertas por muchas partes las bóvedas, no estaba mucho más segura; sin embargo, ningun peligro bastó para que en aquella comun consternacion se dejasen los ordinarios ministerios de confesionario y púlpito, cuyo fruto era correspondiente al temor de que estaban tan saludablemente prevenidos los ánimos. Despues de este acontecimiento

1 Alegre, obra cit. lib. IX. El Colegio llamado de Santa Cruz, que es el Seminario de Oaxaca, mandaba en comunidad diariamente sus colegiales al Colegio de la Compañía á cursar sus cátedras, hasta la época del Señor Obispo D. Buenaventura Blanco, en que se pusieron cátedras y dió enseñanza en dicho Seminario. Habia otro Colegio de Teólogos pasantes, llamado de San Bartolomé, en una casa grande de dos pisos que está frente á la Iglesia de la Sangre de Cristo. Sus colegiales se agregaron al Seminario. Su veca, que todavía se conserva, es larga y encarnada, y la del Seminario es corta y tambien encarnada con un escudo de la Santa Cruz.

2 Alegre, obra cit. libro IX.

3 Fueron horribles los que despues sobrevinieron en la ciudad el dia 28 de Marzo de 1787 y el dia 4 de Octubre de 1800, llamado del Rosario, en que vino á tierra la magnífica cúpula de la Iglesia de la Compañía.

"fué jurado solemnemente Patron de la ciudad contra aquel terri- ble azote, el Santísimo Patriarca San José, á cuya proteccion se atri- buia que en tantas ruinas de edificios, y en tan peligrosas hendedu- ras de otros y en tan fuertes y continuados temblores, no hubiese muerto alguno, ni aún enfermado de peligro, saliendo al aire y dur- miendo en las plazas y en el campo, tantos achacosos de graves y maliciosos accidentes." [1] Por los grandes servicios que en esa cir- cunstancia prestaron los Jesuitas, la ciudad de Oaxaca les pagó con muestras de positiva gratitud, juntándose entre los pudientes $ 6,000 para reedificar su casa é Iglesia. Entre los demás vecinos no faltaron tambien muchos que contribuyesen con sumas conside- rables. El Padre D. Juan Narciso de Robles, que habia sido ántes Canónigo de aquella Santa Iglesia Catedral, aplicó de sus bienes $ 6,000, y D. Sebastian de Santa Cruz reedificó y adornó la Capilla de Nuestra Señora de los Dolores con expensas de más de $12,000.

El 25 de Junio de 1767 al amanecer, se intimó á todos los Jesui- tas en la Nueva España el decreto de expulsion, firmado por el Rey Cárlos III. Obedecieron sin vacilar y todos se dejaron conducir con heroica abnegacion al puerto de Veracruz, en donde por lo insalu- bre del lugar perecieron en pocos dias treinta y cuatro individuos.

Refiere la tradicion que unos Padres de la Compañía que se ha- llaban fuera de la ciudad de Oaxaca á la hora de intimarles en el Colegio el decreto de expulsion, se ocultaron en un pueblo del Es- tado, en donde permanecieron por algun tiempo, viviendo aparente- mente de seglares pero dedicados al objeto de su instituto. A los afa- nes de uno de ellos, se atribuye el que los indígenas de Miahuatlan se distingan hasta hoy en la escritura por la bella forma de su letra, tan generalizada entre ellos. Se dice tambien que en la casa que ac- tualmente habitamos (mientras se concluye nuestra residencia epis- copal), y que por ser tan céntrica ha tenido siempre en los bajos es- tablecimientos de comercio, á fines del siglo pasado fué habitada por un hombre ejemplar en sus virtudes. Habiendo ocurrido un dia en las puertas del almacen una riña sangrienta, oyó los gritos, y viendo que un desgraciado se morin, acudió en el acto á administrarle los últimos auxilios espirituales, diciendo que era sacerdote, y luego se ausentó para siempre.

1 Alegre, obra cit., libro X.

Despues de la expulsion de la Compañía, sus bienes en Oaxaca como en otras partes, fueron ocupados por la Corona de España. El Colegio estuvo algun tiempo abandonado y fué convertido despues en cuartel, y la hermosa Iglesia anexa permaneció cerrada, y tanto por el abandono como por los fuertes temblores que se sucedieron, quedó bastante deteriorada. El Illmo. Sr. D. Manuel Isidoro Perez recabó de la Corona de España el Colegio y la Iglesia, gravó los bienes de las monjas Concepcionistas, y con ese dinero y los auxilios que habia dejado el Señor Fiallo, quedó todo al servicio de las religiosas indicadas, por los años de 1829 ó 30.

Posteriormente, á causa de la exclaustracion, pasó á poder de la Nacion el Colegio y la Iglesia, y despues el Colegio se fraccionó entre algunos particulares que se lo adjudicaron. La Iglesia sirvió de cárcel para la tropa despues de la guerra de intervencion, más tarde de templo protestante, lo cual causó un motin; poco despues, una parte que se segregó fué ocupada por una logia masónica, que no duró mucho, y por último, en Octubre de 1879, á solicitud de los fieles, volvió á abrirse al culto católico.

LOS MERCENARIOS.

La historia de la Conquista de México registra en sus páginas, con respeto y veneracion, el nombre de un insigne mercenario, Fr. Bartolomé de Olmedo. Hernán Cortés al emprender la obra prodigiosa de conquistar la Nueva España y reducir un vasto imperio al dominio de la Corona de Cárlos V, entre los poderosos auxiliares para lograr tan grande intento, encontró á un humilde religioso dotado de sagacidad, prudencia, abnegacion completa y mucho celo por la religion de Jesucristo y la conversion de las almas. Al salir de Cuba el Conquistador mancomunó sus glorias á las de Olmedo, quien léjos de ambicionar el aplauso de los hombres, andaba en busca de una gloria imperecedera, de la gloria eterna. Observante religioso y fervoroso misionero, no fué, sin embargo, poco adicto á su Rey y amante de su patria; pues ayudó á Cortés durante la Conquista con sus prudentes consejos é importantísimos servicios.

En poder del Centro y empuñando ya el cetro de Moctezuma,

Don Hernando Cortés mandó á Sandoval hácia la costa del Norte, y á Francisco Orozco lo destinó al Sur, á la conquista de Oaxaca. En 30 de Octubre de 1521 se le dieron treinta caballos, ochenta infantes españoles y gran número de aliados, los cuales todos, despues de pasar revista en Tepeaca, y de haberse unido con otros indios amigos del mismo pueblo, se internaron en las Mixtecas de Oaxaca. Orozco caminó de conquista en conquista, y habiendo celebrado un convenio con los Mixtecas y Zapotecas, escribió á Cortés que el triunfo era completo. Sin embargo, Orozco habia dado por terminada la campaña de Oaxaca demasiado pronto. Es verdad que la influencia de los sacerdotes de Achintla habia desarmado á las Mixtecas del Valle, es verdad tambien, que los Zapotecas jamás habian intentado resistir á los españoles, pero quedaba el Rey de Tututepec, quien ménos dócil ó más incrédulo, léjos de seguir el ejemplo de los otros caciques, perseveraba obstinado en sus hostilidades haciendo á Tehuantepec el mal que podia, miéntras por otra parte amenazaba á los conquistadores. Cosijopü, Rey de Tehuantepec, dió comision á alguno de los suyos para que llevándole un presente de oro á Cortés, le representase los perjuicios que recibian sus súbditos de los Tututepeques, precisamente por causa de la amistad que los ligaba con los españoles, pidiendo en consecuencia tropas, que unidas con las suyas fuesen suficientes á repeler las constantes agresiones de aquellos enemigos. Cortés hizo confianza para esta guerra que no creia despreciable, de Pedro Alvarado, quien el 31 de Enero de 1522 salió de Coyoacan con treinta y cinco caballos y ciento ochenta infantes. En Oaxaca se le unieron algunos otros, formando un total de cuarenta caballos y doscientos infantes. El 4 de Marzo entró Alvarado en Tututepec con sus fuerzas y el Sacerdote Fr. Bartolomé de Olmedo, que ya habia penetrado hasta el Valle de Oaxaca. El Rey de Tututepec, con los principales de su Corte, se adelantó á recibir á D. Pedro, conduciéndolo á su palacio, que era espacioso y bello, en donde le dió hospedaje, lo mismo que á todos sus soldados.

Cerca de la habitacion del Rey estaba el templo de los dioses, y en torno se agrupaban las casas del vecindario, cuyos techos eran todos de zacate, y se hallaban tan cercanas unas de otras, que justamente se podia temer un incendio. El Padre Olmedo que habia hecho estas observaciones, las comunicó inmediatamente á D. Pedro de

Alvarado, advirtiéndole el gran riesgo á que estaban expuestos, pues con la más pequeña diligencia, cuando los viesen descuidados, los indios podrian rodearlos de llamas, poniendo fuego á sus casas y combatirlos al mismo tiempo, destruyéndolos con tanta más facilidad, cuanto que, en la quebrada loma que servia de asiento al pueblo, las caballerías serían inútiles del todo: buscó el mismo religioso un lugar más á propósito fuera de poblado, y condujo allá á los españoles. [1]

La previsora presuncion del Padre mercenario acaso salvó al ejército de Alvarado, el que si en esos momentos perece, indudablemente hubiera sido causa de un cambio completo en los acontecimientos que se siguieron, tanto en el órden civil como en el religioso. El resultado de la expedicion de Alvarado fué la entera sumision de los diversos reinos de Oaxaca á las armas vencedoras de los españoles y la fundacion de la religion católica en todo ese país, donde por la eficacia de Fr. Bartolomé de Olmedo, que bautizó á centenares, se redujeron al suave yugo del cristianismo tantos y diversos pueblos, guerreros por instinto y altivos por naturaleza.

La dedicacion de la Iglesia se hizo en el año de 1601. [2]

Más tarde, habiéndose revelado contra Cortés los Gobernadores que dejó en México cuando fué á la pacificacion de Honduras, resolvió presentarse ante Cárlos V, y regresó á España. Cortés fué muy bien recibido por el Emperador, quien entónces lo agració con el Marquesado del Valle de Oaxaca. Viéndose constituido Señor de tantas posesiones como las que se le concedieron por el referido título de Castilla, trató de volverse á la Nueva España.

"Lo que más cuidado le daba para volver á este Reino, era traer religiosos ministros del Evangelio y maestros de la fe católica para los indios, y como era tan amante de la Sagrada Orden de Nuestra Señora de la Merced, y habia experimentado el valiente espíritu de sus hijos en toda la conquista del Reino, aunque habia ya dejado los religiosos de Nuestro Padre San Francisco en México, cuando se partió para España, no quiso volverse sin los ministros de su devocion y afecto, y así pidió al Real Consejo de las Indias que mandase al General de la Orden le diese los religiosos que pidiese pa-

1 Gay, obra cit., tom. II, cap. X y XI.
2 Gay, obra cit., tom. II, cap. V.

ra la administracion de los indios de la Nueva España. Así lo hizo el Real Consejo, y obedeciendo esta suprema órden el Rmo. Padre Ministro General de la Orden de la Merced, que entónces era el Rmo. Padre Maestro Fr. Benedicto de Zafont, le dió doce religiosos de vida ejemplar y fervoroso espíritu, de quienes venia por comisario y superior el Padre Fr. Juan de Leguízamo, á quien desde luego escogió Cortés por su confesor y consejero en todas las materias que se ofreciesen del descargo de su conciencia."

Salieron, en efecto, de España los doce religiosos, pero considerando que ya en México existian los Padres Fraciscanos y en Oaxàca los frailes Domínicos, algunos se fueron con D. Pedro de Alvarado á Guatemala, donde fundaron conventos de la religion para la administracion de los indios. "De Guatemala se extendieron á Nicaragua y Honduras, que entónces estaban sin pastor que les enseñase, convirtiese y bautizase, y en ellos fundaron la religion de Nuestra Señora de la Merced, dilatándose en una tan ilustre y extendida provincia."[1]

Los religiosos que se quedaron en la Capital de México no se dedicaron á la administracion de indios, sino á la virtud y buen ejemplo, á los púlpitos y confesonarios y principalmente al estudio. Más tarde, en 1536, pasaron algunos con el Santo Obispo Marroquin á fundar el convento de Guatemala con otros frailes de la misma Orden, que habia allí. Luego que se hubieron multiplicado los conventos, llegó á formarse la Provincia de la Visitacion, la que llegó á tener hasta veintisiete conventos dedicados á la administracion de doctrina entre los indios.

Los Superiores de Guatemala mandaron á estudiar á la Universidad de México los estudiantes de su Orden, yendo los primeros por el año de 1574, y más tarde, en 1589, se vieron precisados á fundar una residencia por el barrio de San Lázaro.

En 1593 se presentó el P. Maestro Fr. Baltasar Camacho, Superior de los Mercenarios, con título de Comendador y Vicario Provincial de ellos, ante el Exmo. Sr. Virey D. Luis de Velasco, pidiéndole licencia para establecer un colegio, con el fin de que pudiesen vivir en él los religiosos estudiantes que enviase de Guatemala, y el Virey accedió concediéndole mandamiento con fecha de Diciembre 15

---

1 Crónica de la Provincia de la Visitacion de Nuestra Señora de la Merced, escrita por el M. R. P. Fr. Francisco de Pareja, estado 1°, cap. XIX

de 1593, pero con la restriccion de que fuese dicho colegio para doce religiosos estudiantes únicamente.

En 1594 llegó de los Reinos de Castilla el Rmo. P. Presentado Fr. Francisco de Vera y Villavicencio con los documentos necesarios para fundar un convento en México, traia tres cédulas de Su Majéstad, fechada la primera en Madrid, á 25 de Marzo de 1565, la segunda en 1592, y la tercera en Enero 8 de 1594.

El Illmo. Sr. Obispo de la Puebla, D. Diego Romana, concedió en Agosto de 1598 al Padre Maestro Fr. Baltasar Camacho que fundara un convento en la capital de su Diócesis, pues el referido religioso le manifestó la necesidad que de ello tenia su Orden por haberse establecido en Guatemala y tener que comunicarse con México: para recorrer una distancia tan larga como la que media entre Guatemala y México, precisaba á los mercenarios tener dos estancias en el camino, y se habian fijado en las ciudades de Puebla y Oaxaca. Presentó el referido religioso la licencia del Real Consejo de Indias, y el Señor Obispo cedió para el objeto un sitio acomodado y la ermita de San Cosme y Damian que estaba al Norte de la Ciudad, por donde se sale de ella para Tlaxcala. [1]

En 1601 se procedió á la fundacion del convento de Oaxaca. El Padre Maestro Fr. Baltasar Camacho presentó al Cabildo de la ciudad de Antequera y al Illmo. Sr. Obispo Fr. Bartolomé de Ledesma el mandamiento del Virey y la súplica del Superior de los Mercenarios, solicitando, por los motivos ya indicados, el establecimiento del referido convento.

"Se dispuso por ambos cabildos, que para la fundacion se diera á la religion una ermita que habia en la ciudad, por la parte que se sale de ella para el camino de Guatemala, la cual tenia por título la ermita de San Marcial. Hízose de ella donacion en forma á la religion con un sitio muy capaz que mira á la ciudad, para que pudiese despues dilatarse dicho convento, y habiendo aceptado la donacion el P. Maestro fundador con los debidos agradecimientos, tomó posesion de la ermita, y dispuso luego en ella el mejor modo de vivienda que pudo segun su cortedad, y fué labrando algunas celdas y oficinas necesarias para la habitacion religiosa suya y de los compañeros que luego le enviaron y asistiesen á su edificio.

1 Pareja, obra cit., estado 2°, cap. VII.

"Luego, al punto que se halló ya con vivienda y compañeros, empezó á labrar una Iglesia acomodada para el lugar en que se hallaba y para ocasionar á los vecinos de la ciudad á que acudiesen á nuestro convento con sus limosnas para dicho edificio, que con ellas y el ardiente celó de su fundador, quiso Nuestro Señor se acabase en breve tiempo, y se colocó en ella el Santísimo Sacramento, y se labró el altar mayor en que se puso la imágen de Nuestra Madre y Señora la Vírgen María." [1]

En el primitivo convento vivieron los religiosos por algun tiempo, y despues, por el año de 1646, se comenzó á perfeccionar "y á sacarlo para la ciudad, porque ántes estaba la vivienda dentro de un patio grande, donde está el pozo de San Marcial, y se dispuso en el otro lado que cae junto á la Iglesia, de suerte que la entrada al convento está junto á la puerta de la Iglesia, y en este ámbito se labraron celdas bajas, muy capaces por los tres lados, dejando sin labrar el lado que cae á la Iglesia, y en este contorno por todos cuatro ángulos se labró un claustro pequeño muy aseado, y en medio de él una fuente de agua, y al rededor de ella tiene plantados unos naranjos, y así está enclaustrado el convento, y como se ha dicho, el ángulo que cae junto á la puerta de la Iglesia, remata con la portería, y despues de ella, para fuera, un compas muy dilatado, y en el ángulo de frente de la portería, en lugar de celdas, está una sacristía muy capaz y bien ordenada, y despues sigue el refectorio de buena proporcion con toda conveniencia para la vivienda de los religiosos que la habitan, que ordinariamente son por todos doce conventuales, y de ellos hay sujetos graduados y predicadores y confesores, que son los que con sus ministerios acreditan mucho el convento, y aun de algunos años á esta parte, los Señores Obispos han pedido religioso que lea filosofía á los hijos de la ciudad y se ha proveido de sujeto continuamente, que lo ha hecho con limosna que dichos Señores Obispos le han situado, y aun el Padre Lector que hoy está, habiendo leido filosofía con mucha utilidad de los hijos de vecinos que se vinieron á graduar de Bachilleres en esta Universidad, [2] le dió el Illmo. Señor Obispo actual, Dr. D. Isidro de Sariñana, cátedra de vísperas de Teología, que actualmente regentea en el colegio de dicha ciudad."

1 Crónica cit., estado 2°, cap. X.
2 So indica la de México, en donde escribió el autor.

"En este convento de Oaxaca estaba ya la Igiesia muy deteriorada y con peligro de caerse por los temblores de tierra que los hay
muy repetidos en dicha ciudad, y viendo que estaba tan aseado el
convento y que á su vista no parecia bien que la Iglesia estuviese
tan arruinada, el Padre Lector Fr. Diego de Aguilar.... fué disponiendo cómo se haria dicha Iglesia, y habiendo reconocido que en Oaxaca hay muchos hombres de caudal y que tienen aplicacion de hacer
limosnas, determinó derribar la dicha Iglesia vieja, que no estaba para ménos, y habiendo dispuesto en la sacristía y refectorio iglesia
interina con todo lo necesario, empezó á abrir cimientos y á hacer
plantà de lo que se habia de hacer.... y comenzó la Iglesia con gran-
dísimos primores de obra, con labores de cantería muy singulares y
de perfectísima arquitectura que es de lo mejor que se ha hecho en
todo este reino, y ahora nuevamente se ofreció un vecino de dicha
ciudad, muy honrado, llamado Manuel Fiallo, á quien Dios ha dado
mucha hacienda, y como venida de mano de Dios la empleó en gran-
dísimas obras pías, y especialmente en fábrica de templos y conventos, como lo vocean agradecidas las sagradas religiones de aquella
ciudad, el cual, viendo lo primoroso de la obra, y la necesidad de ella,
dió la limosna de 15,000 pesos, y aunque parece que con dicha cantidad no se podrá acabar por ser obra de grandísima costa, es cierto
segun el afecto y caridad de dicho bienhechor, que no faltará con su
limosna hasta acabarla perfectamente, y será de los mayores y más
hermosos templos de la Nueva España, y con él quedará en toda perfeccion dicho convento." [1]

Aunque las construcciones indicadas denotan, por lo que ha quedado de ellas, amplitud y hermosura, parece que la comunidad fué siempre reducida en los últimos tiempos. Los religiosos se dedicaban algo á la predicacion y principalmente á la enseñanza, y fomentaron
tanto el culto, que aun en la fecha los vecinos de ese barrio se distinguen por el apego á sus tradiciones y el espíritu entusiasta que
les anima en las funciones religiosas que se celebran en esa Iglesia.

Cuando se efectuó la expulsion de los Jesuitas por Cárlos III, los
Padres Mercenarios suplieron en parte la falta que hicieron aquellos
religiosos de la enseñanza de la juventud oaxaqueña.

Publicadas las leyes de exclaustracion, el convento pasó á poder del

1 Crónica cit., t. II, estado 4º, cap. XLI.

Gobierno civil y despues ha caido en ruinas. Un religioso mercenario quedó cuidando del templo en calidad de capellan, y se esmeró bastante en sostener el culto y conservó las antiguas tradiciones, dispensando las gracias espirituales que por concesiones pontificias disfrutan los de su Orden, hasta que sorprendido por la muerte, y no habiendo otro mercenario con quien remplazarlo, se encargó de la Iglesia un sacerdote secular y ha procurado siempre desempeñar bien su cometido.

LOS CARMELITAS.

Poco dedicado este instituto á la vida activa y casi por completo á la contemplativa, á la oracion y á la penitencia, busca ordinariamente el retiro y la soledad huyendo del bullicio de las ciudades. A este fin, establece sus monasterios en lugares aislados, á no ser que por la inseguridad de los tiempos ú otras razones poderosas se vea obligado á fundar conventos en las poblaciones. Edifican los Carmelitas sus claustros con el objeto, que podriamos llamar exclusivo, de que en medio de su silencio las pasiones se sujeten y el espíritu se consagre á la contemplacion de las grandes verdades. A los ateos, á los materialistas, á los libre-pensadores y á los demás hombres carnales, como dice el Apóstol San Pablo, que no comprenden las cosas del espíritu, les parecerá éste un género de vida enteramente ociosa, y así se atreven á afirmarlo; pero la Iglesia católica y todos aquellos que no se arrastran sobre la materia, y elevan su espíritu á las regiones de lo sobrenatural, comprenden desde luego de cuánta importancia sea para los pueblos la vida que se emplea en las continuas alabanzas al Criador, en el estudio, en la sujecion del espíritu, por medio de una absoluta obediencia en el bien á la voluntad de un superior, y en el vencimiento de las propias pasiones, sujetando el cuerpo á rudas y continuas penitencias, y ofreciéndose, por último, individual y colectivamente como ofrenda expiatoria á la Justicia Divina por los pecados del mundo.

Los mapas de la religion del Carmelo señalan la creacion del convento de Oaxaca en el año de 1669, es decir, á los 84 años despues que entró la Orden en la Nueva España. Este convento se edificó al lado de la ermita de la Santa Veracruz, la cual se trasformó en el suntucso templo que hoy admiramos y es conocido con el nombre del Cármen Alto. Dilató bastante la construccion del convento, que se distingue por su extremada solidez y bella posicion, la que permite admirar desde las ventanas de sus celdas, la parte más hermosa del Valle de Oaxaca. A la magnífica liberalidad del inmortal Fiallo, [1] "nacido para la felicidad de Oaxaca, se debe en parte la construccion del referido édificio. Seria tarea difícil el calcular y referir las innumerables limosnas que hizo en lo privado: sólo nos contentarémos con hacer mencion de aquellas que no pudo ocultar su humildad, ó que despues de su muerte publicó la gratitud.

"Con 14,000 pesos ayudó á los Reverendos Padres Carmelitas y con 30,000 á los Agustinos para la fábrica de su Iglesia; 20,000 gastó en reedificar muchas piezas del convento de San Francisco; 3,000 en el de los Betlemitas; con 30,000 dotó diez camas en el Hospital de San Juan de Dios; 70,000 gastó en la fábrica y adorno del templo de la Merced; con 11,000 aumentó la renta del Colegio de Niñas: 16,000 fincó para que de sus réditos se sustentasen cinco sacerdotes seculares, con la sola obligacion de sacar el guion y varas del palio siempre que saliese el Augustísimo Sacramento; con 80,000 dotó el Colegio de la Compañía de Jesus, al que despues de algunos legados como de 20,000 pesos, dejó por heredero del remanente de sus bienes: más de 500,000 gastó en el espacio de cuarenta años en dotar huérfanas y monjas, y para el mismo efecto dejó fundada una obra pía de 198,000, de cuyos réditos se dotasen annualmente treinta y tres huérfanas, nombrando Patron al Rector de la Compañía. Esto, fuera de muchas fiestas anuales y lámparas perpetuas al Santísimo Sacramento en diferentes Iglesias, de capellanías y otras distintas fundaciones. Hizo fuentes públicas para la comodidad de los pobres, reedificó las casas del Ayuntamiento; ensanchó las cárceles para el alivio de los presos; fabricó las carnicerías, y por más de seis años hizo que á su costa se repartiese de limosna á los pobres, gran cantidad de carnes. En su testamento dejó á los pobres vergonzantes toda su ropa y todos los géneros y efectos que sus encomenderos le remitiesen de los Reinos de Castilla, reducidos á reales, en que se gastaron más de 80,000 pesos." [2]

1 Don Manuel Hernandez.
2 Alegre, obra cit., libro X.

A estas obras deben agregarse la construccion ó reparacion de la Iglesia y casa cural del Marquesado, hecha por el mismo Fiallo en union de Ibarra, párroco de allí, por lo que se conservan aún los retratos de ambos en la portada de esta Iglesia. Murió Fiallo en 1708. En la Iglesia de la Compañia le hizo la ciudad magníficas exequias: su mejor panegírico fueron los suspiros y lágrimas de innumerables pobres. Su cadáver quedó sepultado en el mismo templo.

Se sabe por tradicion que los Padres Carmelitas de Oaxaca fueron siempre españoles casi todos y muy observantes de su regla, extendieron mucho el culto de Nuestra Señora del Cármen, hasta el grado de que con el tiempo se dedicó otra Iglesia en la parte baja de la ciudad á la misma advocacion de María Santísima, y es conocida en el dia con el nombre del *Cármen bajo.*

Las leyes de exclaustracion dispersaron á los Padres Carmelitas y no queda hoy en la Diócesis uno siquiera de esa Orden. El último religioso sacerdote que permaneció en Oaxaca, murió en esta misma ciudad hace como diez y ocho años: se llamó Fr. Pedro del Santísimo Sacramento, mereciendo hasta la muerte todo género de respetos por su vida ejemplar. La Iglesia permanece abierta al culto católico, y el convento pasó á manos de particulares. Actualmente se está trasformando el edificio, y se ha establecido en él Nuestro Colegio Seminario. En un local que se ha construido allí por separado, se enseñan las primeras letras, y en el antiguo convento hay siete salas de clase para los cursos de humanidades, que dura cinco años. Se enseña el español, latin, frances, las matemáticas en todas sus partes, la historia y geografía, y reciben los alumnos, internos y externos, un curso completo de bella literatura con el estudio de los clásicos. El curso de Filosofía es de dos años, y comprende la lógica y las ciencias metafísicas, como tambien la física y la química, con nociones sobre la mineralogía, botánica y zoología.

LOS JUANINOS.

Los monjes Juaninos fueron á Oaxaca á peticion del regimiento y á expensas del capitan Antonio Diaz Masseda, y con el título de Santa Catalina Mártir. Levantaron su templo con licencia del Virey

Conde de Moctezuma, y el Obispo Maldonado lo bendijo y predicó el dia de la posesion, que fué el 8 de Octubre de 1702, [1] siendo comisario de la Orden Fr. Francisco Pacheco Montion. El convento se construyó con todas las enfermerías, viviendas y oficinas de un hospital, sin omitirse una huerta de recreo. Su dotacion fué para doce camas, seis religiosos y un sacerdote que administrase los sacramentos. Al principio fué Masseda quien sufragó todos los gastos; pero despues, con los auxilios de Fiallo y algunas otras limosnas, pudo asegurarse el porvenir de la fundacion. El primer Superior que tuvieron estos frailes en Oaxaca, fué Fr. Juan de Loranca, distinguido por su caridad para con los enfermos. Montion murió en su convento de Oaxaca, de que era Prior, y de 99 años de edad, el 14 de Marzo de 1736. [2]

LOS BETLEMITAS.

El convento de Belen parece que fué edificado por el Illmo. Señor Don Bartolomé de la Cerda, porque en el Diccionario de Historia y Geografía se refiere que este Señor Obispo de Antequera, edificó á sus expensas un convento, y en la Historia Betlemítica, escrita por Fr. José García de la Concepcion, se dice que "en Oaxaca hubo un Obispo que les previno habitacion, dispuso salas con raro empeño, labró cuartos, erigió oratorio y preparó todas las cosas que podian conducir á la formacion de una casa religiosa, y que al mismo tiempo pudiese servir de Hospital" sin revelar el destino especial que le daba. [3] Los betlemitas no llegaron á Oaxaca sino mucho tiempo despues; pero el convento existia ya, pues siendo Obispo el Señor Cuevas Dávalos, se sabe que se incendió, aunque sin estar aún habitado. Durante el Gobierno de este Illmo. Señor, fué aceptado por la autoridad civil en calidad de hospicio, y erigido en convento formal con autoridad del Consejo de Indias en 1686, y vino por último á tener su complemento en el fin del siglo con los donativos del insigne Fiallo. [4]

1 Véase lo que decimos al tratar de la Iglesia de San Juan de Dios.
2 Gay, obra cit., t. II, cap. XI.
3 Libro III, cap. 6°
4 Gay, Hist. cit. cap. X y XI.

Se sabe por tradicion que en el Hospital de Betlemitas se cuidó con mucho esmero de los enfermos, y que la localidad del convento se prestaba de tal manera, por su salubridad, al alivio de ellos, que los religiosos Juaninos solian enviar á ese lugar los convalecientes de su hospital. Se sabe tambien que en Belen enseñaban los religiosos las primeras letras, y el mismo Illmo. Señor, nuestro antecesor, de feliz memoria, D. Vicente Fermin Márquez, concurrió á esa escuela en su educacion primaria.

Extinguidos desde los tiempos vireinales los religiosos laicos, los hospitales de S. Juan de Dios y de Belen fueron administrados por particulares, y en la época de la reforma el gobierno civil tomó á su cargo el de Betlemitas; pero por la distancia del centro de la poblacion, trasladó más tarde dicho hospital y formó el que actualmente existe en el ex-convento de los franciscanos, en donde sólc ha dejado una pequeña habitacion para el capellan que cuida de la Iglesia de San Francisco. La Iglesia oaxaqueña y la caridad de sus hijos nunca han dejado de socorrer á los enfermos: fuera de los dos hospitales indicados se fomentó el hospital establecido al lado de la Iglesia de los Santos Cosme y Damian, y en estos últimos tiempos ha sostenido el hospital de Caridad en la casa habitacion del capellan que tiene á su cargo la Iglesia de San Felipe Neri. Actualmente la haceduría de la Santa Iglesia Catedral entrega por mensualidades á este hospital la parte correspondiente que señala la distribucion de los diezmos.

Contiguo á la pequeña Iglesia de Belen se edificó otro templo mucho más grande dedicado á la insigne Patrona de México. Tenia este templo techo magnífico de arteson, y hubo la desgracia que en un incendio se destruyese, y sustituido. con otro, volvió á perecer más tarde. A nuestra llegada á la Diócesis hace dos años, encontramos el templo de Guadalupe en reparacion; estando ya la mayor parte cubierta de bóveda. Aceleramos la obra, y auxiliados por la piedad de los fieles y los recursos que hemos podido dedicarle, el edificio en su parte material ha quedado terminado, faltando ahora la construccion de los altares y el ornato interior.

En esta iglesia de Guadalupe se verificó un acontecimiento político religioso que no deja de tener algun interés. Como el Cura Hidalgo se sirvió de la insigne imágen de Nuestra Señora de Guadalupe como pendon, y supo levantar al pueblo con la vista de la sagrada imágen para iniciar la Independencia, así el cura Morelos, cuando llegó á Oaxaca y formó su gobierno, quiso que con la mayor solemnidad se celebrara una funcion á Nuestra Señora de Guadalupe, en la que predicó el canónigo San Martin, y dispuso que la venerable imágen Guadalupana se llevase en solemne procesion hasta la Catedral, acompañándola él mismo y haciéndole los honores con toda su tropa y las notabilidades de la poblacion.

Aprovechando las ruinas del antiguo hospital de los betlemitas y teniendo el uso de las dos Iglesias indicadas, por convenio que hicimos con un particular, se ha construido un vasto edificio que sirve en la actualidad de Colegio Clerical. Este Colegio lo fundamos luego que tomamos posesion de la Diócesis para satisfacer á una urgentísima necesidad. Existia la costumbre de llamar á órdenes por medio de un edicto, que se publicaba en la Catedral, y mediante el exámen que se hacia ante los señores sinodales de suficiencia en Teología Moral, y las informaciones que se practicaban sobre los antecedentes y buena conducta del interesado, se procedia á conferirle las órdenes sagradas. Nos ha parecido que en los tiempos actuales se requieren mayores garantías en los jóvenes que pretenden alistarse en el sacerdocio, y que es preciso tengan mayor instruccion y una educacion especial eclesiástica. Determinamos luego sin vacilacion trasladar á los jóvenes que frecuentaban las clases en el Seminario Conciliar y estudiaban la Teología, á otro establecimiento en donde pudieran vivir todos en calidad de internos. Bajo la direccion de un Superior y dos auxiliares se formó el Colegio Clerical Guadalupano, y hoy están sujetos sus alumnos á vivir en comunidad durante cuatro años. Tienen los jóvenes mucha amplitud para hacer ejercicio, pues el local ocupa como cuatro cuadras de la ciudad, y cada mes se les concede un dia de asueto, en que salen al campo á pasear. Durante las vacaciones tienen una casa de recreo con su bonita huerta en donde se les proporciona expansion, pues se prohibe rigorosamente que los estudiantes salgan á la calle, ménos cuando van á la Catedral en las solemnidades principales del año, ó cuando, *siendo ordenado sin sacris* prestan sus servicios en alguna Iglesia. Los parientes cercanos de los estudiantes tienen las comodidades necesarias para que en el locutorio puedan visitarlos los dias festivos.

La carrera literaria abarca la Teología Dogmática, la Teología Moral, la Sagrada Escritura, la historia eclesiástica, el derecho canónico aplicado á las Iglesias hispano-americanas, el canto llano, la liturgia, la olocuencia Sagrada, y por último, nociones de derecho romano, de derecho patrio y de procedimientos en los juicios civiles y eclesiásticos.

LOS FELIPENSES.

Antes de terminar esta noticia sobre las Ordenes Religiosas que florecieron en Oaxaca, justo es que hagamós mencion de la piádosa Congregacion de Felipenses, que edificó siempre á los hijos de Autequera por la vida ejemplar que llevaron sus miembros, y por el inmenso bien espiritual que lograron efectuar entre los fieles, tanto por las pláticas continuas doctrinales y las prácticas de devocion que establecieron, como por la asistencia asidua al confesonario, y los ejercicios espirituales y dias de retiro que constantemente promovian.

Ya desde el tiempo del Sr. Sariñana se habia establecido entre los Sacerdotes la congregacion de la venerable Concordia. Un poco más adelante, el Illmo. Sr. Maldonado trató de fundar el Oratorio, preparándose desde entónces los fondos necesarios y solicitándose de Roma privilegios y gracias que se concedieron, siendo ya Obispo el Señor Calderon.

La fundacion del Oratorio de San Felipe Neri en Oaxaca, se hizo propiamente en el año de 1733 por Bula del Papa Clemente XII, dada en Roma en Santa María la Mayor el 29 de Noviembre de 1732, y por cédula de Felipe V. El que más se interesó por su establecimiento fué el Dean Lic. D. Juan Lacuz Leiva Cantabrana y Zorrilla. Este señor, que á la sazon era Vicario General del Obispado, luego que hubo la Bula de ereccion con los mismos privilegios que disfrutaban los oratorios de su casa de la Naviella en Roma, comenzó la fábrica del templo, continuando despues la de la habitacion hasta su completa conclusion. Dispuso para este propósito tanto de los caudales que ya estaban preparados, como de los muy cuautiosos de su propiedad.[1] Los Felipenses no tuvieron, sin embargo, forma de Con-

1 Un retrato suyo que existe en la Sacristía de San Felipe, tiene esta inscripcion: "El Señor Lic. D. Juan Lacuz de Leiva Cantabrana y Zorrilla, Colegial del real y más antiguo de San Ildefonso en la veca más honoraria de San Bernardo en

gregacion, sino hasta el año de 1750, siendo su primer Prepósito el Padre D. Guillermo Ignacio de Mier, y el último, el P. José María Idiaquez, que murio el 17 de Agosto de 1833. Entre los demás sacerdotes fundadores se contaban D. Felipe Delgado y D. Remigio Briones, ambos muy respetados por su virtud: D. Remigio alcanzó el presente siglo, habiendo fallecido el 8 de Agosto de 1801.

La Iglesia fué consagrada por el Illmo. Señor D. Anselmo Alvarez de Abreu y Valdes el 17 de Enero de 1773, en honor de Nuestra Señora del Patrocinio y de San Felipe Neri. Profanado el altar mayor en el año de 1860, lo consagramos de nuevo el dia 22 de Enero do 1888.

México: Examinador Sinodal de los Obispados de Michoacan y este de Antequera: Vicario in cápite, Juez eclesiástico y Cura interino en el Real de Minas de Guanajuato, Canónigo, Tesorero, Chantre y actual Dean de esta Santa Iglesia de Oaxaca, y en el Obispado Juez Provisor, Vicario General y Sub-Gobernador que fué, Comisario Apostólico de la Santa Cruzada, Juez conservador de la Provincia de San Hipólito Mártir, del Orden de Predicadores de esta ciudad, Rector del Colegio de Niñas y 24 años del Seminario de Santa Cruz y de la Venerable Concordia de N. P. S. Felipe Neri, su bienhechor, en cuyo gobierno, recibido el Breve pontificio de Nuestro Smo. Padre Clemente XII con la Real Cédula de Nuestro Católico Rey D. Felipe V, para la fundacion de este oratorio, comenzó la fábrica de su Iglesia, año de 1733, y fué siguiendo la de la casa hasta efectuar dicha fundacion.

APÉNDICE SEGUNDO.

(2ª PARTE.)

La Provincia Metropolitana de México.

ARA tener una idea más exacta y completa de la formacion de esta Provincia, recordarémos primero su orígen, suministrando algunos datos históricos que conviene tener presentes, é insertando los documentos pontificios y Reales que se relacionan con esa fundacion, para fijarnos en seguida en su desarrollo hasta la época presente.

El Papa Julio II, por su Bula *Romanus Pontifex*, erigió en Obispado la Isla Española de Santo Domingo, y el primer Obispo que tomó posesion de esa silla fué el Illmo. Sr. García de Padilla, franciscano, en el año de 1512: en 1817 se restableció el Arzobispado de Santo Domingo, y por ser el más antiguo de la América, goza del título de Primado de las Indias. [1]

En seguida se hizo la ereccion del Obispado de Puerto Rico en el año de 1512, habiendo sido su primer Obispo D. Alonso Manzo; y en tercer lugar, por informes que recibió la Corte de España de los descubrimientos hechos en Yucatan, Leon X, como consta por la siguiente Bula, hizo la ereccion del Obispado Carolense:

Leo Episcopus Servus Servorum Dei, ad perpetuam rei memoriam. Sacri Apostolatus ministerio, meritis licet insufficientibus, superna dispositione præsidentes ad universi orbis provincias et loca, ea præsertim, quæ Omnipotentis Dei misericordia christianæ veritatis lucem nostris temporibus incæperunt agnoscere, frequenti meditatione intendimus, ut in illis Ortodoxæ Fidei cultus augeatur et christiana

1 Coleccion de Bulas por Hernaez, t. II, pág. 16.

51

religio propagetur, ac eorum incolæ et habitatores Venerabilium Præsulum doctrina et auctoritate suffulti, in eadem Fide semper proficiant, ipsaque loca maxime insignia dignioribus titulis attollantur et majoribus honoribus; præsertim cum id christianorum Regum pia vota exposcant, et cognoscamus in Domino salubriter expedire. Sane, cum claræ memoriæ Ferdinandus Aragonum et Siciliæ Rex, qui etiam dum viveret Regnorum Castellae et Legionis Gubernator fuit, ad laudem et gloriam illius, cujus est terra et plenitudo ejus, ac universi qui habitant in ea, pluribus jam annis elapsis, validissimam classem comparasset, eamque ad novas insulas in Occeano indico inquirendas destinasset, ac inter alias Hispaniolam, Elisabetham nuncupatam, valde notabilem insulam hujusmodi classe repertam, temporali suæ ditioni subjecisset, ac in ea Sancti Dominici et Conceptionis Beatæ Mariæ Cathedrales Ecclesias erigi obtinuisset; paulo antequam ab humanis decederet, similem classem, circiter duo millia hominum habentem, ad alias insulas in eodem mari inquirendas misit, eique dilectum Filium Petrum de Arias Capitaneum præfecit; qui, cum per plures dies navigasset, ad regionem quamdam tandem pervenit, vulgo Iucatam nuncupatam, tantæ magnitudinis, ut adhuc incertum sit, an insula an terra continens sit, eamque sub invocatione ejusdem Beatæ Mariæ de Remediis vocavit, ac in ea juxta littus oppidum sive pagum cum Parochiali Ecclesia sub eadem vocatione extruxit: cumque Charissimus in Christo Filius noster Carolus, Castellæ et Legionis et aliorum Regnorum prædictorum Rex illustris, ejusdem Ferdinandi Regis non modo Regnorum hæres et successor, verum et virtutum imitator, comperisset dictam terram sive insulam per multas leucas in longitudine et latitudine a suis perlustratam esse, et a pluribus hominum millibus habitari, cœloque salubri ac solo fertili gaudere, ejusque incolas et habitatores rationis et humanitatis capaces esse, facileque Orthodoxæ Fidei nostræ adhærere, ejusque mores et præcepta libenter amplecti, nec parvam ipsius Terræ sive insulæ partem suæ ditioni subjecerit, in eaque plura oppida condi fecerit, et in illis Parochiales Ecclesias erigi obtinuerit, speretque multo majorem ejus partem sub ipsius ditione venturam, ac dissolutis errorum tenebris ad lucis veritatem perventuram, et Christum totius humani generis Redemptorem cognituram fore: ac propterea summopere desideret dictum oppidum sive pagum juxta littus maris, ut præfertur, extructum, in civitatem quæ Carolensis appelletur, et illius Ecclessiam prædictam sub dicta invocatione Beatæ Mariæ de Remediis erigi.

Habita igitur super iis cum Venerabilibus Fratribus nostris ma-

52

*tura deliberatione, de illorum consilio præfato Carolo Rege super
hoc nobis humiliter supplicante, ad Omnipotentis Dei laudem et gloriam, ad honorem Beatissimæ et Gloriossisimæ Virginis Mariæ ejus
Genitricis, cum totius Cælestis Curiæ jubilo, auctoritate apostolica,
tenore præsentium, oppidum sive pagum Insulæ Beatæ Mariæ de Remediis hujusmodi, in quo magnus numerus fidelium de præsenti habi-
tat, in Civitatem, quæ Carolensis appelletur, illius vero Parochialem
Ecclesiam prædictam, in Cathedralem Ecclesiam sub dicta invocatione Beatæ Mariæ de Remediis pro uno Episcopo Carolensi nuncupato, qui in dicta Ecclesia erecta et illius Civitate ac Diœcesi verbum Dei prædicet, ac earum incolas Infideles ad præfatæ Orthodoxæ
Fidei cultum convertat, et conversos in eadem Fide instruat et do-
ceat atque confirmet, eisque Baptismi gratiam impendat, et tam illis
sic conversis, quam aliis omnibus fiidelibus in Civitate et Diœcesi
prædictis pro tempore degentibus, et ad illas declinantibus, Sacramenta Ecclesiastica et alia spiritualia ministret, et ministrari faciat, ip-
siusque Ecclesiæ erectæ ædificia ampliari, et ad formam Cathedralis
Ecclesiæ redigi faciat et procuret, ac in Ecclesia et civitate erectis
nencnon Diœcesi prædictis, Dignitates, Canonicatus et Præbendas,
aliaque Beneficia Ecclesiastica cum cura et sine cura erigat et instituat, et alia spiritualia conferat et seminet, pront Divini cultus augmento et ipsorum incolarum animarum saluti expedire cognoverit,
cum Sede et aliis insigniis et jurisdictionibus Episcopalibus, privilegiis quoque, immunitalibus et gratiis, quibus aliæ Cathedrales Ecclesiæ et earum Præsules in Hispania de jure vel consuetudine utuntur,
potiuntur et gaudent, seu uti, potiri, et gaudere poterunt quomolibet
in futurum, perpetuo erigimus et instituimus, et eidem Ecclesiæ opi-
dum sive pagum per Nos in Civitatem erectum pro civitate et partem terræ sive insulæ Beatæ Mariæ de Remediis hujusmodi, quam ipse
Carolus Rex positis limitibus statui jusserit, pro Diœcesi, illorum-
que incolas et habitatores pro clero et populo concedimus et assignamus, ita ut ipse Episcopus Carolensis, qui pro tempore fuerit, in illis
Episcopalem jurisdictionem, auctoritatem et potestatem libere exerceat,
et ex omnibus inibi pro tempore provenientibus, præterquam ex auro
et argento et aliis metallis, gemmis et lapidibus pretiosis, quæ quoad
hoc libera esse decernimus, Decimas et Premitias de jure debitas, cæ-
teraque Episcopalia jura exigat et precipiat, prout aliis in ulteriori
Hispania Episcopis in suis civitatibus et Diœcesibus de jure et consuetudine id licet: necnon jus Patronatus et præsentandi infra annum, propter loci distantiam, personam idoneam ad dictam Eclesiam*

53

Carolensem, quoties illius vacatio, excepta hac prima vice, pro tempore ocurrerit, pro tempore existenti Romano Pontifici per eum in ejusdem Ecclesiæ Episcopum et Pastorem ad præsentationem hujusmodi præficiendam præfato Carolo et pro tempore existenti Regi Castellæ et Legionis, in perpetuum concedimus et reservamus. Nulli ergo omnino hominum liceat hanc paginam nostræ erectionis, institutionis, concessionis, assignationis, decreti et præservationis infringere vel auso temerario contraire; si quis autem hoc attentare præsumpserit, indignationem Omnipotentis Dei ac Beatorum Petri et Pauli Apostolorum ejus se noverit incursurum. Datum Romæ, apud Sanctum Petrum, anno Incarnationis Dominicæ millesimo quingentisimo decimo octavo, IX Kalendas Februari, Pontificatus nostri anno sexto.—GATIAMUS MUTUS MARTI. CONTRERAS BC. ACOLYTUS."*

Concedida esta Bula al Emperador Cárlos V, se recibieron en Europa ulteriores noticias de los descubrimientos hechos en América, y se supo que Yucatan no era una isla como al principio se habian figurado los exploradores, sino parte integrante del continente que en esos momentos conquistaba Hernan Cortés, al que nombraron Nueva España. El primer cuidado de los Reyes de España al descubrirse el Nuevo Mundo, fué el conseguir la ereccion de Obispados en los diversos territorios que se iban agregando á la Corona de Castilla, los cuales debian gobernarse á manera de la Iglesia de Granada. Así se establecieron los que comprenden las islas de Santo Domingo, Puerto Rico y Santiago de Cuba, y pretendiendo hacer otro tanto con Yucatan, al saber que esta península formaba parte del gran país del Anáhuac, se suspendieron los procedimientos relativos á la ereccion de ese Obispado, y toda la atencion se fijó en Cortés, y en la conquista que estaba haciendo del Imperio de Moctezuma. Los españoles abandonaron á Yucatan, cuyo territorio no fué conquistado por entónces, ni era conocido sino parte de él.

Miéntras Cortés se posesionaba de la capital del Imperio Azteca y se aclaraba la situacion de Yucatan, el Papa Leon X concedia en 1514, segun la opinion más probable, la ereccion del Obispado de Panamá en Santa María de la Antigua (Darien), y Adriano VI, en el año de 1523, la del Obispado de Cuba por su Bula *Regimen universalis Ecclesiæ*, nombrando á D. Fr. de Vinte, franciscano, quien hizo la ereccion de esa Iglesia, firmando de su mano

el documento respectivo en Valladolid en ese mismo año de 1523. [1]
El quinto Obispado que se estableció en América y primero de la
Nueva España, fué el de la Puebla, habiendo Su Santidad Clemente VII nombrado por su primer Obispo, á propuesta de Cárlos V, al
Illmo. Sr. D. Fr. Julian Garcés, domínico, en quien con anterioridad
se habia fijado ese Emperador para que lo fuese de Yucatan, y este
insigne Prelado concluyó la ereccion de la Nueva Diócesis, estando
para embarcarse en Granada á 3 de Octubre de 1526. [2]
El Obispado Carolense no se fijó pues en Yucatan, ó en México,
sino en Tlaxcala, capital primitiva de la Diócesis Angelopolitana, y
lo explican con claridad los documentos que á continuacion insertamos, referentes á la ereccion que hizo el Illmo. Señor Garcés.

"Frater Julianus Garcea, Dei et Apostolicæ Sedis gratia, Episcopus Carolensis, in Nova Hispania, universis et singulis præsenti-
bus et futuris salutem in Domino sempiternam. Cum invictissimus
Romanorum et Hispaniarum, utriusque Siciliæ etc. Carolus et Regina Joanna, atque idem Carolus Rex in Imperatorem electus, Divini amoris igne succensi, zelo Domus Dei æstuantes, in Orthodoxæ
Fidei propagationem semper intenti, post non pauca Regna et Do-
minia ab infidelibus erepta ac luce veritatis perfusa, animo propo-
suissent Insulas et continens nostris incognita penetrare, ut illarum
incolas et habitatores ad verum Dei et Redemptoris nostri cultum
Fidemque reducerent, inque ejus rei executionem Ferdinandum Cortés, virum egregium ab Insula Cuba cum paratissima optimeque ins-
tructa classe transmisissent, Deo id agente, in Continentem am-
plissimam terram, quæ Sancti Joannis de Ullua finibus clauditur,
appulsus, Ferdinandus præfatus cum exercitu superatis montibus
progrediens, ad Mexici provinciam, maximamque. Tenuxtitlan, ur-
bem lacui incumbentem, fusis fugatisque non semel hostibus, haud
sine magno labore pervenisset, pluresque subinde fuissent ex inco-
lis ad Fidem conversi et baptizati, structæque nonnullæ Ecclesiæ
ac Monasteria pro civitatibus, in urbe Tlaxcaltechæ nondum Episcopo constituto, Dominus Noster Clemens Papa VII eidem Provinciæ
et civitati paterno cupiens subvenire affectu, Ecclesiam Cathedra-

1 Hernaez, t. II, págs. 188 y 27.
2 Pbro. Br. J. H. Vera, Cura Foráneo de Amecameca.--Catecismo Geográfico
Histórico de la Iglesia Mexicana, lec. VII, y Hernaez, obra cit.

lem ad supplicationem ejusdem potenssimi Regis Caroli ac Reginæ
et ejusdem Caroli in Imperatorem electi creari et erigi constituit,
necnon ab invictissimo Carolo Carolensem appellari civitatem vo-
luit: ac ejusdem et Regiarum Majestatum consensu, Nos prænó-
minatum Julianum Garces Episcopum et Pastorem dictæ civitati
præficiens, ejusdem Diœcesis terminos præfigi curavit, prout in ejusdem Pontificis ac Cæsareæ et Reginæ Majestatum litteris de limi-
tatione terminorum super hoc concessis plenius continetur: et ad
erectionem Dignitátum canonicatuum et Præbendarum, aliorumque
Ecclesiasticorum Beneficiorum, cum cura et sine cura, et alia in præmissis litteris nobis commissa facultatem concessit: quarum tenor
de verbo ad verbum sequitur, et talis est.«

«D. Cárlos V etc. Por cuanto Nos, aceptando las letras y buena
vida, méritos y ejemplo del R. P. D. Fr. Julian Garcés, de la Orden
de Santo Domingo, nuestro Predicador, le presentamos al Obispado
de Yucatan y Santa María de los Remedios, en las nuestras Indias
del Mar Océano, que es la primera tierra que en aquella provincia
se descubrió, á la cual los cristianos, que más adelante pasaron, pusieron por Nombre de Nueva España, y Su Santidad por nuestra
suplicacion y presentacion le hizo gracia y merced del dicho Obispado con título de la dicha Yucatan y Santa María de los Remedios,
porque á la sazon era donde residia el mayor número de cristianos,
y de ello le mandó dar sus Bulas, y despues á causa de que aquello
quedó sin poblacion de cristianos y se pasaron adelante, y han estado y están poblando las dichas tierras en la Nueva España y otras
provincias; por lo cual Su Santidad, á suplicacion nuestra y del dicho Obispo D. Fr. Julian, mandó declarar que dicho Obispado y límites de él se entendiesen y extendiesen en los límites de la Nueva
España, que por Nos le fuesen señalados y limitados, y de ello le
mandó dar y dió su Bula y Breve, declarándolo así su tenor, de las
cuales dichas Bulas y Breves, uno en pos de otro, es como sigue:

«Leo Episcopus« etc., inserta el documento primitivo, concedido
á Cárlos V, relativo á Yucatan, que tenemos trascrito.

«Clemens Episcopus, servus servorum Dei, Venerabili
Fratri, Juliano Episcopo Carolensi, salutem et Apostolicam Benedictionem, Devotionis tuæ probata sinceritas, quam

ad Nos et Apostolicam sedem gerere dignosceris, promeretur, ut personam tuam intimis aflectibus prosequentes, petitionibus tuis, per quas tuæ Diœcesis et aliarum circumviciniarum omnium, præsertim in partibus Infidelium consistentium Ecclesiarum honor et venustas ac in eis Divinus cultus accrescat, et ipsi Infideles, eorum cæcitate abjecta, ad Orthodoxæ Fidei lumen conversi, Christiano dogmate im-. buantur, prout et catholicorum Principum devotio requirit, quantum cum Deo possumus, favorabiliter annuamus. Dudum siquidem felices recordationis Leo Papa X Prædecessor noster, ad supplicationem Charissimi in Christo Filii nostri Caroli, Romanorum et Hispaniarum Regis illustris in Imperatorem electi, qui etiam Castellæ et Legionis Rex existit, in Yucatan Indiæ maris Insula, suis classe et auspiciis ab Infidelium manibus erepta, oppidum insigne primo in eadem Insula in Civitatem erectum, et quamdam Parochialem Ecclesiam tum immediate post eamdem erectionem in eodem oppido a Christifidelibus constructam sub invocatione Beatæ Mariæ de Remediis in Cathedralem Ecclesiam pro uno Episcopo Carolensi nuncupato, qui in dicta Ecclesia ac illius civitate et Diœcesi verbum Dei prædicare, ac Pontificalia excercere, et alia per Episcopos fieri debita, facere deberet, cum Sede et aliis insigniis ac jurisdictionibus Episcopalibus privilegiisque, immunitatibus et gratiis, quibus aliæ Cathedrales Ecclesiæ et illarum Præsules in Hispaniarum Regnis de jure vel consuetudine utebantur, potiebantur et gaudebant, perpetuo erexit et instituit, ac ipsi Ecclesiæ ab ejus primæva erectione hujusmodi tum vacanti de Persona tua providit, teque illi præfecit in Episcopum et Pastorem, prout in diversis ipsius Prædecessoris desuper confectis litteris plenius continetur. Nobis nuper pro parte tua petitio continebat, quod cum limites et confines Diœcesis Carolensis adhuc destinati non sint, ex eo quod Christiani prædicti, auxiliante Domino, ulterius progredientes in certa Provincia, Nova Hispania appellata, aliud oppidum, Tenuxtitlan nuncupatum, adquisivere, ipse Carolus Rex, in Imperatorem electus, pro ipsius Ecclesiæ Carolensis majore venustate, amplioriqne Diœcesi et districtu, et ut commodius statum tuum juxta Pontificalis exigentiam Dignitatis decentius tenere valèas, limites et confines Diœcesis Carolensis hujusmodi in Provincia et oppido Tenuxtitlan ac ejus districtum pro limitibus in confinibus hujusmodi assignare in-

tendat, quare tam pro parte tua, quam ejusdem Caroli Regis, in
Imperatorem electi, Nobis fuit humiliter supplicatum, quatenus
assignationem prædictam, postquam per dictum Carolum Regem
facta foret, approbare et confirmare, aliaque in præmissis oportune
providere de benignitate Apostolica dignaremur.

"Nos igitur te a quibusvis Excommunicationis, suspensionis et
Interdicti, aliisque Ecclesiasticis sententiis, censuris et pœnis, si quomodolibet innodatus existis, ad effectum præsentium dumtaxat con-
sequendum, harum serie absolventes et absolutum fore censentes,
hujusmodi supplicationibus inclinati, assignationem prædictam, si
illa, ut præfertur, per ipsum Carolum Regem fiat, postquam, ut præmittitur, facta fuerit, Apostolica Auctoritate, tenore præsentium,
sine alicujus præjudicio aprobamus et confirmamus, eisque perpetuæ et inviolabilis firmitatis robur adjicimus, ac omnes tan juris
quam facti defectus, siqui forsan intervenerint, in eadem supplemus:
ita quod tu et successores præfati, præmissa et alia in Litteris ejusdem Prædecessoris contenta, ac reliqua omnia quæ in Ecclesia Beatæ Mariæ et oppido dictæ Insulæ facere et exercere poteratis, in
dicto oppido Tenuxtitlan et ejus districtu vel aliis limitibus consignandis, ut præfertur, facere et exercere, teque ac Episcopos Carolen-
ses Successores tuos, non dictæ Beatæ Mariæ, sed de Tenuxtitlan,
aut de aliis limitibus consignandis hujusmodi, vos nominare et appe-
llare ac nominari et appellari facere libere et licite valeatis et de-
beatis in omnibus et per omnia, perinde ac si in erectionibus hujusmodi, et aliis Litteris prædictis, oppidum Tenuxtitlan cum ejus
districtu, seu alii asignandi limites hujusmodi, nominata ipsumque
oppidum et districtus, seu alii limites, ut præfertur, assignandi, dictæ tuæ Ecclesiæ Carolensi in suam Diœcesim assignata et applicata
fuissent de speciali gratia indulgemus ac statuimus et ordinamus.
Non obstantibus præmissis ac Apostolicis, necnon in Provincialibus
et synodalibus conciliis, editis generalibus, constitutionibus et ordinationibus, ac dictæ Ecclesiæ, et juramento, confirmatione Apostolica, vel quavis firmitate alia roboratis, statutis et consuetudinibus,
cæterisque contrariis quibuscumque. Nulli ergo omnino hominum
liceat hanc paginam nostræ absolutionis, approbationis, confirmationis, suppletionis, indulti, statuti, et ordinationis infringere, vel ei ausu temerario contraire. Si quis autem hoc attentare præsumpserit,

indignationem Omnipotentis Dei, ac Beatorum Petri et Pauli, Apostolorum ejus, se noverit incursurum. Datum Romæ, apud Sanctum Petrum, anno Incarnationis Dominicæ millesimo quingentesimo vigesimo quinto, III Idus Octobris, Pontificatus nostri, anno secundo.»

«Por ende Nos, usando de los dichos Bula y Breve y Declaraciones de Su Santidad que de suso van incorporadas y de cada una de ellas, así como mejor podemos y de derecho debemos, de suplicacion y expreso consentimiento del dicho Obispo D. Fr. Julian Garcés, declaramos y señalamos y determinamos por límites de dicho Obispado de Yucatan y Santa María de los Remedios las provincias y Tierras siguientes: Primeramente, la Provincia de Tlaxcaltechle *inclusive* y San Juan de Ullua que confina con aguas vertientes hasta llegar á Matlata *inclusive* y la Villa-Rica de la Vera-Cruz y la Villa de Medellin, con todo lo de Tabasco y desde el Rio de Grijalva hasta llegar á Chiapa: los cuales términos y límites y Provincias de suso declarados, queremos y mandamos que sean ahora, y de aquí en adelante, cuanto nuestra merced y voluntad fuese, habidos por términos, límites y distrito del dicho Obispado de Yucatan y Santa María de los Remedios; lo cual todo y cada y parte de ello el dicho R. P. D. Fr. Julian y los otros Obispos que por tiempo fueren durante esta nuestra voluntad, pueda usar y ejercer el oficio y jurisdiccion de Obispo, conforme á las Bulas de Su Santidad, reteniendo y reservando, como retenemos y reservamos en Nos y en los nuestros sucesores de la Corona Real de Castilla, poder y facultad para mudar, variar, alterar y revocar, quitando ó añadiendo los límites y términos y distrito, que quisiéremos ó por bien tuviéremos en el dicho Obispado y Provincias de él, en todo ó en parte, como viéremos que más conviene al servicio de Dios y nuestro. Y mandamos á nuestro Gobernador ó Juez de residencia, que ahora es, ó por tiempo fuere de la tierra, que luego con la parte del dicho Obispo, ó con la persona que para ello nombrare, haga poner y ponga en los dichos términos y límites y distrito del dicho Obispado, que de suso va declarado, marcos y mojones de piedra notorios y conocidos, que queden por la dicha tierra por señales de los límites del dicho Obispado. Dada en Granada á diez y nueve dias del mes de Septiembre, año del Nacimiento de Nuestro Salvador Jesucristo de 1526 años. Lo cual todo y cada cosa y aparte de ello como de suso se contiene, el dicho

Fr. Julian por sí y por sus sucesores dijo que consentia y consintió. —Yo el Rey.—Yo, *Francisco de los Cobos* Secretario de su Cesárea y Católicas Majestades la fice escribir por su mandado.—*Mercurinus*, Cancellarius.—*Fr. G.*, Episcopus Oxomensis.—*Dr. Carbajal*, indignus episcopus Camariensis.—El *Dr. Beltrand G.*, Episcopus Civitavensis. "

"Post quarum quidem Litterarum Apostolicarum præsentationem et receptionem, ut præmittitur, factas, fuimus pro parte Domini nostri Caroli, debita cum instantia requisiti, ut ad executionem Litterarum Apostolicarum et contentorum in eisdem procedentes, in præfata nostra Cathedrali Ecclesia ad honorem Beatisimæ Virginis in dicta civitate Tlaxcaltechlæ Dignitates, Canonicatus, et Præbendas ac Portiones, aliaque Beneficia et officia Ecclesiastica, quotquot et prout melius expedire videremus, tam in civitate quam per totam Diœcesim erigeremus et institueremus. Nos igitur Julianus, Episcopus et Commissarius Apostolicus prœfatus, attendentes petitionem hujusmodi fore justam et rationi consonam, volentesque ut veræ obedientiæ filii, imperia apostolica nobis directa reverenter exequi, ut tenemur, commissionem prædictam acceptavimus, et eadem auctoritate apostolica, qua fungimur in hac parte, præfata Cœsarea et Catholica Majestate instantibus et petentibus, prædictam civitatem Tlaxcaltechlæ ad honorem Dei et Domini Nostri Jesuchristi et Beatissimæ Mariæ Matris ejus, in cujus et sub cujus titulo per præfatum Sanctissimum Dominum Nostrum in Cathedralem Ecclesiam est erigenda, tenore præsentium erigimus, et instituimus, in dicta Cathedrali Ecclesia."

Clemente VI por su Bula *Sacri Apostolatus ministerio*, dada en 3 de Setiembre año 1530, concedió á Cárlos V facultad para la ereccion del Obispado de México, y habiéndose fijado el Emperador en la persona de Fr. Juan Zumárraga, franciscano, este virtuosísimo Prelado, encontrándose en Toledo, erigió la Diócesis en el año de 1534.

El tercer Obispado que hubo en el actual territorio de México, fué el de Antequera ó Oaxaca. Erigióse en Obispado por la Santidad de Paulo III, en el consistorio secreto de 21 de Junio de 1535, como consta de las actas consistoriales donde se leen estas cláusulas: *Ad supplicationem Imperatoris, Sanctissimus Episcopatum*

erexit Civitatem vel Oppidum Antequera in provincia de Ouxa-
ca in partibus Indiarum; ibique constituit Ecclesiam Cathedra-
lem sub invocatione Santæ Mariæ, cui ad illius præsentationem
providit de persona Joannis Lopez, Licenciati in Theologia. La
Bula de ereccion empieza con estas palabras: *Illius fulciti præsi-*
diis. [1] El Emperador Cárlos V habia ya fundado la ciudad de Antequera por Real Cédula, dada en Medina del Campo á 25 de Abril
de 1532.

El año anterior al establecimiento del Obispado de Oaxaca, en Diciembre 18 de 1534, se fundó el de Guatemala; en 18 de Agosto de
1536, el de Michoacan: y en Mayo 19 de 1538, el de Chiapas. [2] Todos estos seis Obispados, que sucesivamente se crearon, fueron sujetos en calidad de sufragáneos del Arzobispado de Sevilla. Tal es la
primera division de la Iglesia Mexicana, sancionada eu Cédula Real
de 20 de Febrero de 1544. [3]

En 31 de Enero de 1545, á instancias de Cárlos V, la Santidad de
Paulo III desmembró de la Metropolitana de Sevilla las primeras
diócesis del país, y erigió el Arzobispado de México, asignándole por
sufragáneas Oaxaca, Michoacan, Tlaxcala, Guatemala y Chiapas. [4]

En cuanto á Yucatan, que no parece en la lista anterior, por lo
que enseñan Hernaez y el célebre P. Gams, se reconoce que hubo dos
erecciones distintas, la una en 1518, como hemos visto por la Bula
trascrita de Leon X, que más bien debe considerarse como nominal,
y la otra en 16 de Diciembre de 1561, que fué la real y efectiva.

Antes de concluirse el siglo XVI se extendia el Arzobispado de
México hasta los Obispados de Comayagua (Honduras), Nicaragua,
Yucatan, Manila y Verapaz, suprimido en 1605, de manera que tuvo
entónces México diez sufragáneos. Fué pues una de las Iglesias más
célebres y extensas del Orbe católico.

Las Iglesias de Manila, Guatemala y San Francisco California se
formaron de la Mexicana, y hechas estas divisiones, el Arzobispado
de México quedó con las Iglesias sufragáneas de Puebla, Oaxaca,
Michoacan, Guadalajara (erigida en 31 de Julio de 1548), Yucatan,

1 Hernaez, obra cit. t. II, pág. 45.
2 Hernaez, obra cit. t. II.
3 Vera, Cat. cit. lec. 1ª
4 Vera, Cat. cit. lec. 1ª

Durargo (el dia 11 de Octubre de 1620), Linares ó Monterey (en Diciembre 15 de 1777), y Sonora (en 7 de Mayo de 1779).

Pio IX, en el consistorio secreto celebrado en 16 de Marzo de 1863, dividió el Arzobispado de México en tres Provincias: México, Michoacan y Guadalajaaa, quedando la primera con las iglesias sufragáneas de Puebla, Oaxaca y Chiapas (que estuvo sujeta por algun tiempo á la matriz de Guatemala), Yucatan, Tulancingo, Veracruz y Chilapa (erigidas las tres últimas en 16 de Marzo de 1863), el Vicariato de Tamaulipas (en 1862), que fué despues elevado al rango do Obispado en 4 de Octubre de 1869, y por último, Tabasco, que se erigió á principios de 1880.

La Provincia Mexicana se conserva aún en este estado, si bien es cierto, y nos consta por los documentos originales que hemos tenido á la vista, que cuando se pretendió celebrar un concordato con la Santa Sede en tiempo de Maximiliano, se propuso una nueva division en seis Provincias eclesiásticas, y en el órden siguiente: México, Oaxaca, Michoacan, Guadalajara, Durango y Monterey.

Al registrar el archivo de nuestra Iglesia Catedral, abrigábamos la esperanza de encontrar allí la Bula de ereccion de la Diócesis de Antequera, mas salieron fallidas desgraciadamente nuestras esperanzas, y hasta la hora presente no hemos podido hallar ese documento en parte alguna. En cambio tuvimos la grata sorpresa de hallar en dicho archivo las Bulas de ereccion de las Diócesis de Guatemala, Chiapas y Michoacan. La de Guatemala es bien conocida, y la reproduce además el P. Hernaez en su magnífica obra; no así las de Chiapas y Michoacan, las cuales entendemos que son hoy desconocidas, sobre todo la de Michoacan, de la cual dice expresamente el P. Hernaez que se perdió; y en efecto, en el traslado que reproducimos, se hacen constar las circunstancias en que se extravió, y se cita el nombre del individuo que tuvo esta mala suerte. Creemos por lo tanto que prestarémos un servicio á la historia, y agradarémos á la vez á nuestros lectores, insertando á continuacion los referidos documentos.

Erectio Ecclesiæ Civitatis Regalis de Chiapa in Cathedralem et Episcopalem.

Ab anno Domini millesimo, quinquagesimo, quadragesimo primo. Joannes de Artèaga, Dei Optimi, et Apostolicæ Sedis munere Epis-

copus, et servus Ecclesiæ Civitatis Regalis, cuivis sub Christi Dei
evangelio æterno militanti: gratia et pax a Deo Patre, et eius con-
subsubstantiali Unigenito Filio, pacis auctore, qui sui divini corporis
effuso cruore, donavit nobis omnia delicta, delens quod adversus nos
erat chirographum decreti, quod erat contrarium nobis, et ipsum
tulit de medio affigens illum cruci, pacificans per sanguinem crucis
eius, sive quæ in terris, sive quæ in cœlis sunt; placuit divinæ bo-
nitati Hispaniarum regnis adeo celebres præficere Heros, qui nedum
barbaricos enses ac molles, qui illorum victoriam sequuntur, e medio effugarent; verum sui patrimonii et vitæ prodigi facti, remotissimas et incognitas penetrarent Regiones, ac idololatriæ monstruo
inde sublato, evangelium vitæ, crucis vexillo hinc inde triumphante,
christianorum magna stipante caterva, plaudente Religione Christiana, magnis auspiciis, late difuseque plantarent. Hi sunt serenissima Regina Joanna ac illius genitus, invictissimus Carolus Maximus
Imperator, semper augustus, rei sæcularis ex Dei electione solus et
indubitatus monarcha, quorum cura circa hoc potissimum versatur,
ut omnes gentes eamdem orthodoxam profiteantur fidem, et universus orbis, ad unius veri Dei cultum redigatur, fiatque unum ovile
et unus pastor, atque juxta beatissimi Pauli oraculum, unum corpus, unus spiritus, una spes, unus dominus, una fides, unum baptisma, unus Deus et pater omnium, qui super omnes, et per omnia et
omnibus nobis a cunctis uniformiter proclametur. Ob hoc quippe
innumeras rates, carinas atque trirremes scilicet charibdy ac alliis
quampluribus cærulei maris angustiis exposuere. Ob hoc sane ineffabiles suorum regnorum thesauros, quasi manu undequaque perfossa, per abruptas et incultas oras, etiam nec assem mundani lucri
inde sperantes, herculeo illo suo animo sæpissime et affatim proiecerunt attentantes iter, vel euntibus, vel redeuntibus, multis nominibus infaustum, nullo tamen infelicius quamquod pluries christiani
nominis augmentum non contingebat, ac pene duplicabat molestiam
quod gentem illam experirentur omnino adversam et inductibilem,
cuius utilitati potissimum tantum laboris desudabatur. Ob hoc, res
utique lucidissima est, selectos viros quamplurimos, nedum in arte
militari, verum etiam et in omnis generis eruditione ac pietate, ad
barbaros et fere bestialiter viventes homines destinarunt, alteros
quidem qui illos suo regali sceptro submitterent, alteros vero qui

sacra Dei templa ædificarent, et ad sinceram fidei veritaten, radiis veræ Theologiæ illuminatos, illos redigerent, immaculatam quam edificarent ecclesiam (si forte diabolico iustinctu misceretur) a fœda barbarici appelatione vindicarent. Perspiciebat nimirum Regia prudentia, id quod verissimum est, non mediocriter ad christianæ religionis ornamentum facere, ne quid omnino canatur aut legatur in templis quod non gravissimo, doctissimo cuique placere queat, hoc est, quod non ex divinis libris haustum sit, aut certe a virjs eximiis profectum, demum tanta solertia, tam ingenti cura et angusta opera, huius rei estudio infatigabili, christiani nominis sumpta provincia, annis non paucis insudarunt, ut illis in locis in quibus ab incognitis sæculis, Astaroth, Bel, Bal dagon et reliquæ baratriæ nerinæ spurcitiæ colebantur, jam non nisi divinum nomen, sacri hymni, hipostaticæ laudes, virginei cantus, divorum panegirici, martyrum sanguis, virginum puritas, Ecclesiæ dogmata, et pontificia jura hinc inde resonent atque tripudient, loquantur, ipsa opera testentur, rem quamdam prophanæ blasphemiæ et dæmonum nominibus plenæ regionis; nunc vero insulæ christianæ felicitatis et oppida felicissima Christo ac gloriæ militiæ dicata. Hujus felicitatis participes sunt Cumana, Plecarium flumen, Venetia minor, Sancta Martha, Nomen Dei, Dariennum, Panama, Nicaragua, India Carthago, Profunda loca, Perutum, Yucatanum, Cocumellum, flumen palmarum, Hispanica Insula, Fernandina, Margarita, Jamaica et Sancti Joannis, ac alia quamplurima loca, quædam a fluminibus, quædam vero ducunt illa conquistantium genealogiis nomina trahentia, quæ adeo divini cultus schemate fulgent, exuberantissimis templis ac monachorum cænobiis hinc inde constructis, ut vere de illis, respectu nostri, divinum judicium jam verificetur, erunt novissimi primi et primi novissimi. Hoc vero ingens divini amoris incendium piissimorum horum Regum studio actum est, quibus taliter favit divina clementia, ut non solum Regali Sceptro cunctos nostri ævi Reges antecedant, verum pietati præcipue, fidem christianam præ cunctis ampliaverint. Quapropter mihi magis interea libet, illis mentem istam Regibus dignam, quam fortunam quamlibet amplam, gratulari. O felicem Christi populum, si passim contingat, tales esse principes quibus Christi gloria nihil sit antiquius, qui totum regium ornatum moribus et vita referant, quibus etiam, si Sceptrum detrahas, tamen Re·

ges christianos agnoscas, in quibus sane fortuna, quam antiquitas cæcam faciebat, occulta videtur,quigeneris sui longe clarissima schemata morum suorum ornamentis illustrant, Regiam dignitatem vitæ integritati conduplicant. Imperiali aquilæ nescio quid maiestatis additum videtur, postquam si similes non habentes principes totius orbis monarchiam tenent, quid superest, nisi ut Christum Optimum Maximum; quem comprecemur, ut istam mentem illis, illos vero nobis quam diutissime servet incolumes. Ad tantam itaque exuberantiam (ut ad rem breviter veniamus) horum principum devenit clementia, quæ Civitatis Regalis provinciam inter omnes regiæ dictioni submissas, præcipuam, in terra firma (quam Novam Hispaniam nuncupamus) situatam, non solum a barbarico illo cultu, Christi fide undequaque amplissime evangelizata mandaverint, verum, ut ordo hierarchicus quem Romana tenet Ecclesia in illa observetur, (apostolico super hoc implorato consensu) episcopale Cathedrale templum ac parrochiales ecclesias, dignitates, canonicatus, præbendas, beneficia et cætera hujusmodi in ipsa erigere, construere, ædificare, et fundare omnino, Regio super hoc habito consilio, decreverint, atque, ut rem effectui commendarent, me inutilem et omnino ad tantæ rei executionem inhabilem, cum apud illos plurimi non deessent qui, mea sententia, comulate valerent suis sanctissimis votis satisfacere, ex angulo Santi Jacobi instituti semisepultum, extraxerunt, et in primum Civitatis Regalis nonimaverunt et elegerunt episcopum, quorum piæ petitioni et electioni Sanctissimus Dominus Noster Papa, huius nominis Tertius, paternali affectu, ut parens condescendens, apostolicas litteras, per manus Regias nobis suppeditandas, solerti cura destinavit, quas quidem litteras in membramine, more romano conscriptas, apostolico plumbo in filis sericeis rubri croceique coloris pendente, sanas, integras, non viciatas, non cancellatas, nec aliqua sui parte suspectas, sed omni prorsus vitio et suspitione carentes, is qui Regni agebat negotium, coram magno cætu, in præcipuo templi sacro loco, Sancti Spiritus invocato favore, nobis præsentavit, quas quidem ea qua decuit reverentia et submissione suscepimus et legimus. Series vero earum de verbo ad verbum est quæ sequitur.

Paulus Episcopus, Servus Servorum Dei, ad perpetuam rei memoriam.

Inter multiplices curas quibus Romanus Pontifex, Christi Vica-
rius ac Beati Petri;successor in eminenti specula militantis Ecclesiæ
divina dispositione constitutus, ex injuneto sibi pastoralis officii
onere jugiter distrahitur, ad illa libenter aciem suæ considerationis
extendit, per quæ glosiosissimum Christi nomen ubique terrarum
collaudetur et continuo exaltetur, ac singuli mortales in tenebris
constituti, prout illorum necessitas exigit, ac catholicorum Regum et
principum devotio exposcit, ad veram lucem (quæ est Christus) suæ
provisionis auxilio ac venerabilium præsulum doctrina et auctoritate valeant pervenire. Sane cum inter cœeteras provincias in insulis Judiarum, auspiciis charissimi in Christo filii mei Caroli, Romanorum Imperatoris semper Augusti, qui etiam Castellæ et Legionis
existit, noviter repertis, sit una, Chiappa nuncupata, cuius incolæ
divinæ legis expertes existunt, ac idem Carolus Imperator et Rex
pio affectu dessideret in dicta provincia, ejus temporali ditioni subjecta, illius glorisissimi nominis cultura, cuius est orbis terrarum
et plenitudo ejus ac universi qui habitant in eo, ampliari, et ejus
incolas præfatos ad·lucem veritatis perducere, animarumque salutem propagari, ac propterea oppidum Civitatem Regalem nuncupatum, in eadem provincia situm, in civitatem et in eam cathedra-
len ecclesiam erigi. Nos, habita super his cum fratribus nostris
deliberatione matura, de illorum consilio, præfato Carolo Imperatore super hoc nobis humiliter supplicante, ad Omnipotentis Dei laudem et gloriam ac ejus Gloriosissimæ Genitricis Virginis Mariæ,
totiusque curiæ cœlestis honorem et catholicæ fidei exaltationem,
oppidum prædictum, in civitatem, quæ Civitatis Regalis nuncupe-
tur, et in eam cathedralem ecclesiam, sub invocatione Sancti Christofori, pro uno episcopo qui illi præsit ac ecclesiam ipsam construi
facere procuret, et in illa ejusque civitate et diœcesi, verbum Dei
prædicet, ac earum incolas infideles ad orthodoxæ fidei cultum convertat, et conversos in eadem fide instruat et confirmet, eisque baptismi gratiam impendat, et tam illis sic conversis, quam aliis omnibus
fidelibus in civitate et diœcesi hujusmodi, pro tempore degentibus
et ad eas declinantibus, sacramenta ecclesiastica et alia spiritualia,
ministret et ministrari faciat, nencnon in ecclesia ac civitate et diœcesi prædictis episcopalem jurisdiccionem, auctoritatem et potestatem libere exercere valeat, ac dignitates, canonicatus et præbendas

APÉNDICES.—5.

aliaque beneficia ecclesiástica, cum cura et sine cura, erigat ac institunt, et alia spiritualia conferat et seminet, prou divini cultus augmento et ipsorum incolarum animarum saluti expedire cognoverit, et qui Archiepiscopo Hyspalensi pro tempore existenti jure inefropolico subsit, ac ex omnibus inibi pro tempore provenientibus, preterquam ex auro et argento ac aliis metallis, geminis et lapidibus prœciosis quæ pro tempore existentibus Castellæ Regionis Regibus, quod hoc, libera esse decernimus, decimas et primitias de jure debitas, cœteraque episcopalia jura, pront alii in Hispania Episcopi, de jure vel consuetudine exigunt et percipiunt, exigere et percipere liberé et licite valeat, cum sede et mensa ac aliis insigniis et jurisdictionibus episcopalibus, necnon privilegiis, immunitatibus et gratiis quibus aliæ cathedrales ecclesiæ et illarum præsules in Hispania, de jure vel consuetudine utuntur, potiuntur et gaudent, ac uti, potiri et gaudere poterunt, quomodolibet in futurum, apostolica auctoritate, tenore presentium, perpetuo erigimus et instituimos. Ac eidem ecclesiæ oppidum per Nos in civitatem erectum, pro civitate, nec non partem provinciæ Chiappæ nuncupatæ huiusmodi, quam ipse Carolus Imperator et Rex, positis limitibus statuerit, seu statui mandaverit, pro divisione illorum qui incolas et habitatores, pro clero et populo, concedimus et assignamus. Ac illius mensæ episcopalis prædictæ, pro eius dote redditus annuos ducentorum ducatorum auri per ipsum Carolum Imperatorem et Regem ex redditibus annuis, ad eum in dicta provincia spectantibus, assignandos, donec fructus ipsius mensæ ad valorem annuum ducentorum ducatorum similium ascendant, applicamus et appropiamus, et insuper jus patronatus et præsentandi infra annum, propter loci distantiam, personas idoneas ad dictam ecclesiam, quoties illius vacatio, hac prima vice excepta, pro tempore ocurrerit, Romano Pontifici pro tempore existenti per eum in ejusdem ecclesiæ episcopum et pastorem ad presentationem hujusmodi præficiendam, necnon ac dignitates, canonicatus et præbendas, et beneficia erigenda prædicta, tam a primæva eorum erectione postquam erecta fuerint, quam ex tunc deinceps pro tempore vacatura, Episcopo Civitatis Regalis hujusmodi pro tempofe existenti, similiter per eum ad præsentationem hujusmodi in ipsis dignitatibus, canonicatibus et præbendis ac beneficiis instituendis, præfato Carolo et pro tempore existenti Castellæ et Legionis

Regi, de simili consilio, auctoritate et tenore prædictis in perpetuum concedimus et assignamus. Nulli ergo omnino hominum liceat
hanc paginam nostræ erectionis, institutionis, applicationis appro-
priationis, concessionis et assignationis infringere, vel ei ausu temerario contraire. Si quis autem hæc attentare præsumserit, indignationem Omnipotentis Dei, ac Beatorum Petri et Pauli Apostolorum
ejus se noverit incursurum. Datum Romæ apud Sanctum Petrum.
Anno Incarnationis Dominicæ millessimo, quingentessimo, trigessimo octavo, quartodecimo Aprilis. Pontificatus nostri anno quinto.

Postquam quidem litterarum apostolicarum præsentationem et receptionem, nobis, et per nos, ut præmittitur, factas, fuimus pro parte Serenissimæ Dominæ Joannæ et Caroli semper Augusti ejusdem
filii Hispaniarum Regum, debita cum instantia requisiti, ut ad com-
plementum litterarum apostolicarum et contentorum in eisdem pro-
cedentium in præfacta nostra cathedrali ecclesia, ad honorem glo-
riosissimmi Beati Christofori dedicata, et in dicta Nova Hispania
fabricata, dignitates, canonicatus et præbendas ac portiones aliaque beneficia et officia ecclesiastica quotquot et prout melius expedire videremus, tam in civitate qnam per totam diœcesim erigeremus et institueremus.

Nos igitur Joannes de Arteaga Episcopus præfatus, attendentes petitionem et requisitionem hujusmodi justas fore et rationi
consonas, cupientesque ut verus obediens filius apostolica jussa nobis directa reverenter exequi, ut tenemur, commissionem prædictam
acceptavimus, eadem autoritate apostolica qua fungimur in hac parte, præfata majestate instante et petente, in prædicta cathedrali
ecclesia Civitatis Regalis, in præcdicta Nova Hispania, ad honorem
Dei et Domini Nostri JesuChristi ac Beati Christofori, in cujus et
sub cujus titulum per præfatum Sanctissimum Dominum Nostrum
cathedralis ecclesia est erecta, tenore presentium erigimus, creamus
et instituimus.

Sigue la constitucion de la Iglesia de Chiapas, que es comun á
las demás de la Provincia Mexicana, y luego dice: "Este es un
traslado bien y ficlmente sacado de la ereccion original de esta Santa Iglesia de Chiapa, llamada de Ciudad Real, mandado sacar y corregir por el Ilustrísimo Señor mi Maestro D. Fray Juan de Sandoval y Zapata, Obispo del mismo Obispado y Soconusco, del Consejo

del Rey Nuestro Señor: en cuya fe y testimonio va éste firmado de
S. S. Illma. y sellado con su sello mayor, y dada en la ciudad de
Chiapa, de Indios de la Real Corona, en veintisiete dias del mes de
Diciembre y del año de mil seiscientos y quince, etc.—Fr. *Joannes
de Sandoval y Zapata*, Epus de Chiapa. ‖—A la izquierda un gran
sello episcopal.—A la derecha. ‖ Por mandado del Ôbispo mi Señor,
—*Francisco Ramirez de Valdés.*—Una rúbrica. ‖

ERECCION DEL OBISPADO DE MICHOACAN.

Vascus de Quiroga, Dei Optimi et Apostolicæ Sedis munere Episcopus et servus Ecclesiæ Civitatis Mechuacanis, cuivis sub Christi
Dei Evangelio æterno militanti, gratia et pax á Deo Patre et ejus
consubstantiali Unigenito Filio pacis auctore, qui sui divi corporis
effuso cruore, donavit nobis omnia delicta, delens quod adversus nos
erat chirographum decreti, quod erat contrarium nobis, et ipsum
tulit de medio affigens illud cruci, pacificans per sanguinem crucis
eius sive quæ in terris sive quæ in cœlis sunt, placuit divinæ volun-
tati, Hispaniarum regnis adeo celebres præficere heros qui nedum
barbaricos enses ac molles, qui illorum victoriam sequuntur e medio
effugarent, verum sui patrimonii et vitæ prodigi facti, remotissimas
et incognitas penetrarent regiones, ac idololatriæ monstruo inde sublato evangelium vitæ, crucis vexillo hinc inde triumphante, christianorum magna stipante caterva plaudente religione christiana, magnis auspiciis late difuseque plantarent; hi sunt serenissima regina
Joanna ac illus genitus invictissimus Carolus Maximus Imperator
semper Augustus rei sæcularis ex Dei electione solus et indubitatus
monarcha Castellæ et Hispaniæ reges catholici, quorum cura circa
hoc potissimum versat ut omnes gentes eamdem orthodoxam profiteantur fidem, et universus orbis ad unius veri Dei cultum redigatur,
fiatque unum ovile et unus pastor, atque juxta Beatissimi Pauli oro-
culum unum corpus, unus spiritus, una spes, unus Dominus, una fides unum baptisma et in omnibus nobis a cunctis uniformiter proclametur. Ob hoc quippe innumeras rates, carinas atque trirremes
scilicet charibdi, ac aliis compluribus cerulei maris angustiis exposuere; ob hoc sane ineffabiles suorum regnorum thesauros quasi manu
undequaque perfossa, per abruptas et incultas oras, etiam nec assem

mundani lucri inde sperantes, herculeo illo suo animo sæpissime et affatim proiecerunt attentantes iter, vel euntibus vel redeuntibus, multis nominibus infaustum, nullo tamen infelicius quam quod pluries christiani nominis augmentum non contingebat, ac pene duplicabat molestiam quod gentem illam experirentur omnino adversam, et inducfibilem cuius utilitati potissimum tantum laboris desudabatur. (Ob hoc, res utique lucidissima est) selectos viros quamplurimos, nedum in arte militari, verum etiam in omnis generis eruditione ac pietate ad barbaros et fere bestialiter viventes homines distinarunt, alteros quidem qui illos suo regali sceptro submitterent, alteros vero qui sacra Dei templa edificarent, et ad sinceram fidei veritatem radiis veræ theologiæ illuminatos illos redigerent, et inmaculatam quam ædificarent ecclesiam (si forte diabolico instintu misceretur) a fœda barbarici appellatione vindicarent. Perspiciebat nimirum regia prudentia (id quod verissimum est) non medio criter ad christianæ Religionis ornamentum facere, ne quid omnino canatur, aut legatur in templis, quod non gravissimo doctissimoque cuique placere queat, hoc est quod non ex divinis libris haustum sit, aut certe a viris eximiis profectum cum tanta solertia, tam ingenti cura et angusta opera, huius rei studio infatigabili, christiani nominis, sumpta provincia, annis non paucis insudarunt, ut illis in locis in quibus ab incognitis sæculis Astaroth, Bel, Bal, dagon et reliquæ barathri nerinæ spurcitiæ colebantur, jam non nisi divinum nomen, sacri himni, hipostaticæ laudes, virginei cantus, divorum panegirici, martyrum sanguis, virginum puritas, Ecclesiæ dogmata, et pontificia jura hinc inde resonent at tripudient, loquantur, ipsa opera testentur, rem quamdam profanæ blasphemiæ et demonum nominibus plenæ regionis; nunc vero insulæ christianæ et oppida felicissima Christo ac gloriæ militiæ dicata. Huius felicitatis participes sum Cumana, Plecarium flumen, Venecia minor, Sancta Marta, Nomen Dei, Darienum, Panama, Nicaragua, Indica Carthago, Profunda loca, Perutum, Yucatanum, Cocumellum Flumen palmarum, Hispanica Insula, Fernandina, Margarita, Jamayca et Sancti Joannis, ac alia quamplurima loca, quædam a fluminibus, quædam vero conquistantium genealogiis nomina trabentia, qui adeo divini cultus schemate fulgent, exuberantissimis templis, ac monachorum cœnobiis hinc inde constructis, ut vere de illis respectu nostri, divinum judicium jam verificetur, erunt novissimi pri-

mi et primi novissimi. Hoc vero ingens divini amoris incendium, piissimorum horum regum studio factum est, quibus taliter favet divina
clementia, ut non solum regali sceptro cunctos nostri aevi reges antecedant, verum pietate precipue fidem christianam pae cunctis ampliaverint. Quapropter mihi magis interea libet, illis mentem istam
regibus dignam, quam fortunam quamlibet amplam, gratulari. O felicem Christi populum, si passim contingat tales esse principes, quibus Christi gloria nihil sit antiquius, qui totum regium ornatum moribus et vita referant, quibus etiam si sceptrum detrahas, tamen reges
christianos agnoscas, in quibus sane fortuna, quam antiquitas caecam
faciebat, occulta videtur, qui generis sui longe clarissima schemata
morum suorum ornamentis illustrant, regiam dignitatem vitae integretate conduplicant! Imperiali aquilae nescio quid magestatis additum videtur, postquam hi, similes non habentes principes, totius
orbis monarchiam tenent, quid superest, nisi ut Christum Optimum
Maximum comprecemur, ut istam mentem illis, illos vero nobis quam
diutissime servet incolumes?

Ad tantam igitur exuberantiam (ut ad rem breviter veniamus)
horum principum devenit clementia, ut civitatis Mechuacanis provinciam inter omnes regiae dictioni submissas praecipuam, in terra
firma, quam Novam Hispaniam nuncupamus, situatam, non solum
a barbarico illo cultu, Christi fides undequaque amplissime evangelizata, mandaverit, verum ut ordo hierarchicus quem Romana tenet
Ecclesia in illa observetur, apostolico super hoc implorato consensu,
episcopale cathedrale templum ac parrochiales ecclesias, dignitates, canonicatus, praebendas, beneficia et caetera hujusmodi in ipsa
erigere, construere, aedificare et fundare omnino Reges, super hoc habito consilio, decreverint, atque ut rem effectum commendarent, me
inutilem et omnino ad tantae rei executionem inhabilem (cum apud
illos plurimi non deesent qui, mea sententia, cumulate valerent suis
sanctissimis votis satisfacere, quorum piae petitioni et electioni Sanctissimus Dominus Noster Papa Paulus, hujus nominis tertius, paternali affctu, ut parens condescendens, apostolicas litteras per manus
regias nobis suppeditandas solerti cura destinavit, quas quidem litteras in membramine more romano conscriptas, apostolico plumbo in
filis sericeis rubei croceique coloris pendente, sanas, integras, non
viciatas, non cancellatas, nec alia parte suspectas, sed omni pror-

sus vitio et suspitione carentes, is qui regium agebat negotium, coram magno cœtu, in præcipuo templi sacro loco, Sancti Spiritus
invocato favore, nobis præsentavit, quas quidem, ea qua decuit reverentia et submissione, suscepimus et legimus,series vero earum de
verbo ad verbum est quæ sequitur.

Paulus Episcopus servus servorum Dei, ad perpetuam
Rei memoriam.

Illius fulciti præsidio cujus sunt terræ cardines,et cui cogitationes
hominum præparantur,ac cujus providentia ordinationem suscipiunt
univetsa, partis officii nobis desuper commissa ea libenter interpo-
nibus, per quæ singulis in tenebris constitutis, ut at verum lumen,
quod est Christus, pervenire possint, lucis radii resplendeant, unde
in singulis locis prout illorum necessitas et aliæ rationabiles causæ
id exigunt, novas episcopales sedes ecclesiasque pro excellenti Sedis
Apostolicæ præeminentiaplantamus, ut per novasplantationes nova
populorum adhesio militanti ecolesiæ accrescat, religionisque cris-
tianæ et catholicæ fidei professio ubique consurgat, dilatetur, et flo-
reat,ac loca etiam humilia illustrentur, et eorumdem locorum incolæ
et habitatores novorum sacrorum et honorabilium præsulum assis-
tentia circumfulti,auctoreDomino, felicitatis eternæ præmia facilius
valeant adipisci. Sane, cum ínter cæteras provincias in insulis indiarum, superioribus annis, auspiciis charissimi in Christo filii mei Caroli, Romani Imperatoris semper Augusti,qui etiam Castellæ et Legionis et Aragoniæ Rex extitit, noviter repertis, sit una, Mechuacan
numcupata, cujus incolæ divinæ legis expertes existunt, et in qua
plures indii christiani habitant, ac idem Carolus Imperator et Rex
pro affectu desideret in dicta provincia Mechuacan, ejus temporali
ditioni subjecta, illiusque gloriossisimi nominis cultum, cujus est orbis terrarum et plenitudo ejus, ac universi qui habitant in eo, ampliari, et ejus incolas præfatas ad lucem veritatis perducere, ani-
marunque salutem propagari, atque præfatum, oppidum, Mechoacan
nuncupatum, in eadem provincia situm, in quo una ecclesia sub invocatione Sancti Francisci constructa existit, in civitatem,ac dictam
ecclesiam Sancti Francisci in cathedralem ecclesiam erigi; Nos, habita super his cum fratribus nostris deliberatione matura, de illorum consilio, præfato Carolo Imperatore super hoc nobis humili-

ter supplicante, ad Omnipotentis Dei laudem et gloriam ac ejus
Glorississimæ Genitricis Virginis Mariæ, totiusque curiæ cœlestis
honorem, et fidei catholicæ exaltationem, oppidum prædictum in civitatem, quæ Mechuacan nuncupatur, et illius ecclesiam hujusmodi in cathedralem ecclesiam sub eadem invocatione pro uno Episcopo Mechuacanensi nuncupando, qui illi præessit, atque illius edificia
ampliari, et ad formam cathedralis ecclesiæ redigi procuret et faciat,
necnon in ea illiusque civitate et diœcesi verbum Dei prædicet, ac
eorum incolas infideles ad ipsius orthodoxæ fidei cultum convertat,
ac conversos in eadem fide instruat et confirmet, eisque baptismi
gratiam impendat, et tam illis sic conversis, quam aliis omnibus fidelibus in civitate et diœcesi hujusmodi pro tempore degentibus,
et ad eas declinantibus, sacramenta ecclesiastica et alia spiritualia
ministret et ministrari faciat, et procuret; necnon in ecclesia et civitate ac diœcesi prædictis episcopalem jurisdictionem, auctoritatem et potestatem libere exercere valeat, ac dignitates, canonicatus
et præbendas, aliaque beneficia ecclesiastica, cum cura et sine cura,
erigat et instituat, et alia spiritualia conferat et seminet, prout divini cultus augmento et ipsorum incolarum animarum saluti expedire cognoverit, et qui Archiepiscopo Hispalensi pro tempore existenti jure metropolico subsit, ac eorum omnibus inibi provenientibus
præterquam ex auro et argento ac alliis metallis, geminis et lapidibus preciossis, quæ pro tempore existentibus Castellæ et Legionis
Regibus, quoad hoc libera esse descernimus, decimas et primitias de
de jure debitas cœteraque episcopalia jura prout alii in Hispania
Episcopi, de jure vel consuetudine exigunt, et percipere libere et licite valeat, cum sede et mensa et aliis insigniis et jurisdictionibus
episcopalibus, necnon privilegiis, immunitatibus, et gratiis quibus
aliæ cathedrales ecclesiæ et illarum præsules in Hispania de jure vel
consuetudine utuntur, potiuntur et gaudent, ac uti, potiri, et gaudere poterunt quomodolibet in futurum, auctoritate et tenore predic-
tis, perpetuo erigimus, et instituimus. Ac eidem ecclesiæ oppidum
Mechuacan prædictum, sic per Nos in civitatem erectum, pro civitate, et partem provinciæ Mechuacan, quam ipse Carolus Imperator
et Rex positis limitibus statuerit, et statui mandaverit, pro diœcesi,
illorunque incolas et habitatores pro clero et populo concedimus, et
assignamus, necnon illius mensæ episcopali predictæ pro ejus dote

reditus annuos ducentorum ducatorum auri per ipsum Carolum Imperatorem et Regem, ex reditibus annuis ad eum in dicta provincia spectantibus asignando, donec fructus ipsius mensæ ad valorem ducentorum ducatorum similium ascendant annuatim applicavimus, et appropriavimus, et insuper jus patronatus et præsentandi infra annum, propter loci distantiam, personas idoneas ad dictam ecclesiam, quoties illius vocatio, hac prima vice excepta, pro tempore ocurrerit, Romano Pontifici pró tempore existenti, per eum in ejusdem ecclesiæ episcopum et pastorem ad præsentationem hujusmodi præficiendam, necnon ac dicnitates et canonicatus et præbendas ac beneficia erigénda hujusmodi, tam ab eorum primeva erectione postquam erecta fuerint, quam ex tunc deinceps pro tempore vacatura, Episcopo Mechuacan pro tempore existenti, similiter per eum ad præsentationem hujusmodi in ipsis dignitatibus, canonicatibus ac præbendis ac beneficiis instituendis, præfato Carolo et pro tempore existenti Castellæ et Legionis Regi, de simili consilio, auctoritate ex tenore supradictis in perpetuum concedimus et asignamus. Nulli ergo omnino hominum liceat hanc paginam nostræ erectionis, institutionis, concessionum, assignationum et decreti infringere, vel eo ausu temerario contraire. Si quis autem hoc attentare præsumpserit, indignationem Omnipotentis Dei ac Beatorum Petri et Pauli, Apostolorum ejus, se noverit incursurum. Datis apud Sanctum Marem, anno Incarnationis Domini, millessimo, quingentessimo, trigessimo sexto, idus augusti, pontificatus nostri anno secundo.

Julius Papa III, ad futuram rei memoriam.

Exponi nobis nuper fecit charissimus in Christo filius noster Carolus, Romæ Imperator semper Augustus, qui etiam Hispaniarum Rex catholicus existit, quod venerabilis frater Vascus de Quiroga, Episcopus Mechuacan, ob loci ac situs indispositionem, ecclesiam cathedralem civitatis Mechuacan, quæ in partibus indiorum maris occeani, Novæ Hispaniæ, consistit, et ab ejus primeva erectione, sub invocatione Sancti Francisci, et in alio loco ejusdem civitatis auctoritate apostolica erecta fuerat, intervenienti ad id ejusdem Caroli Imperatoris ac Regis auctoritate et consensu, ecclessiam ipsam jam ad decem annos et ultra ad alium locum sen vicum, ejus-

dem civitatis aptiorem et commodiorem, Pazquaro nuncupatum, sua
ordinaria auctoritate transtulit, et ea in eadem civitate duas domus
sub invocatione Sancti Francisci consistant, necnon eisdem domi-
bus ratione similis invocationis, confundaret, sub invocatione Sancti Salvatoris mutavit; quare dictus Carolus Imperator ex Rex nobis humiliter supplicavit, ut præmissis pro illorum substantia firmiori
robur nostræ confirmationis adjicere dignaremur. Nos hujusmodi
supplicationibus inclinati, traslatio ecclesiæ cathedralis ad locum seu
vicum de Pazquaro et mutationem invocationis sub Sancti Salvatoris hujusmodi, ut præmittitur factas, eadem auctoritate apostolica,
tenore præsentium approbamus et confirmamus, suplemusque omnes
et singulos, tam juris quam facti defectus, si qui forsan intervenerint in eisdem, decernentes illa perpetuæ et inconcussæ firmitatis
robur obtinere, et ab omnibus inviolabiliter observari debere, non
obstantibus præmissis ac constitutionibus et ordinationibus apostolicis, ac omnibus illis quæ in litteris erectionis ejusdem ecclesiæ
expressa sunt, non obstari, cœterisque contrariis quibuscumque. Datis Romæ apud Sanctum Petrum sub annulo Piscatoris, die octavo
Julii M. D. L., Pontificatus nostri anno primo.

Post quarum quidem litterarum apostolicarum præsentationem et
receptionem nobis et per nos, ut præmititur, factas, fuimus pro parte
serenissimæ Dominæ Joannæ et Caroli semper Augusti, ejusdem filii
Hispaniarum Regum, debita cum instantia requisiti, ut ad comple-
mentum litterarum apostolicarum et contentorum in eisdem procedentes, in præfata nostra cathedrali ecclesia, ad honorem Salvatoris
dedicata, et in dicta Nova Hispania fabricata, dignitates, canonicatus, et præbendas ac portiones, aliaque beneficia et officia ecclesiastica, quotquot et prout melius expedire viderimus, tam in civitate
quam per totam diœcesim erigeremus et institueremus. Nos igitur
Vascus de Quiroga, Episcopus præfatus, attendentes petitionem et
requisitionem hujusmodi justas fore et rationi consonas, cupientes que
ut verus obediens filius apostolica jussa nobis ducta reverenter exequi, ut tenemur, commissionem prædictam aceptavimus, et eadem
auctoritate apostolica, qua fungimur in hac parte, præfata Majestate
instante et petenti, in prædicta cathedrali ecclesia civitatis Mechuacan, in prædicta Nova Hispania, ad honorem Dei et Domini Nostri Je-
su Christi ac Salvatoris, in cujus et sub cujus titulum per præfatum

Sanctissimum Nostrum, felicis recordationis, in cathedrali ecclesia est erecta, tenore præsentium erigimus, creamus et instituimus.

En la ciudad de Michoacan, en primero de Setiembre de mil y quinientos y setenta y nueve años, estando congregados en uno en Cabildo pleno como lo tienen de uso y costumbre para tratar cosas del servicio de Nuestro Señor y bien y utilidad de su Iglesia, conviene á saber el Rvmo. Sr. D. Juan de Medina Rincon, Obispo de esta Santa Iglesia de Michoacan, y D. Diego Perez Negron, Chantre, y Garci Rodriguez Pardo, Alonso de Morales y Gonzalo de Yepes, Canónigos de la dicha Santa Iglesia, y Nicolás Martinez, Racionero, dijeron: que por cuanto la ereccion que en esta Iglesia se tenia y guardaba por original, aunque era un traslado autorizado de Alonso de Cáceres, Notario Apostólico, se llevó á México á peticion de los Oficiales de la Real Hacienda para ver una cláusula de ella para cierto negocio que con ellos se trataba, importante á esta Santa Iglesia, y el Mayordomo Juan Gomez de Herrera la perdió, y no parece; y visto por el dicho Señor Obispo y por el dicho Dean y Cabildo, ser necesaria la dicha ereccion en esta Santa Iglesia, por ser, como es, el régimen y modo de vivir de todos los ministros y negocios de ella, se mandó buscar algun traslado de la dicha ereccion, aunque fuese simple, en caso de no se hallar autorizado; y habiéndose hallado dos traslados simples, uno en poder del Canónigo Garci Rodriguez Pardo, y otro entre los papeles del Tesorero D. Pedro de Yepes, ya difunto, y visto por los dichos Señores Obispo y Dean y Cabildo, que son verdaderos y conformes al original que se perdió, y que todo lo que cada uno de ellos contiene es conforme á lo que en esta Santa Iglesia se ha guardado y usado, y que se han cotejado y examinado con un traslado autorizado que aquí hay de la ereccion del Arzobispado; y en lo que toca al régimen, preceptos y mandamientos y distribuciones y modo de proceder es uno mismo, mandabán y mandaron que el uno de ellos de aquí adelante sea tenido y guardado en lugar del traslado original, y que en juicio y fuera de él, haga fe y tenga la misma fuerza y autoridad que tenia la dicha ereccion original, y así sea habido y tenido de aquí adelante en todo negocio por todas y cualesquiera personas, así eclesiásticas como seglares que de la dicha ereccion se hubieren de aprovechar ó les tocare, y mandan al dicho Notario Apostólico, Alonso de Cáceres, que tome el dicho traslado

y le junte y añada á este auto original de lo proveido, declarado y
mandado por el dicho Señor Obispo, Dean y Cabildo, ponga su testimonio y signo y se guarde en el archivo de este Cabildo como original y principal, y los traslados que de él sacare cualquier Notario
Apostólico, sacando juntamente traslado de esta nuestra declaracion
y aprobacion con su signo, valgan y hagan fe en juicio y fuera de él,
como si del mismo original se sacaran, y así lo proveyeron, declararon y mandaron.—*El Obispo de Michoacan.*—Rúbrica.—El Chantre, *Diego Perez Negron.*—*Garci Rodriguez Pardo,* Canónigo.—
Canónigo, *Alonso de Morales.*—Canónigo, *Gonzalo de Yepes.*—Racionero, *Nicolás Martinez.*—Pasó ante mí, *Nicolás Martinez,* Secretario.

Sigue á continuacion el testimnio del Sr. Alonso de, Cáceres, Notario Apostólico, dando fe de la autenticidad del traslado de este documento.

SERIE DE LOS OBISPOS DE OAXACA

I

D. JUAN LOPEZ DE ZÁRATE.

D. Juan Lopez de Zárate, Canónigo de Oviedo, Licenciado en ambos Derechos, fué promovido al Obispado de Antequera en 1538 y
erigió la Diócesis. Se hacia recomendable por sus virtudes, entre las
cuales sobresalia su misericordia y compasion para con los indígenas,
llevando su desprendimiento al extremo de despojarse de sus vestidos
para socorrerlos. Dejó fama en el Obispado de predicador apostólico,
por los sermones é instrucciones que frecuentemente hizo, tanto en
la ciudad como en toda la Diócesis, cuyos límites fijó por especial
comision de Roma y Madrid. Trabajó mucho personalmente, pues
todo lo tenia qué crear y organizar en una Iglesia nuevamente fundada y compuesta en su mayor parte de indios aún idólatras. Al ir
á tomar posesion de su Obispado, reunió y llevó consigo cierto número de clérigos, resueltos á permanecer bajo su direccion.

Observó que sus clérigos eran insuficientes para las necesidades
de su dilatada jurisdiccion, por lo que, para no carecer de operarios,

suplicó al Virey é instó al Provincial de Domínicos, enviasen á Oaxaca mayor número de regulares.

Los frailes de Santo Domingo recorrian los pueblos sin hacer mansion en ninguno, de lo que resultaba que los efectos de su predicacion no tenian consistencia. El Ilustrísimo Señor Obispo, para remediar este mal, poniéndose de acuerdo con los Diocesanos de México y Tlaxcala, recabó cédula del Emperador, en que se mandaba que los religiosos residiesen y edificasen conventos en los pueblos de indios á costa de sus encomenderos.

Para su recreo fundó una estancia de ovejas hácia el Sur de Tlalistac, y por el Norte del mismo pueblo unos buenos molinos, que duran en la actualidad, y en que pasaba algunas temporadas: á su muerte no quiso disponer de estos bienes en favor de sus parientes, que los tenia muy cercanos, sino que declaró á los indios del referido pueblo por sus herederos, quienes en efecto los poseyeron casi por espacio de un siglo, enajenándolos al fin.[1]

El Sr. Zárate depositaba la más completa confianza en la eficaz cooperacion de los dominicanos, para el efecto de cambiar la faz de su Diócesis, haciéndola toda cristiana. Por eso no cesaba de instar al Virey y al Provincial, pidiendo los distribuyesen entre los pueblos de los indios para que los doctrinasen en la fe. Así obtuvo que Los Huitzos y Ocotlán fuesen parroquias regulares, y para conseguir lo mismo en órden á Cuilapam, removió al clérigo que administraba allí los sacramentos, señalándole una silla en el coro de la Catedral, que acabó de construirse, aunque con formas no muy arrogantes, en el año de 1555. Fué esto uno de los últimos actos del Señor Obispo, quien en este mismo año, asistiendo al primer Concilio Mexicano, falleció en la Capital de Nueva España el 10 de Setiembre, siendo inhumado en el templo de Santo Domingo y en el mismo sepulcro del R. P. Delgado, como él pidió.

II

R. P. D. FR. BERNARDO DE ALBURQUERQUE.

El Illmo. Sr. D. Bernardo de Alburquerque, domínico, nacido en Alburquerque de Extremadura, estudió en Alcalá y fué uno de los

1 Gay, t. I, cap. XIII.

primeros religiosos que pasaron á América, donde aprendió la lengua zapoteca, y en ella compuso un catecismo de la doctrina cristiana. Electo Provincial, fué presentado más tarde por Cárlos V para el Obispado de Oaxaca en el año de 1555.

Cuando visitaba su Provincia en cumplimiento de su deber, los indios, siguiéndole en tropas, le mostraban el cariño filial que le profesaban. La paciencia en verdad con que los habia enseñado, la dulzura de su trato, la eficacia de su palabra, el ejemplo de su austera vida, y los viajes y fatigas que habia emprendido por el bien de aquellos neófitos, á quienes habia domesticado y bautizado por millares, tenian bien merecida su gratitud.

Habia sido electo ya por tercera vez Prior de Oaxaca cuando recibió la mitra Episcopal. Llegando al convento en esos dias un vecino principal, halló al Obispo electo sentado en la portería del convento con las llaves al hombro. ¿Cómo está aquí Vuestra Señoría (le dijo el seglar) con las llaves al hombro, como si no hubiese fraile á quien darlas en el convento? Respondió el Venerable Obispo: "Por cierto que quisiera más esta vida y estas llaves, que el nuevo cuidado en que sin merecerlo me ponen. Duéleme mucho dejar la compañía de estos santos religiosos, porque además de la seguridad que trae consigo la pobreza y obediencia religiosa, tenia yo tantos maestros de virtud como frailes habia en el convento. Uno me enseñaba á ser devoto, otro á ser humilde, otro á ser penitente ó caritativo, y esto me hacia ver, aunque yo no quisiera, la eminencia que algunos tenian en estas virtudes, aunque todos en comun las tienen todas. En cada cosa que hace el fraile merece, porque todas brotan de la raíz fértil de la obediencia, que se prometió á Dios, y al Prelado en su nombre."

Al apartarse de su convento para gobernar la Diócesis llevó consigo á un compañero, recio de genio, de semblante severo y de palabras generalmente ásperas y desabridas, Fr. Pedro del Castillo, á quien se propuso obedecer en lo que tocaba á su persona, cumpliéndolo así toda su vida como pudiera el más fervoroso novicio. Sus costumbres de Obispo no desmerecieron de las de un observante religioso, guardando fielmente la regla en todo lo que miraba á la comida, al lecho, y á las distribuciones de la Orden, pues aun haciendo la visita se levantaba á media noche al rezo de maitines, como es costumbre en su religion: él mismo remendaba su hábito y su calzado, y su vestido interior era de la misma clase que los usados en ese tiempo por los domínicos.

Privadamente Fr. Bernardo fué siempre un perfecto religioso; como Obispo cumplió tambien exactamente su deber. Cuanto tenia, era de los pobres; todo lo que adquiria iba á dar á mano de los indígenas. El mismo, acompañado de un religioso, y á veces tambien de un pajecillo indio que le llevaba el sombrero, visitaba en persona á los enfermos: vez hubo en que les llevara hasta la comida, pidiendo al convento algo de limosna para su propia mesa. Aun la grosera jerga que cubria su lecho dió á los desnudos, y cuando por sus extraordinarias limosnas su compañero Fr. Pedro del Castillo solia reconvenirle, Alburquerque respóndia: ¡Qué hemos de hacer! no hay más que pedir otra limosna á nuestros frailes.

Mereció y fué digno el Sr. Alburquerque de la gratitud de los indios por el tierno amor que les profesaba, no dispensándose para su bien trabajo alguno, tanto, que er. cierta ocasion no vaciló un momento en salir de la ciudad sobre una mala cabalgadura sin acompañamiento niuguno, por asistir en Huitzo al matrimonio de un pobre indio que deseaba tener ese gusto.

Con igual empeño velaba por las necesidades espirituales de su rebaño. Visitaba frecuentemente su Obispado, cuidando que los Curas cumpliesen con su ministerio. El mismo daba, el ejemplo, predicando no sólo en su Catedral, sino en todos los pueblos, confesando á cuantos lo solicitaban, y administrando la confirmacion sin manifestar enfado, por mucho que fuera el concurso de gentes que acudia á recibir este sacramento.

Cuidaba con especial esmero del esplendor del culto divino, proveyendo de Ornamentos y vasos sagrados á muchas de las parroquias de su Obispado.

En el año de 1565 asistió el Señor Obispo de Antequera al segundo Concilio mexicano. En 1571 el Sr. Alburquerque envió desde México á Oaxaca cuatro Religiosas franciscanas, por no haber en la Nueva España ninguna del Orden de Predicadores. Permanecieron tres años en esta última ciudad en compañía de dos sobrinas del Señor Obispo, y despues regresaron á México. Dos de las indicadas y otras que sucesivamente se habian ido agregando hasta el número de diez, permanecieron enclaustradas, guardando vida regular al cuidado de una anciana viuda, que deseaba el retiro del mundo, bajo la direccion del P. Fr. Pedro del Castillo.

Entretanto, el Illmo. Señor Obispo pidió á Roma autorizacion competente para fundar un convento bajo ciertas reglas que habia concebido; le fué concedida por Bula de Gregorio XIII, expedida desde 15 de Octubre de 1572, pero que no llegó á Oaxaca hasta el año de 1575. No se procedió desde luego á la fundacion conforme al contenido de la Bula, por haberse suscitado algunas dudas acerca de su inteligencia y porque el Sr. Alburquerque no la consideró suficiente para su intento. Escribió de nuevo el Señor Obispo al Sumo Pontífice, y con fecha de 1º de Marzo de 1577 recibió una segunda Bula de Gregorio XIII, más amplia y satisfactoria que la primera. En virtud de ella procedió el Prelado á dar reglas y constituciones á las religiosas, que propiamente deberian haber llevado el nombre de su fundador, pues se apartaron notablemente de la ley comun á los otros monasterios de la Orden dominicana.

El convento de Santa Catalina de Sena prosperó bastante, pues profesaron en él desde su fundacion hasta la exclaustracion de las monjas, cuatrocientas y tantas religiosas. La suntuosa casa que habitaron las Catalinas fué donativo del Obispo fundador, quien además las dotó suficientemente y legó para ellas cuantiosos bienes, los que unidos á las dotes que introdujeron las monjas, llegaron á formar un capital de medio millon de pesos, al fin de los tres siglos que tuvo de existencia el convento. De Oaxaca salieron las fundadoras del convento de Santa Catalina de México, el que fué ocupado en 1595, y hubo la pretension en 1610 que se hiciera tercera fundacion en Guatemala, mas por varias dificultades no se llevó á efecto.

El Illmo. Sr. Alburquerque, despues de un largo pontificado de veinticuatro años, murió en opinion de santidad en los brazos de los religiosos de la Compañía de Jesus, á quienes estimaba mucho, el dia 23 de Julio de 1579. Por órden suya fué sepultado en el convento de Santo Domingo, y despues trasladado al de Santa Catalina.

III

R. P. FR. BARTOLOMÉ DE LEDESMA.

En la poblacion de Niera, Obispado de Salamanca, nació el Illmo Sr. Fr. Bartolomé de Ledesma, año de 1504. Emitió sus votos religiosos en el célebre convento domínico de San Estéban de Salamanca el 19 de Mayo de 1543. Se graduó de Maestro en su religion y obtuvo la borla de Doctor en la Real Universidad. Vivió por algun tiempo en el Perú, siendo confesor del Virey D. Martin Enriquez, y de allí pasó á México, donde fué Profesor de la Universidad. El Illmo. Sr. Montúfar tuvo tal satisfaccion en sus talentos é instruccion, que le dejó gobernar casi solo el Arzobispado de México, durante los doce últimos años de su vida. Compuso una Suma de Sacramentos, la cual, impresa en México en 1560, fué recibida por los sabios con la mayor estimacion. Escribió igualmente otros tratados, que al ser conducidos á España para su impresion, perecieron en el mar. En 1581, fué el Sr. Ledesma promovido al Obispado de Panamá y poco despues al de Antequera.

En el Illmo. Sr. Ledesma, como en casi todos los frailes de aquel tiempo, brillaron las virtudes religiosas, llevadas á su más alto grado de heroica perfeccion, distinguiéndose por dos cualidades muy dignas de un Obispo. La primera, que celaba singularmente por la buena fama de su clero. "Guardaba mucho, dice el P. Mendez, la honra de sus clérigos, mirando por ella como por preciosísima joya." La segunda, que jamás encogia la mano en presencia de los necesitados. Causaba admiracion verle hacer tantas limosnas y emprender tantas fábricas piadosas, sin otros fondos que las rentas, entónces no muy crecidas, de su Obispado, cuando por otra parte, se mostraba tan escrupuloso en recibir cosa alguna de valor. Ofreciéndole cierta vez los indios una botija de bálsamo, rehusó aceptarla hasta estar convencido de que los indios mismos lo habian recogido de los árboles; les dió entónces en pago de su trabajo un cáliz que valia más de cien pesos.

En Oaxaca fincó el Sr. Ledesma dos mil pesos para que diariamente se distribuyese pan á los pobres en la portería de Santo Domingo. Fundó el Colegio llamado de San Bartolomé por devocion á este Santo Apóstol, destinando 28,000 pesos para que en él se instruyesen y educasen doce jóvenes oaxaqueños y pobres que deberian usar un manto pardo, y beca color de grana. Erigió además una cátedra de Teología moral, la primera que fué servida con dotacion en la Nueva España, para que fuesen aleccionados en esta ciencia los que por la distancia ó su pobreza no pudiesen cursar en México las aulas. Las lecciones deberian darse en la Catedral, sirviendo de texto la Suma de Ledesma, por un religioso domínico escogido por el Obispo, de dos que fuesen presentados por el Provincial de la Orden. En fin, á él se debió el convento de Concepcionistas, cuyas fundadoras María de Santo Domingo, Francisca de los Angeles, Juana de San Agustin é Ines de Jesus, fueron conducidas á Oaxaca del monasterio de Regina Coeli de México, en 1596. Para el sostenimiento de estas religiosas destinó parte del caudal que el Dean D. Juan Luis Martinez habia legado para la fundacion de un Seminario y otras obras pías al arbitrio de sus albaceas, pues, aunque el Seminario se habia establecido con el nombre de San Juan, no habiendo podido subsistir, aquellas rentas se emplearon parte en el Colegio de Jesuitas, y parte en esta obra pía. El templo á que estaba anexo el convento de Concepcionistas se dedicó hácia el año de 1592.

El Illmo. Sr. Ledesma asistió al célebre Concilio III Mexicano, cuyos decretos aun sirven de norma en el régimen de la Iglesia Mexicana. Los cánones de este Concilio fueron escritos por los Señores Obispos presentes en 16 de Octubre de 1585, confirmados por Sixto V el 17 de Octubre de 1589, y publicados por mandado Real y á expensas del Sr. Arzobispo D. Juan Perez de la Serna en 1622. Tuvo el Sr. Ledesma el largo pontificado de veintitres años, y disfrutó la dicha de ver el brillante desarrollo que tomó su Diócesis en tan corto período de tiempo: murió en Febrero de 1604.

IV

R. P. FR. BALTASAR DE COVARRUBIAS.

El dia 18 de Junio de 1605, poco más de un año despues del fallecimiento del Illmo. Sr. Ledesma, ocupó la silla episcopal de Oaxaca el Illmo. Sr. Maestro Fr. Baltasar de Covarrúbias.

La rectitud de sus costumbres, su raro talento y erudicion profunda, elevaron á este Ilustre Prelado desde una humilde cuna hasta el rango de Canónigo regular de la Orden de San Agustin.

Pocos datos biográficos existen de este señor Obispo, que gobernó solamente tres años la Diócesis de Oaxaca.

Nativo de México, é hijo de una familia pobre, pero honrada, por su dedicacion al estudio y la santidad de su vida, fué preconizado Obispo del Paraguay en el año de 1601.

Habiendo hecho dimision de esta Mitra, fué trasladado en 1603 al Obispado de Nueva Cáceres en las islas Filipinas.

Pronto renunció esta Diócesis y fué promovido para la de Antequera en Junio de 1605, donde duró poco tiempo y pasó al Obispado de Michoacan en 4 de Febrero de 1608.

Su muerte ocurrió el 27 de Julio de 1622.

Se cree generalmente.que el malestar de su salud le obligaba á buscar diversos climas, y por esto renunció varias veces los altos puestosá que fué elevado.

V

Dr. D. Juan de Cervantes.

Hijo de padres españoles, personas distinguidas y que pertenecian á los primeros conquistadores de la Nueva España, el Illmo. Sr. Dr. D. Juan de Cervántes nació en México el 19 de Abril de 1543.

Aprendió el latin en el Colegio de San Ildefonso de México, y completó sus estudios en la Universidad de Salamanca, en donde enseñó despues con general aceptacion. Su carrera literaria fué una serie de triunfos que le valieron despues varios puestos honoríficos. Fué canónigo en Puebla, Lectoral y Arcediano de México, Maestro de Sagrada Escritura, Juez ordinario y calificador del Santo Oficio. Por ausencia del Illmo. Sr. D. Pedro Moya de Contreras, gobernó el Arzobispado de México en los doce años que corrieron de 1596 á 1608, y finalmente fué electo en este año Obispo de Antequera, no tomando posesion de su Diócesis sino hasta tres años despues, en 1611.

Los anteriores Obispos de Oaxaca habian sido todos españoles, y la mayor parte regulares: D. Juan de Cervántes, que era mexicano, y pertenecia al clero secular, no por eso desdijo de la sabiduría y santidad de sus predecesores. Su gobierno fué suave y ordenado: fermentaban ya en Oaxaca varios gérmenes de discordia; pero el Obispo tuvo tacto para dejar que se desarrollasen solamente los elementos vivificadores de la sociedad religiosa. La discordia es un elemento disolvente, que á toda costa debe sofocarse; ni puede llamarse gobernante, quien no sabe conservar entre sus manos el bien precioso de la paz. El clero secular y las órdenes religiosas eran entónces el nervio de la sociedad. El Sr. Cervántes dejó que á su sombra desplegaran su actividad, sin desacuerdo y sin estrépito.

A este Ilustrísimo Señor se le debe la traslacion á Oaxaca de la milagrosa Cruz de Huatulco, la lujosa Capilla en la Santa Iglesia Catedral, donde se da culto á esa venerable é insigne reliquia, y el expediente que se formó con el mayor empeño y escrupulosidad para probar su maravillosa procedencia.

El dia 13 de Setiembre de 1614, terminó el Illmo. Sr. Cervántes una existencia tan activa como piadosa. Su cuerpo se depositó en el Convento de Santo Domingo, de donde fué trasladado al de San Francisco de México, para ocupar un sepulcro de familia.

VI

R. P. FR. JUAN BARTOLOMÉ DE BOHORQUEZ.

Descendiente de la casa Real de Navarra, el Illmo. Sr. Dr. y Maestro Fr. Juan Bartolomé de Bohorquez, á pesar de los halagos con que le brindaba el mundo desde muy jóven, optó por la austeridad del claustro.

En el convento de Santo Domingo de México hizo su profesion y recibió el Presbiterado en el año de 1586. Desempeñó en su órden los cargos siguientes: fué Lector de Filosofía y Teología, Rector del Colegio de San Luis de Puebla, Prior en el convento de Izúcar, Provincial de la Provincia de Santiago en México, y Procurador de su Orden en Roma y Madrid. La universidad de su patria lo contó entre sus Doctores. Estando en España fué nombrado por el Rey Obispo de Caracas en Venezuela, y despues trasladado á Oaxaca, ciudad á que llegó por el año de 1617.

El pontificado del Illmo, Sr. Bohorquez fué bastante tormentoso, debido á la lucha que se entabló entre la autoridad Episcopal y los privilegios que disfrutaban los Padres Domínicos encargados de la cura de almas. Estos párrocos habian gozado hacia ya algun tiempo la más completa independencia de la jurisdiccion Episcopal, no sólo en su gobierno interior, sino tambien en la admiuistracion de los pueblos de los indios, á quienes servian por mandato de sus superiores privativos, sin obligacion de justicia, sin necesidad de la aprobacion y canónica institucion de los Obispos, sin estar sujetos á su exámen, visita y correccion, todo en virtud de diplomas pontificios y cédulas Reales que les conferian sobre sus feligreses una autoridad cuasi episcopal. Las parroquias no eran beneficios colativos, estaban anexas con derecho plenísimo á los conventos que disfrutaban sus rentas y las servian en comun. Este modo de ser no satisfacía por completo al Sr. Bohorquez, y más, cuando en poder de los domínicos se encontraba el mayor número de los curatos y los más importantes en el Obispado. Se emprendió una cuestion séria que se llevó al terreno judicial, la que duró hasta la muerte del Prelado, quien en esos momentos llamó á los religiosos y se reconcilió personalmente con ellos.

Firme en las ideas que habia abrigado respecto á la cuestion indicada anteriormente, el Sr. Bohorquez falleció en 1633, sin haber levantado el entredicho que fulminó contra los Padres domínicos, y aun contra los franciscanos, por el participio que tomaron en el litigio. La pérdida de este Prelado fué llorada por sus diocesanos, quienes siempre lo amaron y respetaron. Subsisten aún los magníficos libros que el Sr. Bohorquez mandó hacer para el uso del coro en la Catedral de Oaxaca.

En tiempo del Illmo. Sr. Bohorquez tuvo lugar la venida misteriosa de la insigne imágen de Nuestra Señora de la Soledad, Patrona de Oaxaca: la relacion circunstanciada de este suceso se encuentra en la historia del Presbítero Gay y en el Zodiaco Mariano que publicó el P. Juan Antonio de Oviedo, de la Compañía de Jesus.

En 1620 concedió el referido Sr. Obispo que cada año el dia 18 de Diciembre se celebrara una fiesta solemne con asistencia de ambos Cabildos. Actualmente se acostumbra que en ese dia cante la misa de Pontifical el Prelado Diocesano con asistencia de todo el

Venerable Cabildo, y fuera de la concurrencia de los piadosos oaxaqueños, afluyen de todas partes del Obispado multitud de devotos peregrinos.

VII

D. LEONEL DE CERVANTES.

El Illmo. Sr. Dr. D. Leonel de Cervántes, hijo de México, fué educado en España. Hizo sus estudios en la Universidad de Salamanca, donde se graduó en Cánones. Felipe III lo creó Maestrescuela y despues Arcediano de Santa Fe. Allí mismo desempeñó satisfactoriamente los cargos de Provisor y Vicario General de los Sres. Arzobispos Bartolomé Lobo y Fernando Ugarte, el último de los cuales, escribiendo al Rey de España, expresaba su admiracion por los talentos de su Provisor en estos términos: "El Dr. Leonel Cervántes, Arcediano de esta mi Iglesia, es sujeto tal, que en su presencia me avergüenzo de verme consagrado y á él no." Logró en efecto el Sr. Ugarte consagrarlo en 1620 Obispo de Santa Marta, Iglesia que gobernó cinco años, dando nuevas muestras de su saber en el Concilio Provincial de Santa Fe, á que asistió en 1625. El 20 de Setiembre de este mismo año fué promovido á la Mitra de Cuba. En 1631 fué trasladado á la de Guadalajara, y de aquí á la de Oaxaca el 15 de Marzo de 1635. No pudo conocer esta su última Diócesis: al dirigirse á ella, desde Guadalajara, murió en México en 1637, siendo inhumado en San Francisco, en el sepulcro de sus padres. Mereció que el epitafio de su sepulcro terminase con estas palabras: "Gran Limosnero y Padre de los pobres."

VIII

D. BARTOLOMÉ DE BENAVENTE Y BENAVIDES.

La Diócesis de Oaxaca estuvo sin Pastor desde el año de 1633 hasta el de 1639, en que llegó el Illmo. Sr. Dr. D. Bartolomé de la Cerda Benavente y Benavides, madrileño, hijo de D. Bartolomé Benavente y de Doña María de la Cerda.

El padre de este Illmo. Sr. Obispo vino á México con título de primer conquistador, y se distinguió por su buen trato y caridad para con los indios.

El futuro Diocesano de Antequera, nacido en Madrid el 24 de Agosto de 1594, fué enviado por su padre á la Universidad de Sigüenza: allí tomó parte en todos los actos literarios, y haciéndose notable por su saber, llegó pronto á ser Licenciado en Sagrados Cánones y Doctor en Sagrada Teología.

En 1620 fué nombrado Canónigo de Lima, despues Maestrescuela y Arcediano, y en 1639, á peticion del Rey Felipe III, fué preconizado Obispo de Antequera, y tomó posesion de su Diócesis en el mismo año. Durante los tres años de su gobierho, aunque dió á los Padres domínicos pruebas de su grande afecto, sostuvo la misma cuestion que habia iniciado el Illmo. Sr. Bohorquez, teniendo sin embargo la buena suerte de tranquilizar las conciencias que habian quedado perturbadas por los efectos del entredicho puesto por su antecesor. Consiguió mandato Real que obligaba á los domínicos en el Obispado de Oaxaca al exámen y correccion del Ordinario, y tuvo siempre la pretension de eliminarlos del ministerio parroquial. Para el nombramiento de curatos celebró una transaccion en que se convino que de tres sujetos que la Provincia ofreciese escogeria el Virey uno, á quien el Obispo deberia por sí mismo instituir.

El Illmo. Sr. Benavente y Benavides fué el primero que en América, valiéndose del Emmo. Cardenal de Lugo, obtuvo de Inocencio X las facultades extraordinarias llamadas SOLITAS que hasta la fecha son de tanta importancia para facilitar el gobierno de las Iglesias Hispano—americanas.

Murió en 14 de Febrero de 1652 y fué sepultado en la capilla de San Pedro de la Santa Iglesia Catedral, donde aun existe la cripta dedicada á conservar los restos de los Illmos. Diocesanos de Antequera.

IX

R. P. Fr. Diego de Evia y Valdes.

Nació el Illmo. Sr. Evia en la ciudad de Oviedo y fueron sus padres D. Pedro Diaz de Quintanilla y Doña Catalina de Evia. Estudió en la Universidad de Salamanca y recibió los grados en la de Oviedo, donde tambien fué catedrático de artes. Profesó en la Orden Benedictina en la que obtuvo varias prelacías. Fué presentado por Felipe IV para la Mitra'de Durango el 17 de Mayo de 1639. Lo consagró el célebre Sr. D. Juan de Palafox y Mendoza, en el convento de las descalzas Reales de Madrid y tomó posesion de su Diócesis en 1640. En la visita quo hizo de ese vasto Obispado caminó mas de novecientas leguas, mostrándose siempre celoso por el bien de las almas. En 29 de Enero de 1654 fué trasladado á la Iglesia de Oaxaca, de la que tomó posesion en Marzo del mismo año, casi al mismo tiempo que en Tehuantepec moria el Obispo de Guatemala, el Illmo. Sr. Dr. Garcilazo de la Vega.

Al encargarse del gobierno de la Diócesis de Antequera, encontró el Illmo. Sr. Evia, que durante el tiempo de la vacante el Sr. Cárdenas, Arcediano y Vicario Capitular, habia tenido serias diferencias con los RR. PP. domínicos; pues cuando tuvo en sus manos el gobierno de la Diócesis, declaró luego vacantes veintiuna parroquias de las que administraban estos religiosos, pretendiendo proveerlas en personas del clero secular, é intentó procesar á los frailes y obligarlos á comparecer ante su tribunal. Además, elevó al Virey, Duque de Alburquerque, numerosas quejas, que obligaron al Padre Provincial Manuel Baez á emprender un viaje hasta México para vindicarse de las imputaciones que se hacian á su Orden. El Illmo. Sr. Evia, sin aprobar todo lo que habia hecho el Sr. Cárdenas, Vicario Capitular, sostuvo, sin embargo, los derechos que le parecia tener. Se logró que los Curas Regulares reconociesen la conveniencia de depender del Diocesano, aunque fué preciso que todos pasasen por las exigencias del regalismo de entónces, que dispuso como las causas de promociones ó remociones de los párrocos se habian de exponer al Virey en calidad de Vice-Patron de todas las Iglesias de la Nueva España. El Illmo. Sr. Evia se'mostró prudente en la administracion de su Obispado, y acaso hubiera hecho mucho bien si la muerte no le hubiera sorprendido el dia 6 de Diciembre de 1656.

X

D. ALONSO DE CUEVAS DÁVALOS.

Nació el Ilimo. Sr. Dávalos en la ciudad de México el dia 25 de Noviembre de 1590, y fué bautizado en el templo de San Agustin,

en que sus padres patrocinaban varias capillas. Desde niño fué in-
clinado á ejercicios piadosos. Cursó sus estudios en el Colegio de
San Ildefonso bajo la direccion de los Padres Jesuitas, y con general
aplauso recibió los grados en la Real Universidad. En el Santuario
de Nuestra Señora de Guadalupe cantó su primera misa, y poco despues fué electo capellan de Santa Teresa la Antigua. Alimentaba
este sacerdote en su alma el fuego que vivifica á los Santos, fuego
que frecuentemente se derramaba al exterior, dando vida á los hechos de virtud más dignos de elogio. En el retiro de su casa se en-
tregaba á la contemplación de las verdades cristianas, para salir despues conmovido por el fervor de la gracia, solicitando hacer bien
á sus semejantes. Acostumbraba la penitencia y las mortificaciones
voluntarias, á que se agregaban contrariedades, persecuciones y ca-
lumnias, que sufrió durante su permanencia en México; tales pade-
cimientos no cambiaron, sin embargo, la suavidad y dulzura de carácter que manifestó en su trato, principalmente con los enfermos
del hospital de Jesus, que visitaba con frecuencia.

En Puebla, de cuya catedral fué sucesivamente Magistral, Tesorero y Arcediano, manifestó su misericordia con los necesitados, con-
solándoles y socorriéndolos siempre, pero particularmente en una
peste que por los años de 1642 y 43 desoló aquella poblacion, fundando con recursos propios un hospital, que administró y cuidó personalmente.

El 23 de Marzo de 1651, fué electo por el Rey Dean de la Catedral de México, y en 1655 Cancelario de la Real Universidad. Escogido para llenar la vacante que habia dejado en Oaxaca el Illmo.
Sr. Evia, fué consagrado por el Arzobispo Bugueiro el 13 de Octubre
de 1657, asistiendo al acto el Virey, Audiencia y lo más noble de la
ciudad.

El 25 de Noviembre emprendió su marcha para Antequera, habiéndose detenido en Puebla algunos dias, y verificó su entrada solemne
en la capital de su Diócesis el 22 del mes siguiente. Al frente ya del
gobierno eclesiástico de Oaxaca, mostró en sus virtudes personales
las cualidades de un excelente Pastor de almas. No porque habia alcanzado una elevada dignidad dejó que se resfriara en su espíritu su
antiguo y ardiente amor al prójimo, ántes bien, desde la altura en que
estaba, fué más general y extensa su accion benéfica. Su trato era

dulce, su conversacion amena y sencilla, guiando siempre sus más importantes determinaciones la moderacion y la prudencia. Tan solícito fué en hacer limosnas, que no sólo daba á los que le pedian, sino que buscaba aun á los que no llamaban á su puerta. Agotados sus tesoros, pidió prestadas crecidas sumas para repartir á sus queridos pobres. Y no solamente favorecia con su bolsillo á los oaxaqueños, sino que les dispensaba personalmente sus cuidados. En cumplimiento de su obligacion y para el bien de sus ovejas, ningun trabajo rehusaba; emprendia caminos penosos y se sujetaba á toda suerte de fatigas, á pesar de su edad avanzada, de sus achaques habituales y de su débil complexion, quebrantada todavía más por sus duras penitencias.

Cuánta humildad y cuánta caridad no manifestó en la visita de su Diócesis! Consolaba á los indios en su abatimiento, miserias y dolores, les excusaba gastos, aun los más indispensables, y les enseñaba por sí mismo la doctrina cristiana. Tuvo una virtud que difícilmente se encuentra en las altas regiones del poder, y fué la de consagrarse con singular esmero al despacho de los negocios y causas de los pobres.

El Lúnes Santo, 22 de Marzo de 1660, se insurreccionó la Villa de Tehuantepec contra las autoridades españolas: la lucha fué terrible y prolongada, nada pudieron hacer para calmar los ánimos los religiosos domínicos encargados de esa cabecera, y ménos logró el poder civil con sus tropas, aun cuando el Virey trataba de reforzarlas desde México. Al saber el Illmo. Sr. Cuevas Dávalos lo que pasaba en Tehuantepec, se dirigió apresuradamente á esa Villa, y sin pérdida de tiempo se presentó á la turba amotinada, sin más armas que su báculo pastoral. Comprendió que aquellos infelices se habian rebelado por la miseria en que estaban y los sufrimientos que tenian: los consoló, les ofreció perdon por lo pasado, se despojó de cuantas alhajas poseia y las repartió entre ellos, sin exceptuar su anillo pastoral. La rebelion no siguió adelante y el Obispo cumplió brillantemente su mision de paz y de consuelo.

El dia 2 de Octubre de 1661 el Rey de España dirigió una Cédula especial al Illmo. Sr. Obispo de Antequera D. Alonso de Cuevas Dávalos, en que le manifestaba su regia estimacion por la fama de su saber y sus virtudes, y le daba las gracias por haber hecho la pacificacion de los pueblos del Istmo de Tehuantepec, que se habian rebelado contra la corona de Castilla, nombrándole entónces Arzobispo de México.

Este notabilísimo Prelado, á quien el Rey trató de una manera tan distinguida y á quien el pueblo oaxaqueño lloró al verle partir para la capital de México, era hijo de una Princesa de Aragon y del Duque de Cantabria.

XI

R. P. FR. TOMÁS DE MONTERROSO.

La Orden de Predicadores dió á la España Antigua y á la Nueva muchos ilustres Prelados y varones Santos, siendo uno de éstos el Illmo. Sr. maestro Fr. Tomás de Monterroso.

Este Prelado fué natural de Madrid, profesó en la Orden de Santo Domingo, fué Maestro de su religion y se distinguió por las dotes oratorias que manifestó en las cátedras y púlpitos de España. Es constante tradicion que la prelacía de la Iglesia de Antequera se la concedió su Majestad Felipe IV, movido de un sermon que predicó sobre el Misterio de la Inmaculada Concepcion de la Santísima Vírgen, y motivo por el cual en muchos de sus retratos se halla estampada una imágen de María Inmaculada.

Tomó posesion de su Obispado en el año de 1661, y falleció con general sentimiento el dia 25 de Enero de 1678, habiendo sido sepultado en su Santa Iglesia Catedral.

Los diez y siete años de su pontificado fueron para el Illmo. Sr. Monterroso una serie no interrumpida de estudios científicos, obras materiales, predicacion frecuente, singulares ejemplos de virtud y benéficas visitas pastorales.

Entre otros, hubo dos hechos notables durante el gobierno de este Ilustrísimo Señor: la fundacion del Colegio Seminario de Oaxaca y la reforma que intentó establecer entre los religiosos de su Orden residentes en la Diócesis; dedicando á estas obras los recursos de su fortuna, de su genio y de su bondadoso corazon. La fundacion del Colegio Seminario se hizo con autoridad Real, como consta de Cédula de 12 de Abril de 1673, y con autoridad pontificia de Inocencio XI, en Breve de fecha 20 de Febrero de 1677. Al Sr. Monterroso se le debe proba-

blemente el hermoso edificio que tuvo dicho Establecimiento, y que
hoy se conoce con el nombre del Instituto de Ciencias del Estado.
En vida de este Illmo. Sr. Obispo tuvo lugar el incendio del templo de Guadalupe, santuario que llegó á rivalizar con el de Nuestra
Señora de la Soledad, y está situado á orillas de la ciudad: el incendio
comenzó, como-suele suceder en casos semejantes, por un descuido,
cundió con rapidez y redujo á cenizas la techumbre, los retablos y todo
lo que habia de combustible, quedando, sin embargo, ilesa una pintura
de la Vírgen titular colocada en el retablo principal. Posteriormente
fundaron allí un convento los Padres betlemitas, y reedificada la iglesia en esos tiempos, se volvió á destruir.

XII

D. NICOLÁS DEL PUERTO.

En el pueblo de Santa Catarina Minas, parroquia del Valle de
Oaxaca, nació el Illmo. Sr. D. Nicolás del Puerto.

Aunque indio, sus padres fueron el noble cacique D. Martin Ortiz
del Puerto y Dª Marta Colmenares Salgado. Se cree que hizo sus
primeros estudios en el colegio de Jesuitas de Oaxaca, continuándo-
los después en el de San Ildefonso de México, á cargo de la misma
Compañía, donde recibió el grado de Doctor en Sagrados Cánones,
llegando, por último, á ser abogado de la Real Audiencia. Se sabe
que siendo ya sacerdote, residió algun tiempo en su patria; pero opri-
mido por mezquinas pasiones tuvo que volverse á México, en donde
sus talentos fueron estimados y dignamente remunerados. Más tarde,
el 13 de Mayo de 1656, fué nombrado Canónigo Doctoral de México,
y en el siguiente mes, Comisario General de la Cruzada en la Nueva
España.

Este último cargo le proporcionó un disgusto y un honor el siguiente año de 1657, en que por no haber recibido las Bulas de la
Cruzada, que se refrendaban en períodos determinados, los sabios en
México dudaron y emitieron pareceres varios sobre el partido que
convendria tomar. El Comisario á quien directamente tocaba la cuestion, meditaba tambien en el modo de resolverla con acierto, vista
la urgencia del caso. Suelen los hombres pensadores, aun en medio

de otras atenciones, tener inspiraciones luminosas sobre asuntos importantes que los preocupa, y así sucedió al Sr. D. Nicolás del Puerto. Jugando al tresillo en un rato de solaz con otros amigos, tuvo un feliz pensamiento sobre la cuestion debatida. Se dice que en el reverso de uno de los naipes que tenia en la mano, escribió: "que se resellen las Bulas" tema sobre el que dictó despues un "manifiesto" que se remitió á España. Leido con aprecio por el Real Consejo, mereció un poco más adelante á su autor la Mitra de Oaxaca. Por esto sin duda en los retratos del Sr. Puerto se ve un naipe que la tradicion se ha empeñado en hacer creer que fué un cinco de oros.

Fué además en México Provisor desde 30 de Enero de 1663 hasta 7 de Setiembre de 1665, y segunda vez, desde Junio de 74 hasta Noviembre de 75, Tesorero de la Catedral, Rector y Cancelario de la Universidad, Presidente de la Audiencia de Guadalajara, del Consejo Real, y en fin, Obispo de Antequera, dignidad de que tomó posesion el 19 de Febrero de 1679.

Oaxaca no perderá los buenos recuerdos que dejó el Illmo. Sr. del Puerto, porque aunque sólo gobernó su Diócesis poco más de dos años, pues era de avanzada edad y estaba achacoso, fué el amparo de los desgraciados y un decidido protector de la enseñanza pública. En elogio suyo basta decir que mereció de sus contemporáneos el honroso título de "Salomon de América." Para perfeccionar la obra del Colegio Seminario, iniciada por su predecesor, presentó la Real Cédula de su fundacion á la Real Audiencia de México, la que habiendo sido despachada, fundó dos cátedras de Gramática, una de Filosofía, y dos de Sagrada Teología: donó á este Colegio su grande y escogida librería, dotando las primeras vecas que hubo.

El año de 1681, habiendo ido para mudar de aires á una hacienda inmediata á la ciudad, murió en ella el 13 de Agosto, y está sepultado su cuerpo en la capilla de San Pedro, en la Catedral.

XIII

D. ISIDRO SARIÑANA.

A principios de 1683 fué preconizado por Su Santidad Inocencio XI el Sr. Obispo de Antequera, D. Isidro Sariñana.

Este Ilustre Prelado llegó á Oaxaca con muy honrosos antecedentes, y aunque descendia de una familia poco favorecida por la fortuna, pero tenia en cambio la dicha de ser rica en virtudes cristianas.

El jóven Sariñana nació en México el 15 de Mayo de 1631. Su
carrera literaria fué brillante en el Colegio de San Pedro y San Pablo y en las aulas de la Universidad. Por su pobreza no pudo recibir el sacerdocio sino despues que un pariente suyo, en atencion á
su virtud, fundó una capellanía en beneficio suyo, ni pudo tampoco
graduarse de Doctor hasta que el Claustro Universitorio, en consideracion á sus letras, le perdonó la mayor parte de los derechos. En
México fué sucesivamente catedrático de Escritura Sagrada, Párroco de la Santa Veracruz y del Sagrario, Canónigo Lectoral, Chantre
y Arcediano de la Metropolitana, y no tomó posesion del deanato
de esta Santa Iglesia por haber llegado ántes la presentacion que
Su Majestad hizo de su persona para Obispo de Antequera. Electo
Obispo de Oaxaca en Abril de 1683, fué consagrado por el Sr. Arzobispo Aguiar y Leijas, con asistencia de lo más noble de la Capital.

Habiendo llegado á Oaxaca, comenzó su gobierno manifestando
las más relevantes prendas personales. Ganó luego la estimacion y
cariño del cabildo, clero, comunidades religiosas y demás diocesanos
que admiraban en su Pastor el más exquisito conjunto de virtudes,
pues era grande y eloçuente predicador, prudente, humilde, afable,
benigno, justiciero, pacífico, celoso del bien comun, cuidador de los
enfermos á quienes socorria con liberalidad, limosnero, defensor de
la inmunidad eclesiástica, moderado en su persona y familia y exacto en su ministerio.

Procuró con empeño extirpar la idolatría y aun hizo construir una
cárcel en la ciudad de Oaxaca, para reclusion de los dogmatistas y
maestros de ella, como consta por la carta que escribió al Lic. Villavicencio. Por el interes que presenta este escrito lo trascribimos textualmente. [1]

1 Dias há que me participó V. M. el deseo de la publicacion de este escrito y de
sacarle á luz, dedicado á mí, y aunque me dificulte el nombre de Mecenas, la utilidad del asunto es tanta, que si fué muy de mi consuelo el intento de imprimirlo, me
es de sumo gozo la ejecucion, por el provecho espiritual que espero en la bondad

Dejó muy grata memoria entre los oaxaqueños por su especial amor á María Santísima de la Soledad, cuyo magnífico templo consagró solemnemente en 6 de Setiembre de 1690. El Illmo. Sr. Sariñana se interesó mucho por la educacion. Mandó llevar al Colegio Seminario niños indios de distintos idiomas, ordenó sabiamente su educacion religiosa y literaria, y dotó de nuevo algunas cátedras. Lo mismo hizo en el Colegio de San Bartolomé. Dió impulso al Colegio que sostenia la Compañía, y en fin, trató de realizar el bello pensamiento que habia concebido, de fundar un Co-

del Señor ha de resultar á estos miserables, cuya perdicion llora dignamente el celo de los Prelados, pues habiendo más de siglo y medio que por la Divina Providencia llegaron á este Nuevo Mundo aquellos primeros varones Apostólicos, cuyo ardiente celo procuró introducir é introdujo en tántas almas por las puertas del oído las verdades infalibles de nuestra santa fe y religion católica, todavía ha quedado en los corazones de muchos tan radicada la idolatría y supersticiones gentílicas, que aunque abren algunas veces los ojos interiores á la luz del conocimiento de Cristo, y pasan en actos exteriores á su culto, conservan el error de sus falsos dioses, repitiéndoles sacrílegas veneraciones en sacrificios de animales, de manera que á un mismo tiempo adoran y juran en Melcon, mezclando los perfumes que ofrecen á sus ídolos en los sacrificadores con la llama de las candelas que encienden al Señor en los altares de sus templos: *Adorant et jurant in Domino, et jurant in Melchon.* Puesto que los ministros de Indios deben atender por descubrir la malicia de la idolatría escondida en la ceremoniosa exterior apariencia de muchos, que pareciendo por fuera no sólo católicos, sino católicos muy devotos, son por dentro rebeldes y pertinaces idólatras.... Los indios no tienen ya materiales templos para la pública veneracion de sus ídolos, ántes bien la esconden y recatan en lugares ocultos y retirados, huyendo los ojos de quien pueda acusarlos ó corregirlos, siendo la misma ocultacion argumento de que conocen la gravedad de su pecado, pues del amor á las tinieblas se arguye muy bien el odio de la luz; pero sucede en muchos, que aunque ya no hay templos para la idolatría, hay corazones para los ídolos. *Magis remanserunt idola in cordibus paganorum quam in locis templorum.* (S. Agust. in Ps. 98.)
. Vele pues, vele el celo de los párrocos para que por medio de la predicacion se destruyan, y en ganancia de las almas se pierdan las perniciosas reliquias de Baal y se cumpla en este nuevo mundo lo que decia el Señor por su Profeta Sophonias: *Disperdam de loco hoc reliquias Baal et nomina aditurorum cum sacerdotibus.* (Soph. 6. 1. v. 4.) Donde es muy de advertir que cuando dice el Señor que ha de destruir la idolatría, dice tambien que ha de borrar los nombres de los ministros que la cuidan y falsos sacerdotes que la fomentan, dándonos á entender cuán eficaz medio para su extirpacion es borrar la memoria de sus dogmatistas, maestros y sacerdotes: éstos son los que conservando libros y trasfiriendo de padres á hijos los cuadernos de sus diabólicos ritos, en cuyos caracteres estudian la práctica de su perniciosa enseñanza, pasan á la posteridad las supersticiones de la gentilidad y cultos del demonio, llevándose tras sí para la eterna condenacion á los que con suma facili-

legio en que se diese educacion cristiana y civil á las niñas oaxaqueñas. [1]

Tan liberalmente disponia de sus rentas para estas útiles empresas, como las economizaba en su familia. Vivia en Oaxaca un hermano suyo pobre y ciego, D. Benito Angel, con su esposa y cinco hijos; el Obispo rehusó distinguirlo en sus limosnas de los demás pobres, por no malversar los tesoros de la Iglesia. Un sobrino suyo, D. Ignacio Sariñana, tuvo que volverse á México por no poder subsistir en su compañía. A otro hermano suyo, sacerdote, que pretendia ser Canónigo de Oaxaca, rehusó toda recomendacion porque decia "que ningun mérito era para obtener dignidades eclesiásticas, ser hermano del Obispo."

Su deseo más ardiente habia sido la paz, que conservó en su vida á toda costa, y que no queria fuese perturbada, aun despues de su muerte. Próximo ya á bajar á la tumba, eu nombre de Dios suplicó á los capitulares que en sede vacante no permitiesen disenciones en Oaxaca. Se dice que su postrera enfermedad se debió al dolor de no poder extirpar de su Diócesis la idolatría. Su libro favorito habia sido siempre la Sagrada Biblia, y para morir, abrazado de ella dió su alma al Criador, el dia sábado 10 de Noviembre de 1696, y fué sepultado en la capilla de San Pedró, de la Santa Iglesia Catedral.

dad obedecen sus dogmas y se rinden á sus engaños. Con el motivo de remediar este daño, á expensas de la religiosísima piedad del Rey nuestro Señor (que Dios guarde) he edificado en esta ciudad cárcel perpetua para reclusion de dogmatistas y maestros, juzgando que extraerlos y sacarlos de los pueblos, es arrancar las raíces de la idolatría.

Antequera, Setiembre 9 de 1692.—*Isidro*, Obispo de Antequera.

1 Este pensamiento habia sido muchos años ántes concebido por un Párroco de la Mixteca, quien al morir en 1630, legó suficientes caudales para tan útil establecimiento. Por causas que se ignoran, quedó en proyecto la obra humanitaria, hasta que el Sr. Sariñana, de cuya inmensa caridad no podian estar excluidas las pobres huérfanas, se determinó á dispensarles decidida proteccion. Comenzó por visitarlas en los Colegios privados, estimulándolas al adelanto en las labores propias de su sexo con dádivas y premios; mas como hubiese algunas que por su pobreza no pudiesen recibir particular educacion cristiana, resolvió erigir para ellas un Colegio, sosteniendo siete, ó más si pudiese con sus rentas. Se aumentó este número con los caudales que á disposicion del Obispo tenia el gran bienhechor de Oaxaca, Fernández Fiallo. El legado pío del Cura de la Mixteca estaba además intacto, y el Colegio de Niñas se estableció y duró poco ménos de dos siglos.

XIV

R. P. FR. MANUEL DE QUIROS.

Despues del fallecimiento del Illmo. Sr. Sariñana, estuvo la Diócesis de Oaxaca gobernada por el V. Cabildo colectivamente, sin que hubiera nombrado Vicario Capitular: al fin de ese tiempo tomó posesion del Obispado el Rmo. Fr. Manuel Plácido de Quiros.

Poco puede decirse de este Prelado, pues estando continuamente enfermo, permaneció en México un año despues de su llegada de España, y sólo duró al frente de su Obispado tres meses, del 9 de Diciembre de 1699 al 9 de Marzo de 1700, falleciendo en una hacienda propiedad de D. Manuel Cepeda.

Se sabe que descendia de la nobilísima familia de los Sres. de Oviedo, que fué monje de San Benito, y que en el corto período de su pontificado, dió señales de alto saber y acendrada rectitud.

A su llegada á Oaxaca encontró el Sr. Quiros que, en la lucha por tanto tiempo sostenida entre las exenciones y privilegios de los RR. PP. domínicos y la jurisdiccion episcopal, la situacion se habia aclarado. Recibieron los religiosos una Cédula del Rey, en la que disponia con arreglo á una Bula de Paulo V que los conventos que no hubiesen sido erigidos con licencia del Rey, ó que no contasen con ocho religiosos residentes, no gozasen los privilegios de conventos. Los domínicos, no pudiendo sostener ocho religiosos en cada una de sus casas parroquiales, y siendo éstas demasiado numerosas para tan crecido número de sujetos, convirtieron las parroquias en vicarías, reduciendo sus conventos á seis únicamente.

Además, siendo Rector del Colegio Seminario el Canónigo Doctoral Lic. D. José de Soto Loria, presentó este eclesiástico demanda ante la Sagrada Mitra contra los frailes domínicos por la cantidad de 2,000 pesos, que el Sr. Monterroso habia impuesto en la ereccion de dicho instituto literario, como pension por las parroquias que administraban y que no habiéndose pagado montaban ya á 20,000 duros. Los Padres domínicos fueron poco afortunados en el litigio que emprendieron, y firmaron al último una escritura de transaccion el 19 de Febrero de 1698, ante el Escribano Real Diego Benayas, pagando por el tiempo pasado 6,000 pesos y obligándose á entregar para el sostenimiento del Seminario 500 pesos cada seis meses. Por Cédula expedida en Barcelona el 27 de Noviembre de 1701 aprobó el Rey este contrato. Desde entónces los Diocesanos gobernaron tranquilamente el Obispado, y contando naturalmente con mayores recursos, pudieron dejar á la posteridad monumentos que los enaltecen.

XV

R. P. FR. ANGEL MALDONADO.

El Illmo. Sr. Fr. Angel Maldonado fué uno de los Prelados más eminentes que ha tenido la Diócesis de Antequera.

El siglo XVIII encontró sin Pastor al pueblo oaxaqueño; pero despues de una segunda vacante de tres años, la Providencia quiso enviarle un varon justo y sabio, cuya memoria ha pasado de generacion en generacion por los ejemplos de virtud que dejó, por su apostólico celo y obras que emprendió para ornato de la ciudad y culto divino. Al corto pontificado del Sr. Quiros, sucedió el del Sr. Maldonado, que duró poco más de veintiseis años.

Este Illmo. Señor nació en España, ciudad de Ocaña, el 27 de Julio de 1660, y fué religioso de San Bernardo.

Su vida y servicios como hombre ilustrado y político, ántes de ser Obispo de Oaxaca, no pudieron ser más gloriosos, conservando siempre la sumision del monje y la severidad más rigorosa para con su propia persona. Fué Doctor y Maestro de Sagrada Teología en la Universidad de Alcalá, Secretario particular del Rey Felipe V, y electo en 3 de Agosto de 1699 Obispo de Comayagua, en Honduras.

Grande tendria que ser la importancia de la Diócesis de Oaxaca, cuando para regirla se elegian personajes de talla tan alta como la del Sr. Maldonado.

En el año de 1700 fué preconizado Obispo de Antequera; se consagró en el Colegio Imperial de Madrid el 2 de Enero de 1701, llegó á Oaxaca el 2 de Julio de 1702, y tomó posesion de su Diócesis el dia 10 del mismo mes.

No fué amante del esplendor ni del culto de sí mismo. En su palacio no habia alhaja de valor, y para el servicio de su mesa tenia sólo vajilla del barro más grosero; en el vestido aparecia como el más humilde religioso, y para morir fué necesario que una persona calificada le prestase cama y la correspondiente ropa para la decencia debida á su dignidad. Fué insigne predicador, sus sermones se dieron á la imprenta y tuvieron singular aceptacion: amantísimo del clero; á quien favoreció de todos modos, aumentó cuatro prebendas en el coro de su Iglesia, dos de oposicion y dos de merced, y erigió 27 curatos más de los que estaban á cargo del clero secular; consiguió Cédula Real prohibiendo el expendio de bebidas embriagantes, y distinguió mucho en sus atenciones á los niños. Para el Colegio Seminario dictó constituciones convenientes, y á las niñas del Colegio recientemente fundado, dió igualmente sabias reglas de cristiana educacion.

Daba audiencia á toda clase de personas, en su trato y conversacion era singularmente amable, atrayéndose las simpatías de todos y logrando un ascendiente capaz de acabar, como lo hizo, con todas las disenciones públicas y privadas que surgieron en su tiempo. Desplegó gran actividad en el cumplimiento de sus deberes de Obispo. Predicó más de ochocientos sermones, de los cuales publicó cuarenta y ocho en un tomo en folio intitulado "Oraciones Evangélicas." Igualmente dió á la prensa un "Directorio espiritual,'' confirió las órdenes sagradas á multitud de personas, habiendo, segun indica el P. Gay, ordenado en una sola promocion á noventa clérigos, y visitó dos veces su vasta Diócesis.

Al hacer la primera visita el año mismo de su llegada á Oaxaca, *desde Caxonos, por donde la comenzó*, encontró muchos abusos que extirpar, numerosas y arraigadas idolatrías, pueblos que merecian ser frecuentemente visitados por sus párrocos y otros que podian sostener sacerdote con residencia habitual. Para satisfacer estas necesidades, erigió los nuevos curatos, que puso en manos del clero secular, y en cuanto á los que poseian los regulares, se quejó al Virey de que San Pedro el Alto, Ayoquezco, Lachixio y San Mateo del Peñasco carecian sin razon de sacerdote, miéntras otros pueblos de la Mixteca, del Valle y Tehuantepec estaban mal administrados, pidiendo autorizacion para obrar como lo exigian sus deberes pastorales. Esto dió por resultado que los religiosos se resolvieron á desamparar siete parroquias, celebrando convenio especial con el Señor Obispo en el año de 1712: poco ántes los Padres domínicos habian cedido otros curatos.

El Illmo. Sr. Maldonado favoreció cuanto pudo el esplendor del culto. En el templo de la Soledad dotó tres grandes fiestas: á San Agustin, San Benito y San Bernardo. Su principal obra fué sin embargo la reconstruccion dé la Catedral, que muy deteriorada por el tiempo y los temblores, ofrecia ya el aspecto de una ruina. El Señor Obispo carecia de fondos por haber disipado su caudal en pródigas limosnas; mas no podia sufrir que la primera Iglesia de su Diócesis viniese á tierra. En esta angustiosa situacion llegó en su auxilio el Dean de la Catedral, Dr. D. Benito Crespo, quien de la testamentaría de D. Juan Gómez Marquez aplicó cuarenta mil pesos á esta fábrica. Se comenzó pues la obra deshaciendo el antiguo templo, puesto que era necesario para darle más arrogante forma. El trabajo duró largos años, y se gastaron sumas respetables, pero el templo quedó grande y bello, lleno de luz por las muchas ventanas de la nave principal, y con dos capillas nuevas, la de Guadalupe y la del Santísimo Sacramento, destinada para Iglesia parroquial.

En 24 de Noviembre de 1717, el Sr. Maldonado, con consentimiento de los muy Ilustres Cabildos de la Santa Iglesia y de la ciudad de Oaxaca, declaró por festivo el dia de la Espectacion, en que anualmente se celebra la Soberana Imágen de Nuestra Señora de la Soledad, mandando á todos los fieles de esta ciudad y Obispado que lo observen como fiesta de precepto. Clemente XI lo confirmó por su Breve de 28 de Enero de 1720.

En el pontificado del Sr. Maldonado se verificó el caso de que habiéndose reducido á cenizas toda la Iglesia del pueblo de Mialtepec, quedó ilesa una imágen de bulto de la Inmaculada Concepcion, la que llevada en solemne procesion á la cabecera de Juquila, ha sido desde entónces muy venerada.

El Sr. Maldonado tuvo tanto amor á su Iglesia de Antequera, que por no abandonarla, rehusó la Mitra de Orihuela en España, para la que fué electo el 4 de Junio de 1712.

Universalmente sentido por sus ovejas, murió el Illmo. Prelado el dia 17 de Abril de 1728, y fué sepultado en su Santa Iglesia Catedral.

XVI

FR. FRANCISCO DE SANTIAGO Y CALDERON.

Hijo de la Villa española de Torralva en Cuenca, desde muy jóven despreció las grandezas en que la carrera política le proporcionaba el rango de su familia, y abrazó la Orden de Nuestra Señora de la Merced. Lector de artes en Huete y de Teología en las Universidades de Salamanca y Alcalá, y sucesivamente Rector y Comendador de la Corte de Madrid, Provincial de su Orden en Castilla, Teólogo de la Nunciatura de España, Visitador de los conventos de Asturias y Galicia, Examinador Sinodal de Toledo, y miembro del Consejo Real en 1728, fué propuesto para el Obispado de Guatemala, pero trasladado en el mismo año á Oaxaca, hizo su entrada en esa ciudad á fines de 1729.

Antes de consagrarse quiso conocer su Diócesis, á cuya visita salió el 9 de Enero de 1730. En 8 de Junio del mismo año tomó posesion de su Obispado; el dia 11 del mismo mes fué consagrado en su Catedral por el Sr. Dean, Obispo de Caracas, D. Félix Valverde, y el 18 hizo su entrada pública con gran aparato y solemnidad.

Su primera atencion en Oaxaca fué para su Catedral, reconstruida por el Sr. Maldonado, pero aun desnuda de adornos. El Sr. Calderon mandó concluir las dos torres que tiene, embelleciéndolas con el reloj que sirve aún á la ciudad. Dió además al templo alfombras y ricas colgaduras, y por fin la consagró solemnemente el dia 12 de Julio de 1733.

En su feliz gobierno fué integérrimo juez, sin olvidar nunca el ejercicio de la misericordia. Su caridad la experimentaron los pobres con las copiosas limosnas que recibian, no sólo de su mano, sino tambien por las de los señores Curas á quienes daba dinero y mantas para que socorriesen á los enfermos necesitados, cuando les administraban los Santos Sacramentos. El convento de Capuchinas Españolas de San José adelantó notablemente en su fábrica, debido al impulso que le dió, y en favor del Colegio de Niñas fincó seis mil pesos.

A los pretendientes de Ordenes sagradas impuso la obligacion de saber el canto llano, y en las parroquias de indios mandó abrir escuelas en que se enseñase el español, á fin de hacer una la lengua entre los naturales, para que la instruccion fuese general y más fácil.

En su tiempo se descubrieron en algunos pueblos muchos idólatras, cuyas causas siguió y castigó con gran celo y eficacia.

Finalmente, encontrándose enfermo de gravedad, recibió los Santos Sacramentos con demostraciones muy cristianas, protestando que en todo su gobierno nunca tuvo intencion de perjudicar ni de ofender á alguno, y pidió perdon por cualquier sentimiento que hubiere causado. Poco ántes de morir mandó que se le cantase el *credo* que él mismo entonó, y ántes de acabar, entregó su alma al Criador en la hacienda de Aranjuez, á dos leguas de distancia de Oaxaca, el dia 13 de Octubre de 1736, y se le dió sepultura en su Santa Iglesia Catedral.

XVII

D. Tomás Montaño.

En 23 de Julio de 1738, fué electo Obispo de Antequera el Illmo. Sr. Dr. D. Tomás Montaño y Aaron. Era mexicano, y habia sido colegial de San Ildefonso y de Todos Santos, Prebendado, Canónigo Tesorero, Chantre, Arcediano y Dean de la Metropolitana de su patria, en cuya Universidad fué catedrático de Filosofía y Teología, y Rector tres veces. Se consagró el 21 de Setiembre de 1738, y el 17 de Diciembre del mismo año tomó en su nombre posesion del Obispado el Canónigo Noriega. Fué muy solemne la entrada de este Illmo. Señor Obispo en la ciudad. En el Marquesado le dió el Alcalde mayor, bajo una gran tienda ó pabellon adornado con flores, un banquete espléndido á que asistieron los dos Cabildos y muchas personas notables. Frente á la puerta de San Cosme se pronunció un discurso alusivo á un arco triunfal, discurrido sobre los principales sucesos de la historia de Aaron y levantado allí en honor del Prelado. En la puerta de la Catedral se pronunció segundo discurso, relativo á las empresas de Atlante, representadas en otro arco triunfal. El fin era glorificar los dos nombres Montaño y Aaron, que eran los del Illmo. Señor Obispo. Aconteció esto el 21 de Diciembre, pero las fiestas continuaron por muchos dias, costeándose por el Cabildo, el Ayuntamiento y los Señores Curas, suntuosos convites y fuegos de artificio.

Durante su gobierno, que fué corto, con su profunda humildad, sumo desinterés, y amabilísimo trato, se ganó la voluntad de sus súbditos. Para instruccion de su clero estableció las conferencias morales, que tenian lugar una vez cada semana en la capilla de Guadalupe, y que eran presididas por el mismo Prelado, quien señalaba de una para otra asamblea la cuestion y casó que habia de resolverse. El amor á las letras le movió á dotar con 6,000 pesos una beca en el Colegio de San Ildefonso de México, para que un niño pobre y noble, que hubiese portado vestido de colegial en alguno de los establecimientos literarios de Oaxaca, pudiese continuar allí sus estudios mayores hasta recibir los grados. Dotó igualmente la solemne funcion religiosa con que los Jesuitas daban gracias al Todopoderoso la última noche del año, por los beneficios recibidos: despues de la expulsion de los religiosos de la Compañía, la fiesta continuó celebrándose en el templo de San Felipe Neri, y así se practica hasta la fecha con asisteucia del Diocesano. Para adelantar la fábrica del convento de Capuchinas españolas, solicitó eficazmente limosna. Con la más viva solicitud procuró que se abriesen las trojes de los hacendados en beneficio de los pobres que padecian gran necesidad por falta de aguas en el año de 1739, consiguiendo en efecto aliviarlos hasta que el cielo envió sus riegos el último dia de un solemne novenario dedicado á la Imágen de la Soledad.

Obtuvo el Illmo. Sr. Montaño fama de excelente predicador, visitó parte de su Diócesis y murió el 28 de Octubre de 1742, quedando sepultado en la cripta de los Sres. Obispos, que se encuentra en la Catedral.

Durante la vacante de este Sr. Obispo, las capuchinas españolas pasaron desde Guadalajara á ocupar el convento que se les habia edificado en Oaxaca, habiendo salido de aquel punto el 9 de Marzo de 1744, y llegado á esta última ciudad el 6 de Mayo de dicho año.

XVIII

D. DIEGO FELIPE GOMEZ DE ANGULO.

El Illmo. Sr. Dr. D. Diego Felipe Gomez de Angulo, oriundo de las montañas de Búrgos, é hijo de padres nobles, cuando recibió la mitra de Antequera en 1745, habia recibido el título de doctor en ambos derechos: fué abogado de las Reales Audiencias de Guatemala y México, Cura y Provisor en la primera de estas ciudades, y despues Dean de la Iglesia de Puebla y Gobernador mucho tiempo de este Obispado.

El genio perspicaz de este Señor, su actividad incansable, su ardiente caridad y profunda sabiduría, hicieron de él uno de los más preclaros Obispos de Antequera.

El Sr. Gomez de Angulo, para que los negocios eclesiásticos no sufriesen tardanza en su despacho, promovió y dejó establecido que un correo semanario pusiese á Oaxaca en contacto con México. Cualquiera comprende cuánta utilidad resultó de aquí al vecindario de la ciudad. Tan benéfica se juzgó en México aquella institucion, que algun tiempo despues, el 18 de Octubre de 1755, se mandó por bando correr las postas por Querétaro, Celaya, Guanajuato, San Miguel el Grande, Valladolid, Zacatecas, Guadalajara, Durango y Chihuahua, para que en la capital se recibiesen correos ordinarios con tanta puntualidad como de Oaxaca.

Tuvo gran devocion al Santísimo Sacramento, lo visitaba todos los dias, y llegó á tener el mérito de que lo llamasen *la perla del Sacramento.* Puso en práctica el Santo Jubileo circular que á su peticion concedió Benedicto XIV por sus dos Breves, el uno del año de 1744 *Universis Christi fidelibus* y el otro del año 1745 *Cum Nos hodie.*[1]

El Illmo. Sr. Gomez Angulo dotó los Sermones del *Miserere* que

1 Esta devocion la encontramos establecida en nuestra capital, y dispusimos extenderla este año á algunas de las parroquias principales de la Diócesis, en donde ha sido tan bien aceptada, que por las instancias que hemos recibido de extenderla á otros pueblos, hemos decretado que en adelante se celebre un turno en la capital y las parroquias del Valle que pertenecen al centro, y otro turno en los Curatos de las Vicarías foráneas.

se predican los viérnes de Cuaresma en nuestra Santa Iglesia Catedral.

Despues de haber mandado que se diese cátedra de Filosofía Temística en el Colegio Seminario, además de la prima de Teología escolástica y dos de Gramática, pretendió fundar en el Obispado una Universidad, para cuya empresa, hechas las diligencias previas en la Real Audiencia de México, y remitidas á España, las aprobó el Real Consejo, en cuya consecuencia condescendió el Rey, con tal que señalara renta para las cátedras de ambos Derechos y Medicina, expidiendo varias cédulas, que originales con las demás diligencias, se guardaban en el Archivo del Palacio Episcopal. Suspendióse este asunto por haberse enfermado S. S. Illma. de un ataque violento de epilepsía, que le dió cuando practicaba la santa visita en Tehuantepec. Murió el 28 de Julio de 1752, y se depositó su cuerpo en el sepulcro de los Señores Obispos, en la capilla de San Pedro, trasladándole despues al que mandó le hicieran en el presbiterio de la capilla de Nuestra Señora de Guadalupe en la misma Catedral.

En el intermedio del gobierno del Sr. Angulo y de su sucesor, en Noviembre de 1753, el Provisor y Vicario General del Obispado, acompañado del Alcalde de primer voto y de los Secretarios de ambos Cabildos, notificó al Provincial de Santo Domingo despacho del Virey, en que se mandaba que los domínicos entregasen al clero secular varias parroquias, entre las que se contaban Etla, Zimatlan, Tlalistac, Tehuantepec, etc.; en órden á Cuilapam se intimó á los frailes que no sólo desamparasen la administracion de la parroquia y de los pueblos adjuntos, sino tambien que entregasen el convento con sus alhajas, rentas y censos, por inventario. La medida se llevó adelante con todo rigor, y sólo al cabo de algun tiempo recobraron los religiosos la parroquia de Tehuantepec.

XIX

D. BUENAVENTURA BLANCO Y HELGUERO.

Es de notarse que por singular favor de la Providencia, los Reyes de España presentaron siempre á los Sumos Pontífices sujetos célebres por su ilustracion y virtud, para ocupar la Silla Episcopal de

Antequera: y por eso no es de extrañar que á mediados del siglo XVIII, en que todavía estaban vivas las raíces de la idolatría en los pueblos de Oaxaca, viniera de Pastor un varon tan piadoso y amante de la enseñanza cristiana, como el Illmo. Sr. Dr. D. Buenaventura Blanco y Helguero. Tomó posesion de su Diócesis el 4 de Noviembre de 1754. Era natural de Valladolid en España, y habia sido colegial en el Mayor de San Ildefonso de Alcalá, Canónigo Doctoral de la Santa Iglesia de Calahorra, Visitador, Provisor y Vicario General de aquel Obispado. Llegó á Veracruz en el registro «Borgoña» el 15 de Setiembre de 1755. Fué recibido con honor en México el 8 del siguiente mes, y lo consagró en Tacubaya el Illmo. Sr. Arzobispo Rubio y Salinas, el 20 del mismo Octubre. A 6 de Noviembre, acompañado del Dr. Quintana, Canónigo de Oaxaca, de un sobrino suyo que fungia de Secretario y de numerosa familia, salió de México para su Obispado, en donde fué recibido con arcos triunfales.

En su ministerio se mostró Pastor vigilantísimo, trabajando con teson y constancia, y valiéndose de cuantos medios eran ó parecian conducentes á la extirpacion de los vicios, y la fiel observancia de los preceptos divinos. A los maestros de escuela mandó que todos los domingos concurrieran con sus discípulos á la Catedral, de donde él mismo ó su Provisor salia con todos cantando por las calles la doctrina cristiana hasta llegar al templo de San Felipe: allí un sacerdote explicaba algun punto de la misma doctrina, y luego el resto del clero y el mismo Sr. Obispo se distribuian á los niños formando pequeños círculos con ellos, para examinar si habian entendido la explicacion, ver si podian responder de memoria á las preguntas que les hacian de la doctrina, y explicárselas despues extensamente. Otro tanto hacia con las niñas en el templo de San Francisco.

Para aprovechamiento espiritual del pueblo determinó que los predicadores no se cuidasen de un estilo florido al hacer elogios de los Santos, sino que tejiesen sus panegíricos inculcando al mismo tiempo aquellas virtudes morales más aptas para enderezar y corregir las costumbres viciosas. Con el mismo fin de extirpar los hábitos pecaminosos, que insensiblemente con perjuicio de la moral se generalizan en la sociedad, procuraba despertar aquellos sentimientos que inclinan al hombre á la práctica y cultivo de la virtud y aborrecimiento del vicio: promovia á este fin procesiones de penitencia, como era costumbre entónces, distribuyendo en ellas á los padres del oratorio para que con fervorosas exhortaciones moviesen los corazones de los fieles; y él mismo, con una corona de espinas en la cabeza, una soga al cuello, empuñando la imágen del Salvador, y sin llevar otro vestido que una sotana, procuraba con su ejemplo predicar penitencia al pueblo. Sucedió alguna vez que no pudiendo ya concurrir por sus enfermedades á una de dichas procesiones, quiso permanecer hasta el fin de ella en oracion, puesto de rodillas en, el presbiterio de su Catedral. Acostumbraban entónces salir con frecuencia de Oaxaca hombres y mujeres para recorrer de paseo el pueblo de San Juanito Chapultepec, y allí cometer vergonzosos delitos con no poca afrenta de la moral, deshonra de nobles familias, y escándalo de todo el pueblo. El piadoso Obispo se declaró contra aquel paseo, combatiéndolo con tal eficacia, que logró impedirlo y hacerlo olvidar.

Como era de esperarse, tampoco dejaba de atender á la instruccion y reforma del clero. Mandó que se hiciesen informaciones secretas acerca de las costumbres y vida privada de los pretendientes á órdenes sagradas, como se practica hasta el dia, aparte del riguroso exámen de suficiencia *ad curam animarum* que precedia desde el subdiaconado á la recepcion de dichas órdenes. Estableció para los sacerdotes una academia semanaria de moral en el Colegio de Santa Cruz, la que pasó despues al Oratorio de San Felipe, agregando otra sobre las ceremonias de la misa. A juzgar por el modo con que se conducia este Señor Obispo, se hubiera dicho que el celo de la gloria de Dios y del bien comun de sus súbditos le traia en perpetuo desvelo.

Sus obras de caridad fueron grandes. En el hospital Real de San Cosme abrió á su costa nuevas enfermerías abastecidas de camas y ropa necesaria á los enfermos: puso allí una botica provista de todo lo necesario, gastando en ello 14,000 pesos. Era además muy generoso en hacer limosnas, tanto en lo privado á pobres vergonzantes, como en lo público á los pobres manifiestos. En algunas festividades de su especial devocion, solicitaba un anciano, una mujer y un niño, pobres todos, para servirles personalmente la mésa en su palacio en honor de Jesus, María y José, á quienes amaba con singular ternura. Tampoco se olvidaba de los templos. Reparó el de Jalatlaco, adelantó mucho la fábrica del Patrocinio, y el antiguo trono en que se ponia manifiesto el Santísimo en la Catedral, de peso de 425 marcos, lo deshizo, añadiendo otros 714 para formar uno nuevo de 1139 marcos y de construccion más elegante, gastando en ello 15,000 pesos.

Los diez años que gobernó la Diócesis de Oaxaca fueron una serie no interrumpida de ejemplos de virtud, y decidido empeño para extirpar las prácticas de idolatría á que se entregaban algunos indios clandestinamente.

Murió el Illmo. Sr. Helguero el 11 de Mayo de 1764, exhortando fervorosamente á los asistentes al servicio de Dios, y dando grandes muestras de penitencia y edificante resignacion.

XX

D. MIGUEL ANSELMO ALVAREZ DE ABREU.

Fué el vigésimo Diocesano de Oaxaca el Illmo. Sr. Dr. D. Miguel Anselmo Alvarez de Abreu y Valdés, hijo de un grande de España y natural de Tenerife.

Muchos fueron los títulos y honores que recibió este Illmo. Señor ántes de ser Obispo de Oaxaca: entre otros se mencionan los de Doctor de la Universidad de Sevilla, Secretario del Illmo. Sr. Arzobispo Guerra, Confesor de la Reina de España, Canónigo en Canarias, Juez de la Santa Cruzada y Obispo de Segovia y Comayagua.

Hizo su entrada el 26 de Diciembre de 1765, y uno de sus biógrafos asegura que su muerte, acaecida el 17 de Julio de 1774, provino de la fuerte impresion que le causó el destierro inesperado de la Compañía de Jesus, á quien profesaba singular estimacion y acendrado cariño.

En un antiguo documento anónimo, que ha llegado á nuestro poder en estos momentos, y cuyo autor fué probablemente un Padre Felipense de esta ciudad, encontramos las biografías de los Sres. Obispos de Antequera desde el primero hasta el vigésimo tercero inclusive. Al comparar los datos y fechas que contiene, con los que hemos encontrado relativos á los Sres. Obispos que preceden, es notable la exactitud que encierran, y de consiguiente son todos dignos de crédito. Será acaso más grato al lector que le demos á conocer textualmente el resto del referido manuscrito, prescindiendo de otras fuentes de que nos hemos servido hasta ahora.

Tratando del Sr. Alvarez de Abreu, dice: consagró en 30 de Setiembre de 1770 al Illmo. Sr. Dr. y Maestro D. Fr. Juan Manuel Gareta, Vargas de Rivera, religioso mercenario, Obispo de Chiapas. Salió de esta ciudad para la de México á la celebracion del *Concilio Mexicano cuarto*, al que asistió de Decano, el dia 24 de Noviembre de 1770, y regresó á esta ciudad, en donde entró con felicidad el dia 30 de Noviembre de 1771. Duró dicho Concilio diez meses y tres dias: un mes y tres dias más que el tercer Concilio. Consagró el altar mayor de esta Santa Iglesia Catedral, que estaba execrado, por haberlo deshecho para poner el ciprés nuevo, que es más amplio que el antiguo, en 12 de Agosto de 1772. En 17 de Enero de 1773 consagró la Iglesia del Oratorio de San Felipe Neri, y asignó para su celebracion anual el dia 22 de Enero, y el 12 de Febrero de dicho año consagró el altar mayor que está dentro del entierro de los Padres del mencionado Oratorio. A su costa, por estar muy maltratada la Iglesia de Nuestra Señora de las Nieves, la derribó é hizo toda de nuevo, bendiciéndola á continuacion. En su tiempo, en 25 de Junio de 1767, juéves, Octava del Córpus, amanecieron arrestados por el sargento mayor D. Luis Milac, comisionado por Su Majestad, los Padres de la Compañía de Jesus que estaban en este Colegio de Oaxaca. El dia 26 de dicho mes, ó sea al dia siguiente, salieron para Veracruz, ménos el Padre Rector Nicolás Calatayud, que quedó en Santo Domingo; el Padre Procurador José Solar en San Francisco, y el Padre misionero Juan Ignacio Tembra en la Merced; pero el dia 20 de Agosto de dicho año se llevaron á estos tres para Veracruz. Confirmó dentro de esta ciudad 2,350 personas; en los Valles 14,374; en la Mixteca 23,695; en Miahuatlan 4,594, á más de las que hizo en el Obispado de Puebla. Ordenó en el Obispado de Puebla y en éste, 2,000 personas de Órden Sacro, á más de las de menores. Fué muy caritativo, de un genio afable con pobres y ricos, por lo que se granjeó las voluntades. Murió en 17 de Julio de 1774. Está sepultado en esta Santa Iglesia Catedral.

XXI

D. JOSÉ GREGORIO DE ORTIGOSA.

VIGÉSIMO PRIMO SEÑOR OBISPO.

El Illmo. Sr. Dr. D. José Gregorio de Alonso y Ortigosa, natural de Viguera, Fiscal de la Audiencia de Ciudad Real, Provisor y Vicario General de Ceuta y Sigüenza, Subdelegado de la Santa Cruzada en el primero, y Arcediano de Almazan, Dignidad del segundo, Inquisidor Apostólico del Santo Tribunal de la Inquisicion de México y de toda la Nueva España, Obispo de esta ciudad de Antequera, lo consagró el Illmo. Sr. Dr. D. Victoriano Lopez Gonzalo, Obispo de Puebla, en 17 de Diciembre de 1775, en la ciudad de Tehuacan de las Granadas, y entró en esta ciudad en 30 de Diciembre de dicho año de 75. Hizo la renuncia del Obispado en el año de 1791 y se la admitió la Santidad de Pio VI en 10 de Junio de 92. Salió el 10 de Setiembre de 92 de esta ciudad con el fin de visitar el pueblo de Tamazulapam y otros de la Mixteca para no volver á ella y quedarse viviendo en Tehuacan.

Visitó todo su Obispado, consagró en 27 de Junio de 1776 el altar mayor de Nuestra Señora de la Soledad que estaba execrado por haberlo deshecho para sacar más adelante el Sagrario y la urna de Nuestra Señora, y consagró en dicha Iglesia en 22 de Agostc de 1779 al Illmo. Sr. Dr. D. Cayetano Francos de Monroy, Arzobispo de Guatemala, poniéndole el palio el 24 de dicho mes y año en la Capilla de su palacio.

Dió facultad al Sr. Dean, Dr. D. Pedro Alcántar de Quintana, para que bendijera el convento de las religiosas Cacicas Capuchinas de Santa María de los Angeles, lo que ejecutó en 29 de Setiembre. La Iglesia de este Convento la habia dedicado el Illmo. Sr. Blanco á los gloriosos Príncipes. La tarde del domingo 2° de Cuaresma, 24 de Febrero de 1782, hicieron su entrada las seis religiosas Capuchinas fundadoras, que á solicitud y expensas de dicho Illmo. Señor vinieron del convento de Córpus Christi de México, acompañadas del Dr. D. José Ruiz.

Recabó de la Católica Majestad el Rey D. Cárlos III, que la Iglesia y Colegio de los Jesuitas expatriados se dedicase á convento de las Religiosas Concepcionistas.

Dotó á varias niñas para religiosas de los conventos de la Concepcion, Soledad y Santa Catarina, ayudó á las de las Capuchinas españolas, y mantuvo tambien á otras en el Colegio de Niñas. Dió muchísimas limosnas así á pobres mendigos como á mujeres vergonzantes, señalándoles á éstas una limosna semanal. En dotes de monjas y limosnas consumió todo cuanto le rindió la Mitra.

Durante su pontificado, en Noviembre de 1781, se comenzó á expensas de varios devotos del vecindario, pobres y ricos, la reedificacion del templo de Nuestra Señora de la Consolacion, que con los temblores estaba arruinado, habiéndose concluido en el año de 1783.

Hizo donacion á su Iglesia Catedral de varios ornamentos de tela preciosa completos y algunas alhajas; le dió además doce capas, varias casullas de diversos colores, cálices con vinageras y platillo, palmatoria y azafates, todo de plata, un báculo, roquetes y pectorales con sus bejuquillos de oro, y cuanto tenia de su uso. Dió dos relicarios de plata con los huesos de San Abundio, San Celestino y Santa Modesta. Donó, á más de lo dicho, al Santísimo Sacramento del Sagrario de la Catedral, dos coches con sus mulas aperadas.

En los meses de Febrero y Marzo de 1784, un comerciante europeo, D. Juan Angel Vicuña, recogió toda la cera y le puso precio de cincuenta pesos arroba; pero el Sr. Obispo D. José Gregorio Alonso de Ortigoza conociendo la suma codicia de éste, mandó promulgar edicto con fecha 5 de Marzo, para que en la próxima Semana Santa no se pusieran monumentos más que en la Catedral con cien luces solamente, y en las iglesias de regulares y monjas con doce, prohibiendo que en las demás se verificase, suspendiendo tambien por esta misma causa el Jubileo Circular.

En los temblores tan horrendos que se experimentaron en Oaxaca como á las once y media del miércoles 28 de Marzo, dia de San Sixto, del año de 1787, hubo uno tan grande y de tanta duracion, que llegó á temblar casi de continuo toda la tarde y toda la noche, temiéndose ya que quedaria sumergida y destruida la ciudad y gran parte de sus habitantes. Continuó temblando los siguientes dias, pues el viérnes de Dolores, 30 de dicho mes, á las once de la noche repitió muy fuerte, y el 3 de Abril, mártes santo, á las nueve y me-

dia de la mañana hubo otro, el más fuerte de todos, que dejó las casas y los templos arruiuados y algunos de ellos destruidos. Su Illma.
procuró desde luego recurrir á Dios dispeniendo se sacase en procesion por las calles á Nuestra Señora del Rosario y que se llevase de
la misma manera á la Catedral la imágen de Nuestra Señora de la
Soledad, y respecto de los conventos de religiosas anduvo tan solícito y cuidadoso que tomó todas las precauciones para libertarlas del
peligro en caso necesario.

En la proclamacion del católico monarca el Rey Fernando VII,
contribuyó con mil pesos para que no se verificasen las corridas de
toros que habian pensado tener en las fiestas Reales, evitando de .éste
modo los desórdenes que pudieran originarse con ese motivo.

Dió personalmente á varias religiosas de los cuatro conventos el
hábito y recibió su profesion, diciéndoles al mismo tiempo una fervorosa plática. Eu fin, fué amorosísimo Padre y celosísimo Pastor de
su rebaño, así en lo espiritual como en lo temporal.

En el año de 1780, por los meses de Enero y Febrero, entró en
la ciudad de Oaxaca la peste de viruelas y el Sr. Obispo dió una
buena cantidad para que se invirtiera en sábanas, colchas y limosnas á los pobres.

Habiendo renunciado el Obispado en el año de 1791 y admitida
la renuncia salió para Tehuacan el 10 de Setiembre de 1792, volviendo de nuevo á la ciudad de Oaxaca el 14 de Junio de 1793. Despues de haber vivido tres años retirado en su casa como Obispo particular, murió de apoplegía en dicha ciudad el 27 de Agosto de 1796
á las diez de la mañana. El dia 1º de Setiembre se le hicieron magníficas honras fúnebres en la Santa Iglesia Catedral, y el dia 2 fué
trasladado su cadáver al Santuario de Nuestra Señora de la Soledad, colocándolo en la bóveda que está debajo del Presbiterio.

XXII

D. GREGORIO JOSÉ DE OMAÑA Y SOTOMAYOR,

El Illmo. Sr. Dr. D. Gregorio José de Omaña y Sotomayor nació
el 12 de Marzo de 1729, en el Curato de Santiago Tianguistengo,

del Arzobispado de México, y en 2 de Febrero de 1793 mandó su Cédula de Obispo á este Cabildo, dada por el Rey Cárlos IV y las Bulas por el Señor Pio VI: se anunció su nombramiento con repique ó iluminacion. En 24 de dicho mes, dia del Apóstol San Matías, lo consagró en la Villa de Tacubaya el Sr. Arzobispo Dr. D. Alonso Nuñez de Haro y Peralta, y en 6 de Mayo de 1793, á las diez y media de la mañana, entró en esta ciudad.

Fué Colegial, Catedrático de Latinidad, de Filosofía y Teología escolástica, Vice-Rector y Rector del Real y Pontificio Seminario de México, Cura y Juez Eclesiástico de San Felipe el Grande, Canónigo, Magistral, Tesorero, Chantre y Arcediano, Dignidad de la misma Metropolitana de México, Examinador sinodal del Obispado, Juez Conciliario del Colegio Tridentino, Primer Teólogo Consultor del Concilio IV Mexicano, Juez Apostólico delegado en la causa de la Beatificacion del V. P. Margil, etc.

Fué dos ocasiones á México, la primera en el año de 1796, y la segunda en 1799, donde murió el dia miércoles 11 de Octubre de dicho año, y lo enterraron en la Santa Iglesia Catedral de México. Gobernó seis años, cinco meses, cinco dias.

Agregarémos que el Sr. Omaña fué muy caritativo. Durante el corto período de su pontificado repartió entre los necesitados, por mano de su mayordomo, la cantidad de 78,500 pesos, entrando en esta suma las pensiones que tenia la Mitra, los censos, etc. Era docto, de miras elevadas y enérgico carácter, lo que, segun parece, le proporcionó algunos disgustos, principalmente de parte del Cabildo.

Se cuenta una anécdota que consignamos aquí por ser en extremo honrosa á su predecesor. A la llegada del Sr. Omaña, el Sr. Ortigosa recibió al nuevo Obispo en su casa y en su mesa, presentándole un servicio humilde. Llamando la atencion del Sr. Omaña que la vajilla fuese de barro comun, se propuso obsequiar al huésped con una magnífica vajilla de plata de su propiedad. El Sr. Ortigosa aceptó la donacion con estas palabras: "Vuestra Señoría tuvo muy feliz inspiracion, adivinó que no tenia ya dinero para socorrer á mis pobres." Y en efecto, la vajilla se vendió y el precio se repartió aquel mismo dia entre los pobres.

Cuando murió el Sr. Omaña, honraron en México sus funerales

cuantas personas notables habia en la capital. En Oaxaca tambien se le dedicaron suntuosas honras fúnebres cuya descripcion se dió á la prensa.

XXIII

D. ANTONIO BERGOSA Y JORDAN.

Al Illmo. Sr. Dr. D. Antonio Bergosa y Jordan, natural de Jaca, cerca de Zaragoza, Inquisidor de México, lo consagró en Puebla el Sr. Dr. D. Salvador Bienpica, y entró en Oaxaca en 2 de Mayo de 1802. Fué nombrado Arzobispo de Guatemala en Marzo de 1811, y no habiendo querido aceptar presentó su renuncia. En 23 de Enero de 1808 obtuvo por auxiliar al Sr. Dr. y Maestro R. P. Fr. Ramon Casaus y Torres, religioso domínico, quien estuvo en ésta tres años y meses.

En 2 de Setiembre de 1811 le vino el nombramiento de Arzobispo de México y en 6 de Noviembre presentó su Cédula dada por las Córtes; mas con motivo de estar los caminos invadidos por los insurgentes no pasó á México sino que se detuvo en Oaxaca hasta el 19 de Noviembre de 1812, en que se fugó, por estar ya los insurgentes cerca de esa ciudad, habiendo entrado Morelos en ella el miércoles á las once y media, dia de Santa Catarina Mártir, 25 de dicho mes, con más de ocho mil soldados, con buenas armas y más de cuarenta cañones de todos calibres. Se posesionaron de la ciudad hasta el 25 de Marzo de 1814, ó sean diez y seis meses, y entraron las tropas del Rey en 29 del mismo mes, yendo de Comandante General D. Melchor Alvarez, Brigadier del Regimiento de Saboya.

El Illmo. Sr. Bergosa se dirigió primero á Tehuantepec, despues á Tuxtla, y por fin en Villahermosa se embarcó para Veracruz, en cuyo puerto permaneció hasta que salió un convoy para Puebla, y tuvo con este motivo ocasion de pasar á México para tomar posesion; mas habiéndosele presentado obstáculos que no pudo superar, quedó solamente de Gobernador de la Diócesis Metropolitana, hasta que habiendo regresado á España el Rey Fernando VII en 13 de Mayo de 1814, y desaprobado los nombramientos hechos por las Córtes, designó para Arzobispo al Señor Dean de la Catedral de México, Dr. D. Pedro José Fonte, quedando retirado en Tacubaya el Sr. Bergosa en espera de las órdenes de la Corte. Esta resolvió y le comunicó que. si queria Obispado pretendiera alguno de los que á la sazon estaban vacantes en España. En vista de esta determinacion se embarcó para Cádiz y fué nombrado al poco tiempo Arzobispo de Tarragona. La noticia de esta promocion se anunció en Oaxaca con repique general de campanas, quedando por consiguiente vacante aquella Mitra. Gobernó la Diócesis quince años, seis meses y diez y ocho dias.

XXIV

D. MANUEL ISIDORO PEREZ.

México á principios del siglo XIX pasaba por una época crítica social. Fué entónces electo Obispo de Antequera el Illmo. Sr. Dr. D. Manuel Isidoro Perez Suarez.

Este señor nació en el año de 1776 en el Arzobispado de Toledo, y aunque sus padres tenian escasa fortuna, pudo recibir la más brillante educacion, debida á un pariente acaudalado que tenia.

Por recomendacion del Rey Fernando VII fué electo en Roma Obispo de Antequera el 2 de Junio de 1819.

Desde luego se dió á conocer en Oaxaca, y se hizo venerar el Sr. Perez por los consuelos que proporcionaba á sus diocesanos y por la afabilidad con que daba audiencia á toda clase de personas.

El dia 19 de Diciembre de 1820 hizo la consagracion solemne de la Iglesia de San José.

Al cabo de seis años, durante los cuales llevó una vida intachable, no faltándole algunos disgustos en esa época efervescente, solicitó la licencia que le fué concedida para ir á arreglar asuntos de la disciplina eclesiástica.

El 27 de Diciembre de 1831 hizo renuncia de la Diócesis, y á los tres años murió, no sabemos dónde.

XXV

D. ANGEL MARIANO MORALES.

El vigésimo quinto Diocesano de Oaxaca fué oriundo de Michoacan y nació de padres virtuosos y distinguidos el 5 de Setiembre de

1784. El Sr. D. Angel Mariano Morales hizo sus estudios en México, en el Colegio de Todos Santos, donde adquirió fama de estudioso y humilde.

El 18 de Noviembre de 1832 fué consagrado Obispo de Sonora, cuya dignidad renunció por el mal estado de su salud. En 1º de Marzo de 1841 fué electo Obispo 'de Oaxaca, mas no llegó á esa ciudad hasta el 27 de Mayo de 1842, por causa tambien de sus enfermedades.

Este señor ordenó que las cátedras del Colegio Seminario se obtuvieran por oposicion, reformó los estatutos de ese establecimiento, y estaba madurando los grandes proyectos que tenia, cuando le sorprendió la muerte en el pueblo de Tlalistac el 27 de Marzo de 1843.

El llanto del pueblo pobre y las manifestaciones fúnebres de los ricos hicieron el panegírico de tan excelente prelado.

XXVI

D. ANTONIO MANTECON.

El vigésimo sexto Diocesano de Antequera fué el tercer oaxaqueño que ocupó aquella Sede Episcopal.

El Illmo. Sr. Dr. D. Antonio Mantecon hizo sus estudios científicos en México, y apénas contaba veintidos años cuando obtuvo el título de abogado.

Habiendo vuelto á Oaxaca ejerció por algun tiempo la Abogacía ·y la Judicatura, conquistándose el aprecio y el respeto de cuantos le trataban, hasta que llegó el dia en que Dios se dignó llamarle al Sacerdocio.

Por sus altos merecimientos de hombre virtuoso y su esclarecido talento, pasó en breve tiempo por casi todas las dignidades eclesiásticas, pues fué cura del Sagrario, Canónigo, Tesorero, Chantre, Arcediano y Dean.

En 1823 el Illmo. Sr. Obispo Perez lo nombró su Secretario de Cámara y Gobierno, y en 1843 el V. Cabildo lo eligió Vicario Capitular; por fallecimiento del Illmo. Sr. Morales.

Despues de la guerra de Independencia el Gobierno Nacional ejerció por algun tiempo el derecho de postulacion para Obispos an-

te la Sede Apostólica y debido á ese derecho el Soberano Pontífice
Gregorio XVI nombró al Sr. Mantecon Obispo de Oaxaca por indicacion del Presidente Santa Ana, habiendo sido consagrado en México el 9 de Junio de 1844. Lleno de ciencia, de caridad y de todos los
generosos impulsos que nacen de la buena educacion y la pureza de
costumbres, el Illmo. Sr. Mantecon hizo mucho en provecho de su
Diócesis á pesar de los trastornos políticos de la época aciaga en que
vivió.

Las frecuentes luchas civiles, que presenció con frente serena, la
invasion de los norte americanos, para cuya resistencia contribuyó
con grandes sumas, y las amargas disenciones habidas entre los domínicos que este Ilustrísimo Señor apaciguó como Juez nombrado
por la Santa Sede, contribuyeron quizá á abreviar los dias de su vida.

No obstante, hizo grandes reformas en su clero, mejoró el Colegio Seminario, y embelleció el Santuario de Nuestra Señora de la
Soledad: entre otros objetos, se fabricó en su tiempo un valioso sagrario de plata.

Segun la expresion de uno de sus amigos, *Dios se acordó de su
siervo el dia 11 de Febrero de 1852.*

XXVII

D. AGUSTIN JOSÉ DOMINGUEZ.

El Illmo. Sr. Dr. D. José Agustin Dominguez gobernó la Diócesis de Antequera desde el 30 de Octubre de 1854 hasta el 25 de
Julio de 1859, siendo éste el tiempo precisamente en que la guerra
civil hizo más estragos en toda la República mexicana.

Parece que la Providencia eligió á aquel santo Prelado para que
con sus ejemplos de rectitud, de moderacion y de abnegacion ense-
ñara á su grey cómo debia conducirse en medio del incendio revo-
lucionario.

Detenido por las circunstancias que atravesó, no pudo el Sr. Dominguez realizar los proyectos de reforma que pensaba plantear en
su clero. Sin embargo, publicó para ese efecto un edicto pastoral, que
lo honra como Prelado ilustradísimo.

Este Señor era natural de Oaxaca ó hijo de padres notables.
Fué Cura de Nochistlan y Tlacolula, Canónigo y Vicario Capitular por fallecimiento del Illmo. Sr. Mantecon.

Existen todavía en Oaxaca personas que lo cenocieron y dan fe
de la dulzura de su carácter y la santidad de su vida.

Sus muchas mortificaciones, el peso de los años, ó las tristes emer-
gencias de la situacion política del país, debilitaron su salud, y el
Juéves Santo de 1859, despues de consagrar los Santos óleos, sufrió
un síncope en el altar, que fué precursor de su muerte, acaecida el
25 de Julio del mismo año.

XXVIII

D. JOSÉ MARÍA COVARRUBIAS Y MEJÍA.

El Illmo. Sr. Dr. D. José María Covarrúbias y Mejía nació en
Querétaro el 26 de Enero de 1826.

Heredero de la honradez y virtudes cristianas de sus padres, muy
pronto dió señales de lo que más tarde podia llegar á ser.

En el año de 1838 se ordenó de Sacerdote y en 1840 recibió el
título de Abogado y la borla de Doctor en Sagrados Cánones.

El Illmo. Sr. Villanueva, que fué electo Obispo de Oaxaca, y de
cuya Diócesis no tomó posesion por haber fallecido, habia nombrado al Sr. Covarrúbias su Secretario de Cámara y Gobierno.

Este Ilustrísimo Señor fué despues Prosecretario del Arzobispado y Canónigo de la Santa Iglesia Metropolitana.

El Sr. Arzobispo Garza lo nombró Vicario General de la Archi-
diócesis.

Debido á los trastornos políticos de aquel tiempo, el Sr. Covarrúbias tuvo que trasladarse á Europa, y encontrándose allí el dia 22
de Julio de 1861, fue electo Obispo de Oaxaca y consagrado poco
despues en Roma por el Cardenal Patrizi, Vicario de Su Santidad.

Por el año de 1863 tuvimos la fortuna de conocer y tratar personalmente en Europa á este digno Prelado. De él tuvimos las primeras noticias acerca del Obispado de Oaxaca, y aún recordamos las
lamentaciones tan tristes que hacia sobre el estado en general de
la Iglesia mexicana, y muy en particular del que guardaba su pro-

pia Diócesis. Proyectaba muchas empresas, mil reformas, y estaba animado del mayor celo por el bien de las almas. Mucho le hemos agradecido siempre las muestras de estimacion que Nos manifestó, y aún conservamos con bastante veneracion su retrato, con que Nos obsequió como prenda de cariño.

El Sr. Covarrúbias no hizo su entrada en Oaxaca hasta el 27 de Marzo de 1865 y aquel fué un dia de triunfo para el Prelado y de gloria para su Diócesis por las esperanzas que fundaba en el nuevo é ilustradísimo Pastor.

Un año solamente pudo este Ilustrísimo Señor permanecer en su Diócesis, porque la guerra amenazaba con un nuevo desquiciamiento, y partió para México, donde murió el 5 de Diciembre de 1867. Sus restos fueron conducidos á Oaxaca y colocados con gran pompa en la capilla de S. Pedro de la Iglesia Catedral.

En el corto tiempo que el Illmo. Sr. Covarrúbias pudo gobernar la Diócesis, se distinguió por su cultura, sus disposiciones gubernativas, su tolerante y bondadoso carácter.

XXIX.

D. VICENTE FERMIN MARQUEZ Y CARRIZOSA.

En cuanto á nuestro respetable antecesor, de feliz memoria, no Nos es dado entrar en apreciaciones respecto de su pontificado; y Nos limitamos á los gratos recuerdos que conservamos de su estimable persona.

Terminábamos nuestros estudios eclesiásticos en Roma, sustentando un exámen de Derecho en la Universidad de "La Sapienza," cuando pensamos regresar á la patria. Nos detuvimos sin embargo con motivo del Concilio Vaticano, que se habia convocado y estaba á punto de iniciar sus trabajos. Los Señores Arzobispos y Obispos del orbe católico comenzaron á juntarse en la Ciudad eterna, y entre ellos tuvimos el gusto de conocer á los virtuosos Prelados de Veracruz y Antequera, que llegaron juntos al hotel de la *Minerva*. Acompañamos al Illmo. Sr. Labastida en la primera visita que les hizo, y á poco, con el respeto debido á su sagrado carácter, entramos en ese dulce trato tan conocido por los que se encuentran á largas distancias de la tierra natal. Admiramos la fuerza heroica de las virtudes cristianas que distinguian al Illmo. Sr. Suarez Peredo, y no pudimos ménos de reconocer la profunda humildad que enaltecia al Illmo. Sr. Marquez. Residentes por muchos años en Roma, conociamos bien la poblacion, sus usos y costumbres, y Nos. determinamos luego á ofrecerles nuestros pequeños servicios, qua fueron aceptados.

El Illmo. Señor Obispo de Veracruz, dado enteramente al ascetismo, no encontró en su físico fuerzas equivalentes á su fervor de espíritu, y así sucumbió al poco tiempo, dejando á todos conmovidos y edificados con su santa muerte. Las honras fúnebres que se le hicieron en la Iglesia de San Roque estuvieron lucidísimas, y quiso Dios enaltecer de tal manera la modestia del Venerable Prelado, que todos los Señores Obispos de España y de los países latino-americanos presentes en Roma, se creyeron en el deber de concurrir á sus funerales: más de cien mitras rodearon sus restos mortales, ántes de ser depositados en el sepulcro provisional que se dispuso. en esa misma Iglesia.

Quedó solo el Illmo. Sr. Marquez y profundamente conmovido: . razon para que Nos esforzásemos más en prodigarle nuestras pequeñas atenciones. Queriendo de alguna manera manifestarnos su aprecio, luego que en la augusta Asamblea vaticana el Cardenal Legado, que presidia las sesiones habituales, facultó á los Padres del Concilio para que cada uno nombrase su Teólogo consultor, con quien estudiar las materias, el Illmo. Sr. Marquez Nos distinguió fijándose en nuestra humilde persona, y prestamos en sus respetables manos el juramento prescrito. Esto hizo que con frecuencia disfrutásemos de su estimable compañía.

Suspenso el Concilio Vaticano, determinamos regresar á México. Salimos juntos de Roma, y pasando por Paris, nos embarcamos en el Havre para New York. Visitamos el *Niágara* y algunas poblaciones principales de los Estados Unidos, embarcándonos de nuevo para la Habana y Veracruz. En la Habana fuimos hospedados en el Colegio de Belen, de los Padres Jesuitas, y tenemos muy presente, cómo en la tarde del dia en que llegamos, se nos enseñó el establecimiento. Nos encontrábamos como á las cuatro en el observatorio del Colegio, y al explicarnos el Reverendo P. Benito Viñes, Director de él, un instrumento delicadísimo que sirve para indicar las corrientes terrestres magnéticas, precursoras de las grandes tempestades, notamos todos que en esos momentos la aguja sufria una grave perturbacion. La atencion del Padre Jesuita se fijó por completo en su instrumento, hizo sus observaciones y anotaciones, y al último nos anunció que íbamos á tener una tempestad fuertísima. El cielo estaba entónces enteramente despejado y sereno, y nada indicaba á los profanos en la ciencia los pronósticos del meteorologista. El Padre dió aviso desde luego á la capitanía del puerto, y las órdenes fueron inmediatamente dadas para que los buques de guerra en la bahía se apartasen los unos de los otros, y que se izase la bandera de alarma en el morro, segun se acostumbra en esos casos. En efecto, á las ocho de la noche comenzó á soplar un viento huracanado, y densas nubes cubrieron el horizonte. Comenzó la tormenta, que duró en toda su fuerza por tres dias, é hizo mil destrozos, arrancando los árboles de los paseos públicos, destejando algunas casas, y maltratardo mucho las embarcaciones en el puerto. A los tres dias se mudó la bandera negra del morro por la colorada, que indicaba aún peligro, pero licencia para comunicarse con los buques por medio de las pequeñas embarcaciones. El capitan del "City of Mexico" en que habiamos llegado mandó avisar á los pasajeros que no se detenia por más tiempo, y que confiado en sus buenas máquinas levaria anclas á las dos de la tarde. Estuvimos vacilando por algun tiempo sin saber qué partido tomar: el Illmo. Sr. Marquez se inclinaba más bien á permanecer en tierra, pero Nos, considerando que nuestra señora madre y abuelo materno habian sido víctimas del vómito por su detencion en la Habana, nos resolvimos á seguir nuestro viaje, y viendo el buen Prelado oaxaqueño nuestra resolucion definitiva, no quiso abandonarnos. Nos embarcamos, pues, y nos retiramos desde luego á nuestro camarote de dos literas, porque puesto ya el vapor en movimiento el tenerse [en pié era casi imposible. Tan pronto como atravesamos el Morro, nuestra embarcacion era juguete de las encrespadas olas, las cuales amenazaban sumergirla de un momento á otro. Así seguimos pasando á intervalos ratos de verdadera angustia, hasta las diez de la noche, en que arreciando más y más el viento, nos pareció ya como imposible el que pudiera sostenerse por más tiempo tan terrible lucha con los elementos, y creyendo, por lo tanto, que estábamos próximos al naufragio, nos preparamos á bien morir, reconciliándonos el uno con el otro. La tormenta siguió, puede decirse, en toda su furia hasta encontrarnos frente á Campeche, en cuyo punto comenzó á calmar. Llegamos por fin á Veracruz sumamente maltratados y resueltos á no embarcarnos jamás, á no ser que el deber nos lo impusiera.[1]

1 Los datos históricos referentes al Episcopado oaxaqueño, los debemos en su mayor parte á la interesante historia del Padre Gay y al manuscrito de que hemos hecho referencia.

APÉNDICE TERCERO.

Año de 1684.—Criminal.—Contra Nicolás de la Cruz Contreras y socios, de San Francisco Caxonos, por idolatría.

Noticia del Alferez Pedro Boza.

IEGO Diaz Romero, Escribano del Rey Nuestro Señor y vecino de esta Villa Alta de San Ildefonso, de mandato de Juez competente hice sacar y saqué el testimonio que desuso va referido, que su tenor á la letra es como se sigue:

En el pueblo de San Francisco Caxonos, en siete dias del mes de Junio de mil seiscientos ochenta y cuatro años, ante mí D. Alonso Muñoz de Castilblanque, Caballero del órden de Calatrava, Capitan de los guardas del Exmo. Sr. Conde de Paredes, Marqués de la Laguna, Virey, Gobernador y Capitán General de la Nueva España y Alcalde mayor de la Villa Alta de San Ildefonso y sus Provincias, por su Majestad; pareció el Alferez Pedro Boza, vecino de dicha Villa, y dijo que, para descargo de su conciencia y lo que hace á su obligacion de católico cristiano, me daba y dió noticia de que habiendo ido por mi órden á casa de Luis Muñoz á algunas diligencias de justicia, halló que Gertrudis, hija de Catarina María y de Gerónimo Hernandez, ya difunto, y entenada actual del dicho Luis Muñoz, estaba en dicha casa envolviendo á toda diligencia y ocultando unos papeles de Yaguichi, instrumento de idolatría de su gentilidad, y asimismo un atado de plumas, y habiendo visto que de la casa de

Nicolás Muñoz salia un indio que despues dijeron llamarse Nicolás Contreras, con unos envoltorios debajo del brazo, le siguió Bartolomé de Vargas, muchacho que le asiste en su servicio al dicho Pedro Boza. el cual le siguió hasta que, llegando al sitio donde estaban unas peñas, tropezó el dicho Nicolás Contreras y cayó. Y viendo junto á sí al dicho Bartolomé de Vargas que le perseguia, dejó dichos envoltorios y pasó huyendo, y el susodicho Vargas, apeándose de un caballo en que iba, los tomó y entregó al dicho Pedro Boza. Y de todo ello me hizo demostracion, y habiéndolo reconocido, se halla en dichos envoltorios que llevaba el dicho Nicolás de Contreras una petaquilla de palma, una corteza de papel de Yaguichi[1] batido, de dos varas de largo, poco más ó ménos, en una pieza, y ocho envoltorios pequeños anudados con unos cordelillos hechos del mismo Yaguichi y dentro de ellos unas plumas verdes y coloradas y unas ramillas de hojas del árbol de ocote, y todos los dichos envoltorios al parecer muy ensangrentados y nuevamente hechos. Y. en otra petaquilla de dicha palma otros dos envoltorios de la misma manera que los antecedéntes, al parecer más antiguos. Y en una hoja de maíz una maraña de cabellos. Y en otra, otra maraña de cabellos dentro de un poco de algodon escarmenado, y en dicha petaquilla una cabezuela de pájaro y varias plumas y una alezna y una calabacilla con unos polvos, al parecer de yerba, y un pedazo pequeño del dicho Yaguichi y una Santa Bula de la cuarta predicacion de la novena Concepcion de Paulo V; que era todo lo que llevaba el dicho Nicolás de Contreras, como asimismo un paño de manta, diferentes cortezas del dicho papel de Yaguichi, de distintos tamaños, y un envoltorio con algunos atados de palma de diferentes colores. Y en otro paño de algodon dos pájaros llenos de pactli, y el dicho Alferez Pedro Boza dijo ser cierta y verdadera su noticia, y lo juró en forma á Dios Nuestro Señor á una señal de la Cruz, y que en ello no interviene malicia ni fraude de su parte, y lo firmó conmigo, como Juez Receptor, con los testigos de mi asistencia, que lo fueron D. José Muñoz de la Sierra, Alguacil mayor de dicha Villa, y sus Provisores por su Majestád, y Antonio Gracia Corona, por no haber en dicho pueblo ni en algunas leguas de su contorno Escribano Público ni Real, á todo lo cual interpongo mi acc* y judicial decreto de

1 Tela de la corteza del maguey.

la Real Justicia, de que doy fe.—*D. Alonso Muñoz de Castilblan-que.—Pedro Boza.—José Muñoz de la Sierra.—Antonio García Corona.*

Auto.

En este dicho Pueblo, en dicho dia, mes y año, yo el dicho Alcalde mayor, habiendo visto la noticia que precede y demás instrumentos en ella contenidos, mando que para el primer conocimiento de esta causa, se le tome su declaracion á Bartolomé de Vargas y se aseguren en prision las personas de Luis Muñoz, Nicolás Muñoz, Nicolás de Contreras, Juana Hernandez, su mujer, Juana Muñoz, mujer del dicho Nicolás Muñoz, y Gertrudis, hija de Catarina María y la dicha su madre, y que el dicho Alguacil mayor con asistencia de los Alcaldes de este dicho pueblo lo ejecute, y á buen recaudo los remita á la cárcel pública de dicha Villa, y á los demás que parecieren cómplices en esta causa, y se prosiga en papel comun por ser del servicio de Dios Nuestro Señor y no haberlo de ningun sello, y ser entre naturales en conformidad de la real pracmática. Así lo proveo, mando y firmo con los dichos testigos de mi asistencia, de que doy fe.—*D. Alonso Muñoz de Castilblanque.—José Muñoz de la Sierra.—Antonio García Corona.*

Auto.

En este dicho pueblo, en dicho dia, mes y año, yo el dicho Alcalde mayor para la prosecucion de esta causa y lo que en ella se pueda ofrecer, mando que ninguno de sus naturales salga de este dicho pueblo y que parezcan el dia siguiente todos ante mí, pena de doscientos azotes; y que los Alcaldes de este dicho pueblo lo hagan noticiar á todos sus naturales. Así lo proveo, mando y firmo con los testigos de mi asistencia, de que doy fe.—*D. Alonso Muñoz de Castilblanque.—José Muñoz de la Sierra.—Antonio García Corona.*

Declaracion de Bartolomé de Vargas, de 15 años.

En este dicho pueblo, en dicho dia, mes y año, en conformidad del auto que precede y para el efecto de tomarle su declaracion, yo el dicho Alcalde mayor hice parecer ante mí á Bartolomé de Vargas, del cual recibí juramento que le hizo en forma á Dios Nuestro Señor y á una señal de la Cruz, y prometió decir verdad. Y siendo preguntado qué es lo que sabe, vió ú oyó en este caso, dijo: Que hoy dia de la fecha á las once horas de la mañana poco más ó ménos, habiendo ido en compañía del Alferez Pedro Boza, á quien asiste, á casa de Luis Muñoz, natural de este dicho pueblo, estando este declarante algo apartado de dicha casa para ir á la de Nicolás Muñoz en compañía de Domingo de Chavez, vió que un indio, que despues supo llamarse Nicolás de Contreras, salia corriendo con un envoltorio debajo del brazo, y que siguiéndole este declarante cayó el susodicho en unas peñas, donde soltó el dicho envoltorio y pasó huyendo, y que apeándose del caballo en que iba le tomó en sus manos y reconoció en él algunos instrumentos de idolatría, y se lo entregó al dicho Alferez Pedro Boza. Y que ésta es la verdad, lo que sabe y pasa por el juramento que tiene hecho, en que se afirmó y ratificó. Y declaró ser de edad de quince años poco más ó ménos, y no firmó por decir no saber. Firmólo á su ruego uno de los dichos testigos de mi asistencia, que conmigo lo firmaron, de que doy fe.—*D. Alonso Muñoz de Castilblanque.*—A ruego y por tº.—*José Muñoz de la Sierra.*—*Antonio García Corona.*

Declaracion de Domingo de Chavez, de 30 años.

En este dicho pueblo, en dicho dia, mes y año, yo el dicho Alcalde mayor, para efecto de tomarle su declaracion, hice parecer ante mí á Domingo de Chavez, natural y vecino del Barrio de Analco, arrabal de dicha Villa, que habla y entiende la lengua castellana, del cual recibí juramento que le hizo en forma á Dios Nuestro Señor y á una señal de la Cruz, y prometió decir verdad, y siendo preguntado qué es lo que sabe en este caso, dijo: Que hoy, dia de la fecha, serian las once de la mañana, poco más ó ménos, yendo en compañía de Bartolomé de Vargas á la casa de Nicolás Muñoz, natural de este dicho pueblo, vió que salió corriendo de dicha casa un indio que llevaba un envoltorio debajo del brazo con demostraciones de ocultarlo, y que el dicho Bartolomé de Vargas le siguió, y que dentro de breve rato le vió volver con el dicho envoltorio en las manos, el cual entregó al Alferez Pedro Boza; que ésta es la verdad, lo que sabe y pasa para el juramento que hecho tiene, en que se afirmó y ratificó, y declaró ser de edad de treinta años, poco más ó ménos, y no firmó por decir no saber. Firmólo á su ruego uno de los testigos de mi asistencia que conmigo lo firmaron, de que doy fe.—*D. Alonso Muñoz de Castilblanque.*—A ruego y por tº.—*José Muñoz de la Sierra.*—*Antonio García Corona.*

Declaracion del Alguacil mayor.

En este dicho pueblo, en dicho dia, mes y año, el dicho Alguacil mayor, ante mí el Alcalde mayor, dijo: que en ejecucion y cumplimiento del auto que precede, con asistencia de los alcaldes de este dicho pueblo, aseguró en prision las personas de Luis Muñoz, Nicolás Muñoz, Juana Hernandez, Juana Muñoz, Catarina María, Gertrudis su hija, y que no ha podido hallar, por exactas diligencias que hizo, la persona de Nicolás de Contreras para el mismo efecto. Y que los dichos presos los entrega á los dichos alcaldes y demás oficiales de República de este dicho pueblo para que los conduzcan con toda seguridad á la cárcel pública de dicha Villa, y lo firmó con los testigos de asistencia y el dicho Antonio García conmigo, de que doy fe.—*D. Alonso Muñoz de Castilblanque.*—*José Muñoz de la Sierra.*—*Antonio García Corona.*

Declaracion de D. Nicolás de Mendoza, Alcalde y diligencia.

En este dicho pueblo, en ocho dias del mes de Junio de mil y seiscientos y ochenta y cuatro años, en conformidad del auto que precede, ante mí el dicho Alcalde mayor, parecieron juntos todos los naturales de este dicho pueblo, y los dichos alcaldes dijeron haber citado todo el pueblo en ejecucion y obedecimiento del dicho auto, y D. Nicolás de Mendoza, que es uno de dichos alcaldes, dijo: que habiéndose llamado por el padron á dichos naturales uno á uno, que eran Francisco Diaz, Jacinto Morales, Juan Matías, Bartolomé Hernandez, José Muñoz, Juan Juarez, José de la Torre, Francisco Muñoz, otro Francisco Muñoz, Juan Pablo, Jerónimo Muñoz, Francisco de Aquino, Francisco de Alavez, Agustin Hernandez, Francisco Jimenez, José de Aquino, Bartolomé de Castillo, Juan Bautista, José Luis y José Sanchez, todos naturales de este dicho pueblo, se habian huido y ausentado aquella noche ántes, y que habiendo reconocido · una por una todas sus casas, algunas habia hallado cerradas y otras solas. Y para que conste lo firmo con los dichos testigos de mi asistencia, de que doy fe.—*D. Alonso Muñoz de Castilblanque.—José Muñoz de la Sierra.—Antonio García Corona.*

En este dicho pueblo, en dicho dia, mes y año, yo el dicho Alcalde mayor mando que los dichos alcaldes y oficiales de República de este dicho pueblo, secuestren, y embarguen y aseguren todos los bienes que parecieren ser suyos de las dichas personas que están aseguradas en prision y que los tengan de manifiesto, para dar cuenta de ellos cada vez que convenga, y por juez competente se le pidan, y habiéndoseles notificado, dijeron que lo oyen, y que lo ejecutarán luego y sin dilacion alguna. Y esto dieron por su respuesta. Y así lo proveo, mande y firmo, como Juez Receptor, con los dichos testigos de mi asistencia, de que doy fe.—*D. Alonso Muñoz de Castilblanque.—José Muñoz de la Sierra.—Antonio García Corona.*

Auto de remision á lo eclesiástico.

En la Villa Alta de San Ildefonso, en veinte y dos dias del mes de Junio de mil seiscientos y ochenta y cuatro años, el Sr. D. Alonso Muñoz de Castilblanque, Caballero del Orden de Calatrava, Capitan de los Guardas del Exmo. Sr. Conde de Paredes, Marques de la Laguna, Virey, Gobernador y Capitan General de esta Nueva España y Alcalde mayor de dicha Villa y sus Provincias de Su Majestad; habiendo visto la noticia, declaraciones, autos y diligencias que preceden, y conocido ser esta causa legítimamente de Idolatría y que de tal resulta culpa contra los agresores y personas detenidas en prision con indicios evidentes de ser perpetradores de nuestra santa fe católica, cuyo conocimiento, prosecucion y definicion pertenecen privativamente, segun las leyes y ordenanzas de este Reino, á la jurisdiccion eclesiástica, en cuya confirmacion dijo que mandasen y mandó se remitiesen al Illmo. y Rvmo. Sr. Dr. D. Isidoro de Sariñana y Cuenca, Obispo de la Ciudad de Antequera, Valle de Oaxaca y su Diócesis, del Consejo de Su Majestad, ó á su Provisor, Juez ú Oficial y Vicario General, para que en ello determine lo que más convenga y para su conducción y ejecucion se le entreguen todos los instrumentos contenidos en estos autos al M. R. P. Predicador Fr. Alonso de Vargas, Cura ministro de la casa y partido de esta dicha Villa, y estos dichos autos originales, quedando testimonio de ellos en este juzgado, y los dichos presos asegurados y á buen recaudo en la cárcel pública de esta dicha Villa, otorgando el dicho R. P. Cura recibo de su entrega. Así lo proveyó, mandó y firmó, de que doy fe. —*D. Alonso Muñoz de Castilblanque.*—Ante mí.—*Diego Diaz Romero,* Escribano real.

Concuerda con su original á que me refiero. Va cierto y verdadero y en cinco fojas con ésta, rubricadas y numeradas y escritas en todo y parte. Y fueron testigos al verlas sacar, corregir y enmendar, Ramon de Vargas y Nicolás de Xeniz Fajardo, vecinos de esta dicha Villa, en donde es hecho en veinte y dos dias del mes de Junio de mil y seiscientos y ochenta y cuatro años. Y por no haber en esta dicha Villa ni en muchas leguas de su contorno asiento real, ni haberse hallado papel sellado de ningun sello, se sacó este testimonio en este papel comun, de que doy fe.

Hago mi signo ✠ en testimonio de verdad.—Doy fe.—Rúbrica. —*Diego Diaz Romero,* Escribano Real.—Una rúbrica.

En la Villa Alta de San Ildefonso, en trece dias del mes de Julio de mil y seiscientos y ochenta y cuatro años, ante mí el escribano de Su Majestad y testigos infrascritos, el M. R. P. Predicador Fray Alonso de Vargas, religioso del Orden de Santo Domingo y Cura Propietario de la casa y partido de esta Villa, á quien doy fe que conozco, otorga que recibe realmente y con efecto del Sr. D. Alonso Muñoz de Castilblanque, Caballero del Orden de Calatrava, Capitan de los guardas del Exmo. Señor Conde de Paredes, Marqués de la Laguna, Virey, Gobernador y Capitan General de esta Nueva España y Alcalde mayor de dicha Villa y sus Provincias, por Su Majestad, una causa original, en cinco fojas escritas en todo y parte, de idolatría fulminada contra Nicolás Muñoz y Nicolás de Contreras, naturales del pueblo de San Francisco Caxonos y demás agresores, y que en suma refiere todos los instrumentos de idolatría que en ella se expresan. Y así lo otorgó y firmó, siendo testigos Juan del Horno, residente en esta dicha Villa, y Ramon de Vargas, veci-

APÉNDICES.—9.

no de ella, de todo lo cual duy fe.—*Fr. Alonso de Vargas*, una rúbrica.—Ante mí, *Diego Diaz Romero*, Escribano Real, una rúbrica. — *Visitado*, rúbrica.

APÉNDICE CUARTO.

Documentos pertenecientes á la causa de los Venerables
Mártires de Caxonos.

---

*Carta de los RR. PP. Fr. Alonso de Vargas y Fr. Gaspar
de los Reyes al R. P. Provincial de Santo Domingo en Oaxaca.*

UY Reverendo Padre, Nuestro Maestro Provincial: Damos cuenta á V. Reverencia cómo esta noche, víspera de Nuestro Padre Santo Domingo Soriano, como á
las once de la noche, habiéndonos denunciado dos personas cristianas de este pueblo de San Francisco Caxonos, cómo
actualmente estaban para hacer (en una casa) todo este dicho pueblo una idolatría general, y queriendo Dios Nuestro Señor darnos
valor y llevados del celo de nuestra santa fe católica, y teniendo
el fomento de siete españoles que casualmente se hallaron en este pueblo y cabecera de San Francisco, salimos para la casa en ocasion que estaba lloviendo, con tal maña y silencio, que cogimos en
dos aposentos bien grandes y un patio bien dilatado, muchísimos indios é indias los más de ellos hincados, y muchísimos por los suelos
postrados, y lo más sensible de todo estar las niñas y niños de rodillas y con las manos puestas. Entramos pues invocando el nombre
de Dios, y fué tan grande el horror que concibieron, que echaron á
huir, dejándonos las víctimas diabólicas de gallos degollados, una
cierva y otras mil inmundicias que por no molestar á Vuestra Re-

verencia no referimos, y otras circunstancias que no relatámos. ¡Considera Vuestra Reverencia cómo podrémos estar! Trajimos la cierva, gallos y otros instrumentos diabólicos, cada uno lo que pudo. Los principales que nos acompañaron con católico celo fueron el Capitan D. Antonio Pinelo, el Maestro José Valsalobre y el Maestro Diego de Mora. Vuestra Reverencia proveerá lo que convenga, sólo sí suplicamos que la comision, que el Ilustre y Venerable Cabildo hubiere de dar, sea sujeto de por allá, porque así parece será conveniente.

Nuestro Señor nos guarde á Vuestra Reverencia con todo bien. Caxonos, 15 de Setiembre de 1700 años. Muy Reverendo Padre, Nuestro Maestro y Provincial. Besamos la mano de Vuestra Reverencia sus menores hijos y súbditos.—*Fray Alonso de Vargas.*— *Fray Gaspar de los Reyes.*

Otra carta del P. Vicario de Caxonos al R. P. Provincial.

Muy Reverendo Padre Nuestro Maestro y Provincial: Participo á V. Reverencia del conflicto grande en que anoche nos vimos, entrando todos los indios de este pueblo acompañados de los otros cinco pueblos con grande ruido y estruendo de voces, chiflos y tambor, que sólo habiéndolo oido se puede ponderar. Acometieron por tres partes á un tiempo, descargando pedradas tan feroces que atribuyo á milagro no haber sucedido avería alguna; hicieron grande fuerza é instaron mucho á querer entrar por una ventana, pero la defendieron tan bien los españoles que habia, con armas de fuego, para defenderse y defendernos, que no pudieron los indios, aun habiendo tantos, contrarestarla, por lo cual, cesando el ruido, me llamaron y dijeron, que si les daba á los dos indios denunciantes, que sabian estaban dentro, cesaria·todo desde luego; les respondí no podia darlos ni hacer semejante cosa, á que replicaron que de no dárselos destejarian el techo de la celda y entrarian, y que quemarian las despensas: volvíles á repetir lo mismo, cómo no podia, con que considerando el capitan D. Antonio Pinelo el detrimento tan evidente que tenian de la vida, les dijo que él se los daria, si le daban palabra de no hacerles mal, ni matarlos, y respondiéndole que se la daban de no matarlos, se los entregó, á los cuales azotaron y despues llevaron á la cárcel de S. Pedro, donde los tienen hasta hoy juéves.

Las puertas de la celda donde tenia los instrumentos que les cogimos, quebraron y se los llevaron. Me hallo con noticia cierta de que los doce pueblos de la otra banda están ya ofrecidos para unirse todos diez y ocho y defenderse y andan alerta, á ver si prenden alguno los nuestros, ó si hacen la menor demostracion, para ejecutar mucho más de lo que ántes, y puede cundir á las demás partes sin que se pueda resarcir; y así, muy Reverendo Padre nuestro, tengo por muy acertado el que, por ahora, no venga juez eclesiástico, porque no ha de surtir efecto, y si viene ha de ser con detrimento de su vida, porque algunos indios que hay buenos nos participan las consultas que hacen y lo que en ellas resuelven: esta tarde se me entró bastante número de indios á pedir misericordia, y que conocen el yerro, y que les consiga ésto, y no haya más en lo de adelante, y que se sosegarán, pero que de no, harán grandes demostraciones; con que como en tiempo de guerra son menester ardides para apaciguarlos, reprobándoles lo mal que habian en todo obrado, y lo muy criminal que es la culpa que cometieron, los consolé. El Ilustre Cabildo resolverá lo que viere ser conveniente, pero es suponiendo que por ahora no es acertado á que venga el Juez, por la razon que refiero. Espero del grande celo con que V. Reverencia gobierna todo, lo dispondrá de la suerte que viere por ahora ser más conveniente: los españoles mataron á un indio en el motin. Espero muy buenas noticias de la salud de V. Reverencia, y el consuelo que siempre da á todos sus hijos y súbditos, cuya vida guarde Nuestro Señor muchos años.—Caxonos y Setiembre 16 de 1700 años.—Muy Reverendo Padre, nuestro Maestro y Provincial. B. l. m. de V. R. su menor hijo.— *Fr. Alonso de Vargas.*

Carta de los RR. PP. Vargas y Reyes al R. P. Provincial.

Muy Reverendo Padre, nuestro Maestro y Provincial: Tenemos ya escrito á V. Reverencia lo sucedido el miércoles en la noche, y hoy á las ocho del dia viérnes recibimos la de V. Reverencia, con la cual hemos tenido mucho consuelo. Damos á V. Reverencia noticia cómo hoy viérnes á las nueve del dia se nos entraron los indios de este pueblo, acompañados con los oficiales de República, postrándose por los suelos, pidiendo perdon de su delito; recibímoslos con cariño, agasajo y suavidad, dándoles á entender la misericordia de Dios

Nuestro Señor, que su Divina Majestad, como tan piadoso, les perdonaria su culpa si el arrepentimiento era verdadero, con propósito firme de no reincidir en tal culpa; fuimos á apadrinarlos con el Capitan D. José de la Sierra, quien les prometió haberse con ellos con toda piedad. Están advertidos de su delito, por el cual no pueden entrar en la Iglesia hasta que el Ilustre y Venerabie Cabildo determine su absolucion. Hémoslos movido con actos repetidos de fe y de amor á Dios, detestando de tan nefanda culpa; están sujetos á todo lo que les hemos dicho, segun muestran los exteriores. Aunque es verdad que no vinieron otros pueblos que acompañaron á éstos en el motin, esta diligencia que han hecho de venir los indios fué por razon de la palabra que les dí la noche del motin, de que como se aquietasen y no pasasen á hacer tan enormes demostraciones como hábian empezado á hacer, negociaria se llevase todo con la mayor suavidad que se pudiese, y en las consultas que hacen y han hecho, han dicho que de prenderse á alguno ó hacer la menor demostracion, han de hacer grandes demostraciones: y son seis pueblos que, volviéndose á amotinar, han de hacer muy difícil el reducirlos, por lo cual es caso muy arduo y de mucha entidad, porque no castigarlos por la culpa tan abominable de la idolatría tan pública como hicieron, y el motin tan horroroso de seis pueblos que decian venian á matarnos, mire V. Reverencia cómo quedarán de gloriosos para adelantarse á mayores demostraciones.

A uno de los denunciantes le quemaron la noche del motin la casa de paja, y ayer juéves, tarde, la de teja que tenia, por los cimientos, con grande osadía, estando la justicia Real en la comunidad, y á vista suya y de nosotros hacer semejante cosa sin poderlo resistir. Tenemos noticia de que ayer tarde sacaron de la cárcel á los denunciantes y los llevaron camino del monte de Tanga, y el correo que llegó hoy no los topó, y estamos con el desconsuelo de no saber el fin. Por ahora no desmayaré y obraré con la ayuda de Dios, cuanto pudiere, con fe y esperanza firme de tener como tengo la ayuda de Dios. Digo esto á V. Reverencia porque el P. Fr. Gaspar se va desmayando mucho, que pienso pide á V. Reverencia lo saque de aquí. Iré dando cuenta á V. Reverencia de todo lo que pasare, y perdonará V. Reverencia los defectos, que estamos turbados aunque con ánimo. Nuestro Señor guarde á V. Reverencia por muchos años.—Ca-

xónos y Setiembre 17 de 1700 años.—Muy Reverendo Padre, nuestro Maestro y Provincial. Besa la mano de V. Reverencia su menor
súbdito.—*Fr. Alonso de Vargas.—Fr. Gaspar de los Reyes.*

Comunicacion del Venerable Cabildo de Oaxaca
al Exmo. Señor Virey.

Ha parecido de la obligacion de este Cabildo Eclesiástico el poner en manos de Vuestra Excelencia y su alta providencia las tres
cartas originales de los Padres Curas ministros de doctrina de San
Francisco Caxonos, de este Obispado, que el Rvmo. Padre Provincial de Santo Domingo participó á este Cabildo, para que por su parte proveyese á tan grave daño el remedio que pareciese más conveniente, y reconociendo la alteraciou y sublevacion de los pueblos y
lo que han empezado á ejecutar de desacatos é irreverencias, así á
sus Curas como á la inmunidad del convento, ha acordado este Cabildo suspender el conocimiento del delito de idolatría para que tenia despachada su comision, esperando el tiempo y la ocasion oportuna que convenga para su conocimiento y castigo. Reconoce este
Cabildo es muy necesario que, para que no pase adelante esta alte-
racion y mocion de los indios, interponga Vuestra Excelencia su autoridad y mandato, mandándoles con alguna amenaza se aquieten,
obedezcan y reverencien á sus Curas Ministros, sobre que este Cabildo hace y hará cuanto pueda porque se mantengan en paz, cristiandad y quietud, que es el único fin para que dan cuenta á Vuestra
Excelencia, esperando del cristianísimo celo de su rectitud, logrará,
por medio de Vuestra Excelencia, la quietud y paz de los pueblos
amotinados y todo consuelo.

Tambien halla este Cabildo oportuna ocasion para dar á Vuestra
Excelencia noticia cómo los capítulos con que sindicaron los indios
del partido de Teojomulco al Br. D. Fernando Francisco Gudiel y
Peralta, su Cura interino, nq emanaron de otro influjo que del de
la fulminacion de causa sobre el crímen de idolatría en que estaban
contaminados y denunciados, tiempos anteriores, viviendo el Illmo.
Sr. Dr. D. Isidoro Sariñana y Cuenca, dignísimo Obispo que fué de
este Obispado, cuyo éxito se suspendió por las fugas de D. Lorenzo
Rosales, cacique, quien desde *esa ciudad* altera y conmueve á dichos naturales de Teojomulco, como constará á Vuestra Excelencia

por el testimonio de dicha causa de idolatría que remite este Cabildo á Vuestra Excelencia, y no obstante esto, que hace sospechoso el ocurso de sindicar á su Ministro celoso en la causa de Dios Nuestro Señor, en observancia de los mandatos de Vuestra Excelencia, este Cabildo dejó allí en la administracion de los Santos Sacramentos un Sacerdote inteligente en el idioma chatino que se habla en dicho partido, en que es único y eminente dicho Br. D. Francisco Gudiel y Peralta, á quien juntamente extrajo de dicho partido de Teojomulco con su madre y familia, que están en esta ciudad desde Mayo de este año, y se ha procedido contra él en sumario juicio acerca de la averiguacion de dichos capítulos por varios jueces comisarios que se han remitido para este efecto, y hoy se procede por nuestro Provisor y Vicario general en plenario juicio, estando siempre este Cabildo en ánimo de que daria á Vuestra Excelencia entera noticia, como con efecto informará íntegramente de la sustanciacion de dicha causa y sentencia en justicia, motivo por que retardaba este Cabildo la respuesta á Vuestra Excelencia en este punto tocante á dicho Br. D. Fernaudo Francisco Gudiel y Peralta.

Guarde Dios la persona de Vuestra Excelencia en toda su grandeza los muchos años que deseamos y hemos menester.—Sala Capitular de Antequera y Setiembre 19 de 1700 años.—Excelentísimo Señor, besan la mano de Vuestra Excelencia sus humildes servidores y capellanes.—*D. Pedro Lozano.—D. José Ramirez Aguilar. —Lic. D. José Vedor Sariñana.—Lic. D. Antonio de Faldaña y Ortega. —Lic. Antonio de Medina.*

Carta del Reverendo Padre Provincial de Santo Domingo al Virey.

Excelentísimo Señor: Póngome por ésta á los piés de Vuestra Excelencia, dando (por lo que á mí toca) parte á Vuestra Excelencia de lo sucedido en la doctrina de San Francisco de los Caxonos, de esta provincia y de mi cargo, desde el dia 14 hasta el de esta fecha, que todo se contiene en tres cartas que los ministros de tal doctrina me han escrito y puse en manos del Venerable Cabildo de esta Santa Iglesia (por lo que toca á la idolatría), el cual las remite originales á Vuestra Excelencia para que, como Vice–Patron, Vuestra Excelencia sea muy servido en dar la providencia que más convenga, á que daré por mi parte la debida ejecucion, protestando como protesto, así de mi parte como de los ministros, cuyas son las cartas, no es nuestra intencion el que de ellas se siga pena capital, efusion de sangre ó mutilacion de miembro, sino sólo la pacificacion de los naturales y seguridad y fomento de los ministros de Dios y capellanes de Su Majestad.

Guárdenos Dios la Excelentísima persona de Vuestra Excelencia largos años, en toda su grandeza, como hemos menester.

De este convento de predicadores de Oaxaca y de Setiembre 18 de 1700 años.—Excelentísimo Señor. Besa la mano de Vuestra Excelencia su menor capellan y siervo.—*Fr. Nicolás de Andrade.*

, Declaracion de Sebastian de Alcántara.

En la ciudad de Antequera, Valle de Oaxaca, en cinco dias del mes de Noviembre de mil y setecientos años, el dicho Señor Corregidor, estando en el Convento de Santo Domingo de esta ciudad, para efecto de examinarle,.hizo parecer ante sí á un indio bastantemente ladino en la lengua castellana, que habla y entiende sin necesitar de intérprete, y dijo llamarse Sebastian de Alcántara y ser natural del pueblo de San Pablo, de la provincia de los Caxonos, en la jurisdiccion de la Villa Alta, vecino de esta dicha ciudad y casado en ella con Magdalena de la Rosa, del cual Su Merced, por ante mí el escribano, tomó y recibió juramento que lo hizo en forma á Dios Nuestro Señor y á una señal de la Santa Cruz, so cuyo cargo prometió decir verdad de lo que supiere y le fuere preguntado, y siéndolo al tenor de dicha carta de justicia requisitoria, y encargándole secreto, dijo: que lo que sabe y pasa es que siendo de edad de diez á once años, salió del dicho su pueblo y se vino á esta ciudad, y que desde entónces oyó decir, y lo ha oido comunmente á todos los naturales, así del dicho su pueblo, como de otros, que el Sacerdote y Maestro del pueblo de San Francisco, en la idolatría, lo es un indio llamado José Flores, el cual ha sido castigado por este delito, y que en el pueblo de San Pedro y de San Miguel lo son Pedro Morales, casado y con dos hijos mudos, y asimismo Jacinto Morales y otro Jacinto, carpintero y cantor, y que á éstos los vió este testigo, muchas veces, matar perros y gallos y disponer los sacrificios para la idolatría; y que asimismo sabe, por haberlo oido decir comunmente, que en el pueblo de Santo Domingo es Sacerdote y Maestro de la idolatría Francisco Morales, y que en el dicho su pueblo de San Pablo es el Papa de la idolatría un indio viejo, llamado D. Pablo Jimenez, y que sus Sacerdotes ó ayudantes lo son José Hernandez, cantor de la Iglesia, Juan Gabriel, Juan Jimeno, cantor, Juan Valiente y Juan Mateo, naturales de dicho su pueblo; y que los dichos D. Pablo y Juan Gabriel tienen en las paredes de su casa unas ventanas supuestas y tapiadas, á mano izquierda como se entra en ellas, y que dentro tienen unos como muñecos y reliquias.de sus antepasados, que llaman en su lengua *Quiquiatahao*, y que este testigo, asistiendo muchas veces en las casas de los susodichos, les vió usar de la idolatría y de sus sacrificios y enseñarlas á otros naturales; y que en el pueblo de San Mateo son los Sacerdotes, Maestros de la idolatría, Fabian Vazquez, José Hernandez, Pascual Montaño y Simon Gonzalez, naturales del dicho pueblo; y que así en éste, como en el dicho su pueblo, todos los más naturales de ellos usan de la idolatría, convidándose los de un pueblo para otro, los dias que se ocupan en ella, y que ésta la hacen cada mes ó dos meses, corriendo en el dicho su pueblo por cuenta de los dichos D. Pablo Jimenez y Juan Gabriel el señalar los dias para usar de la idolatría y obligándoles á sus padres que lleven á ellas á las criaturas y muchachos de todas edades, y que en el pueblo de Zoochila, ha oido decir comunmente que es Sacerdote y Maestro de la idolatría un indio llamado D. Nicolás, cantor, y que ha sido fiscal; y que habrá tiempo de diez años que, habiendo ido en compañía de un mercader al pueblo de Yalalag, y dándose este testigo á conocer por pariente de D. Gonzalo de Aquino, natural del dicho pueblo, éste le llevó á la casa de D. Juan de Aquino, su hermano, en donde, habiéndose juntado D. Pedro, D. Andrés y D. Lorenzo de Aquino, tambien sus hermanos, Gregorio Martin, un viejo de dicho pueblo, que le dijeron era el Maestro de la idolatría, les vió este testigo idolatrar muchas veces, siendo por esta razon el dicho D. Gonzalo de Aquino muy respetado y venerado de todos los indios del dicho su pueblo; y que vió que en sus idolatrías usaban para sus sacrificios de unas tortillas de maíz cuadradas, y con un agujero en medio, y de otras pequeñitas que llaman *buachis*, y de unos tamales largos, y de gallos de la tierra, muertos y pelados; y que por el año pasado de noventa y nueve, su confesor le mandó á este testigo que declarase ante el Señor Provisor todo lo que lleva dicho, y que habiendo pasado el primer viérnes de Espíritu Santo á la casa del Sr. Provisor D. José Veedor, se lo refirió todo, y que dicho Señor Provisor le dijo á este testigo, que pasase á declararlo al Señor Provisor de Indios, á quien tocaba el conocimiento de la causa, y que habiendo pasado á esta diligencia y no hallando á dicho Señor Provisor en su casa, no tuvo efecto el declarárselo, y que, habiéndole sucedido el trabajo porque se halla retraido en este convento, no ha podido ántes declararlo, y que ahora lo hace, aunque ya se lo tiene declarado todo al Reverendo Padre Predicador, Fray Gaspar de los Reyes, y que ésta es la verdad y lo que sabe, pasa y ha visto, para el descargo de su conciencia; y que asimismo sabe este testigo, por haberlo oido decir generalmente, que en la cima del monte de San Francisco está el ídolo á quien le llaman Dios los naturales del dicho pueblo, y que detrás del monte de dicho su pueblo de San Pablo, á cosa de media legua, está una cueva que los naturales del dicho su pueblo veneran mucho, y allí ofrecen sus idolatrías, y que en el pueblo de Yalalag, ha oido decir, que á cosa de un cuarto de legua, junto á un arroyo, está un ídolo de la estatura de un hombre, á quien sus naturales adoran por Dios y le ofrecen sacrificios; y so cargo del juramento que hecho tiene, en que se afirmó y ratificó, siéndole leida esta su deposicion, declaró ser de edad de veinte y seis años, poco más ó ménos. No firmó, porque dijo no saber; lo firmó dicho Señor Corregidor y yo el escribano que de ello doy fe.— *F. D. Pedro Nuñez de Villavicencio y Orozco.*—Ante mí, *Diego Diaz Romero,* Escribano Real.

Declaracion de Pascual Manuel.

En la ciudad de Antequera, Valle de Oaxaca, en ocho dias del mes de Noviembre de mil y setecientos años, el dicho Señor Corregidor, para efecto de examinarle, hizo parecer ante sí á un indio ladino que habla y entiende la lengua castellana, sin necesitar de intérprete, y dijo llamarse Pascual Manuel y ser natural del pueblo de Santo Domingo, de la provincia de los Caxonos en la jurisdiccion de la Villa Alta, de estado soltero y aprendiz del oficio de sastre con Juan de Guito, vecino de esta ciudad, del cual Su Merced, por ante mí el escribano, tomó y recibió juramento que lo hizo en forma á Dios Nuestro Señor y á una señal de la Santa Cruz, so cuyo cargo prometió decir verdad en lo que supiere y fuere preguntado, y siéndolo al tenor de la carta de justicia que precede, y encargado el secreto, dijo: que habria tiempo de tres ó cuatro años que hizo cierta declaracion ante el Padre Fray Alonso, Monje de la Concepcion, Religioso del Señor San Fráncisco y Comisario de la Tercera Orden, y que, á lo que quiere acordarse de lo que depuso en dicha declaracion, y lo hacé al presente para el descargo de su conciencia, es que siendo este testigo de nueve años de edad, vió que en el dicho su pueblo eran los maestros de la idolatría Francisco Morales, natural de él, que vive al presente, y otro Francisco, que ya es difunto, y que éstos juntaban á todos los indios é indias del dicho su pueblo y á los muchachos de todas edades para la idolatría, y que ésta la hacian matando perros y gallos de la tierra y ofreciéndole á sus dioses, así la carne, como la sangre, tamales y unas tortillas de maíz, gruesas, de tres esquinas y un agujero en medio, y otras pequeñas, como un dedo de la mano, redondas y largas, y que despues de haberlas ofrecido á toda la gente que se hallaba presente, hincados de rodillas les repartian dichas tortillas para que las comiesen con mucha veneracion y como cosa bendita y dedicada á sus dioses, dándoles á entender la recibian de su mano; y que estos sacrificios los hacian en un sitio que está ántes de llegar al dicho su pueblo, en el camino que va del pueblo de San Francisco para él donde está una cueva, y en el sitio que está junto á la Iglesia del dicho su pueblo, echan en una poza, alguna parte de sus ofrendas, y en otro sitio que está adelante del dicho pueblo, á poca distancia de él, hácia el monte donde están tres árboles grandes y de donde sale un chorro ,de agua, tienen unas piedras que adoran por sus dioses, y á poca distancia de dichos árboles y á la mano derecha del que va de dicho su pueblo para dichos árboles, tienen dos ó tres cajas de madera manchadas las tapas y todas ellas de sangre, y que, aun que no ha visto este testigo lo que encierran dentro dichas cajas, les ha oido decir á muchos naturales que están dentro los ídolos y reliquias de sus antepasados, y que tambien tienen otro sitio más arriba de los referidos, que es encima de una peña colorada donde suben dichos naturales á su idolatría, y que es generalmente usada entre los naturales de los pueblos de San Francisco, San Pedro, San Miguel, Santo Domingo, San Pablo, San Mateo, San Juan Yalalag, y que al tiempo que usan de dichas idolatrías se convidan los naturales de los unos pueblos para los otros y asisten á ellas, y que todo lo referido lo sabe este testigo por haberlo visto siendo muchacho,'y que dichos maestros de la idolatría rezan ó dicen en su lengua algunas cosas en alabanza de sus ídolos, que van repitiendo los que se hallan presentes, y que esto mismo lo sabe y declaró por entónces otro indio del dicho su pueblo, llamado José Morales, que vive al presente en él y es hijo de D. Nicolás de Morales, que há poco tiempo que murió en el dicho su pueblo; y que en dichos naturales en sus conversaciones es usual y corriente el tratar de sus ídolos é idolatrías, y que ésta es la verdad, y lo que sabe y pasa y para el juramento que hecho tiene, en que se afirmó y ratificó, siéndole leida esta su deposicion: declaró ser de edad de veinte años, poco más ó ménos, y lo firmó con dicho Señor Corregidor y yo el escribano, que de ello doy fe.—*D. Pedro Nuñez de Villavicencio y Orozco.*—*Pascual Manuel.*—Ante mí, *Diego Diaz Romero*, Escribano Real.

APÉNDICE QUINTO.

Bula de Su Santidad Paulo III.

TODOS los fieles cristianos que de estas letras tuvieren noticia, *Paulo Papa, Tercero de este nombre, les desea salud en Cristo Nuestro Señor y les envia su apostólica bendicion.*

Amó con tanto extremo al género humano el excelente Dios, que hizo de tal suerte al hombre, que no sólo participase del bien como las demás criaturas, sino que le dió capacidad para que al bien sumo lo pudiese mirar de hito en hito, y gozarle siendo en sí invisible, y que nadie le puede dar alcance: y como el hombre haya sido criado, segun refieren las divinas letras, para gozar de la vida y bienaventuranza eterna, la cual ninguno puede alcanzar si no es mediante la fe de Jesucristo Nuestro Señor; es forzoso que confesemos ser el hombre de tal condicion que la puede recibir en sí, y cualquiera que tenga la naturaleza de hombre, es capaz de recibir la fe. Porque no es creible que alguno sea de tan poco juicio, que entienda de sí que puede alcanzar la fe, y no el medio precisamente necesario para ella. De aquí procede que Cristo Señor Nuestro, que es la misma verdad, que ni puede engañar ni ser engañado, dijo á los Predicadores de la Fe, cuando los escogió para este oficio: *Id, enseñad á todas las gentes.* A todas, dijo, sin ninguna excepcion, porque todas son capaces de la doctrina de la Fe. Lo cual, como fuese visto y envidiado por el demonio enemigo del género humano, opuesto á todas las buenas obras, para que no lleguen las gentes á su fin, inventó un modo jamás hasta ahora oido, con el cual impidiese la predicacion de la palabra de Dios á las gentes, porque no se salvasen, incitando á ciertos soldados allegados suyos, los cuales, con deseo de darle gusto, no dudan de estar continuamente publicando que los indios y otras gentes de la parte del Occidente y Mediodía, que en estos tiempos á nuestra noticia han venido, se ha de usar de ellos en nuestros servicios corporales, como de los mudos animales del campo, paliando su razon con decir que son incapaces de recibir la Fe Católica.

Pero Nos, que aunque indignos, en la tierra tenemos el poder del mismo Jesucristo Nuestro Señor, y con todas nuestras fuerzas buscamos para traer á su rebaño, por estar fuera de él, las ovejas que Nos están encomendadas, considerando que los indios, como verdaderos hombres, no sólo son capaces de la fe cristiana, pero segun estamos informados la apetecen con mucho deseo; queriendo obviar los dichos inconvenientes con suficientes remedios, con autoridad Apostólica, por estas nuestras letras, ó por su traslado firmado por algun notario público, y sellado con el sello de alguna persona puesta en dignidad Eclesiástica, á quien se dé el mismo crédito que al propio original: *Determinamos y declaramos* (no obstante lo dicho, ni cualquiera otra cosa que en contrario sea) *que los dichos indios, y todas las demás gentes que de aquí adelante vinieren á noticia de los cristianos*, aunque más estén fuera de la Fe de Jesucristo, en ninguna manera han de ser privados de su libertad, y del dominio de sus bienes, y que libre y lícitamente pueden y deben usar y gozar de la dicha su libertad y dominio de sus bienes, y en ningun modo se deben hacer esclavos, y si lo contrario sucediere, sea de ningun valor ni fuerza. *Determinamos y declaramos tambien*, por la misma autoridad Apostólica, que los dichos indios y otras gentes sus semejantes, han de ser llamados á la Fe de Jesucristo con la predicacion de la palabra de Dios y con el ejemplo de la buena y santa vida. *Despachado en Roma á los diez de Junio, año del Señor de mil y quinientos y treinta y siete, el tercero de nuestro Pontificado.* "

Y porque se temia que la gente licenciosa que habia introducido esta opinion en las Indias, procuraria perseverar en ella por más Breves y Letras Apostólicas que se les leyesen, cuando no hubiese quien los refrenase de más cerca que el Romano Pontífice, él mismo cometió sus veces, y dió toda su autoridad en este caso, haciendo juez conservador de sus Apostólicas Letras al Arzobispo de Toledo, Primado de las Españas, por el Breve siguiente:

Dilecte fili noster, Salutem et Apostolicam benedictionem. Pastorale officium erga oves nobis creditas solerti studio exercentes, ficut earum perditione affligimur, ita promotione lætamur, et non solum bona opera laudamus, sed ut votivis perfruantur eventibus Apostolicæ meditationis curas difusius interponimus. Ad nostrum siquidem pervenit auditum, quod carissimus in Christo filius noster Carolus Romanorum Imperator, semper Augustus, qui etiam Castellæ et Legionis Rex existit, ad reprimendos eos, qui cupiditate æstuantes, contra humanum genus inhumanum gerunt animum, publico edicto omnibus sibi subditis prohibuit, ne quisquam Occidentales aut Meridionales Indos in servitutem redigere, aut bonis suis privare presumant.

Nos Igitur attendentes Indos ipsos, licet extra gremium Ecclesiæ existant, non tamen sua libertate, aut rerum suarum dominio privatos, vel privandos esse, et cum homines ideoque fidei et salutis capaces sint, non servitute delendos, sed prædicationibus et exemplis ad vitam invitandos fore. Ac propterea etiam nos talium impiorum tan nefarios ausus reprimere, et ne injuriis et damnis exasperati, ad Cristi fidem amplectemdam duriores efficiantur, providere cupientes; circunspectioni tuæ, de cujus rectitudine, providentia, pietate et experientia et his et aliis specialem in domino fiduciam obtinemus, per præsentes committimus et mandamus, quatenus per te, vel alium, seu alios, præfatis Indis omnibus in præmissis efficacis deffensionis præsidio asistens: universis et singulis cujuscumque dignitatis, status conditionis, gradus et excellentiæ existentibus, sub excomunicationis latæ sententiæ pæna, si secus fecerint, eo ipso incurrenda, a qua non nisi a nobis, vel Romano Pontifice pro tempore existente, præterquam in mortis articulo constituti, et satisfactione prævia, absolvi nequeant, districtius inhibeas, ne præfatos Indos quomodolibet in servitutem redigere, aut eos bonis suis spoliare præsumant. Ac contra non parentes ad declarationem incursus excommunicationis hujusmodi, ad ulteriora procedas, et alia in pœrmissis, et circa necesaria, seu quomodolibet oportuna statuas, ordines, et disponas, prout prudentiæ, provitati, et religioni tuæ videbitur expedire. Super quibus tibi plenam et liberam facultatem concedimus per præsentes, in contrarium facientibus non obstantibus quibuscumque. *Dat. Romæ apud Sanctum Petrum, Anno incarnationis Dominicæ, millesimo quingentesimo trigesimo septimo, cuarto nonis Junii, Pontificatus nostri, Anno tertio.*

APÉNDICE SEXTO.

Bula de ereccion del Obispado de Oaxaca.

última hora hemos tenido la suerte de encontrar en el archivo de Nuestra Santa Iglesia Catedral una copia traducida al castellano y autorizada por escribano público, de la Bula de ereccion de la Diócesis de Oaxaca, cuyo tenor es como sigue:

NOS DON JUAN LOPEZ DE ZÁRATE, Lic. en Sagrada Teología, por la gracia de Dios y de la Santa Sede Apostólica Obispo de Antequera en la Provincia de Oaxaca, en las partes de las Indias del mar Océano, á todos é cualesquier fieles de Jesucristo, principalmente de la dicha provincia, salud y sincera caridad en el Señor.

Sustentado con el ayuda del cual todos los bienes proceden y por el cual todas las cosas son hechas y por cuya providencia gobernadas, en parte de la solicitud que somos obligados á tener en la viña del Señor, para la cual poco há fuimos deputados y escogidos por Nuestro muy Santo Padre Paulo, por la Divina Providencia Papa III, y por su Santa Sede Apostólica; habemos enderezado y enderezamos los ojos de nuestro entendimiento á aquellas cosas mediante las cuales con todas nuestras fuerzas, y con el ayuda del Señor, procuramos cómo el culto divino mejor pueda ser honrado y el nú-

mero de ministros acrecentado: y como sea cierto que entre las otras
provincias que en aquestos tiempos próximo pasados fueron nuevamente descubiertas en las partes de las Indias del mar Océano con
el ayuda del invictísimo Sr. D. Cárlos, Emperador de los romanos,
semper augustus, Rey de Castilla y de Leon, y por su virtud y de
los suyos ayuntadas á los reinos de España y á la cristiandad, sea
una la provincia de Oaxaca, en la cual está un lugar que ántes se
llamaba Antequera y en el lugar una Iglesia edificada de la invocacion de Nuestra Señora Santa María, el cual dicho lugar poco tiempo há erigió Nuestro muy Santo Padre por autoridad apostólica en
ciudad del mismo nombre de Antequera y la dicha Iglesia haya levantado, convertido y fundado en Iglesia Catedral, y asignádole y
concedídole cierta parte de la dicha provincia de Oaxaca, por el mismo Señor Emperador señalada y deslindada por Diócesis, y á los
vecinos y moradores de la dicha Ciudad y Obispado por clerecía y
pueblo, y á la provision de la dicha Iglesia así erecta, y porque dicha Iglesia no padeciese algunos daños de larga vacacion, habida
sobre ella primero deliberada determinacion, á mí, aunque inmérito,
to, me haya hecho su Pastor y Óbispo, y nos haya cometido y encargado plenariamente en lo espiritual y temporal el cuidado y administracion de la dicha Iglesia é entre otras cosas el de elegir é
instituir las dignidades, canonicatos y prébendas y otros beneficios
eclesiásticos curados y simples y de proveer los tales beneficios, y
nos haya dado licencia y facultad de conferir y hacer todás las demás cosas espirituales que para el aumento del culto divino y para
la salud de las ánimas de los dichos moradores nos pareciese que
convenian, como más largamente se contiene en dos Bulas Apostólicas de ereccion é prelacía, la una graciosa con cordones de seda
colorada y amarilla y la otra con cordones de cáñamo, verdaderas
Bulas de Nuestro muy Santo Padre el Papa, selladas con sellos de
plomo, pendientes conforme á la costumbre de Corte Romana, las
cuales nos fueron presentadas por parte del dicho Señor Emperador en presencia del Notario público y testigos infrascritos y por
Nos con debido acatamiento recibidas, el tenor de las cuales una en
pos de otra es este que se sigue:

PAULO, OBISPO, siervo de los siervos de Dios, ad perpetuam
rei memoriam.

Sustentado con el ayuda de Aquel cuyos son los términos de la tierra y por el cual los pensamientos de los hombres son aparejados y por cuya providencia todas las cosas son ordenadas, las partes del oficio á Nos de arriba cometido interponemos de muy buena voluntad á aquellas cosas por las cuales los rayos de luz resplandezcan á todos aquellos que están puestos en tinieblas, porque mediante ellos puedan venir á la verdadera luz, que es Cristo, por lo cual en cualesquiera partes y lugares, conforme á como su necesidad y otras razonables causas lo demandan, plantamos nuevas sillas obispales y nuevas Iglesias por la preeminencia de la excelente Silla Apostólica, porque por las nuevas plantas crezca nuevo ayuntamiento de pueblos á la militante Iglesia y donde quiera se levante, dilate y florezca la profesion de nuestra santa fe católica y cristiana religion; y los lugares bajos y humildes y sus vecinos y moradores sean esclarecidos con nuevas sillas y con la presencia de honrados pueblos, sustentados con la ayuda del Señor, puedan más fácilmente alcanzar el galardon de la vida eterna; y ansí como entre las otras provincias nuevamente descubiertas los años pasados con el ayuda de nuestro muy caro en Cristo hijo Cárlos, Emperador de los romanos, semper augustus, Rey asimismo de Castilla y de Leon, en las partes de las Indias, sea una la de Oaxaca, cuyos moradores en la divina ley son experimentados y en la cual moran muchos cristianos é indios, el mismo Emperador y Rey Cárlos con piadoso afecto desee que en la dicha provincia de Oaxaca, á su temporal señorío sujeta, sea engrandecido el culto de aquel gloriosísimo nombre cuya es la redondez de la tierra y todos los que en ella moran, é traer á la luz verdadera á los vecinos de la dicha provincia y ensanchar la salud de sus ánimas, y por tanto un lugar llamado de Antequera que está en la dicha provincia, en el cual está edificada una Iglesia de la invocacion de Nuestra Señora Santa María, fuese levantado en ciudad y la dicha Iglesia en Iglesia Catedral, Nos, habida sobre ello con nuestros hermanos madura deliberacion y de su acuerdo, y á instancia y suplicacion del dicho Cárlos Emperador, que humildemente Nos lo suplicó, y á gloria y honra y alabanza del Dios Todopoderoso y á honra de la gloriosísima Vírgen María, su Madre, y de toda la Corte celestial, por el tenor de la presente, perpetuamente, para siempre jamás levantamos é instituimos el dicho lugar en ciudad, la cual se llama Antequera, y su Iglesia en Iglesia Catedral, so la misma invocacion, por un Obispo que se llame de Antequera, que en ella presida y haga ensanchar sus edificios y procure reducirla á forma de Catedral Iglesia, y en ella y en la dicha ciudad y su Obispado predique la palabra de Dios é convierta á los infieles moradores de ella al culto de la fe católica, y á los convertidos instruya y confirme en la fe y les administre el sacramento del bautismo, y ansí á los dichos nuevamente convertidos como á todos los demás fieles, vecinos y moradores de la dicha ciudad y Obispado y á los que á ella fueren, administre y haga administrar los sacramentos de la Iglesia y las otras cosas espirituales, el cual asimismo ejercite y pueda ejercitar libremente en la dicha Iglesia, ciudad y Obispado, la jurisdiccion, poderío y autoridad obispal, y erija é instituya en ella dignidades, canonicatos y prebendas y otros beneficios curados y simples, y confiera y siembre todas las demás cosas espirituales que le pareciere que convengan para el aumento del culto divino y salud de las ánimas de los dichos vecinos y moradores, el cual esté sujeto al Arzobispo de Sevilla, que es ó fuere por derecho, metropolitano, el cual puede llevar, pedir y mandar lícita é libremente los diezmos y primicias, de derecho debidas, de todas las cosas á Nos pertenecientes, excepto de oro y plata y otros metales y piedras preciosas, las cuales determinamos, cuanto á esto, ser libres y exentas á los Reyes de Castilla y Leon que son ó por tiempo fueren, é goce, haya, é tenga los demás derechos episcopales, segun y de la manera de los demás Obispos en España de derecho y costumbre lo llevan, pueden y gozan, con silla é mesa y otras insignias é jurisdicciones episcopales y con todos los privilegios, inmunidades, gracias de que usan, é gozan, é se aprovechan en España las demás Iglesias Catedrales y sus Prelados, é se pueden y deben en cualquiera manera aprovechar y gozar para siempre jamás; y concedemos y señalamos á la dicha Iglesia el dicho lugar de Antequera, ansí por Nos levantado en ciudad, por ciudad, é ansí mismo la parte de la dicha provincia de Oaxaca que el mesmo Cárlos, Emperador y Rey, puestos términos é límites, le señalare é mandare señalar por Diócesis, y á los vecinos y moradores de la dicha ciudad y Obispado por clerecía é pueblo, y aplicamos y apropiamos á la dicha mesa episcopal por su dote en cada un año doscientos ducados de oro, los cuales les serán dados y señalados por el mesmo Cárlos, Emperador y Rey, de las rentas que en cada un año le pertenecen en la dicha provincia, hasta tanto que los diezmos y frutos de la dicha mesa episcopal lleguen á valer y montar en cada un año los dichos doscientos ducados, é ansí mesmo por el tenor de la presente y del mesmo acuerdo y autoridad apostólica para siempre jamás reservamos, concedemos y asignamos al dicho Cárlos y al que por tiempo fuere Rey de Castilla y de Leon, el derecho del Patronazgo y de presentar dentro de un año, por la distancia del lugar, al Romano Pontífice que por tiempo fuere, personas idóneas para la dicha Iglesia ansí erecta, cada y cuando que acaeciere sede vacante, excepto esta primera vez, para que por él se perfeccione la presentacion del tal presentado en su Pastor y Obispo de la dicha Iglesia, con el derecho de presentar ansí mesmo las dignidades, canonicatos é prebendas y beneficios que se hubieren de erigir, al Obispo de Antequera que por tiempo fuere, ansí para su primera ereccion como las que de adelante vacaren, para ser instituidas las personas que fueren presentadas en las mesmas dignidades, canonicatos y prebendas y otros beneficios. Ansí que á ninguno de los hombres les sea lícito quebrantar esta Cédula de nuestro decreto, ereccion, institucion, concesion, asignacion, aplicacion, apropiacion y con temeraria osadía ir contra ella, y si alguno presumiere atentar contra esto, sienta venir sobre él la indignacion de Dios Todopoderoso y de sus Bienaventurados apóstoles San Pedro y San Pablo.

Dada en Roma, cerca de San Márcos, en el año de la Encarnacion del Señor, de mil é quinientos y treinta y cinco años, á los once de las calendas de Julio, en el primer año de nuestro Pontificado.—*M. De Bracesis.*

PAULO, OBISPO, siervo de los siervos de Dios, al amado hijo Juan Lopez de Zárate, electo de Antequera, salud y apostólica bendicion.

Codiciando con el ayuda del Señor provechosamente proseguir el oficio del apostolado á Nos de arriba cometido, aunque inméritamente, con el cual por divina disposicion precedamos en la gobernacion de todas las Iglesias, de tal manera Nos volvemos solícito y aparejado con el corazon que, tratándose del regimiento de las dichas Iglesias, estudiemos de encomendarles tales personas para Pastores, que sepan informar el pueblo á ellos encomendado, no solamente con doctrina de palabra, pero con ejemplo de buena obra, y quieran y puedan con la ayuda del Señor saludablemente regir y prósperamente gobernar en estado pacífico y sosegado las Iglesias que les son encomendadas, y ansí poco há que reservamos á nuestra ordenacion y disposicion las provisiones de todas las Iglesias que cerca de la Sede apostólica estuviesen entónces vacas y en adelante vacasen. Declaramos desde entónces, que si alguna cosa sobre esto se atentase por algunas personas de cualquier autoridad que fuesen, de cierta ciencia ó por ignorancia, lo tal fuese ninguno y de ningun valor y efecto; pero despues la Iglesia de Antequera, la cual Nos habemos erigido é instituido de Iglesia de la invocacion de Santa María, del lugar llamado de Antequera, de la provincia llamada de Oaxaca de las Indias, en Iglesia Cátedral de la mesma invocacion, por un Obispo que se llame de Antequera que en ella presida, el cual por derecho metropolitano esté sujeto al Arzobispo de Sevilla, que por tiempo fuere con autoridad apostólica, y con acuerdo de nuestros hermanos é á instancia de nuestro carísimo hijo en Cristo, Cárlos, Emperador de los romanos, semper augustus, Rey asimismo de Castilla y de Leon, y el dicho lugar ya por Nos vuelto por ciudad, que se llamare de Antequera, y así mesmo lo concedimos y asignamos por Diócesis cierta parte de la dicha provincia, que por el dicho Cárlos, Emperador, le será señalada, puestos sus términos é á los vecinos é moradores de la dicha ciudad y Obispado, por clerecía é pueblo, y por la dicha autoridad apostolical del mesmo acuerdo, reservamos el derecho del patronazgo é de presentar á ella dentro de un año, por la distancia del lugar, persona idónea cada é cuando que acaeciere sede vacante en ella, excepto esta primera vez al mesmo Cárlos, Emperador, ó al que por tiempo fuese Rey de Castilla y de Leon. Por tanto, Nos, procurando con paternal y solícito cuidado la dichosa é diligente provision de la dicha Iglesia, en la cual por esta vez ninguno salvo no se pudo ni puede entremeter estante la dicha reservacion y decreto, y por que la dicha Iglesia no sea puesta en daño de larga vacacion, despues que con nuestros hermanos determinamos muy diligentemente lo que convenia cerca de proveer á la dicha Iglesia persona útil y provechosa; finalmente enderezamos á Vos los ojos de nuestro entendimiento, que sois clérigo, Presbítero del Obispado de Jaen, y Licenciado en Teología, y de noble linaje, como quiera que de la noblesa de vuestro linaje y de la limpieza de vuestra vida y honestidad y providencia de espirituales costumbres, y buen aviso de las temporales y de otros dones de vuestras muchas virtudes, se Nos han presentado verdaderas informaciones, con las cuales cosas, y con debido acuerdo, fueron miradas de vuestra persona, y á Nos, y á nuestros hermanos aceptas, y por la grandeza de vuestros merecimientos por autoridad apostólica y de acuerdo con los dichos nuestros hermanos, Vos proveemos á la dicha Iglesia, y os hacemos su Obispo y Pastor, encomendándoos plenariamente el cargo y administracion de la dicha Iglesia en lo espiritual y temporal, confiando en Aquel que da la gracia y premio, que encaminando el Señor vuestros hechos, la dicha Iglesia, bajo de vuestra dichosa gobernacion, provechosamente será dirigida y prósperamente enderezada, así que recibiendo con pronta devocion el yugo del Señor, puesto en vuestras palabras, de tal manera procurareis ejercitar solícita, fiel y prudentemente el cuidado y administracion sobredicho, que la dicha Iglesia se goce de haber sido encomendada á sabio gobernador y provechoso administrador, que demás del premio del galardon eterno, merecereis por ello alabanzas, más abundantemente nuestra gracia y bendicion, y de la Santa Silla Apostólica.

Dada en Roma, cerca de San Márcos, en el año de la Encarnacion del Señor, de mil y quinientos y treinta y cinco, á los once de las calendas de Julio, en el primer año de nuestro Pontificado.

Y despues de la dicha presentacion y recepcion de las dichas letras apostólicas, á.Nos, y por Nos, segun dicho es, fechas, fuimos con debida instancia requeridos por parte de la Serenísima Señora Doña Juana y de Don Cárlos, semper augustus, su hijo, Reyes de España, que procediendo al cumplimiento de las dichas letras apostólicas en lo en ello contenidas, erigiesemos, é instituyésemos en la dicha Iglesia dedicada y fundada en la dicha Nueva España, á honra de la gloriosísima Vírgen María, las dignidades, canongías y prebendas y raciones y otros beneficios y oficios eclesiásticos de la manera y segun Nos pareciese que mejor convenia, así en la ciudad como por todo el Obispado; así que Nos, el dicho Juan de Zárate, Obispo y Comisario apostólico sobredicho, considerando ser justa la peticion y requerimiento á Nos hecho, y codiciando como verdadero hijo de obediencia cumplir como somos obligados los mandamientos apostólicos á Nos cometidos, con debida reverencia aceptamos la dicha comision y de la misma autoridad apostólica de que en esta parte usamos, á instancia y peticion de la dicha Real Majestad, por el tenor de la presente erigimos, creamos é instituimos en la dicha Iglesia Catedral de la dicha ciudad de Antequera, en la dicha Nueva España, á honra de Jesucristo Nuestro Dios y Señor, y de la Bienaventurada Vírgen María su Madre, en cuyo y debajo de cuyo título por el dicho Nuestro muy Santo Padre Papa, la dicha Iglesia Catedral es erigida, conviene á saber: *El deanazgo*, la cual dignidad despues de la Pontifical sea la primera, con un Dean que cure y provea en el oficio divino, y todas las otras cosas que al culto divino pertenecen, así en el coro como en el altar, como en las procesiones, en la Iglesia y fuera de ella, en el Cabildo y donde quiera que los beneficiados se juntaren á hacer Cabildo, en todo ello se haga y cumpla conforme á derecho y justicia, con silencio y con aquella honestidad y templanza que se requiere, al cual asimismo pertenecerá el dar y conceder licencia á aquellas personas á quienes conviniere salir del coro con causa expresa, y no de otra manera.

El arcedianazgo de la mesma ciudad, al cual pertenecerá la examinacion de los clérigos que se hubiesen de ordenar, cuando el Prelado celebrase órdenes y la administracion de la ciudad y Diócesis, si por el Prelado le fuere encargada, y asimismo la visita, y ejercitar todas las otras cosas que de derecho comun le competen, el cual sea Bachiller graduado en universidad en alguno de los derechos y á lo ménos en Teología.

La Chantría, á la cual ninguno puede ser presentado si no fuere doctor y experto en la música, á lo ménos en canto llano, cuyo oficio será cantar y enseñar, y corregir, y enmendar y ordenar en el coro y donde quiera, por sí y no por otro todo lo que al canto conviene y pertenece.

La maestrescolía, á la cual así mesmo ninguno puede ser presentado si no fuere bachiller en alguno de los derechos ó en artes, graduado en alguna general universidad, el cual será obligado á enseñar gramática por sí ó por otra persona á todos los clérigos y servidores de la Iglesia, y á todos los diocesanos que la quisieren oir.

La tesorería, al cual tesorero pertenecerá el hacer cerrar y abrir la Iglesia y hacer tañer las campanas y hacer guardar las cosas con que la Iglesia se sirva, y hacer curar las lámparas y proveer de incienso, candelas, harina y vino y las otras cosas que para celebrar son necesarias; lo cual ha de gastar y dar de la renta de la fábrica de la dicha Iglesia á la ordenacion del Cabildo.

Así mesmo diez canongías y prebendas, las cuales totalmente determinamos apartadas de las dichas dignidades, y ordenamos que en ningun tiempo se pueda tener alguna juntamente con alguna dignidad, á las cuales canongías y prebendas ninguno pueda ser presentado que no sea Presbítero. A los cuales canónigos pertenecerá decir la Misa cada dia, excepto en las fiestas de primera y segunda dignidad, en las cuales fiestas dirá el Prelado la Misa y por su impedimento alguna dignidad.

Así mesmo instituimos seis raciones enteras y otras tantas medias, y los que hubieren de ser presentados á las enteras, sean ordenados de Evangelio, en la cual órden serán obligados á servir cada dia en el altar y cantar las pasiones, y los que hubieran de ser presentados á las medias, sean ordenados de epístola, los cuales sean obligados de cantar en el coro y en el altar las epístolas, profecías, lamentaciones y lecciones.

Así mesmo queremos y ordenamos que ninguno pueda ser presentado á las dignidades, canongías, raciones enteras y medias sobre dichas, ó algun otro beneficio de todo nuestro Obispado que sea exento de nuestra jurisdiccion órdinaria por causa de cualquier oficio, órden y privilegio, y si acaso aconteciere ser presentado é instituido algun exento, la tal institucion y presentacion sea en sí ninguna por el mismo caso y derecho.

Así mesmo dos curas que usen sus oficios en la dicha Iglesia Catedral *rite* y rectamente, diciendo Misa y confesando y administrando los otros sacramentos sábia y diligentemente, los cuales sean proveidos con los demás beneficios de nuestro Obispado por presentacion de las católicas Majestades.

Y seis acólitos, los cuales cada dia por su órden usarán el oficio de acolitazgo en el altar.

Y así mesmo seis capellanes, cada uno de los cuales sea obligado á asistir personalmente en el coro al facistol en las horas del dia y de la noche y en las solemnidades de las Misas, y á celebrar en cada mes veinte Misas, si no estuviere impedido por enfermedad ó por otro justo impedimento.

Y por la autoridad apostólica reservamos la presentacion de las dichas dignidades, canongías y raciones enteras y medias, y de las otras dignidades, canongías y raciones que adelante se hubieren de crear en la dicha nuestra Iglesia Catedral, á los sobredichos reyes católicos de España y á sus sucesores, como de derecho les pertenece.

Y la eleccion y provision de los dichos acólitos y capellanes, declaramos pertenecer á Nos y á nuestros sucesores juntamente con nuestro Cabildo; pero queremos que los dichos capellanes que por tiempo hubieren de ser elegidos, no sean familiares del Obispo ni de alguna persona del dicho Cabildo, ni lo hayan sido en la Sede Vacante.

Y así mesmo el oficio de sacristan, el cual sacristan será obligado á ejercitar aquellas cosas que convienen al oficio de tesorero, en su lugar y de su comision, y por su ausencia, á la ordenacion del Cabildo.

Y el oficio de organista, el cual organista sea obligado á tañir los órganos en los dias de fiesta y otros tiempos, como el Prelado y el Cabildo lo ordenaren.

Y el oficio del pertiquero, cuyo oficio será ordenar las procesiones, al Prelado y al Sacerdote Diácono y Subdiácono y á los demás que sirvieren en el altar, y así mesmo ir adelante de los que fueren y vinieren del coro á la sacristía ó al altar, y del altar á la sacristía y coro.

El oficio del mayordomo y procurador de la fábrica y hospital, el cual estará adelante de los maestros de las obras, canteros y carpinteros y otros oficiales que trabajaren en las Iglesias cuando se edificaren, el cual cobrará y gastará por sí y por terceras personas las rentas, derechos y obvenciones y emolumentos que en cualquier manera perteneciesen en cada un año á la dicha fábrica y hospitales, el cual ha de dar cuenta en cada un año al Obispo y Cabildo y á los oficiales que ellos especialmente para esto señalasen de lo que hubiere recibido y gastado, el cual pueda ser elegido y quitado á su voluntad, dando, primero que sea admitido al oficio, bastantes fianzas.

Así mesmo el oficio de Secretario y notario de la Iglesia y Cabildo, el cual será recibir en su protocolo y notas cualesquiera contratos entre la Iglesia, Obispo y Cabildo, y otros cualesquiera autos, y escribir los autos capitulares, y así mesmo note y escriba cualesquiera donaciones, posesiones, censos y capellanías hechas por el mesmo Obispo, Iglesia y Cabildo en ellas fechas, y que adelante se hicieren, y gastos de la escritura, y haga los repartimientos de las rentas á los beneficiados, y de todo dé cuenta y razon.

El oficio del perrero, el cual perrero echará á los perros de la Iglesia y barrerá la Iglesia todos los sábados y vísperas de fiestas que trajeren vigilias, en cualquier otro tiempo, y donde y como y cuando el tesorero le mandare.

De todas las cuales dichas cinco dignidades, diez canongías, seis raciones enteras y otras tantas medias, y seis capellanes y seis acólitos y oficios sobredichos, por cuanto del presente no alcanzan los frutos, derechos y rentas de los diezmos, queremos suspender por ahora en la dicha ereccion de las dignidades la tesorería, y asimismo las cinco canongías y todas las raciones enteras y medias, y si por caso, que no creemos, no bastasen á las dichas cuatro dignidades y cinco canongías, la renta de la cuarta parte de los diezmos, reservando á nuestra voluntad y á la de nuestros sucesores las dignidades y canongías que debamos suspender en el entretanto que las rentas hayan crecido, los suspensos esperarán para ser restituidos á las dichas prebendas por Nos y nuestros sucesores, y hasta tanto que los frutos vengan á mayor cantidad, considerada por Nos la órden que convenga para más provecho de nuestra Iglesia, de tal manera que cuando Dios fuere servido que los frutos y rentas de la dicha nuestra Iglesia hayan llegado á mayor abundancia, y ante todas cosas se hubiesen acrecentado de los frutos que hubieren crecido, para el dote aplicado á la dicha tesorería suspensa, declaramos desde ahora por creada y eregida la dicha tesorería, para que sea dada y conferida á la persona que fuere nombrada por la misma católica. Majestad, sin que sea necesaria otra nueva razon ó creacion, y por el consiguiente, cuando los frutos y derechos y rentas más adelante crecieren, sea acrecentado necesariamente ol número de los dichos canónigos hasta el número de diez, y cumplido el dicho número, entónces, por su órden, sean admitidas todas las raciones enteras y medias, y finalmente, creciendo los frutos, los seis acolitazgos, por seis meses de coro, que sean ordenados de grados y ejerciten el oficio de acólitos en el servicio del altar, y las seis capellanías simples asimismo sean proveidas á los dichos seis capellanes, y despues los oficios sobredichos de organista y pertiquero, mayordomo, y secretarios y perrero, sean el dicho número acrecentados sucesivamente por su órden, como van puestos, sin ningun intervalo.

Y porque, segun el Apóstol, el que sirva al altar, del altar se ha de sustentar, aplicamos y asignamos á todas y cada una de las dignidades, canónigos y prebendados, y á todos los racioneros enteros y medios, capellanes, acólitos y mozo de coro, y á los demás oficios y á sus oficiales hasta en el dicho número especificados, todos y cualesquiera frutos, rentas y derechos que en cualquiera manera les pertenecieren, ahora y para adelante, así por vía de Real donacion como por derecho de diezmos por órden literal, al Dean, al Arcediano, al Chantre, al Maestrescuelas, al Tesorero y á todos los Canónigos y Racioneros y medios, y á los Curas y á todos los demás arriba declarados y nombrados de la manera que se sigue y conviene, á saber: al Dean, ciento é cincuenta libras, vulgarmente en aquellas partes llamados pesos, que cualquiera de las dichas libras tenga de valor un castellano de oro de cuatrocientos y ochenta y cinco maravedís de la moneda usual de España; y al Arcediano, ciento treinta pesos ó castellanos del mismo valor, é á cualquiera de las demás dignidades otros tantos, y á cualquiera de los canónigos ciento, y á cualquiera de los racioneros setenta, á los medios treinta y cinco, á cualquiera de los capellanes veinte, y á cada acólito doce, y al organista diez y seis, y al notario otros tantos, y al pertiquero otros tantos, y al mayordomo cincuenta, y al perrero, doce pesos de oro que valgan otros tantos castellanos y maravedís; guardando desde ahora para entónces cuando los frutos y rentas crecieren, la dicha órden literal segun que va expresado. Y porque como dicho es, por razon del oficio se da el beneficio, queremos, y en virtud de santa obediencia disfrute precipiendo, mandamos que los dichos salarios sean distribuciones cuotidianas y señaladas y repartidas cada dia á los que estuvieren presentes, á cualquiera de las horas de la noche y del dia ó en los ejercicios de los dichos oficios, de tal manera, que desde el Dean hasta el acólito inclusive, el que en el coro faltare alguna hora, carezca del salario y repartimiento de aquella hora, y el oficial que faltare en el ejercicio y cumplimiento de su oficio, sea penado por el consiguiente cada mes, sueldo prorrata de su salario, y estos repartimientos, de que los ausentes son privados, crezcan en los otros presentes.

Así mesmo queremos, y de la mesma autoridad ordenamos, que todos y cualesquier dignidades, canónigos y racioneros de nuestra Iglesia Catedral, sean obligados de residir é servir en la dicha nuestra Iglesia por ocho meses continuos ó interpolados, y de otra manera Nos y nuestros succesores que por tiempo fueren y el Cabildo sede vacante, sean obligados á pronunciar por vaca la tal dignidad, canogía y racion, llamándole é oyéndole primeramente, si no tuviere y alegare justa y razonable causa de su ausencia, y proveer en la tal dignidad, canogía ó prebenda, personas idóneas, pero por presentacion de la dicha católica majestad é de sus succesores en los reinos de España, y declaramos en este lugar por justa causa de ausencia la enfermedad, con tanto que el beneficiado enfermo esté en la ciudad ó en los lugares de ella, y si cayere en la tal enfermedad estando fuera de la ciudad, cuando volviere ó se aparejare para volver á ella, con tanto que esto conste por probanzas bastantes, é cuando por mandato del Obispo ó del Cabildo juntamente estuviere ausente para provecho de la Iglesia, de manera que en la tal licencia de ausencia concurran estas dichas tres cosas.

Y así mesmo queremos, y de consentimiento y voluntad la dicha Serenísima Majestad y de la mesma Autoridad apostólica ordenamos, determinamos y mandamos, que todos los frutos, rentas y derechos de los diezmos ansí de la Catedral como de todas las demás Iglesias de la dicha ciudad y Obispado, se partan en cuatro partes iguales, una de las cuales dichas cuatro partes hagamos y llevemos sin diminucion alguna Nos y nuestros succesores Obispos, en los tiempos venideros por nuestra mesa Obispal y para sustentar la carga del hábito pontifical, y para que más congruamente, y con justa autoridad de nuestro oficio pontifical, podamos sustentar nuestro estado.

Y el Dean y Cabildo y-los otros ministros de la Iglesia que arriba señalamos, hayan y lleven la otra cuarta parte para que entre ellos se reparta de la manera sobredicha, de las cuales partes, aunque por comision apostólica y uso é costumbre aprobada de largo tiempo, la mesma católica Majestad acostumbró llevar y recibir enteramente la tercia parte vulgarmente en España llamadas tercias, pero queriendo la mesma Majestad abrir cerca de nosotros la mano de su liberalidad como cerca de las otras partes la abre, quiso y tuvo por bien hacernos libres exentos á Nos y á los Obispos nuestros succesores y al dicho Cabildo en nuestra cuarta parte, y en la cuarta parte del dicho Cabildo de la dicha cantidad de tercias, por hacernos con tan gran merced más deudores, y porque fuésemos obligados á rogar á Dios por la dicha Real Majestad y por sus succesores en la dicha nuestra Iglesia.

Y las otras dos partes determinamos que otra vez se partan en nueve, las dos partes de las cuales dichas nueve partes aplicamos á la mesma Serenísima Majestad para que la reciba y lleve para siempre jamás en señal de superioridad y del derecho de patronazgo, y por razon de haber ganado la dicha tierra.

Y de las otras siete partes restantes queremos se hagan dos partes de esta manera: que las cuatro partes de las dichas siete partes de todos los diezmos, las aplicamos á la parroquia de nuestra Catedral Iglesia, para que en la dicha nuestra Iglesia, como dicho es, se den á los dichos dos curas con todas las primicias de la mesma Iglesia, con tanto que los dichos dos curas sean obligados á dar la octava parte de las dichas cuatro que así se les aplican al sacristan de la dicha nuestra Iglesia, el cual dicho sacristan sea obligado á servir segun es costumbre; pero queremos que, si andando el tiempo, el salario de cualquiera de los dichos curas, que de la manera que dicho es ha de llevar, pasare de ciento y veinte castellanos de oro, vulgarmente llamados pesos, que aquello que pasare se aplique á las otras canongías y raciones y medias raciones, y otros oficios de nuestra Iglesia Catedral, como dicho es, supresos.

Y en cada una de las Iglesias parroquiales, ansí de la dicha ciudad, como de todo nuestro Obispado, aplicamos las dichas cuatro partes de las dichas siete, á los beneficios que se hubieren de erigir y crear en cada una de las dichas Iglesias, declarando de la mesma manera que se haya de dar la octava parte de las dichas cuatro así aplicadas á los dichos beneficios, al sacristan de la tal parroquial Iglesia de la dicha ciudad de nuestro Obispado, y queremos y ordenamos que en todas las Iglesias de la dicha ciudad y de nuestro Obispado, excepto en nuestra Iglesia Catedral, se creen y ordenen tantos beneficios simples, cuantos crear y ordenar se pudieren de la cantidad de las rentas de las dichas cuatro partes á los dichos beneficios aplicadas, con tanto que á los clérigos que se han de dar los dichos beneficios, se les señale congrua y honesta sustentacion, de manera que de los dichos beneficios no haya número determinado, sino que como fueren creciendo los frutos, así crezca en las mesmas Iglesias la copia de ministros, los cuales dichos beneficios simples servitorios que por tiempo en las dichas Iglesias se hubieren de crear, como dicho es, cada y cuando que en cualquier manera aconteciere vacar, queremos y determinamos que sean proveidos solamente á los hijos patrimoniales, descendientes de los vecinos conquistadores que de España pasaron á la dicha provincia, ó adelante aconteciere pasar para morar en ella, hasta tanto que adelante, vista y reconocida por Nos y nuestros succesores la cristiandad y capacidad de los naturales indios, y á instancia y peticion del patron que es, ó por tiempo fuere, Nos pareciere proveer los dichos beneficios en los dichos naturales indios, precediendo primeramente exámen y oposicion conforme á la loable costumbre guardada hasta ahora en el Obispado de Palencia entre los hijos patrimoniales, con tanto que los dichos hijos patrimoniales, á quienes los dichos beneficios se proveyeren, sean obligados á se presentar y mostrar confirmacion de las dichas católicas Majestades ó de sus succesores en los reinos de España, de las tales colaciones y provisiones delante de los oidores y jueces de aprobacion de la dicha provincia, ó del virrey y gobernador que á la sazon en ella estuviere, y de otra manera los dichos beneficios por el mesmo caso queden vacos, y los dichos Reyes Católicos ó sus succesores puedan presentar á los dichos beneficios otras personas de la manera sobredicha, pero queremos que hasta que haya hijos patrimoniales, que conforme á la dicha costumbre de España, puedan ser elegidos á los dichos beneficios, la provision de los tales beneficios se haga por presentacion de las dichas católicas Majestades, patrones, y no de otra manera.

Pero porque el cuidado de las ánimas de la dicha ciudad y de todo nuestro Obispado, principal y señaladamente conviene á Nos y á nuestros venturos succesores, como aquellos que, segun la sentencia del Apóstol, de ellas hemos de dar cuenta en el dia del juicio; de consentimiento é voluntad de las dichas católicas Majestades, patrones sobredichos, y á su instancia é peticion é por la autoridad y forma sobredicha, queremos y ordenamos que en todas las Iglesias parroquiales de la dicha ciudad y de nuestro Obispado, excepto en la parroquia de nuestra Iglesia Catedral, Nos y los Prelados que por tiempo fueren, encomendemos, y encarguemos el cuidado de las ánimas á nuestra voluntad á cualquier beneficiado ó beneficiados de las dichas Iglesias que Nos pareciere, ó á cualquier otro sacerdote, aunque no sea beneficiado, por el tiempo, de la forma y manera que Nos pareciere que más convenga para la salud de las dichas ánimas, exhortando y requiriendo á nuestros venturos succesores, so la protestacion del divino juicio, que en esta encomienda de las ánimas no les mueva aceptacion de personas, sino que solamente miren el provecho é salud de todas las ánimas que Dios les encomendó; y porque mejor se puedan sustentar, siendo así proveidos por Nos é por los dichos nuestros succesores al cuidado sobredicho de las ánimas, y por la solicitud y trabajo de ello hayan alguna temporal paga, aplicamos á cada uno de los dichos curas todas las primicias de la parroquia donde ansí hubieren de servir, dejada la parte del sacristan que abajo será declarada, y queremos así mesmo, y ordenamos que la institucion y nombramiento de los sacristanes de todas las Iglesias de nuestro Obispado se haga siempre á nuestra voluntad y disposicion de nuestros succesores, que por tiempo fueren, con moderacion de salario, si por caso la dicha octava parte, que como dicho es, á los dichos sacristanes se ha de pagar, creciere en gran cantidad, con tanto que todo aquello que se les quitare de la dicha octava parte por Nos ó nuestros succesores, se haya de gastar y gaste en la fábrica de la tal Iglesia é para algun aumento del culto divino de ella, y no en otros algunos usos.

Y por el consiguiente, las tres partes restantes de las dichas siete partes, se partan otra vez en dos iguales partes, una de las cuales, conviene á saber: la mitad de las dichas tres partes aplicamos libremente á la fábrica de cualquier Iglesia de los tales lugares, y la otra parte, conviene á saber, la mitad de las dichas tres partes aplicamos y consignamos á los hospitales de cualquier de los dichos lugares, pero de esta mitad ó parte á los dichos hospitales aplicada, sean obligados los dichos hospitales á pagar la décima al hospital principal donde la Catedral Iglesia estuviere.

Así mesmo por la dicha autoridad apostólica aplicamos para siempre jamás á la fábrica de la dicha nuestra Iglesia de la Santísima Vírgen María, todo el diezmo de un parroquiano de la dicha Iglesia y de todas las otras Iglesias de la dicha ciudad y de todo nuestro Obispado, cual quisiere escoger en cada un año el dicho mayordomo de la fábrica, con tanto que el que así escogiere no sea el primero, ni el mayor, ni el más rico de la dicha nuestra Iglesia Catedral, ni de las otras Iglesias del dicho nuestro Obispado.

El oficio divino y nocturno juntamente, así en la misa como en las horas, se haga siempre y diga conforme á la costumbre de la Iglesia de Sevilla, hasta tanto que se celebre sínodo.

Así mesmo queremos, y á instancia y peticion de la dicha Majestad ordenamos, que los dichos racioneros tengan voz en Cabildo juntamente con las dignidades y canónigos, así en lo espiritual como temporal, excepto en las elecciones y otros casos de derecho prohibidos, que á solas las dignidades y canónigos pertenecen.

Y así mesmo, á instancia y peticion del dicho serenísimo Emperador, queremos y ordenamos que en la dicha nuestra Iglesia Catedral se celebren dos misas cada dia, excepto en los dias de fiesta, en los cuales solamente se celebrará una misa solemne á la hora de tercia, una de las cuales, la primera, en los primeros dias de viérnes de cualquier mes, se diga de aniversario de los reyes de España pasados, presentes y por venir, y en los sábados se diga la dicha misa á honra de la gloriosa Vírgen María, respectivamente por la salud y prosperidad de los dichos reyes, y en el primer lúnes de cada mes se diga la dicha misa solemnemente por las ánimas del purgatorio, y en los otros dias la dicha primera misa se pueda celebrar á la voluntad y disposicion de cualquier persona que la quisiere dotar, y el dicho Obispo y Cabildo puedan recibir cualesquier dotes que por cualquiera persona se les ofreciere por decir y celebrar la dicha misa, y la segunda misa se celebre á la hora de tercia de la fiesta ó feria que ocurriere, conforme al estilo de Sevilla ó de otra manera, y cualquiera que celebrare la Misa mayor aliende del repartimiento señalado ó que señalare ante todos los que allá estuvieren presentes, gane tres tantos salarios que á cualquier hora del dia, y el diácono doblado y el subdiácono sencillo, y cualquiera que no estuviere presente á la misa·mayor, no gane la tercia ni sexta de aquel dia, si con justa y razonable causa y con licencia del Dean ó del que presidiere en el ʻcoro no estuviere ausente, sobre lo cual encargamos la conciencia, así del que pidiere la tal licencia, como del que se la concediere y otorgare, y por el consiguiente, cualquiera que á los maitines y laudes estuviere, gane el tres tanto cualquier hora del dia, y así mesmo, gane el salario de prima, aunque no se halle á ella.

Y así mesmo queremos, y á instancia y peticion de la dicha Majestad ordenamos, que.en cada semana haya dos veces Cabildo, conviene á saber: el mártes y el viérnes, y que el mártes se trate en él de los negocios que ocurrieren, y que el viérnes no se trate de otra cosa que de la correccion y enmienda de costumbres y de aquellas cosas que pertenecen para celebrar debidamente el culto divino, y para conservar en todo y por todo, y así en la Iglesia como fuera de ella, la castidad de los clérigos, y cualquier otro dia sea obligado para celebrar capítulo, si alguna cosa ú otra lo demandaren los casos que de nuevo se recrecieren; pero por esto no queremos, ni pretendemos en alguna manera, derogar nuestra jurisdiccion episcopal ó de nuestros succesores cerca de la permision y correccion de los dichos canónigos y otras personas de nuestra Catedral Iglesia, la cual entera correccion y jurisdiccion y punicion de las dichas personas reservamos á Nos y á los dichos nuestros succesores, á instancia y pedimento de las dichas Majestades patrones y de su consentimiento.

Y así mesmo de la dicha autoridad y beneplácito de la dicha católica Majestad que cualquier clérigo de primera corona de la dicha nuestra Iglesia y Obispado, para poder gozar de su privilegio clerical, traiga la corona abierta del tamaño de un real de plata de moneda usual de España, y hecho el cabello dos dedos debajo de las orejas, prosiguiendo de un lado de la frente toda la cabeza hasta el otro lado, y ande vestido honestamente, conviene á saber, con ropa ó manteo ó manto que vulgarmente se llama lova ó manto, cerrado ó abierto que llegue al suelo, que no sea colorado ni amarillo sinó

de otro honesto color, de los cuales colores use así las vestiduras de
fuera como de dentro que se hubieren de parecer.

Y de la mesma autoridad y de consentimiento y determinacion
de la dicha católica Majestad y Alteza, por cuanto en la dicha provincia de Oaxaca de la Nueva España en la ciudad de Antequera,
y so la invocacion de la Bienaventurada Vírgen María, y á honra de
la misma Vírgen, y por autoridad apostólica perpetuamente erigimos la dicha Catedral Iglesia, deputamos y señalamos desde agora
para adelante todas las casas, vecinos é moradores que ahora moran
é adelante moraren, ansí dentro de la dicha ciudad como en los lugares de ella, por parroquianos á la dicha Iglesia de la Vírgen María, hasta tanto que por Nos y nuestros succesores se haga conveniente division de parroquias en la dicha ciudad, á la cual dicha Iglesia
los dichos parroquianos sean obligados á pagar los derechos de parroquia é Iglesia é ofrecer los diezmos, primicias y ofrendas y recibir
asimismo de los curas las confesiones y Eucaristía y otros sacramentos, y así mesmo damos juntamente licencia é facultad á los dichos
curas parroquiales para administrarles los semejantes sacramentos y
recibir y haber los derechos y cosas parroquiales.

Y así mesmo queremos, ordenamos y mandamos que podamos reducir y trasplantar libremente en la dicha nuestra Iglesia las costumbres, constituciones, ordenaciones legítimas y aprobadas, así de
oficios, insignias y costumbres de aniversarios y oficios y misas de
todas las otras cosas aprobadas, así de la Iglesia de Sevilla como las
otras de las demás Iglesias, para ennoblecer y mejor regir la dicha
Iglesia.

Y porque las cosas que de nuevo comienzan tienen necesidad de
nueva ayuda, por tanto, por virtud de las sobredichas letras reservamos á Nos, é á nuestros succesores entero y cumplido poder de enmendar y ampliar, y de ordenar y mandar adelante aquellas cosas
que convinieren para lo poder hacer, pero con consentimiento y á
peticion é instancia de su Real Majestad, así acerca de la constitucion y taxacion perpetua y temporal de lote y límites de nuestro
Obispado, y de todos los beneficios, como cerca de la retencion y division de diezmos, segun el tenor de las Bulas de Alejandro Papa VI,
por la cual fué hecha donacion de los diezmos á los mesmos Reyes
de España, aunque de presente Nos haya sido fecha donacion de ellos

por la mesma Real Majestad para nuestros alimentos, con aquestas calidades solamente, todas las cuales dichas cosas y cada una de ellas, á instancia y peticion de los dichos reyes y reina, nuestros Señores, de la dicha autoridad apostólica de que en esta parte usamos hoy en la mejor manera, vía y forma que mejor podemos y de derecho debemos, erigimos, estatuimos, creamos, hacemos, disponemos y ordenamos con todas aquellas cosas y cada una de ellas para esto necesarias y oportunas, no obstante cualesquier cosas que en contrario sean, y principalmente aquellas que el dicho nuestro muy Santo Padre en sus letras apostólicas aquí insertas, quiso no obstar; todas las cuales dichas cosas y cada una de ellas intimamos, insinuamos y notificamos á todos y cada uno de los presentes, y por venir de cualquier estado, grado, órden, preeminencia y condicion que sean; y por las presentes lo traemos y queremos traer á noticia de todos, y por la dicha autoridad y en virtud de santa obediencia, mandamos á todos los sobredichos y cada uno de ellos, que guarden y hagan guardar todas estas cosas y cada una de ellas, segun y de la manera que por Nos están ordenadas. ·

En testimonio y fe de todas las cuales dichas cosas y de cada una de ellas mandamos se hiciesen las presentes letras, é aqueste presente público instrumento, y que por el presente escribano é insfrascripto notario se signase y publicase; y las mandamos y hacemos sellar con nuestro sello que fué fecho y otorgado en México en la Nueva España, en las partes de las Indias, en el año del nacimiento del Señor de mil é quinientos y treinta y seis años, en la dixion nona, en juéves veinte y ocho dias del mes de Setiembre, del Pontificado del Santísimo en Cristo Padre y Señor Nuestro Paulo, por la Divina Providencia Papa tercio, año segundo, siendo presentes á ello el Reverendo en Cristo Padre, D. Fr. Juan de Zumárraga, por la gracia, Obispo de México, y Fr. Cristóval de Almazan, de la Orden de San Francisco, é Alonzo de Figueroa, Chantre de la dicha nuestra Iglesia de Antequera, testigos para esto llamados y rogados. Joanes de Zárate, Obispo de Antequera. Y yo Martin de Campos, vecino de Sevilla, público apostólico notario, que porque fuí presente á la ereccion, creacion é institucion é á todas las demás cosas y cada una de ellas, juntamente con los dichos testigos; por tanto este público instrumento de mi mano escribí é lo signé y fir-

mé de mi signo, nombro y con nombre acostumbrado, en fe y testimonio de todas las dichas cosas, y de cada una de ellas, rogado y
requerido. Martin de Campos, Apostólico Notario.

Y yo Gómez de Paz, público Apostólico Notario, el presente público instrumento de ereccion traduje del original de lengua latina; en ésta va escrito en romance lo mejor y más fielmente que
pude y supe, y lo escribí de mi propia mano y puse en esta pública
forma, y por ende hice aquí mi signo acostumbrado en testimonio
de verdad. *In derecho confido.*—*Gómez de Faz*, público Apostólico
Notario.

Doy fe de este traslado corregido con el original que se volvió al
Chantre D. Francisco de Zárate.—*Pedro Jimenez*, Escribano público.—Rúbrica.

ÍNDICE

FE DE ERRATAS.

TEXTO.

Págs.	Línea	Dice	Debe decir
18	24	quince de los reos...............	diez y siete de los reos
21	20	Cholublecas...........................	Cholultecas
22	20	omni creature......................	omni creaturæ

Págs.	Línea	Dice	Debe decir
22	27	Tehpilato	Teophilato
26	11	de Zempoaltepec	del Zempoaltepec
27	33	Quiscepecocha	Guiscepecocha
28	29	nuera era	nueva era
33	3	más arquillas	unas arquillas
38	16	Guiscipocoché, Guiscipecochi	Guiscepecocha
39	20	Achintla	(léase siempre) Achiutla
51	18	enicateco	cuicateco
60	5	pluma del indio	flema del indio
61	25	defendian ellos	defendian ellas
71	1ª	Otalosa	Otatosa
71	9	muy dilatada	dilatada en extremo
74	7	Tinco	Tineo
80	19	....	El contenido del paréntesis debe ir como nota, y las comillas deben estar al fin de la palabra ministros
81	12	seis dioses	sus dioses
90	1ª	que conservan	que conserva
92	36	su ira	su íra"
93	24	Salina	Yalina
98	27	de su contenido	de su cometido
109	3	silvas	silbas
119	5	Aldona	Aldama
126	5	Cayotepec	Coyotepec
126	22	Lachilao	Lachitao
126	31	Yacé	Yaée
127	3	hijos	hijos,
128	21	Yovigo	Yovego
129	23	Yoveo. Jalagui, Jane.	Yaveo, Jalagui, Xané
133	23	Yocchi	Yoechi
134	19	Tajo	Tojo

NOTA.—Suprímase el párrafo *Mientras el alcalde* .... pág. 135.

140	23	conseguir, aquí	conseguir aquí,
154	21	á D. Juan	en D. Juan
16?		Coxomoloapam	Cosamaloapam
210	a. 16 x	Yatie	Yatée
211	7	Al suelo	en el suelo

APÉNDICES.

5	17	del Sufolk	de Sufolk
18	10	Elapion	Clapion
19	1ª	escudo	cuadro
19	17	N	el
21	7	del aquella	de aquella
22	32	Chilapan	Cuilapam
23	8	Tuxtlahuaca	Juxtlahuaca
25	28	estas parroquias	estas dos parroquias
32	4	vecino de	vecino á
41	35	de la enseñanza	en la enseñanza
44	24	clase para los cursos	El tiempo dedicado al estudio de los
44	24	que dura	dura
47	35	ordenado sin	ordenado in

CPSIA information can be obtained
at www.ICGtesting.com
Printed in the USA
BVHW082128251120
594188BV00006B/187